分県登山ガイドセレクション

# 関西周辺の山 ベストコース100

山と溪谷社

JN212006

分県登山ガイドセレクション

# 関西周辺の山ベストコース100

## 目次

●本文地図主要凡例●

紹介するメインコース。

本文か脚注で紹介しているサブコース。一部、地図内でのみ紹介するコースもあります。

Start Goal Start Goal 225m 出発点／終着点／出発点および終着点の標高数値

管理人在中の山小屋もしくは宿泊施設

紹介するコースのコースタイムのポイントとなる山頂。

コースタイムのポイント。

管理人不在の山小屋もしくは避難小屋

## 本書の使い方

本書は、関西2府4県の分県登山ガイド「滋賀県の山」「京都府の山」「大阪府の山」「兵庫県の山」「奈良県の山」「和歌山県の山」の中から、人気のある山や特徴のある山、著者おすすめの山など100山をピックアップした1冊です。内容は、滋賀県が23年1月、京都府が17年4月、大阪府が24年7月、兵庫県が22年4月、奈良県が24年6月、和歌山県が18年3月現在のものです。本書の出版時には変更されている場合があるので、注意してください。

**■日程**　各県の県庁所在地および主要都市を起点に、アクセスを含めて、初・中級クラスの登山者が無理なく歩ける日程としています。

**■歩行時間**　登山の初心者が無理なく歩ける時間を想定しています。ただし休憩時間は含みません。

**■歩行距離**　2万5000分ノ1地形図から算出したおおよその距離を紹介しています。

**■累積標高差**　2万5000分ノ1地形図から算出したおおよその数値を紹介しています。は登りの総和、は下りの総和です。

**■技術度**　5段階で技術度・危険度を示しています。は登山の初心者向きのコースで、比較的安全に歩けるコース。

は中級以上の登山経験が必要で、一部に岩場やすべりやすい場所があるものの、滑落や落石、転落の危険度は低いコース。

は読図力があり、岩場を登る基本技術を身につけた中～上級者向きで、ハシゴやクサリ場など困難な岩場の通過があり、転落や滑落、落石の危険度があるコース。

は登山に充分な経験があり、岩場や雪渓を安定して通過できる能力がある熟達者向き、危険度の高いクサリ場や道の不明瞭なやぶがあるコース。

は登山全般に高い技術と経験が必要で、岩場や急な雪渓など、緊張を強いられる危険箇所が長く続き、滑落や転落の危険が極めて高いコースを示します。

**■体力度**　登山の消費エネルギー量を数値化することによって安全登山を提起する鹿屋体育大学・山本正嘉教授の研究成果をもとにランク付けしています。

ランクは、①歩行時間、②歩行距離、③登りの累積標高差、④下りの累積標高差に一定の数値をかけ、その総和を求める「コース定数」に基づいて、10段階で示しています。が1、が2となります。通常、日帰りコースは「コース定数」が40以内で、～(1～3ランク)。激しい急坂や危険度の高いハシゴ場やクサリ場などがあるコースは、これに～(1～2ランク)をプラスしています。また、山中泊するコースの場合は、「コース定数」が40以上となり、泊数に応じて～もしくはそれ以上がプラスされます。

紹介した「コース定数」は登山に必要なエネルギー量や水分補給量を算出することができるので、疲労の防止や熱中症予防に役立てることもできます。体力の消耗を防ぐには、下記の計算式で算出したエネルギー消費量(脱水量)の70～80パーセント程度を補給するとよいでしょう。なお、夏など、暑い時期には脱水量はもう少し大きくなります。

| | 時間の要素 | 距離の要素 | 重さの要素 |
|---|---|---|---|
| 行動中のエネルギー消費量(kcal) ＝ | 1.8×行動時間(h) ＋ | 0.3×歩行距離(km) ＋ 10.0×上りの累積標高差(km) ＋ 0.6×下りの累積標高差(km) | × 体重(kg)＋ザック重量(kg) |
| *kcalをmlに読み替えるとおおよその脱水量がわかります | 山側の情報 ― 「コース定数」 | | 登山者側の情報 |

## ヤマタイムでルートを確認しよう！

本書内、各コースガイドのタイトル(山名)下や地図内にあるQRコードをスマートフォンで読み取ると「ヤマタイム」の地図が表示されます。青い線が本書の紹介コースです。会員登録(無料)すると「登山計画書」の作成や、「GPXデータ」をダウンロードして、各種地図アプリにコースのログデータを取り込むことができます。

※本書とヤマタイムではコース(地図)の内容が一部異なる場合があります。

画像レイアウトは変更する場合があります

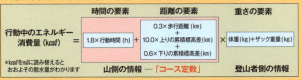

**概説**

# 滋賀県の山

——竹内康之

滋賀県は日本のほぼ中央部にある内陸県で、他府県との境界すべてが山々の連なるまとまった地形である。そのため、山の国ともいえる特徴を備える。

中心には県の面積の約6分の1を占める琵琶《びわ》湖があり、若狭《わかさ》湾へ流れる天増《あます》川（北《きた》川水系）を除いてその源流にあたる。唯一流れ出る河川は大阪湾に流れる瀬田《せた》川（淀《よど》川水系）である。

人々から「母なる湖」として親しまれ、山上から望む琵琶湖の景観から「湖国《ここく》」ともよばれる。

日本の歴史と深くかかわる地域が多く、近江《おうみ》盆地に点在する丘陵と独立峰は社会や文化・信仰を抜きに語ることはできない。

日本海側と太平洋側の要素を合わせ持つ自然の広がりに加え、人文的要素が醸し出す空気と雰囲気——。これこそが滋賀県（近江）の山の特徴といえるだろう。

湖から周囲を眺めると、大きく湖北《こほく》・湖東《ことう》・湖南《こなん》・湖西《こせい》に区分でき、それぞれ気候風土の違いがよく表われている。

## ●山域の特徴

**●湖北の山**　滋賀県最高峰の伊吹《いぶき》山《やま》（1377メートル）から北につづく1000メートル級の伊吹山地（岐阜県境）と、琵琶湖側へ派生する400〜900メートル級の山々で構成される。北縁は福井県境（越前《えちぜん》）につながり、北東へ連なる山なみは両白《りょうはく》山地である。その多くがトチノキやブナなどの落葉広葉樹に覆われ、貴重な自然環境が残る。

河川は、姉《あね》川・高時《たかとき》川・杉野《すぎの》川・余呉《よご》川・大《おお》川が流れ下る。冬季の降水量は北陸地方と大差なく、昭和2（1927）年には、伊吹山頂で11・8メートルの積雪深を記録した。

厳しい環境だけに、北方性や高山性の草花と接することができる。

湖側は賤《しず》ヶ岳《たけ》（421メートル）をはじめ山岳寺院や山城の築かれた山が多く、中世から近世にかけて歴史の表舞台に幾度も登場する。

**●湖東の山・鈴鹿山脈**　滋賀県でいちばん広い平野が広がる湖東には、台地や丘陵が点在する。その外縁には、長大な鈴鹿《すずか》山脈（三重県境）が南北50キロにわたって横たわり、芹《せり》川・犬上《いぬかみ》川・愛知《えち》川・日《ひ》野《の》川・野洲《やす》川などが琵琶湖へ流れ出る。

主稜には、最高峰の御池岳《おいけだけ》（丸山《まるやま》＝1247メートル）や霊仙山《りょうぜんざん》（1094メートル）など、雄大な山が並ぶ。西側にも綿向山《わたむきやま》（1110メートル）などがスケールを誇る。滋賀県側は雑木林が美しく、深く分け入る谷は鈴鹿らしい風景が展開する。

八日市《ようかいち》・五個荘《ごかしょう》・日野・近江八《はち》幡《まん》など、平野に散らばる町と近郊エリアは、日本の経済や社会に大きな影響を与えた。歴史に名を残す山も多く、織田信長によって築かれた安土《あづち》城（安土山・未掲載）などがよく知られる。

**●湖南の山**　瀬田川と野洲川の下流を中心に、京都府境に連なる山々も含む。標高は300〜800メートル程度で、アプローチが便利なことから、初心者向けの山と

御池岳山頂付近に咲くニリンソウ

県を代表する山のひとつで、日本百名山の伊吹山

して幅広い世代から愛されている。神体山や仏教とのかかわりが大きく、登山道の多くがそれらの古道や峠道を引き継いでいる。

また、奈良や京都に近いことから、都の造営や寺院の建立に大きな役割を果たしてきた。山地全域で樹木が伐採され、水運により供出したらしい。近現代まで禿《は》げ山だったところが多く、明治時代以降の砂防の歩みを各地で確認できる。

東部の山々は近江らしい香りをまとっており、「近江富士」として知られる三上山《みかみやま》（432メートル）のほか、竜王山《りゅうおうざん》（605メートル）［金勝《こんぜ》アルプス］、笹間《ささま》ヶ岳《たけ》（433メートル）［湖南アルプス］が魅力を放つ。京都府境に位置する比叡山《ひえいざん》（大比《おおび》叡《えい》＝848メートル）は、京都との関係が濃い。

**●湖西の山・比良山系**　京都府と福井県境（若狭）に跨がる湖西は、600〜900メートルクラスの野性味あふれる山々の集まりである。安《あ》曇《ど》川流域（なかでも針畑《はりはた》川）には源流を中心に見事なブナ林が現存し、三国《みくに》峠（776メートル）には原生林も残っている。

安曇川本流と琵琶湖西岸の間を南北に連なる比良《ひら》山系は、地形の険しさと豊かな自然が特徴の小規模な山域だ。最高峰の武奈《ぶな》ヶ岳《たけ》（1214メートル）を筆頭に1000メートルを超えるピークが15座以上あり、魅力あるフィールドを登山者に提供する。

主稜の東面は、急峻で小規模な谷が湖に流れ下る。規模が大きい鴨川は稜線と平行して北へ流れ、景勝として名高い八淵《やつぶち》ノ滝を山中に擁する。

北部の野坂《のさか》山地は若狭と越前の国境にあたり、赤坂山《あかさかやま》（824メートル）をはじめ700〜900メートル前後のピークが並ぶ。日本海に近いことから植生にも特徴があり、花の多い山域である。琵琶湖に流入する河川は知内《ちない》川・百瀬《ももせ》川・石田《いしだ》川など小規模なものが多い。

## ●滋賀県の山を登るために

都市部から遠く山深い地域も、以前に比べ交通の便がよくなって行きやすくなった。それに伴って入山者が増え、道迷いや遭難が増えている。比較的標高の高い鈴鹿・比良での事故が目立ち、里山でも救助を要請されるケースもある。いずれの山域も十分な準備が必要で、地形が複雑なだけに慎重な行動を求められる。自身で適切な判断と行動ができない場合は、経験豊富なリーダーとともに入山しよう。

伊吹山と北比良には、かつてロープウェイとリフトがあって、気軽に頂上をめざすことができた。だが、現在はそれらが廃止され、1000メートル以上の標高差を上り下りする体力が求められる。

また、積雪期の湖北・鈴鹿・湖西・比良はとくに気象に注意が必要で、安全を第一に考えて行動したい。

ツキノワグマは湖北・鈴鹿・湖西・比良を中心に広く生息しており、スズメバチやダニへの対応も心得ておこう。ヒルも棲息域を広げている。

琵琶湖越しに見る比良山地
（中央の三角形が堂満岳）

能郷白山
郡上市
栃ノ木峠
岐阜県
北陸自動車道
❷横山岳・墓谷山
金糞岳
美濃市
呉枯ノ峰
己高山
ブンゲン
❸賤ヶ岳・山本山
天吉寺山
揖斐川町
山県市
本巣市
関市
木之本IC
竹生島
池田町
❶伊吹山
岐阜市
各務原市
長浜IC
横山
関ケ原町
おおがき
長浜市
東海道新幹線
瑞穂市
犬山市
米原IC
垂井町
大垣市
江南市
関ケ原IC
羽島市
米原市
まいばら
米原JCT
おうみながおか
養老町
大垣IC
名神高速道路
一宮市
小牧市
稲沢市
彦根市
ひこね
❹霊仙山
岩倉市
彦根IC
JR東海道本線(琵琶湖線)
多賀町
高室山
海津市
甲良町
名古屋市
❺御池岳
津島市
なごや
名古屋西IC
天狗堂
木曽川
織山
太郎坊山
東近江市
いなべ市
長島IC
弥富市
東光寺山
日本コバ
愛知県
八日市IC
三岐鉄道
竜王町
桑名IC
桑名市
くわな
日野町
❻綿向山
御在所岳
雨乞岳
四日市東IC
伊勢湾岸自動車道
東海市
菰野町
四日市IC
知多市
甲賀市
四日市市
よっかいち
きぶかわ
❾飯道山
東名阪自動車道
甲賀土山IC
鈴鹿IC
新名神高速道路
常滑市
とこなめ
JR関西本線
甲南IC
鈴鹿峠
高畑山
❼那須ヶ原山・油日岳
鈴鹿市
中部国際空港
伊勢湾
つげ
かめやま
亀山市
三重県
伊賀市

# 滋賀県の山 全図

▲❶伊吹山 本書で紹介する山名とコース番号
市役所・町村役場
9 国道と国道ナンバー
高速道路・自動車専用道路
JR線
JR新幹線
私鉄線
N
1:535,000
0
15km
若狭湾
敦賀湾
敦賀市
つるが
美浜町
野坂岳
若狭三方IC
みかた
福井県
若狭町
三国山
⑰赤坂山
⑰寒風
小浜湾
舞鶴若狭自動車道
小浜市
おばま
小浜IC
JR小浜線
小浜西IC
大御影山
27
武奈ヶ嶽
箱館山
まきの
駒ヶ岳
二の谷山
303
おうみいまづ
舞鶴西IC
百里ヶ岳
⑯三国峠
高島市
しんあさひ
阿弥陀山
あどがわ
三国岳
蛇谷ヶ峰
岳山
白倉岳
おうみたかしま
綾部市
27
わち
ツルベ岳
367
⑮武奈ヶ岳
⑭堂満岳
きたこまつ
琵琶湖
173
京都府
162
白滝山
比良岳
ひら
沖島
JR山陰本線
皆子山
しが
滋賀県
9
京丹波町
⑧八幡山
477
近江八幡市
おうみはちまん
かたた
JR湖西線
南丹市
そのべ
水井山
野洲市
372
かめおか
⑬比叡山
ひえいざん
さかもと
守山市
やす
鏡山
湖南市
⑩三上山
おおつきょう
大津市
草津市
くさつ
栗東市
亀岡市
京都市
京都東IC
おおつ
能勢町
417
423
音羽山
大津IC
草津田上IC
瀬田東IC
⑪竜王山
向日市
長岡京市
兵庫県
京都南IC
京滋バイパス
422
太神山
⑫堂山・笹間ヶ岳
豊能町
猪名川町
大阪府
高槻市
たかつき
八幡市
宇治市
しがらき
信楽高原鐵道
池田市
箕面市
城陽市
307
川西市
茨木IC
宇治田原町
笹ヶ岳
たからづか
宝塚IC
宝塚市
伊丹市
茨木市
枚方市
京田辺市

九合目から眺めた伊吹山山頂

山頂部の再生試験地に咲くシモツケソウ

01

# 伊吹山

滋賀県の最高峰にして日本百名山

いぶきやま（いぶきさん）
1377m

日帰り

歩行時間＝6時間35分
歩行距離＝11・0㎞

技術度

体力度

コース定数＝28

標高差＝1161m

累積標高差 1175m 1175m

滋賀県最高峰で日本百名山の一峰でもある伊吹山。花の名山としても知られるが、近年、山頂と三合目のお花畑が獣害（食害・踏圧・掘り返し）によって減少し、獣害柵が設けられた。そのため、花は再生試験地や柵内から見ることになる。また、平成27年から入山協力金が試験導入され、4～11月の期間中、登山口の上野で一人300円をお願いしている。また、ドライブウェイ中央口と西口には協力金箱が設置された。

米原市伊吹町上野の三之宮神社石段下にある、**伊吹登山口バス停**から歩き始める。駐車場内にある協力金受け付けのログハウス前を通り、樹林帯の中を一合目へ。なお、駐車場は旧ゴンドラ駅付近にもあるが、林道は一般車通行止めのため、車道を歩いて登るか、登山口まで戻ってスタートする。

**一合目**からは、かつてのゲレンデ内を三合目休憩所へと登っていく。トイレのある**三合目**は、初夏にはユウスゲ群落や獣害柵内で伊

■鉄道・バス
往路・復路＝JR東海道本線近江長岡駅や米原駅（季節運行）、JR北陸本線長浜駅から湖国バスで伊吹登山口へ。タクシーのみ近江長岡駅から三合目まで入れる。下山時もタクシーを予約する。夏季限定だが、山頂からはJR東海道本線関ヶ原駅、大垣駅への名阪近鉄バスもある。

■マイカー
米原市伊吹町上野地区に駐車場（有料）がある。旧ゴンドラ駅付近にも

朝やけに染まる伊吹山山頂。雲海と日の出がドラマチックだ

吹の花が見られる。**五合目**は夏山シーズンの土・日曜と祝日には、売店が開いている。六合目避難小屋を過ぎると、いよいよジグザクの急登がはじまる。七合目、八合目と通過していくが、八合目の小屋跡はベンチがあり、展望もよいので、ひと休みしたい場所だ。

九合目付近は石灰岩が露出し、注意が必要な場所だ。**九合目**まで来れば、山頂はもうすぐ。たどり着いた**伊吹山**山頂には、数軒の山小屋と日本武尊《やまとたける》像などが立っている。測候所跡手前に1等三角点の石標があり、琵琶湖や鈴鹿、アルプスの山々、白山などが一望できる。

時間と体力があれば、山頂の遊歩道を一周してこよう。北の出入口に柵があり、開閉して東登山道を下っていく。山頂に広がるお花畑は、獣害柵越しに見られる。滋賀・岐阜の県境（1343㍍地点）からドライブウェイ駐車場へ向かうように進み、中央登山口に出て伊吹山バス停のある山頂駐車場へ。シーズンには土産物店、飲食店が営業し、観光客でにぎわう。

駐車場西端から先にある獣害柵を開閉し、西登山道に入る。シモツケソウ再生試験地では、7〜8月にかけて美しい花が見られる。九合目手前の分岐で山頂に向かわず右に進み、柵を開閉して進むと往路の**九合目**に出る。あとは来た道を**五合目**、**三合目**を経て**伊吹登山口バス停**に下山する。

五合目付近から国の史跡であるあるが、登山口まで引き返すか林道を一合目まで歩く。

■登山適期
4月から11月。夏場の週末を中心に夜間登山が盛んだが、近年は減少している。冬季は積雪状況にもよるが、経験者同行が必要である。

■アドバイス
▽夏場の御来光を見る人はドライブウェイ利用者が多いが、登山口の上野から日の出時間に合わせて夜間に出発して登ってもいい。午前中に下山でき、暑さ対策になる。
▽入山については、平成27年から入山協力金（300円）を呼びかけている。詳細は米原市役所まち保全課☎0749・53・5175へ。
▽三合目（24年現在通行止め）のユウスゲ（花期7月）を見るには、地元上野の「ユウスゲと貴重植物を守り育てる会」（☎090・3286・8191）に要連絡。

■問合せ先
米原市役所シティセールス課☎0749・53・5140、湖国バス長浜営業所☎0749・62・3201、名阪近鉄バス☎0584・81・3326、近江タクシー長浜☎0749・62・0106、都タクシー☎0749・62・3851、伊吹山ドライブウェイ☎0584・43・1155

■2万5000分ノ1地形図
関ケ原

＊コース図は12・13㌻を参照。

八合目手前からは琵琶湖や湖北の臥龍山系（湖の手前の連なり）を眼下に望む

## CHECK POINT

1 上野の登山口にはログハウスの入山協力金受け付けがあり、300円を支払う

2 民宿がある一合目を抜けると、旧スキー場のゲレンデに出る

3 三合目にある休憩所（後方は山頂）。ここまでタクシーで入ることができる

4 六合目避難小屋から眺める九合目と伊吹山頂。ここからは急登が続く

5 七合目、八合目の曲がりくねったきつい坂を登っていき、山頂を目指す

6 日本武尊像や山小屋の建つ伊吹山山頂。1等三角点はもう少し東にある

7 周回コースの北側にマルバダケブキの群生地（花期は8～9月）が見られる

8 五合目から弥高寺跡・上平寺城跡への登山道は、一部に危険箇所がある

伊吹山三合目のユウスゲ群落

上平寺《じょうへいじ》城跡、弥高《やたか》寺跡方面へと向かう登山道があるが（24年7月現在通行止め）、伊吹登山道から出入りする場所がはっきりしない。登山案内標識ができれば、入りやすくなるだろう。

（山本武人）

2023年7月の登山道崩壊により、2024年7月現在通行止め。詳細は米原市ホームページへ
伊吹山
1377
伊吹山寺
山頂山小屋
日本武尊像
伊吹山頂草原植物群落
スカイテラス伊吹山
伊吹山山頂駐車場
西登山道
中央登山道
東登山道
花多い
山頂一周1.30
九合目
急登が続く
八合目
行道岩
七合目
六合目避難小屋
コース不明瞭
五合目
四合目
谷の通過注意
通称「弥高山」と呼ばれる場所
タクシーは三合目まで入れる（マイカーは通行止め）
三合目
花が多い
滋賀県
米原市
4等三角点山頂
839
徳蔵山
二合目
松尾寺
一合目
415
伊吹登山口バス停
Start Goal
214m
三之宮神社
ケカチ湧水
インフォメーションセンター
上野
伊吹
伊吹小
滋賀鉱産伊吹鉱山
弥高尾根
トラバース道
弥高寺跡
林道終点広場
本丸跡
三の丸
上平寺城跡
上平寺尾根
ゲート
神山地蔵
495
悉地院
平野神社
旧道
弥高
乗合タクシー運行
246
米原市役所伊吹庁舎
伊吹局
長浜駅へ
近江長岡駅、
ジョイいぶき
近江長岡駅へ
坂浅東部広域農道
1:25,000
500m

# 02 展望と山頂のブナ林をたどる二山の縦走

# 横山岳・墓谷山

**日帰り**

歩行時間＝7時間20分
歩行距離＝11・0㎞

よこやまだけ　1132m
はかたにやま　738m

技術度　体力度

| | |
|---|---|
| コース定数 | ＝30 |
| 標高差 | ＝931m |
| 累積標高差 | 1251m / 1308m |

南面の網谷林道からは横山岳の整った双耳峰の姿が望める

南山麓の網谷《あみたに》林道から美しい双耳峰の姿を見せる横山岳は、滋賀県はもとより、京阪神や中京方面からも人気が高い。ブナ林が続く東峰から山頂への尾根道は、大展望が、そして5月連休ごろなら草花が楽しめる。南西の「杉野富士」の別名をもつ墓谷山との縦走は、湖北の山村信仰の歴史を知ることができる。また、南面には2つの滝がかかる白谷《しらたに》本流コースもあり、目的やレベルに応じた山行が味わえる。

登山口は網谷と白谷の出合にある**横山白谷小屋**。小屋前から林道を挟み、大きな駐車場が完備されている。北面の白谷本流方面へはサブコースで紹介するとして、ここは東の谷沿いにのびる網谷林道を進む。車道の急坂を登りきったところで、白谷からの広域林道横山岳線と合流する。夜這橋《よばい》があり、東尾根登山口へは右へとる。**東尾根登山口**付近の林道脇に、数台の駐車スペースがある。

登山口からいきなりの急登で東尾根に出て、この先もしばらくは急登が続く。尾根が緩やかになってブナが多くなると、**金居原《かないばら》コース分岐**に出る。右手の金居原コースを行くと、阿蘇山《あそさん》、その下に金居原夜叉《やしゃ》ヶ池がある。

分岐から横山岳にかけての稜線はブナ林が続く。まだ若いブナ林だが、新緑や紅葉のころは見事だ。登山道に岩が見られると、**東峰**山頂に着く。金糞岳《かなくそだけ》や奥美濃の山々が見える。東峰からは、展望のよい尾根を行く。5月連休ごろなら足もとにイワナシの花が多く見ら

**■鉄道・バス**
往路＝JR北陸本線木ノ本駅からタクシーで横山白谷小屋へ。バスの場合は同駅から湖国バスで杉野学校前へ。横山白谷小屋へ徒歩30分。
復路＝杉野農協前から湖国バスで木ノ本駅へ。

**■マイカー**
北陸道木之本ICから国道303号を杉野まで入り、網谷林道を横山白谷小屋駐車場へ（約40分）。杉野農協前にも駐車場がある。

**■登山適期**
4月初旬から12月中旬。5月連休ごろは花も多い。ブナの新緑は5月中旬ごろ。紅葉は10月下旬。

**■アドバイス**
▽毎年、地元の「杉野山の会」が5月第3日曜に山開き式を行う（場所＝横山白谷小屋駐車場）。
▽逆コースは墓谷山への登りがきついため、紹介コース通りに歩く方がよい。マイカー利用で歩く場合は、車を杉野農協前と東尾根登山口に留め置きすると便利。
▽白谷本流コースは沢歩きのため、雪解けの4月下旬や梅雨のころはすべりやすく要注意。また、横山岳本峰から下山に使うのは避けたい。
▽杉野集落には宿泊施設の長治庵（☎0749・84・0015）があり、前泊に最適。

**■問合せ先**

東尾根コースの美しいブナ林

れる。大きなブナを見ると、**横山岳**の本峰（西峰）に出る。山頂からは天気がよければ琵琶湖や余呉《よご》湖など、湖北の山々が一望できる。

山頂からは、南にのびる三高《さんこう》尾根を下る。急坂のため、すべりやすいので注意する。すぐに眼下に湖北の山村と余呉湖、琵琶湖が眺められる。ブナの大木を過ぎると尾根の平坦地があり、ひと息つくのに最適な場所だ。この付近からは、横山岳の山頂が見える。

平坦地からは、再び急坂を下る。ロープが張られた斜面を慎重に下ると、峠状の**鳥越**《とりごえ》に出る。平成28年秋に旧木之本町側の林道がここまでできたが、旧余呉町側の林道計画は進んでいない。峠から少し先にコエチ谷に下る道がある。急な下りだが、50分ほどで横山白谷小屋に戻ることができるので、エスケープコースに適している。

墓谷山へはコエチ谷コースに入らず、稜線を進む。植林地の中を登るようになると**墓谷山**山頂で、登ってきた横山岳が大きい。

墓谷山から、尾根を南方向へ下っていく。登山道はよく整備されているが、急坂が多いだけに、逆コースで歩くことはすすめられない。西面の余呉側に分岐する尾根などに注意しながら進むと、杉林の台地に立派な大亀山南罫《なんけい》寺が建っている。伝教大師の創建と伝えられる寺院で、境内には釣鐘堂、休憩所などがある。

その先で林道に出るが、林道を行かずに参拝道をとる。下った先の車道登山口には、枝が四方八方に広がる千年杉がある。最後は「杉野富士」と呼ぶにふさわしい三角錐の姿を見せる墓谷山を後方に眺

## 横山岳で見られる花と蝶

イカリソウ
4月中旬～5月上旬

イワウチワ
4月下旬～5月上旬

イワナシ
4月中旬～5月上旬

チゴユリ
4月下旬～5月上旬

東尾根コースのアゲハチョウ

白谷コースのシジミチョウ

＊コース図は17ジペーを参照。

経ノ滝（サブコース）

木之本観光案内所☎0749・82・5135、杉野山の会☎0749・84・0386（二之宮宗太郎）、湖国バス☎0749・62・3201、伊香交通（タクシー・長浜市木之本）☎0749・82・2135

■2万5000分ノ1地形図
美濃川上・近江川合

横山岳山頂からは琵琶湖や余呉湖などが一望できる

め、**杉野農協前バス停**へ向かう。

**■サブコース**　白谷本流コースは、**横山白谷小屋**から北へ林道をしばらく進み、沢を歩いて**太鼓橋**《たいこ》の林道に出る。なおも沢沿いに登って**経**《きょう》**ノ滝**へ。滝を巻いて沢を進むと**五銚子**《ごちょうし》**ノ滝**に出る。滝の上部から急登を続けると、ブナの大木がある**横山岳**本峰に着く。下山は東尾根コースを歩いて、網谷林道から**横山白谷小屋**に戻る。

（山本武人）

## CHECK POINT

1

正面に横山岳を望む白谷・網谷出合の登山口。駐車場や山小屋などがある。5月に山開き式も行われる

2

東尾根登山口。白谷横山小屋からここまで徒歩40分

3

金居原コースと東尾根コースとの分岐点には標識もあり安心だ

4

横山岳東峰山頂。この付近は花の多い場所である

5

横山岳東峰と西峰の霧の尾根を行く。晴れていれば眺めのよい場所だ

6

鳥越に下る場所はロープのある急坂だけに、スリップに注意したい

7

３等三角点のある墓谷山。横山岳を望む山頂だ

8

山中に立派な堂がある大亀山南卦寺。33年に一度、本尊御開帳が行われる

9

「杉野富士」の別称通り、富士型の山容を見せる墓谷山（正面奥）

横山岳
1132
広い山頂
展望のよい尾根道
東峰
ブナ林
金居原コース分岐
阿蘇山
865
金居原コース
金居原夜叉ヶ池へ
このあたりからブナ林
東尾根コース
急登
五銚子ノ滝
経ヶ滝
太鼓橋
三高尾根
ロープのある急斜面
鳥越
白谷本流コース
広域林道横山岳線
十丁橋
夜這橋
東尾根登山口
数台の駐車スペース
網谷林道
国道303号へ
横山白谷小屋へ下り50分
横山白谷小屋
Start 268m
墓谷山
738
(杉野富士)
急な下り
杉野農協前バス停～横山白谷小屋間徒歩30分
長浜市
金居原
ねむの里
東尾根登山口、揖斐川町へ
杉野学校前
大亀山南罫寺
杉の大木
長治庵
杉野農協前バス停
Goal 201m
杉本
杉野川
木ノ本駅、木之本ICへ
1:30,000

藤ヶ崎付近から琵琶湖越しに望む山本山(右)

# 03 時代をタイムスリップしたような歴史の道を行く
## 賤ヶ岳・山本山

しずがだけ 421m
やまもとやま 324m

日帰り

歩行時間=6時間5分
歩行距離=12・1km

技術度
体力度

コース定数=23

標高差=331m

累積標高差 789m 766m

琵琶湖の東側に位置する山本山と賤ヶ岳の魅力は、比較的標高差の少ない稜線が南北に続き、稜線から琵琶湖や伊吹山地などを眺めながら、ゆったりとした山歩きが楽しめるところにある。また、ルートのおよそ3分の1を占める縄文時代の古墳群や、羽柴秀吉と柴田勝家が天下分け目の合戦を演じた古戦場があり、時代をタイムスリップしたような気分にさせてくれる。

宇賀《うが》神社前の**山本山登山口**が起点。登りはじめは少し急で、ヒノキの中にアベマキなどの雑木からなる森に道がのびている。木々の間から琵琶湖が見えてくると、**山本山**は近い。

山頂からは、琵琶湖に浮かぶ竹生島と、その先に湖西の山々が望める。また、山頂周辺は室町時代に浅井《あざい》氏の小谷《おだに》城の支城として築かれた山城跡で、本丸跡や二の丸跡、土塁の跡が残る。

山頂からの眺めを楽しんだら、稜線を北へと進む。しばらくすると展望が反対側に移り、木之本や己高山《こだかみやま》方面が見えてくる。道はほぼ稜線に沿って続くが、少しずつ稜線上から逸れていて、西に道がある場合は琵琶湖が、東の場合は湖北の山並みや伊吹山地が見える。

1時間ほど歩くと**古保利《こほり》古墳群の南端**となり、しばらくは130あまりの古墳が連なる稜線歩きとなる。神聖な墓の上を避け、少し古墳の縁に道が続く。周辺の集落からの道が尾根を越す。西野水道

**■鉄道・バス**
往路=JR北陸本線河毛駅からタクシーで山本山登山口へ。山本山登山口へは河毛駅から乗合タクシーがあるが利用者登録が必要。
復路=JR北陸本線木ノ本駅。大音から木ノ本駅へ湖国バスが運行するが、本数が少ない。

**■マイカー**
マイカーの場合は縦走に不向きのため、河毛駅の駐車場に車を停め、下山後に木ノ本駅からJR北陸本線で河毛駅に戻る。

**■登山適期**
早春から春から晩秋まで楽しめるが、琵琶湖の眺めは四季折々に赴きが変わり、一年を通して登ってみたい。

**■アドバイス**
▽山本山へは南東麓の山本集落からのコースもあり、こちらは緩やかな登りである。ただし山本山三条橋バス停から登山口までの距離がややあり、歩行時間はこちらの方が長い。

**■問合せ先**
長浜市文化観光課☎0749・65・6521、長浜観光協会☎0749・53・2650、近江タクシー長浜☎0749・62・0106、湖国バス長浜営業所☎0749・62・3201、賤ヶ岳リフト☎0749・82・3009

**■2万5000分ノ1地形図**
竹生島・木之本

の真上を通り、アップダウンを繰り返しながら標高を上げていくと、**360・4メートルピーク**に着く。4等三角点があるが、樹林に囲まれ視界はきかない。

なおも北進し、アカマツの伐採地に出ると、賤ヶ岳方向の斜面が望めるようになる。少し登ると**リフト駅**に出て、さらに10分ほどで**賤ヶ岳**に着く。戦場の山らしく、武将像の立つ山頂からは、晴れていれば、北に余呉《よご》湖、東に琵琶湖が見える。

下山は**リフト駅**まで戻り、横の道に入る。植林の中のつづら折りの道を下ると、リフト乗り場に着く。JR北陸本線**木ノ本駅**へは大《おお》音《と》集落からバスに乗るか（本数が少ない）、国道を歩いて向かうことになる。

（青木　繁）

かつての古戦場だった賤ヶ岳山頂から余呉湖を望む

**CHECK POINT**

1 登山口は宇賀神社の裏手にある。自然観察コースと書かれた看板が目印

2 山本山山頂付近には山本山城の本丸跡、二の丸跡などの遺構が残る

3 山本山から下っていくと、賤ヶ岳と西面の片山集落との分岐点に出る

4 4等三角点のある360.4mピーク。植林地の中で展望はきかない

5 賤ヶ岳山頂からは、琵琶湖と余呉湖の両方を望むことができる

6 賤ヶ岳からの下山道はリフト乗り場の横にある。リフト利用看板が目印

＊コース図は20ページを参照。

山本山山頂からの琵琶湖・竹生島

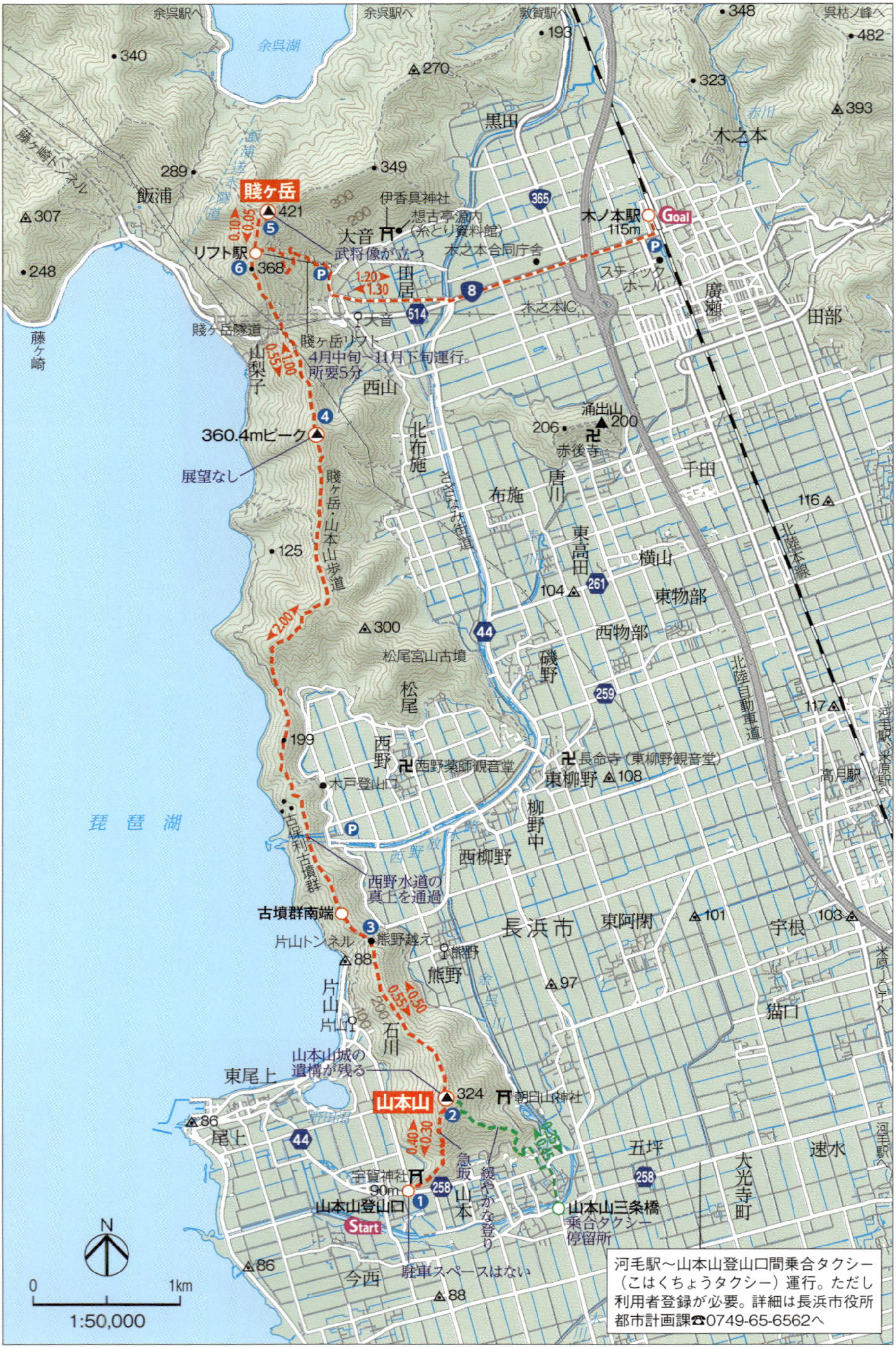
賤ヶ岳
山本山
リフト駅
木ノ本駅
115m
Goal
Start
山本山登山口
90m
山本山三条橋
乗合タクシー停留所
360.4mピーク
展望なし
古墳群南端
熊野越え
片山トンネル
武将像が立つ
賤ヶ岳リフト
4月中旬～11月下旬運行。所要5分
賤ヶ岳隧道
賤ヶ岳・山本山歩道
古保利古墳群
西野水道の真上を通過
山本山城の遺構が残る
急坂
緩やかな登り
駐車スペースはない
伊香具神社
想古亭源内（糸とり資料館）
木之本合同庁舎
スティックホール
木之本IC
松尾宮山古墳
西野薬師観音堂
長命寺（東柳野観音堂）
赤後寺
朝日山神社
宇賀神社
木戸登山口
琵琶湖
余呉湖
長浜市
北陸自動車道
北陸本線
河毛駅～山本山登山口間乗合タクシー（こはくちょうタクシー）運行。ただし利用者登録が必要。詳細は長浜市役所都市計画課☎0749-65-6562へ
1:50,000

04

# 霊仙山

## 最高点を目指して石灰岩と大展望の西南尾根を行く

りょうぜんざん
1094m

日帰り

歩行時間＝4時間55分
歩行距離＝9・9㎞

技術度
体力度

コース定数＝22
標高差＝768m
累積標高差 938m 938m

石灰岩の道が続く登路の西南尾根から望む霊仙山の山頂部

鈴鹿山系の北に位置する霊仙山は、石灰岩の山頂や尾根からの眺望がすばらしい山だ。フクジュソウをはじめ花の多い山だったが、近年その数を減らしている。登山道は数多いが、本来のメインコースである米原市上丹生《かみにう》から谷山谷を経由する道は、台風や大雨の影響で谷道が荒れ、通行止めになっている。砂防工事、登山道改修は続けられるが、谷沿いの登山道は危険を伴うため、当分の間通行止めが続きそうだ。そこで、近年人気の西南尾根コースを紹介する。

登山口の多賀町落合まで定期バスはないため、タクシーかマイカーで入る。**今畑登山口**には、道標と登山届箱が設置されている。

登山道に入り、急峻な場所に石垣や蔵などが残る廃村今畑をすぎ、植林帯からわずかに残るブナを見て進むと平らな**笹峠**に着く。

西南尾根に入ると急登となり、石灰岩が露出した斜面を行く（ルート注意）。**近江展望台**まで登ると展望が開け、鈴鹿山系の御池岳《おいけだけ》や近江の湖東平野、琵琶湖などが見渡せる。西南尾根は春先にはフクジュソウが咲くが、以前の群生地のような場所は失われている。

登り着いた**霊仙山最高点**は大小の石灰岩が散らばり、北方面の眺めがよい。わずかのアップダウンで、**霊仙山三角点**へ。近江側の眺望がすばらしく、琵琶湖や比叡、比良、野坂の山々が連なるように見える。

戻るように少し下り、登り返すと**経塚山**《きょうづかやま》だ。ここから北東に続く尾根の先に、避難小屋が見えている。この尾根は四丁横崖《よんちょうよこがけ》（漆ヶ滝分岐）、県境稜線を経て柏原登山口に出るコース（柏原道）だが、長い尾根歩きを強いられる。

経塚山からは、西方面に延びる榑《くれ》ヶ畑《はた》コースを下る。カルスト地形台地には、池やドリーネ（石灰岩地帯にできる円形、楕円形の窪地）が多く見られる。お虎ヶ池はその代表的なものだ。この付近は以前あったササ原が失われたこと

雨乞い伝説のあるお虎ヶ池。水は少ない

西南尾根の近江展望台付近からは鈴鹿の御池岳が見渡せる

で雨水が石灰岩を侵食し、登山道脇に穴や溝が生じた。

石灰岩台地から下っていくと、樹林帯に入る。新緑、紅葉のころはすばらしい。**汗ふき峠**は尾根の窪んだところ。ここで榑ヶ畑コースを離れ南面の大洞谷を下るが、急斜面のある荒れた谷だけに要注意。林道に出ると民家のある**落合**で、車道を10分ほどで**今畑登山口**に戻る。

■**サブコース**

**汗ふき峠**から米原市榑ヶ畑方面へ向かう場合は、榑ヶ畑コースをそのまま進む。避難小屋のかなや小屋から廃村の石垣など見て下ると**榑ヶ畑登山口**に着く。

（山本武人）

今畑に残る蔵。今畑は昭和54年に廃村

■鉄道・バス

往路・復路＝JR東海道本線南彦根駅から愛のりタクシーたが（要予約）で山女原へ。今畑登山口へ徒歩約40分。榑ヶ畑から登る場合は、JR東海道本線醒ヶ井駅からタクシーで醒井養鱒場へ。榑ヶ畑登山口へは徒歩1時間。

■マイカー

名神高速彦根ICから国道306号、県道17号で落合・今畑登山口へ。数台の駐車スペース程度だけに、シーズンは満車になることも多い。サブコースの起点となる榑ヶ畑登山口にあった駐車場は2024年現在閉鎖されており、約3・5㌔手前の醒井養鱒場（北陸自動車道米原ICから国道21号、県道17号経由約6㌔）の有料駐車場を利用する（駐車場を利用する際は前日までに養鱒センターきたがわ☎0749・54・0318へ要連絡）。醒井養鱒場～榑ヶ畑登山口間は徒歩約1時間。

■登山適期

3月下旬～12月中旬。積雪期はガスなどで迷いやすいので危険である。花の時期はフクジュソウが4月初旬。ヤマシャクヤクは5月中旬。

■アドバイス

▽登路の西南尾根は濡れるとすべりやすい石灰岩の道が続くだけに、悪天候時は要注意。下山路の榑ヶ畑コースも同様だ。

▽近年、霊仙山山頂や稜線は食害被害などでササが枯れて石灰岩が多く見られるようになり、ひと昔前の光景とは違う景色になった。そのため、貴重な花も少なくなっている。それにより、ルートがいたるところにつけられているので注意が必要である。また、霧・ガス発生時はワンデリングすることもあり、コンパス・地図の活用や経験者同行が必要。

■問合せ先

米原市シティセールス課☎0749・53・5140、多賀町産業環境課☎0749・48・8118、滋賀県長浜土木事務所☎0749・65・6640（治山工事問合せ）、愛のりタクシーたが（近江タクシー彦根）☎0749・22・1111、近江タクシー米原☎0749・62・0106

■2万5000分ノ1地形図

霊仙山・彦根東部

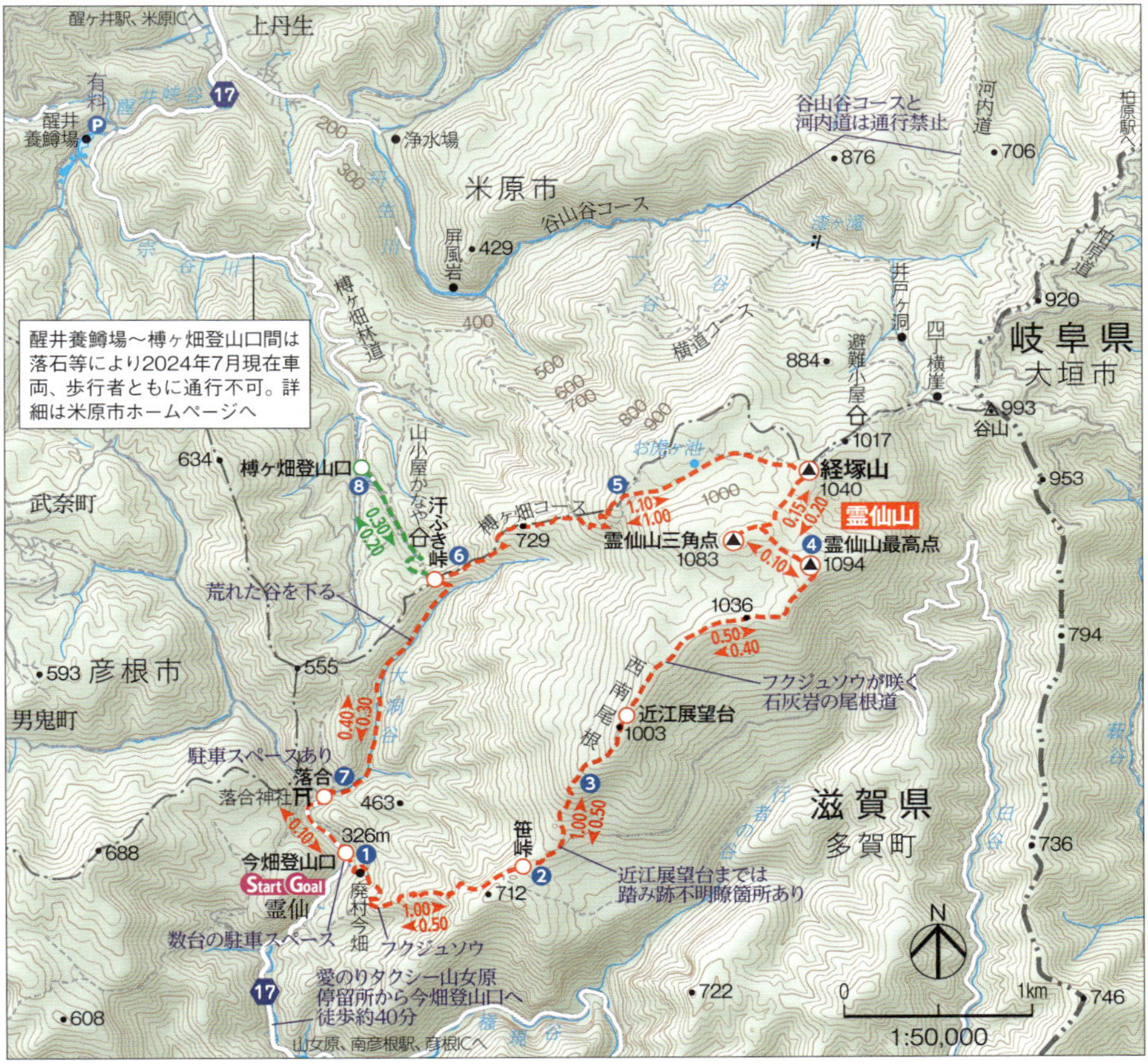


CHECK POINT

今畑登山口には登山届箱やタクシーを呼ぶ案内板がある。駐車スペースはわずか

笹峠から鈴鹿の御池岳を眺める。ここから西南尾根の登りに取り付く

西南尾根の近江展望台へ急坂を登る。足元の石灰岩は濡れているとすべりやすい

霊仙山最高点（1094m）の山頂。10mほど低い三角点へは10分ほど

石灰岩質の山らしく、コース上部には大きなドリーネが多くできている

汗ふき峠。名前通り、峠に立つ道はいずれも直下が急斜面になっている

大洞谷を下って落合へ。予約しておけばここからタクシーに乗車できる

※⑧のみサブコース

樽ヶ畑登山口。駐車場は閉鎖され、醒井養鱒場からここまで約3.5㌔歩く

05

# 御池岳《おいけだけ》

## カルスト地形の高原や大展望の鈴鹿山系最高峰

1247m（丸山）

日帰り

歩行時間＝6時間40分
歩行距離＝11・1km

技術度
体力度

コース定数＝27
標高差＝822m
累積標高差 ↗1064m ↘1064m

鈴北岳からは鈴ヶ岳がこんもりと見える。後方は琵琶湖や湖東平野

大展望のボタンブチ。正面やや左の富士のような山は天狗堂

鈴鹿山系最高峰である御池岳は山頂一帯に多くの池があり、石灰岩の岩が点在する様子は「日本庭園」と称される。展望もすばらしく、奥ノ平やボタンブチからは、鈴鹿の山並みが一望できる。滋賀県と三重県の県境にある山だが、山頂部はすべて滋賀県に属している。

御池岳へは本来は国道306号の鞍掛《くらかけ》トンネルから登るが、近年は落石・土砂崩れによる通行止めが頻繁している（冬季は積雪のため通行止め）。そのため、手前の**鞍掛橋**が登山口となる。

黒川谷に入ると、すぐに御池谷出合に出る。御池谷は通行不可につき橋を渡って林道を進むと、急斜面に巡視路がのびている。この道は下山で使用する。林道終点から谷を渡り、尾根上を登っていくと送電線鉄塔に出る。山腹を巻くように植林の中を進み、鞍掛トンネルからの登山道と合流してさらに登ると県境の**鞍掛峠**に出る。

■鉄道・バス
往路・復路＝JR東海道本線彦根駅から鞍掛橋までタクシー利用。JR東海道本線南彦根駅から大君ヶ畑（おじがはた）まで予約制乗合タクシー（愛のりタクシーたが）が運行されているが、鞍掛トンネルまで2時間近く車道を歩く必要がある。

■マイカー
登山口の鞍掛トンネル西口へは名神高速彦根ICからアクセスする。なお、鞍掛トンネルへは三重県側は問題なく入れるが、滋賀県側は通行止めが多い。そのため国道306号の鞍掛橋の遮断機付近の脇に車を停める。サブコースのミノガ峠へは、名神高速彦根ICから国道307号を多賀町霜ヶ原口へ。霜ヶ原から御池林道で峠へ向かう。多賀町役場前から峠まで約40分。

■登山適期
4〜11月が適期。4〜5月が花、新緑などいちばんよい。紅葉は10月中旬〜11月初旬。冬季は積雪も多い。

■アドバイス
▽鞍掛橋から歩く時は、歩行時間が長いので早めに出ること。ちなみに鞍掛トンネル西口駐車場まで車が入れた時は時間が短縮されるため、体力度も❤になる。
▽下山時に使う巡視路は急坂だけに、スリップに注意。
▽山頂部は、視界が悪い時は迷いや

御池岳最大の池・元池。中央の山は最高峰の丸山

峠からは、南にのびる県境尾根を登る。鉄塔をすぎると、展望のよい尾根道になる。この付近には早春、カタクリが見られる。巻道から平坦地に出る。ここが下山道の分岐となる。ササの枯れた草原の尾根を登ると、**鈴北岳**《すずきただけ》に出る。大展望の頂で、御池岳最高峰・丸山《まるやま》が正面に見える。

山頂からカルスト台地の中を下って元池への分岐に向かうが、天候不良時は注意が必要だ。分岐から右に進み、5分ほどで、山上でいちばん大きな元池に着く。

コースに戻り、登山道沿いの真ノ池を見て進むと、カタクリ峠や藤原岳方面への分岐に出る。ここから丸山へ、石灰岩の点在する道を登る。この付近はオオイタヤメイゲツの樹林があり、早春には林床にコバイケソウが一面に広がる。**丸山**山頂を踏み、好展望のボタンブチに向かう。急峻な崖上から、鈴鹿の山並みが眺望できる。

少し先の幸助《こうすけ》ノ池にも立ち寄って、奥ノ平へ登っていく。ひと昔前のササ原はすっかり失われ、丸裸の高原になっている。ただ、そのぶん眺めは最高である。

奥ノ平から**丸山**へ出て、往路を**鈴北岳**へ。さらに県境尾根を平坦地へと下る。ここから西へ続く送電線巡視路を下るが、下り口は不明瞭だけに、初心者は往路をそのまま下山しよう。急坂の尾根になると踏跡もしっかりし、やがて鉄塔に出る。2つ目の鉄塔を過ぎ、最後は急斜面を下って黒川谷の林道へ。ここから**鞍掛橋**に戻る。

**■サブコース**　近年御池岳を含む鈴鹿10座を選定した東近江市からのサブコース。マイカー限定だが、近江側の自然を楽しめる。

**ミノガ峠**から御池林道を東に下った場所に作業道がある。この道をしばらく進み、送電線巡視路に入る。鉄塔をすぎて谷を越えるように植林の中を登ると、**境界尾根**上の鉄塔に出る。2つ目の鉄塔も見て登ると**鈴ヶ岳**の山頂だ。

山頂からはヒルコバへ下るが、この付近は落葉広葉樹と苔の岩が美しい。ヒルコバから少し登って稜線を行くと、メインコースの**鈴北岳**山頂に出る。

（山本武人）

＊コース図は26ページを参照。

すい。初心者はもちろん、熟練者でも注意が必要だ。
▽サブコースのミノガ峠からの往復は、鉄塔を目印に境界尾根に出る。また、御池岳は近年鈴鹿10座に選定されたが、境界尾根（鈴ヶ岳付近）はまだ登山者も少ないので、夏草が茂る時は道をしっかりと確かめる。

**■問合せ先**
多賀町産業環境課☎0749・48・8118、東近江市森と水政策課☎0748・24・5524、近江タクシー彦根☎0749・22・0106、愛のりタクシーたが（近江タクシー彦根）☎0749・22・1111

**■2万5000分の1地形図**
篠立

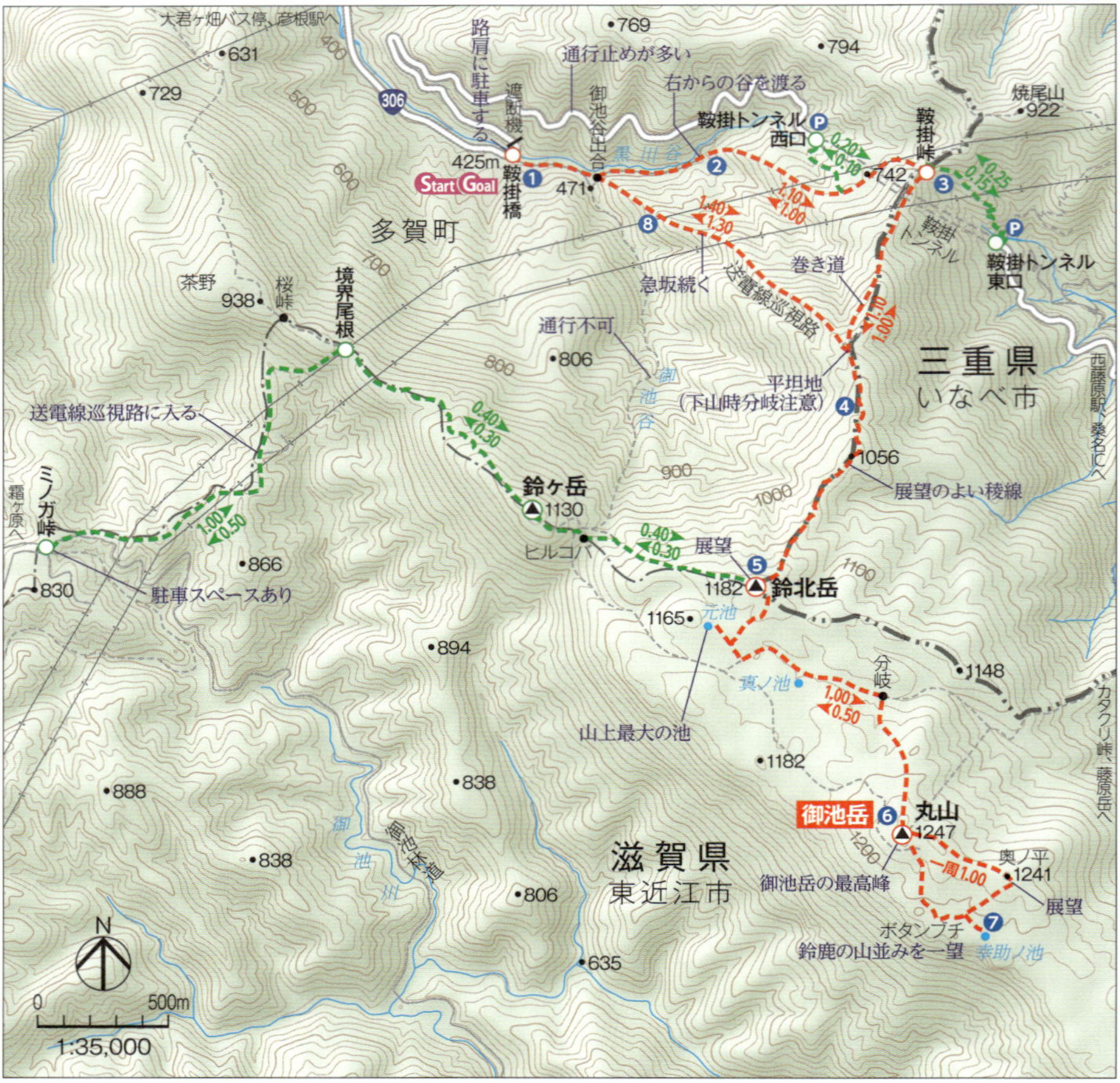


## CHECK POINT

1 国道306号の鞍掛橋。鞍掛トンネルまでが通行止めの時はここから登る

2 黒川谷の道から巡視路に入る場所。ここから谷を渡って鞍掛峠へ登る

3 お地蔵さんが祀られている鞍掛峠。三重県側からの道が合流する

4 鈴北岳（右手）に登っていく稜線はササが枯れて草原になっている

5 大展望が広がる鈴北岳山頂。北方面に霊仙山、伊吹山が見える

6 丸山の山頂。ここが御池岳でいちばん高い場所だ

7 ボタンブチから奥ノ平に向かうあたりもササが枯れて丸裸になっている

8 県境尾根から送電線巡視路に下山する場所からは国道306号が見える

# 06 四季を通じて楽しめる人気の山を竜王山とセットで登る

# 綿向山

わたむきやま
1110m

日帰り

歩行時間＝5時間45分
歩行距離＝10・1km

技術度
体力度

コース定数＝**24**
標高差＝764m
累積標高差 988m 988m

西面の日野町から眺めた綿向山（中央の山）

滋賀県側にある鈴鹿山系の中で、最も人気のある山が綿向山だ。地元の日野町では標高にかけた11月10日を、「綿向山の日」に制定している。近年は冬季の樹氷登山が人気で、正月や1月の週末を中心に盛んに登られる。登山道は初心者向けの表参道、中級者向けの北参道や竜王山《りゅうおうざん》縦走コースなどがあり、駐車場や山小屋（無人）、トイレも整備されている。古くからの信仰の山でもあり、山頂には大嵩《おおだけ》神社が祀られている。また、山中には石灰岩が花崗岩により変質した接触変質地帯があり、国の天然記念物に指定されている。

起点は**西明寺《さいみょうじ》口バス停**。バスが少なく、本数の多い北畑《きたはた》口バス停から歩くと40分ほど。バス停のそばにはトイレがある。ここから車道を歩く。すぐに分岐に出るが、まっすぐ進む。なお、右に進むと**御幸《みゆき》橋駐車場**があり、マイカー登山の場合はここに車を停める。車道を上って数軒の民家を通り過ぎ、右にのびる林道を行くと、**竜王山登山口**がある。

登山道は、最初から急坂が続く。やがて、千畳《せんじょう》平と呼ばれる平坦な場所に出る。階段状の急坂を終えると**竜王山**の山頂だ。3等三角点は、少し下がった場所に設置されている。

山頂からアップダウンのある尾根を行く。アセビの多いところを過ぎると、鉄塔に出る。ここからは、綿向山が谷を隔てて真正面に見える。2つ目の鉄塔を過ぎ、送電線巡視路に入りこまないように注意しながら尾根を歩く。

ガレたピークを越えると鞍部に

＊コース図は28・29㌻を参照。

行者堂前に広がるブナ林の樹氷。冬山で人気のある場所だ

■鉄道・バス

JR東海道本線近江八幡駅から近江鉄道バス・日野町営バスで西明寺口へ（北畑口乗り換え）。日野町営バス（日曜・祝日運休）は本数が少なく、近江八幡駅または近江鉄道本線日野駅からタクシー利用も考慮したい。

■マイカー

名神高速竜王ICから国道477号経由で御幸橋駐車場（約50台）へ。新名神高速甲賀土山ICからもアクセスできる。竜王山登山口にも数台の駐車スペースあり。トイレは西明寺口バス停にある。

■登山適期

新緑は5月初旬から6月初旬。紅葉は10月中旬〜11月初旬。樹氷・冬山登山が多いのはお正月。1月中の日曜・祝日も多い。

■アドバイス

▽逆コースは竜王山コースが急坂のため、初心者は避けた方がよい。

▽表参道コースにはヒミズ谷出合小屋やあざみ小屋、五合目小屋があり、万が一の時に心強い。コース自体もよく整備されている。

▽北参道コースは林道歩きが長いが、竜王山登山口にマイカーを駐車した時には便利。

■問合せ先

日野町商工観光課☎0748・52・6562、日野観光協会☎0748・52・6577、近江鉄道バス八日

出る。ここからはロープのある急坂を、慎重に登っていく。登り着いたピークは、シャクナゲの群生地だ。さらに進むとブナの木が見られるようになり、最後の坂を登ると、雨乞岳《あまごいだけ》からの主稜線に出る。ここからは、綿向山が目前に迫っている。冬道との分岐手前に、2本のブナの間に橋がかかったような変形ブナがある。「幸福ブナ」と称されており、くぐる人も多い。

冬道分岐からわずかの登りで**綿向山**に着く。山頂には大嵩神社の祠と鳥居が立ち、冬季なら樹氷に覆われた、幻想的な風景が広がる。石積みの青年の塔もあり、鈴鹿の山々を見渡すことができる。また、好天なら比良山系や琵琶湖、遠くアルプスの山々も一望できる。

下山は、冬なら先ほどの分岐に戻り、夏道ならば鳥居下を下る。いずれの道も七合目行者堂で合流する。このあたりはブナ林で、新緑や紅葉、冬季の樹氷が見られる。緩やかな道を下ると**五合目小屋**に出る。立派な小屋で、冬季は寒さをしのげる。

ここで道は表参道と北参道に二分する。表参道は、あざみ小屋を通って植林帯の中を大きくジグザグに下り、ヒミズ谷小屋を経て**御幸橋駐車場**に出る。あとは車道を**西明寺口バス停**へと向かう。

一方の北参道は、**五合目小屋**から植林帯に入り、鹿よけの扉を抜

## CHECK POINT

1 西明寺口バス停から1時間ほどの竜王山登山口。数台の駐車スペースがある

2 竜王山山頂。3等三角点は少し先の左手にある。ここから綿向山へ2時間弱

3 綿向山稜線に出る最後の急登場所。逆コースで歩く際はとくに注意

4 竜王山縦走コース上部にある変形ブナ。内部をくぐり抜けることができる

5 冬の綿向山山頂。鳥居も樹氷に包まれる

6 避難小屋の五合目小屋から、竜王山縦走コースの鉄塔がある尾根を望む

市営業所（日野町営バスも）☎0748・22・5511、近江タクシー日野☎0748・37・0106

■2万5000分ノ1地形図
日野東部

けて林道に出る。この林道を下った先の広場が奥の平橋。橋を渡って林道を歩く。車両進入禁止のゲートを過ぎると、往路の**竜王山登山口**に戻ってくる。

（山本武人）

綿向山山頂にある青年の塔と鈴鹿の山々の眺め

07

# 那須ヶ原山・油日岳

## 鈴鹿最南部。起伏に富んだ縦走路で神の山をつなぐ

なすがはらやま 800m
あぶらひだけ 693m

**日帰り**

歩行時間＝6時間15分
歩行距離＝14・4km

技術度 ■■□□□
体力度 ■■□□□

コース定数＝25

標高差＝588m

累積標高差 ↗837m ↘895m

甲賀の名山にふさわしく、大きな山容の那須ヶ原山

油日岳からの湖南方面。右奥の三角形は近江富士

鈴鹿山脈の最南端に位置する那須ヶ原山から油日岳の山稜は、起伏に富んだ縦走を楽しめるコースである。スケールは小さくなるものの、やせ尾根や岩場などエレメント（構成要素）は鈴鹿らしい特徴を備えている。

大原貯水池の入口にあたる**大原ダムバス停**まで、ＪＲ草津線甲賀《こうか》駅からタクシーを利用する。貯水池南岸から不老《ふろう》谷の林道を進んで**参道橋**を渡る。近年の水害で谷筋のルートは川のようになり、道を確かめながら黒部ノ滝の下まで達する。本流を左岸へ渡って尾根に取り付くと、以前と変わらない石段の道になる。植林地は展望がよく、大原貯水池の水面が青く光る。

大鳥神社奥宮の祠と参籠所が現れると**那須ヶ原山**の山頂だ。東へ少し進むと主稜に出合い、右折（南）して油日岳を目指す。間に10以上のピークが連なる縦走路は険しく、岩場とガレを伴っているので足もとには気をつけよう。686メートル標高点の近くには、小規模ながらキレットがある。

**三国岳**《みくにだけ》で南にある旗山《はたやま》への尾根が分岐する。ザレ場をたどって北に方向を転じると、下山する参道が右手から合わさる。ほどなく、スギやヒノキが目立つ**油日岳**の山頂に着く。岳大明神の祠があり、すぐ先の参籠所では甲賀の平野部

■鉄道・バス
往路＝ＪＲ草津線甲賀駅から予約型公共交通「おおはらデマンド」またはタクシーで大原ダムバス停へ。おおはらデマンドの午前便はお盆と年末年始は運休。
復路＝ＪＲ草津線油日駅。油日岳登山口もしくは油日神社から油日駅へタクシーも利用できる。

■マイカー
新名神高速甲南ICから寺庄・甲賀を経て大原貯水池へ約20キロ（駐車スペースは少ない）。下山のことを考え、油日神社にデポしておきたい（駐車場あり）。

■登山適期
新緑と紅葉の季節がベストシーズン。冬季でも積雪は比較的少ないが、季節風は強いのでやせ尾根の登降に注意したい。

■アドバイス

を見下ろすことができる。

先ほどの分岐まで戻り、急坂を注意して下り河内谷林道に出る。油日川上流の右岸につけられた道は松林に入り、途中で分かれる右手の道は油日岳登山口を経てJR草津線油日駅に続く。左手の道は甲賀の総社であり、油の神で知られる**油日神社**に向かう。どちらの道も集落内で合流し、大鳥居をくぐって右折（北西）すると**油日駅**にいたる。

（竹内康之）

▽水害の痕跡が各所で見られる。不安定な土砂が堆積しているところは、その様子を見極めよう。

▽那須ヶ原山から櫟野へ下る登山道は斜面の崩落により通行不可。

■問合せ先

甲賀市観光企画推進課☎0748・69・2190、甲賀地域市民センター☎0748・88・4101、滋賀タクシー甲南営業所（JR草津線寺庄駅）☎0748・86・4181（おおはらデマンドの予約も受け付けている）

■2万5000分ノ1地形図

鈴鹿峠・甲賀

## CHECK POINT

1 大原ダムバス停の東側にある那須ヶ原山登山道の入口

2 林道が左右に分かれる参道橋。那須ヶ原山へは橋を渡って直進する

3 支流に懸かる黒部ノ滝。散らばる岩石に注意して本流を少し遡る

4 那須ヶ原山の参籠所。三角点は裏側に埋設してある

5 キレット。ロープがフィックスされているが、慎重に行動しよう

6 油日神社。本殿や回廊・楼門など、厳かな空気が漂う

# 08 山と水郷・城下町で近江八幡を満喫する
# 八幡山

**日帰り**

はちまんやま　272m
（最高地点＝278m／望西峰）

歩行時間＝2時間45分
歩行距離＝4・6km

技術度　体力度

コース定数＝11
標高差＝191m
累積標高差　402m　399m

二ノ丸址の眺望。西の湖と安土山の彼方に鈴鹿の山が連なる

近江八幡の背後にある八幡山は、南麓の日牟禮《ひむれ》八幡宮にちなむ山名であり、鶴が翼を広げたような様子から「鶴翼《かくよく》山」とも呼ばれる。山上には羽柴秀次によって築かれた城跡があり、琵琶湖や西の湖を前に、比良や鈴鹿の山々を望むことができる。山麓には近江商人の故郷らしい古い町並みと水郷があり、旅気分をいっそう引き立ててくれる。

JR東海道本線の近江八幡駅北口から、長命寺方面へ行くバスに乗車して**渡合《わたらい》バス停**で下車。水路に架かる渡合橋を渡って、**百々《もも》神社**の登山口に向かう。

城跡に建つ村雲御所瑞龍寺

標高200メートルほどの山稜だが、道は広葉樹の多い尾根についており、林床にはオオイワカガミが群生する。「**望西峰**《ぼうせいほう》」と呼ばれる最高峰は、樹木に覆われる。急坂を下って南の鞍部に出ると、東のヴォーリズ記念病院へ続く道が左に分かれる。

展望のよい**北之庄城跡**付近は尾根が広いので、コースに注意したい。あちこちに曲輪跡を思わせる平坦地が見られる。北ノ丸址の石垣を回りこめば**八幡山**で、4等三角点のある広場からは、長命寺や奥島山《おくしまやま》（津田山）方面が眺められる。西ノ丸址では視野一面に琵琶湖が横たわり、対岸の比良山系が美しい。

本丸址に建つ**村雲御所瑞龍《ずいりゅう》寺**は京都から移築された建物で、ロープウェイを利用した観光客の姿が急に増える。二ノ丸址では、八

**■鉄道・バス**
往路＝JR東海道本線近江八幡駅北口から近江鉄道バスで渡合へ15分。
復路＝八幡堀（大杉町）八幡山ロープウェー口から近江鉄道バスで近江八幡駅へ15分。

**■マイカー**
名神高速蒲生スマートICから雪野山の東側を北西へ。国道8号の六枚橋交差点を経て近江八幡市街へ約10キロ。小幡町に観光駐車場（約80台）がある。渡合へは小幡町資料館前バス停から近江鉄道バスに乗車。

**■登山適期**
一年を通じてよく歩かれる。

**■アドバイス**
▽道はよく整備され、ファミリーでも手軽に楽しめる。
▽行動時間が短いので、西の湖の水郷風景や八幡堀・伝統的建造物群・ヴォーリズの住宅を一緒に訪ねたい。

**■問合せ先**
近江八幡市観光政策課☎0748・36・5573、近江八幡駅北口観光案内所☎0748・33・6061、近江鉄道バスあやめ営業所☎077・589・2000、八幡山ロープウェー☎0748・32・0303

**■2万5000ノ1地形図**
近江八幡

幡市街と安土山《あづちやま》から繖《きぬがさやま》山の山並みを望むことができる。

　八幡城址駅の前から山道を下って、小さな鳥居で右折する。八幡公園からの道が右手（西）から合流し、静けさが戻った尾根を**日牟禮八幡宮**に下山する。孫六水仙の碑で境内に降り立ち、右手に進めば本殿だ。八幡堀を渡ると正面が白雲館で、近くに**八幡堀（大杉町）八幡山ロープウェーロバス停**がある。

（竹内康之）

山麓から見上げる八幡山。駅舎の右上が二ノ丸址の展望台

CHECK POINT

長命寺川を南に渡った百々神社。標識を確認して社殿の右手（南）から尾根に取り付く

▼

木々に覆われた望西峰の山頂。見晴らしはきかないが、好ましい雰囲気に包まれる

▼

広葉樹の林が広がり、琵琶湖が見下ろせる北之庄城跡付近は休憩にふさわしい

▼

石垣が張りめぐらされた北ノ丸址広場。北側の展望に優れ、長命寺港も近い

▼

参拝者の姿が絶えない日牟禮八幡宮本殿。参道を通って市街地へ

09

幻の宮跡から修験の山で甲賀をめぐる

# 飯道山

はんどうさん
664m

日帰り

歩行時間＝3時間40分
歩行距離＝11.3km

技術度

体力度

コース定数＝15

標高差＝501m

累積標高差 ↗495m ↘616m

東山麓の三大寺から見上げる飯道山の山稜

修験の山として知られる飯道山は「近江の大峰山」ともいわれ、奈良時代には寺院が開かれていた。現在は飯道神社があるだけで、付近に坊院があったと思われる石垣と平坦地が残っているに過ぎない。霊山の雰囲気と歴史を感じながら史跡をめぐるコースは、標識が完備しているので初級者でも安心だ。

鮮やかな朱色によみがえった飯道神社本殿

信楽高原鐵道**紫香楽宮跡《しがらきぐうし》駅**から、紫香楽宮跡（国史跡）の標識を頼って住宅地を西に進む。緑濃い林の中に礎石が並び、調査で甲賀寺の跡と確認された。

新名神高速道路の下をくぐり、宮町《みやまち》を目指して北に向かう。飯道神社の鳥居から山手に入る。北側のゴルフ場に沿って駐車場がある**登り口**まで車道を歩き、小さな鳥居をくぐって白髭神社の前からつづら折りの参道を登る。

石垣に出合えば左手に**飯道神社**がある。参拝後、その石垣の上から登山道に入る。すぐ木喰《もくじき》応其《おうご》上人

■鉄道・バス
往路＝信楽高原鐵道紫香楽宮跡駅。
復路＝JR草津線・近江鉄道本線・信楽高原鐵道貴生川駅。

■マイカー
新名神高速信楽ICから宮町を経て飯道神社の鳥居へ。中腹の登り口に駐車場がある（ICから約3キロ）。貴生川駅へ下山後、信楽高原鐵道で戻る。三大寺登山口に駐車場はない。

■登山適期
年中登れるが、マツタケシーズン（9〜11月）は、コース以外への立ち入り不可。

■アドバイス
▽岩石が不安定な左羅坂は慎重に歩くこと。
▽逆コースの場合、三大寺林道から左羅坂へのルートをよく確認しよう。林道（左）と作業道（右）が相次いで分かれる。

■問合せ先
甲賀市観光企画推進課☎0748・69・2190、信楽地域市民センター☎0748・82・1121、信楽高原鐵道☎0748・82・3391

■2万5000分ノ1地形図
水口・三雲

飯道山山頂。奥の三角形の山は「近江富士」（三上山）

の入定窟があり、いったん林道に出て再び山道に進路をとる。尾根道が東へ曲がればまもなく**飯道山**である。

山頂から南東へ下ると**杖ノ権現茶屋休憩所**に出る。山腹を横断してきた飯道神社からの林道が合流し、南の尾根に向けてのびている。東の谷間に下る道は左羅《ざら》坂（陀羅坂）といい、暗い植林地に足場の悪い道が続く。送電線を過ぎると三大寺《さんだいじ》林道で、道はよくなる。

休憩所がある**岩壺不動尊**を見てなおも下ると、右手に山上《やまがみ》方面の道が分かれる。貴生川《きぶかわ》へは左の尾根道で、途中に石仏や丁石がある。広域農道を陸橋で越えると**三大寺登山口**だ。日吉神社の鳥居を見て**飯道寺**の前を東に向かう。三本柳から杣川《そま》に架かる北杣橋を渡り、上流へ向かう。駅前からの道路で左折すると、ＪＲ草津線**貴生川駅**に着く。

（竹内康之）

## CHECK POINT

1

聖武天皇の時代に造営された紫香楽宮跡（写真は中門の礎石）。中心区域は北にある宮町遺跡

2

安土桃山時代の真言宗の僧・木喰応其上人の入定窟と五輪塔。周辺は坊院の平坦地があちこちにある

3

杖ノ権現茶屋休憩所。この先は左羅坂の標高差約120mの急な下りが待ち受けている

4

大看板がある三大寺登山口。東面の水口方面の眺望がよい。のどかな里の景観を楽しみながら貴生川駅へ

# 10 岩場と展望に恵まれる秀峰「近江富士」

# 三上山

みかみやま
432m

**日帰り**

Ⓐ歩行時間＝5時間15分　歩行距離＝10.0km
Ⓑ歩行時間＝4時間10分　歩行距離＝9.2km

技術度（Ⓐ・Ⓑ）
体力度（Ⓐ・Ⓑ）

コース定数＝Ⓐ19 Ⓑ14

標高差＝Ⓐ・Ⓑ334m

累積標高差　Ⓐ↗631m ↘631m　Ⓑ↗370m ↘370m

QRコードは38ページコース図内に記載

円錐形の美しい姿で讃えられる三上山は、「近江富士」として多くの人々から親しまれている。東海道新幹線や名神高速道路からもひと目でわかる山容は、近江を代表する山のひとつである。御上《みかみ》神社の神体山であり、俵藤太の百足《むかで》退治伝説でも知られる。

**Ⓐ表登山道～山頂～北尾根縦走**

JR東海道本線**野洲《やす》駅**の南口から朝鮮人街道を右折し、中山道と合流して背競《せくらべ》地蔵尊の前を通る。行畑《ゆきはた》交差点から**御上神社**（野洲駅からバス6分）に立ち寄り、三上交差点から**表登山道登山口**へ。

三上集落から急な石段を登ると、天保義民碑から来る道を合わせて**妙見堂跡**に出る。中腹を周回する中段の道を左に分け、再び急坂になれば割《われ》岩だ。岩の間がルートだが、巻道もある。巨岩が目立つようになり、手すりのついた岩場を登りきると、奥宮の鳥居と祠が建つ**三上《みかみ》山《やま》山頂**に躍り出る。

近江富士花緑公園への道を下り、中段の道が合流すると左折して、その道を北に向かう。まもなく**東光寺越《とうこうじごえ》**

北西の妙光寺から仰ぎ見る三上山

■鉄道・バス
往路・復路＝コースⒶ・ⒷともJR東海道本線野洲駅。野洲駅から御上神社へ滋賀バスが運行。

■マイカー
名神高速栗東ICから国道8号で御上神社へ4.5キロ、約10分。御上神社の駐車場（無料・70台）を利用する。

■登山適期
四季を通じて登れるが、9～11月は入山禁止のエリアが多い（旗振山・福林寺磨崖仏など）。三上山（表登山道・裏登山道）のみ入山可能。ただし入山料（初穂料）を御上神社社務所か観光案内所（野洲駅前）で支払う必要がある。近江富士花緑公園からのコースは通年通行可能。

■アドバイス
▽岩場と風化した尾根が多く、初心者や家族での行動は滑落・転落に注意しよう。
▽その他のコースとして、北尾根縦走路～妙光寺山～稲荷神社（約1時間）、東光寺越～近江富士花緑公園（約15分）などがある。

■問合せ先
野洲市商工観光課☎077・587・6008、御上神社☎077・587・0383、滋賀バス甲西営業所☎0748・72・5611

■2万5000分ノ1地形図
野洲

三上山の奥宮前にある岩場は展望がよく、野洲川と湖南の山々が近い

## CHECK POINT —Ⓐ表登山道

表登山道登山口。住宅の間を通って取り付く。ここまで野洲駅から45分

上から見る割岩。取り付きはクサリがあり、上部は岩の間を体をよじって抜ける

三上山の山頂に建つ奥宮。奥の木立の中が最高地点となる

旗振山（相場振山）の山頂。旗振り通信の旗を立てた岩が残る

から北尾根縦走路が右に分かれ、旗振山《はたふりやま》（相場振山《そうばふりやま》）まで、風化したやせ尾根が続く。**妙光《みょうこう》寺山《じやま》分岐**で北東の尾根に入る。急な道を峠（野洲中越）に下り、少し西に下った田中山登山口から再び尾根に取り付く。歩きづらい道を**田中山**まで達し、少し下って上れば眺望のよい**旗振山**（相場振山）だ。

北側へ回りこむように進み、西側の尾根道を下る。岩谷墓地から自転車道を野洲中学校方面に行くと、山手に**福林寺磨崖仏**がある。少し北側で平地に下り、稲荷神社の前から中山道を通って**野洲駅**へ戻る。

### Ⓑ裏登山道～山頂～御池

Ⓐの**表登山道登山口**の先に裏登山道の登山口がある。天保義民碑と保民祠がある広場から、妙見堂跡への道を左に分け、急な坂道を登ると女山との鞍部にあたる**打越**《うちこし》に出る。ここから尾根に向かい、岩場と階段を登ると東竜王の祠を経て、**三上山**山頂に建つ奥宮の鳥居前に登り着く。

近江富士花緑公園の遊歩道まで下り、山腹の道を利用して「こかげのコル」まで進む。すぐに**東光寺越**で、西側の緩やかな境谷を登山口へ降りる。右折した山懐に**出世不動明王**があるので、参拝してこよう。

**登山口**に戻って**御**《お》**池**の南側をたどり、三上神社の参道入口を経て妙光寺へ出る。あとは**野洲駅**へ向かう。

（竹内康之）

## CHECK POINT —Ⓑ裏登山道

天保義民碑。幕府の不当な検地に抗議した一揆を偲ぶ石碑。すぐ横には保民祠が立っている

女山との鞍部で、広場になった打越。ここから上部は岩場が続くので、慎重に登っていこう

東光寺越の峠。北尾根縦走路と、近江富士花緑公園から境谷に越える道が交差する場所だ

静かな境内に読経の声だけが聞こえる出世不動明王。境谷登山口から15分ほどなので、立ち寄ってこよう

＊コース図は38ページを参照。

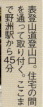

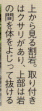

近江八幡駅へ
彦根へ
久野部
太岩山古墳群
京セラ滋賀野洲工場
栄
歴史民俗博物館
東海道本線
東海道新幹線
朝鮮人街道
Start Goal
野洲駅
98m
野洲市役所
小篠原
中山道
福林寺磨崖仏
旗振山
(相場振山)
ところどころザレあり
293
田中山
稲荷神社
野洲中学校
岩谷墓地
急坂
眺望のよいピーク
田中山登山口
峠(野洲中越)
大津駅・京都駅へ
行畑
背競地蔵尊
野洲高
野洲市
妙光寺山磨崖仏
267
妙光寺山
妙光寺山分岐
妙光寺交差点
妙光寺
三上神社
出世不動明王
北尾根縦走路
岩場・ザレ続く
森林センター前
林業普及センター
102
御池
境谷登山口
東光寺越
わくわく学習館
174
こがけのコル
北尾根縦走路に入る
中段の道
遊歩道
近江富士花緑公園
ふるさと館前
三上
表登山道登山口
妙見堂跡
表登山道
割岩
急坂
三上山
432
(近江富士)
二越
花緑公園ロッジ
花緑公園
御上神社
三上交差点
悠紀斎田記念田
山出前
裏登山道登山口
天保義民碑
裏登山道
東竜王
近江富士花緑公園の遊歩道をたどる
国宝の本殿や重文の楼門・拝殿などが広い神域に点在
天保義民碑の標石がある
打越
女山
300
200
118
北桜
野洲川大橋
122
111
栗東ICへ
野洲川
近江富士
500m
1:25,000
155
150
324
325
504
8
27
0.40
0.30
0.15
0.45
0.35
0.05
0.20
0.25
0.50
0.55
0.05
A
B

# 11 竜王山

りゅうおうざん
605m

## 金勝の山々が満喫できる、巨岩と奇石のパノラマルート

日帰り

歩行時間＝5時間15分
歩行距離＝10・2km

技術度
体力度

コース定数＝19
標高差＝440m
累積標高差 594m 594m

北面の岩尾根から望む竜王山

落差20mの落ヶ滝

狛坂磨崖仏。国の史跡だ

天井川で知られる草津川の上流は花崗岩の山々が連なり、「金勝《こんぜ》アルプス」と呼ばれて登山者から親しまれてきた。山中には奈良時代に開かれた寺院や磨崖仏が点在し、仏教文化に触れる魅力もある。

**上桐生《かみきりゅう》バス停**から歩きはじめる。一丈野《いちじょうや》自然休養林の駐車場から北谷林道へ入る。まもなく右手の落《おち》ヶ滝への道に入り、奥池を見て谷沿いに進む。

「たまみずきの道」と名づけられた林道を横断すると、標高230《メートル》で**鶏冠山《とさかやま》への道が分かれる**。右に進むと、ほどなく**落ヶ滝**への道が右へ分岐するので往復してこよう。分岐に引き返し、道は岩場の北側を大きく高巻く。落口の上部にナメが続く緩やかな谷を遡るが、1箇所スラブがあるので、慎重にルートを見極めたい。

鶏冠山からの**北峰縦走線出合**で尾根に達し、その後は風化した岩の道になる。いったん東側の小谷に下り、南側へ回りこめば天狗岩の取り付きだ。**耳岩**（展望岩）も東側を迂回して登る。階段の続く道を登りきると**白石《しらいし》峰**で、東にある茶沸《ちゃわかし》観音を経て**竜王山**を往復する。余裕があるなら、馬頭観音堂から林道で金勝《こんしょう》寺まで行くのもよい。スギの巨木と仁王門・参道が美しい（拝観有料）。

**白石峰**から重《かさね》岩や国見岩を見て西側の谷へ降りると、林の中に**狛坂《こまさか》磨崖仏**が現れる。谷沿いに下り、桐生辻からの道が左から合流すると美しい自然林の南谷林道になる。水晶谷が右手から合流し（**水晶谷出合**）、約500《メートル》で新名神高速道路の下をくぐる。**さかさ観音**

■鉄道・バス
往路・復路＝JR東海道本線草津駅から帝産湖南交通バスで終点の上桐生下車（30分）。

■マイカー
名神高速草津田上ICから県道2号を東に進み、県道108号に入って一丈野自然休養林駐車場へ約6《キロ》（有料）。

■登山適期
四季を通じて楽しめるが、鶏冠山東

天狗岩に集う登山者

のあずまやが流れの向こうに見えれば、オランダ堰堤は近い。ヨハネス・デ・レーケの胸像を見て右岸に渡り、駐車場を右に見て**上桐生バス停**へ帰り着く。

**■サブコース**

トサカのように小ピークを連ねる鶏冠山は湖南の平野部に張り出した尾根の先端にあり、最近では「けいかんざん」とも呼ばれる。

メインコースの**鶏冠山分岐**から左手の谷筋を遡ると、やがて北谷林道からの道が合流する。急峻な尾根をいっきに登れば、**鶏冠山**の頂嶺だ。すべりやすい急坂を南へ下ると、鞍部で落ヶ滝からの道が合流する（**北峰縦走線出合**）。

天狗岩を経て**耳岩**から西に向かえば、水晶谷へ下りることができる。スリルに富むコースで、上部はザレと風化した岩尾根が続く。桐生キャンプ場へ下るコースが右（北西）に分かれる岩（天狗岩線分岐）で左へ下ると、**水晶谷出合**に出る。

（竹内康之）

## CHECK POINT

1 上桐生の一丈野自然休養林駐車場入口。案内標識とトイレが設置されている

2 北峰縦走線出合。竜王山へは南に向かう。北は鶏冠山に登れる

3 天狗岩へはガリーとチムニーのようなところや、鉄橋のかかる別コースもある

4 白石峰に立つ標識。耳岩・竜王山・狛坂磨崖仏への分岐ピークだ

5 竜王山山頂直下にある金勝寺八大龍王の小祠。最高地点に4等三角点がある

6 奈良時代に良弁が開基した天台宗の寺院・金勝寺の参道（サブコース）

7 さかさ観音は鎌倉時代初期の三尊石仏で、バランスを失い逆さになった

8 鶏冠山。山頂周辺は落葉広葉樹が多い（サブコース）

面や北峰縦走線の東側はマツタケ山なので、9～11月は立ち入らないこと。ツツジが多く、春は山がピンクに染まる。

**■アドバイス**

▽風化した花崗岩はボロボロですべりやすいため、鶏冠山・水晶谷はより慎重に行動しよう。

▽冬季は谷筋が氷化することもあるため、慎重に行動すること。

▽オランダ堰堤は、技師ヨハネス・デ・レーケの指導によって明治22（1889）年に完成した階段積み（ヨロイ積み）の砂防ダム。近くにデ・レーケの胸像が立っている。

ヨハネス・デ・レーケの胸像

**■問合せ先**

大津市観光振興課☎077・528・2756、びわ湖大津観光協会☎077・528・2772、栗東市商工観光労政課☎077・551・0236、栗東市観光協会☎077・551・0126、金勝寺☎077・558・0058（里坊）、帝産湖南交通草津営業所（バス）☎077・562・3020

**■2万5000分ノ1地形図**

瀬田・三雲

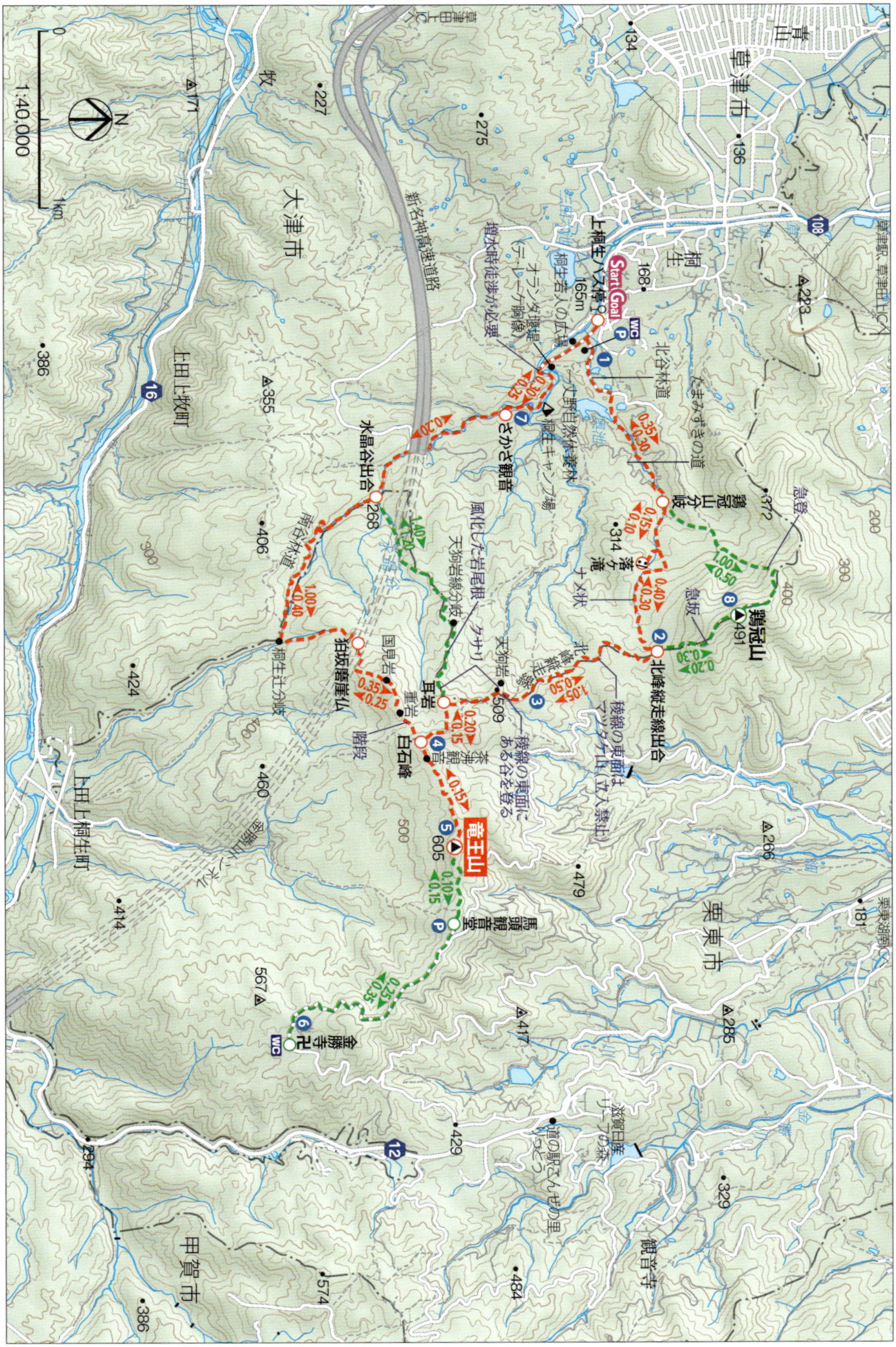

1:40,000
1km
大津市
草津市
栗東市
甲賀市
上田上牧町
上田上桐生町
桐生
新名神高速道路
上桐生バス停
Start Goal
165m
桐生若人の広場
オランダ堰堤（デ・レーケ堰堤）
増水時徒渉が必要
北谷林道
たまみずきの道
鶏冠山分岐
落ケ滝
ナメ状
鶏冠山
491
急坂
急登
北峰縦走線出合
北峰縦走線
稜線の東面はマツタケ山（立入禁止）
さかさ観音
大野自然休養林
桐生キャンプ場
水晶谷出合
268
南谷林道
桐生辻分岐
風化した岩尾根
天狗岩線分岐
天狗岩
509
稜線の東面にある谷を登る
耳岩
茶沸観音
白石峰
国見岩
重ね岩
狛坂磨崖仏
階段
竜王山
605
馬頭観音堂
金勝寺
道の駅こんぜの里りっとう
観音寺

岩場とガレが点在する堂山。遠景右は三上山（笹間ヶ岳から）

# 12 岩尾根とガレ、渓流、そして湿地が織りなす美しい里山

# 堂山・笹間ヶ岳

どうやま 384m
ささまがだけ 433m

日帰り

歩行時間＝6時間
歩行距離＝11・1km

技術度
体力度

コース定数＝23
標高差＝340m
累積標高差 787m 794m

瀬田《せた》川の東側に、標高は低いものの各所で露岩の見られる山々が並び立つ。堂山と笹間ヶ岳は最も人里に近く、周囲からもよく目立つ山容だ。変化に富む岩場と渓流。田上《たなかみ》の山々は、登山者にとっても魅力的で楽しい。

ＪＲ東海道本線石山駅・京阪石山坂本線京阪石山駅から田上車庫行きのバスに乗車し、**新免《しんめ》バス停**で下車。集落の東側にある**新宮神社**から山手に取り付く。尾根は登るにつれて岩場が続くようになり、ロープが固定されたザレは、慎重に歩を進めよう。

コースの分岐にあたる**五味谷《ごみたに》ノ頭**（仮称）で稜線に達し、西にある堂山をまず往復する。ガレと岩場のアップダウンが続き、中には三点支持で通過しないと危ないところもある。**堂山**山頂からの眺望はまさに絶景。

**五味谷ノ頭**まで戻り、複雑な地形を確認しながら進む。355メートル標高点に続くザレの尾根を下っていき、登り返した地点から鎧ダム上流の右岸に向かう。やがて緩やかな地形になって、阿弥陀河原《あみだのかわら》から**旧鎧《よろい》堰堤**の砂地へ出る。右岸から堰堤を降りて左岸へ渡り、若《じゃく》女《じょ》谷を渡り返しながら天神川との出合に下る。すぐ下流（左岸）に**迎《むかえ》不動**があり、東海自然歩道を西に進む。

**富川《とみかわ》道**が左から合わさり、折り返すように南東へ向かう。流れに沿って登ると、ナメと岩が目立つようになって**御仏《みほとけの》河原**に着く。平坦地には池と湿地が開け、人工的な地形ながら自然の美しさが感じられる。**大谷《おおたにの》河原**から右手（西）の谷を上流につめて尾根を西へ。

■鉄道・バス
往路＝ＪＲ東海道本線石山駅・京阪電鉄石山坂本線京阪石山駅から田上車庫行きの帝産湖南交通バスで新免下車（22〜28分・経由地により異なる）。
復路＝上関から帝産湖南交通バスでＪＲ石山駅・京阪石山駅へ（22分）。

■マイカー
京滋バイパス石山ICから瀬田川洗堰を経てアルプス登山口へ約6キロ。駐車場はなく、天神川沿いのスペースに駐車する。新免まで約3キロ、上関から約2・5キロの距離。

■登山適期
初冬から初夏が適期。4〜7月はツツジやササユリが咲く。秋はマツタケ山のため各所で入山不可。現地の表示にしたがうこと。

■アドバイス
▽風化した花崗岩地帯なので、岩場とガレの通過はとくに注意しよう。
▽どちらか一山だけ登る場合は、起終点のどちらかをアルプス登山口バス停にして歩く（アルプス登山口〜富川道分岐間20分）。

■問合せ先
大津市観光振興課☎077・528・2756、びわ湖大津観光協会☎077・528・2772、帝産湖南交通田上営業所（バス）☎077・549・1028

■2万5000分ノ1地形図
瀬田・朝宮

左から道路が現れ、合流したのち尾根道になると**笹間ヶ岳**に着く。八畳岩からは、眼下に瀬田川流域の展望が得られる。

旧鎧堰堤の砂地。現在は下流に新堰堤が造られている

迎不動付近の天神川

白山権現社から南西に下ると、右手（北）へトラバースして道路と交差し、尾根伝いに図越池へ下山する。新茂智《しんもち》神社の前から宮ノ前下池を過ぎると**上関《かみぜき》バス停**だ。

（竹内康之）

## CHECK POINT

登山口にあたる新宮神社。社殿の右手か車道の終点まで行って入山する

三方に道が分かれる「五味谷ノ頭」。ここから堂山へは20分ほど

御仏河原の池や湿地ではモウセンゴケやヒツジグサなどが見られる

笹間ヶ岳の3等三角点と八畳岩。八畳岩は展望のすばらしい場所だ

13

## 修行と信仰の歴史に思いを馳せ、比叡山系の最高峰へ

# 比叡山《ひえいざん》

848m（大比叡）

日帰り

Ⓐ 歩行時間＝4時間45分　歩行距離＝10.7km
Ⓑ 歩行時間＝6時間30分　歩行距離＝12.6km

技術度　体力度
技術度　体力度

QRコードは47ジ（ページ）コース図内に記載

コース定数＝Ⓐ21 Ⓑ26

標高差＝Ⓐ752m Ⓑ743m

累積標高差　Ⓐ↗854m ↘854m　Ⓑ↗1000m ↘980m

門前町の坂本から見る裳立山（左）と比叡山（大比叡）

日本の仏教を語るとき、比叡山は外せない存在だ。滋賀県と京都府にまたがる標高600メートル前後に三塔（東塔《とうどう》・西塔《さいとう》・横川《よかわ》）が開かれ、延暦寺の堂塔伽藍が連なる。ピークは大比叡《おおびえい》と四明岳《しめいがたけ》の東西二峰からなるが、最高峰は府県境に位置する大比叡である。

**Ⓐ坂本～東塔本坂～大比叡～裳立山～坂本**

JR湖西線の**比叡山坂本駅**もしくは京阪電鉄石山坂本線の**坂本比叡山口駅**から、日吉大社の参道を山手に進む。正面の石段が**東塔本坂の登山口**で、根本中堂《こんぽんちゅうどう》へ25丁（約2・8キロ）の標石が立つ。すぐに大宮川の林道と交差するが、そのまま山手に進むと南善坊に至る。一直線に続く石段と左へ迂回する山道は、上部で合流する。

壇那院覚運墓《だんないんかくうん》を過ぎると石垣が現れ、**亀塔**《かめどう》に着く。コンクリート舗装された急坂を登りきれば、東塔に入る。**政所ノ辻**《まんどころ》から大講堂などを右に見て、雲母《きらら》越の道へ迂回する。阿弥陀堂と法華総持院東塔の裏から山手に上がる。

折り返して尾根に出ると、**智証大師廟分岐**《ちしょうだいしびょう》だ。帰途に立ち寄るので、先に大比叡を往復しよう。堂舎エリアへの給水施設と貯水槽をすぎれば、高みに**大比叡**の1等三角点がある。

智証大師廟の五輪塔に手を合わせ、急坂を下ると比叡山ドライブウェイに降り立つ。少し先の信号（無動寺《むどうじ》バス停）を渡り、西尊院から比叡山鉄道（坂本ケーブル）**延暦寺駅**に向かう。駅舎の南側を東へ下ると、キャンプ場跡がある。ほどなく、坂本への下山路が左に分かれる。緩い道は紀貫之《きのつらゆき》の墓碑へ続き、**裳立山**《もたてやま》の山頂に着く。

分岐まで引き返し、斜面をトラ

■鉄道・バス

Ⓐ往路・復路＝JR湖西線比叡山坂本駅または京阪電鉄石山坂本線坂本比叡山口駅。

Ⓑ往路＝京阪電鉄石山坂本線松ノ馬場駅。復路＝京阪電鉄石山坂本線穴太駅。

■マイカー

湖西道路（国道161号）下阪本ランプから、坂本市街を通って大宮川観光駐車場へ約3・5キロ（無料）。東塔本坂登山口まで徒歩10分。Ⓑは、徒歩15分の京阪坂本比叡山口駅から松ノ馬場駅は電車で1駅。穴太駅から坂本比叡山口駅は2駅。

■登山適期

四季を通じて登れるが、冬から春先は大雪に注意が必要。東塔本坂をのぞき、トレースは期待できない。新緑は4月下旬から5月。紅葉は10月から11月下旬（山麓）。

■アドバイス

▽延暦寺東塔の堂宇が建つエリアは有料。参拝・見学する場合は、各チェックポイントで三塔諸堂巡拝券を入手すること。登山コースと東海自然歩道を通るだけなら無料。寺院関係者から問われた場合は、その旨を

延暦寺境内を通る際の注意標識。あわせてコールポイントが各コースに整備されている

浜大津から仰ぎ見る比叡山（左＝四明岳と大比叡。右へ崇立山・三石岳が並ぶ。遠景右は比良山系）

バース気味に下る。東に向かう尾根に出た地点で北東へ方向が変わり、蟻ヶ滝分岐（340㍍）と蓬萊《ほうらい》峡分岐（295㍍）を経て比叡山高校のグラウンドに出る。極彩色の**日吉東照宮**境内へ入り、正面の石段を下れば権現馬場《ごんげんのばんば》だ。寺院が並び、風情ある町並みを散策して**坂本の各駅**に戻る。

**Ⓑ松ノ馬場～無動寺本坂～大比叡～弁天道～穴太**

京阪電鉄石山坂本線の**松《まつ》ノ馬場《ばんば》**

伝えよう（Ⓐ）。

▽西尊院の信号（無動寺バス停）から山頂駐車場に向かう比叡山ドライブウェイを少し上がると、右手に墓標が見える。その墓地に入って上部へ進むと、少しずつ傾斜が弱まり尾根に出たことがわかる（Ⓑ）。

■問合せ先
大津市観光振興課☎077・528・2756、比叡山延暦寺☎077・578・0001（総務部）、京阪電鉄☎06・6945・4560（京阪電車お客様センター）

■2万5000分ノ1地形図
草津・京都東北部

## CHECK POINT―Ⓐ坂本から

1 延暦寺正面の参詣道。東塔本坂は石段ではじまる。根本中堂へは25丁

2 亀塔。薬樹院全宗の行状が記され、亀の台座に乗った形状が独特だ

3 1等三角点の大比叡山頂。木立に囲まれ展望は得られない

4 天台寺宗門宗中興の祖・智証大師円珍の御廟。道はこのあと尾根から墓地に下る

5 洋館2階建の延暦寺駅。2階に比叡山鉄道の歩みを示す資料が展示してある

6 崇立山山頂にある紀貫之の墓碑。周囲は巨木で囲まれている

＊コース図は47ページを参照。

東塔本坂の南善坊前の石段。振り返ると琵琶湖が広がる

**駅**から西へ向かうと、**庄ノ辻**から庄墓にいたる。墓地と住宅の間を山手に向かい、浄刹結界《じょうせつけっかい》跡の標石を右手に見て林道が終わる。石段が続き、終わったところに**不動石仏**が祀られている。

ここから袰立山の南側をトラバースする。途中に和労堂（宿《やどり》）の跡があり、やがて見晴らしがよくなると**トウノ岩**（遠見岩）で、上部で道が二手に分かれる（進路は左）。小さな谷を横切って下ると箸《はし》塚《づか》ノ谷で、右岸を登り返して無動寺谷の玉照院に達する。この坂道は無動寺本坂といい、回峰行《かいほうぎょう》の道である。

大乗院《だいじょういん》から明王堂へ進み、その西側で弁天堂への道が左に分かれる（**弁天堂分岐**）。帰途は鳥居をくぐってこの道に入るため、覚えておきたい。よく踏まれた道を比叡山鉄道**延暦寺駅**まで登り、**大比叡**には🅐のコースを往復する。

**弁天堂分岐**に戻り、御堂の左手から裏へ回って弁天道（一乗寺・白川道）へ。東海自然歩道として整備されているが、岩場の下を横断する箇所もある。おおむね山腹をトラバースすると、やがて鳥居が建つ小広い場所に出る。かつて**桜茶屋**があったところだ。

まもなくドライブウェイが現れ、穴太《あのう》へはここで左折する（一乗寺・白川道分岐）。少し登った地点で再び左折し、連続する階段を谷まで降りる。そのまま谷筋を下ると、四ツ谷《よや》川に沿う平子《ひらこ》谷林道だ。

両岸が狭まった中流に**コグリノ滝**があり、林道からも見下ろすことができる。右岸から左岸へ渡り、**穴太野添《のぞえ》古墳群**まで来れば琵琶湖が近い。京阪電鉄石山坂本線の線路手前を右折（南）し、約250メートルで**穴太駅**に至る。

（竹内康之）

調査後に整備された穴太野添古墳群。6〜7世紀の古墳で、石積みの技術に優れていた渡来系の人々が葬られている

## CHECK POINT—🅐松の馬場から

7 庄ノ辻（観音堂）に立つ無動寺本坂の標石。明王堂と弁天堂の道を示す

8 不動坂の石段を登りきった地点にある不動石仏。南側の林には法華塔が建つ

9 トウノ岩では湖南の風景が広がる。四ツ谷川を挟んで壺笠山が近くに見える

10 無動寺谷の弁天堂分岐。鳥居をくぐって下れば、御堂から弁天道が続く

11 寄進された鳥居だけが残る桜茶屋の跡。周囲は植林地なので暗い

12 チョックストーン上から水を落とすコグリノ滝。水量が少ないと見えない

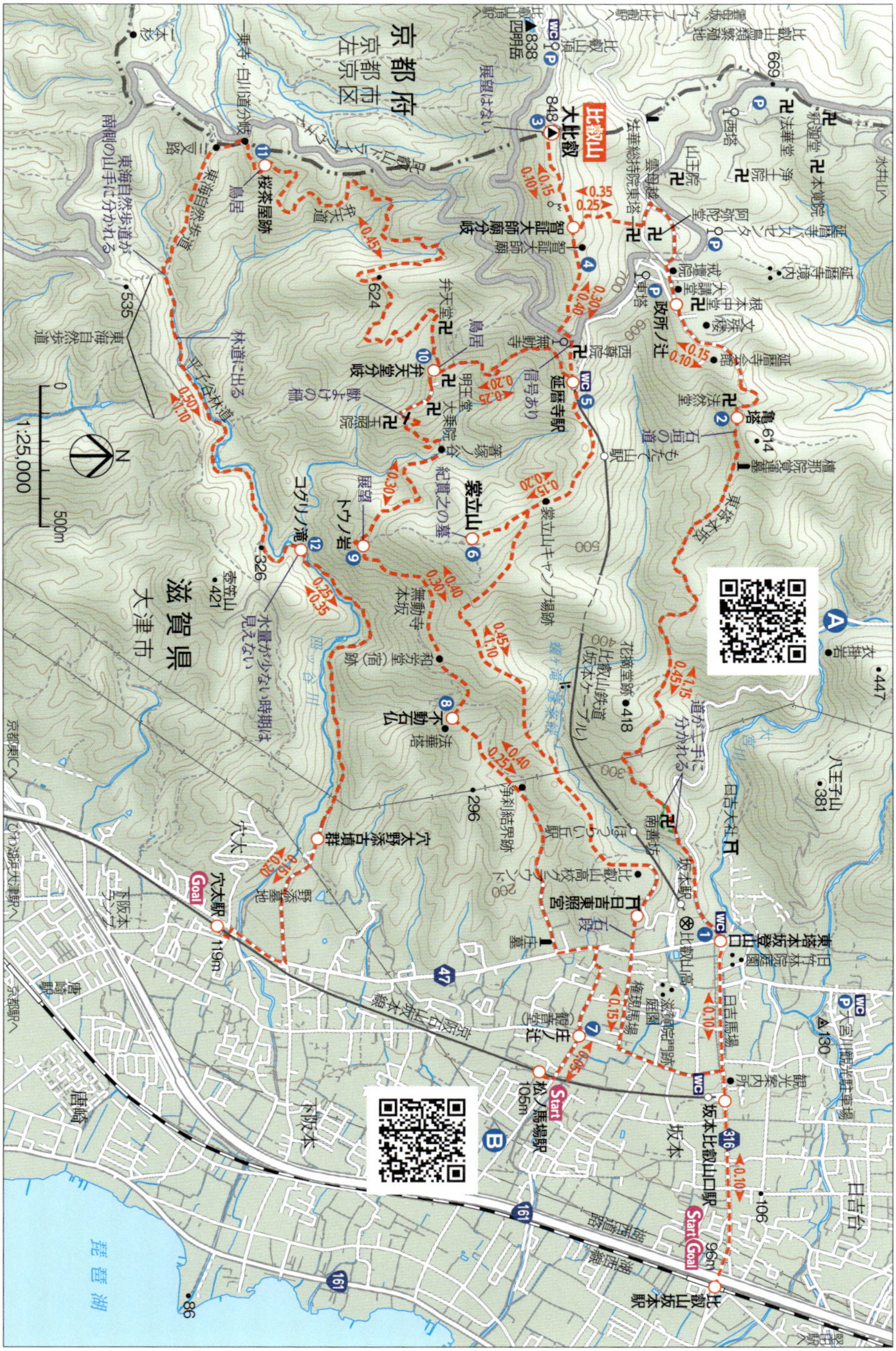
京都府
京都市
左京区
滋賀県
大津市
比叡山
大比叡
848
四明岳
838
智証大師廟分岐
桜茶屋跡
弁天堂分岐
延暦寺駅
蓑立山
トウノ岩
コグリノ滝
不動石仏
穴太野添古墳群
日吉東照宮
東塔
亀塔
無動寺
東海自然歩道
八王子山
381
日吉大社
坂本駅
坂本比叡山口駅
比叡山坂本駅
松ノ馬場駅
穴太駅
坂本
下阪本
唐崎
琵琶湖
1:25,000
500m
Start
Goal

14

# シャクナゲと池が織りなす比良の秀峰

# 堂満岳

どうまんだけ
1057m

**日帰り**

歩行時間＝5時間15分
歩行距離＝8・8km

技術度 3/5
体力度 2/5

| | |
|---|---|
| コース定数 | ＝23 |
| 標高差 | ＝804m |
| 累積標高差 | ↗1009m ↘1009m |

東麓の大津市南小松地区から見た堂満岳

JR湖西線からは東に琵琶湖、西に比良山地の山並みが眺められるが、その中にピラミッドのような形で、周囲を押して突き出た独特の山容をした山がある。堂満岳である。別名「慕雪岳《ぼせつだけ》」とも呼ばれ、冬の姿もすばらしい。また、井上靖の短編小説『比良のシャクナゲ』にも登場する堂満岳を代表する花・シャクナゲは、本来岩場に多い植物である。この山には堂満ルンゼと呼ばれる岩場があるが、シャクナゲの生育と同じ環境に起因する。山中にあるノタノホリは比良山系最大の池で、花崗岩地の断層が作り出す自然の造形で、この山の魅力をさらに引き立てる。登山ルートは、イン谷口からノタノホリ、堂満東稜道経由のルートが一般的だ。

堂満岳山頂からの眺め。狭い山頂で展望は琵琶湖の沖島方面が見える

**イン谷口**のバス停前の出合橋を渡り、林の中を進むと道標があり、ノタノホリ・堂満岳方向に進む。別荘地を抜け、つづら折りの道を50分弱の登りで**ノタノホリ**に着く。池には、最近少なくなったジュンサイが今も生育する。

ノタノホリからしばらく植林混じりの雑木林の中をつづら折りに進み、山頂からのびる尾根（東稜）に取り付く。山頂までは、ブナ林の中の登りがしばらく続く。この

■鉄道・バス
往路・復路＝JR湖西線比良駅から江若バス（3～12月の土日祝運行）でイン谷口へ。タクシーは比良駅に常駐しておらず、要予約。

■マイカー
名神高速京都東ICから湖西道路、志賀バイパスを北に向かい、比良ランプで降り左折、イン谷口に向かう。イン谷口周辺にかつての比良ロープウェイの駐車場が残る。

■登山適期
春から秋が登山シーズンで、積雪期は雪山装備が必要となる。

■アドバイス
▽シャクナゲの開花は、隔年または2年に一度で、裏年にはほとんど花は見られないので、花が見たい時は、情報収集してから行くとよい。
▽比良山系の登山情報は、「レスキュー比良」のフェイスブックが参考になる。
▽志賀バイパスと国道161号の間に、立ち寄り温泉施設「比良とぴあ」（☎077・596・8388）がある（比良駅への送迎バスあり）。

■問合せ先
大津市観光振興課☎077・528・2756、江若交通堅田営業所（バス）☎077・572・0374、大津第一交通（タクシー）☎0120・524・447

■2万5000分ノ1地形図

あたりのブナは、炭焼きのため何度も伐採され、株立ちとなっている。斜面を登りきると、シャクナゲの群生地がある。最後の登りに取り付き、急坂を登りきると**堂満岳**山頂にたどり着く。

下山は、東レ新道を金糞峠へと下る。途中、尾根に咲くシャクナゲや岩場など見所も多い。**金糞峠**から北比良峠に続く道はシャクナゲ尾根と呼ばれ、シャクナゲをはじめ、ベニドウダン、サラサドウダン、シロヤシオなどツツジ科の植物が多い。緩やかな登りが続く道をたどると、琵琶湖が一望できる広場に出る。**北比良峠**だ。ここは平成16年まで比良ロープウェイの山頂駅があったところで、多くの観光客でにぎわっていた。

北小松・比良山

北比良峠からはカモシカ台を経由するダケ道を下り、**大山口**を経て**イン谷口**に戻る。

（青木　繁）

シャクナゲ。花期は5月

## CHECK POINT

1 イン谷口バス停。バスは一日4便（帰りは5便）の運行

2 イン谷口のそばにある出合橋を渡り、桜のコバを目指す

3 標高450mにあるノタノホリ。モリアオガエルの生息地だ

4 ケルンが積み上げられた堂満岳山頂

5 四方から登山道が合流する金糞峠。休憩に最適な場所だ

6 広々とした北比良峠。ここで主稜線からはずれる

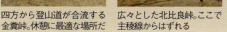

御殿山から西南稜と武奈ヶ岳を望む

コヤマノ岳の山腹に広がるブナの二次林

15

# 武奈ヶ岳

## 存在感あふれる比良山系最高峰からの眺望を満喫

ぶながだけ
1214m

日帰り

歩行時間＝5時間20分
歩行距離＝9・7km

技術度
体力度

コース定数＝25
標高差＝909m
累積標高差 1178m 1178m

比良山地は、琵琶湖の西岸を南北に25キロにわたりのびる山稜である。1000メートル級の山並みの中で、最高峰である武奈ヶ岳はひときわその存在感を放っている。日本二百名山にも選定され、比良ロープウェイが廃止された今も、毎年多くの登山者でにぎわう。かつて、ブナの多い山だったことが名前の由来とな

■鉄道・バス
往路・復路＝JR湖西線堅田駅から江若バス（3～12月の土日祝運行）かのりあいタクシー「光ルくん号」（月～土曜、祝日運行）で坊村へ（運行日以外はタクシー利用）。京阪鴨東線出町柳駅から京都バスも利用可。

■マイカー
名神高速京都東IC下車、湖西道路、国道477・367号で朽木方面へ。葛川坊村の安曇川にかかる曙橋を渡った市民センター前が駐車場。

■登山適期
春から秋にかけてだが、冬も駐車場が確保できることから、雪山登山も多い。ただ熟練者による登山となる。

■アドバイス
▽登山口の坊村は公共交通機関の便が悪く、また、マイカーの場合もハイシーズンは時間が遅いと駐車場が満車になる場合があり、時間に余裕をもった登山計画を立てること。
▽コヤマノ岳はオプショナルなルートで、通常は武奈ヶ岳山頂の往復登山が一般的。

■問合せ先
大津市観光振興課☎077・528・2756、江若交通堅田営業所☎077・572・0374、のりあいタクシー光ルくん号☎077・522・6677（琵琶湖タクシー・乗車希望時間の1時間前までに要予約）、京都バス☎075・871・7

武奈ヶ岳山頂からの西南稜方向の眺め。背後に蓬莱山が見える

っているが、ブナの魅力は近くのコヤマノ岳に譲っている。山麓の明王院《みょうおういん》は、比良三千坊の元締めとなる寺で、比叡山の千日回峰行《かいほうぎょう》が行われる霊場である。稜線歩きと眺望、さらにブナ林の魅力に触れる山旅が今回のテーマである。

登山は**坊村《ぼうむら》バス停**からはじまる。明王谷の入り口にある明王院横が登山口で、朱塗りの橋を渡りそのまま進むと御殿山コースの小さな道標がある。いきなりの急登で、植林地の中につづら折りの道が続く。ところどころにスギの巨木が残り、かつての寺領の広さを物語る。植林地の中に、モミが見えるようになると道も緩やかになる。比良山地には万一の遭難に備えて、ヘリコプターでの救助が可能な場所にレスキューポイントが設定されている。そのうち、「レスキューポイント2」は、下山時にまっすぐ行かないよう、注意が必要な箇所だ。

尾根を離れ、トラバ

521、大津第一交通（タクシー）
☎0120・524・447
■2万5000分ノ1地形図
北小松

西南稜に咲くリンドウの花

トリカブトの白花

＊コース図は53ページを参照。

武奈ヶ岳山頂からは眼下に琵琶湖の景観が広がる

ース気味の道を行くと、開けた場所に出る。春ならベニドウダンが咲く尾根を登って御殿山へ。御殿山からは、目指す西南稜に取り付き、そこからは武奈ヶ岳の山頂を望むことができる。多少のアップダウンはあるものの、ここから山頂までは気持ちのいい稜線歩きが満喫できる。

**ワサビ峠**を過ぎ、山頂からの大展望への期待に胸を膨らませつつ**武奈ヶ岳**を目指す。たどり着いた山頂は、視界をさえぎるもののない大パノラマで、琵琶湖周辺の山々はもちろん、日本百名山の白山や御嶽山が遠望できる。しかし、何よりも琵琶湖に浮かぶ4つの島が手にとれるように望め、琵琶湖の魅力が凝縮された景色は、登りのつらさを一掃してくれる。

　山頂から往路を少し下るとコヤマノ岳方面への分岐があり、左へ進む。岩の多い急な道を下ると、今度は八雲ヶ原とコヤマノ岳の分岐（コヤマノ分岐）に出る。このあたりからブナの二次林が広がってくる。ブナ林を満喫しながらコヤマノ岳へ。コヤマノ岳のシンボルツリーのブナの巨樹を見て、**中峠**へと下る。

　ワサビ峠へは、いったん口ノ深谷へと下り、徒渉したら沢を登りつめる。30分ほどで**ワサビ峠**に出て、往路を**坊村バス停**へと下る。

（青木　繁）

## CHECK POINT

1

明王院横のスギ植林内に造られた登山道の入口

2

「レスキューポイント２」の道標。下山時は方向注意

3

御殿山からは西南稜から武奈ヶ岳、コヤマノ岳などが見渡せる

4

ワサビ峠は御殿山の北にある峠で、中峠と結ぶ

5

武奈ヶ岳の山頂。360度の視界が開ける

6

山頂直下の分岐。八雲ヶ原方面へと進む

7

八雲ヶ原とコヤマノ岳の分岐となるコヤマノ分岐

8

中峠は大橋や金糞峠との分岐。ワサビ峠へは右の谷へ

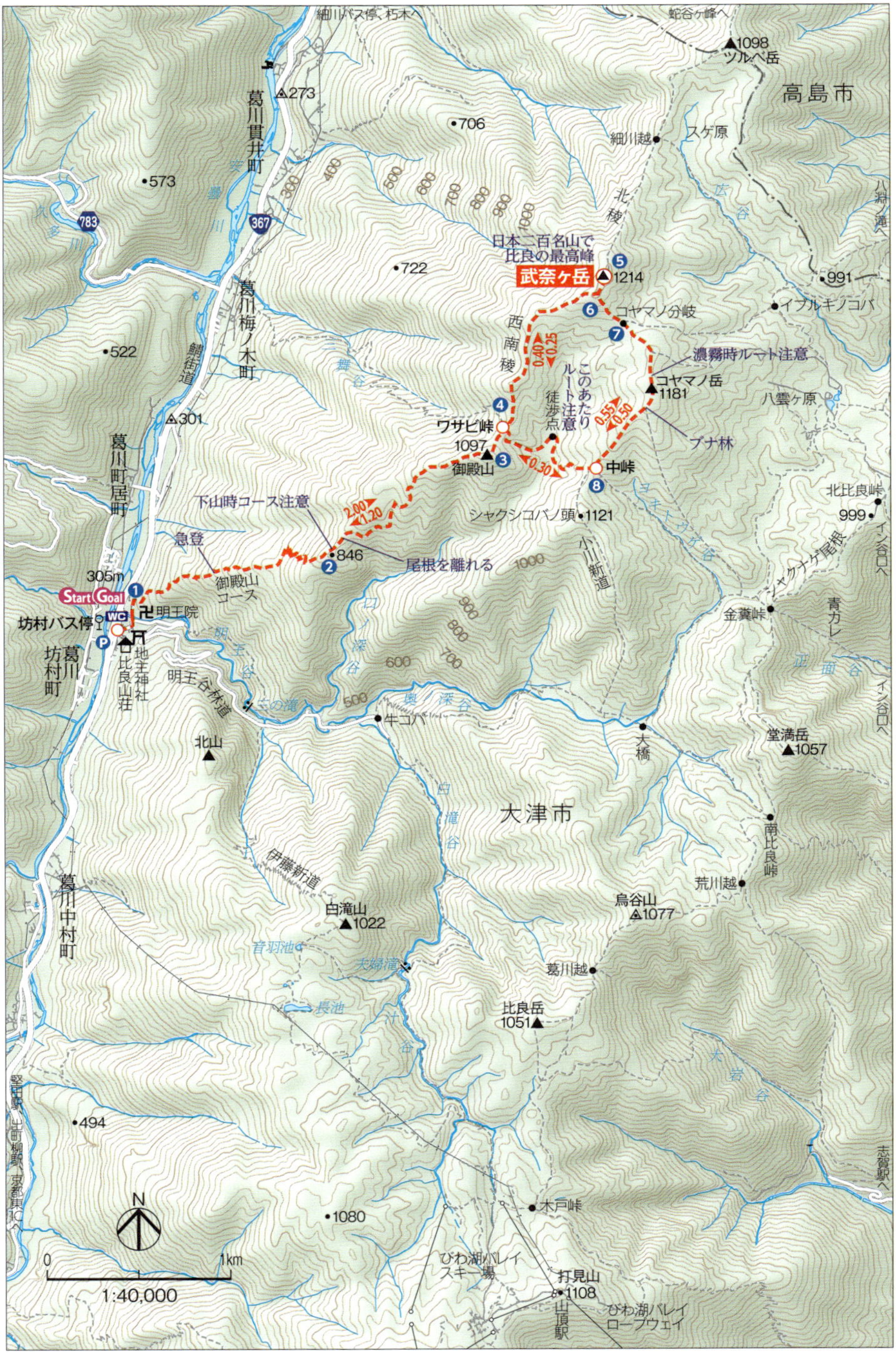
日本二百名山で
比良の最高峰
武奈ヶ岳
1214
コヤマノ分岐
コヤマノ岳
1181
濃霧時ルート注意
ブナ林
このあたりルート注意
徒渉点
ワサビ峠
御殿山
1097
中峠
下山時コース注意
急登
尾根を離れる
846
御殿山コース
305m
Start Goal
坊村バス停
明王院
地主神社
比良山荘
葛川坊村町
葛川町居町
葛川梅ノ木町
葛川貫井町
葛川中村町
細川バス停、朽木へ
蛇谷ヶ峰へ
ツルベ岳
1098
高島市
細川越
スゲ原
北稜
西南稜
イブルキノコバ
991
八雲ヶ原
八淵ノ滝へ
北比良峠
999
イン谷口へ
シャクシコバノ頭
1121
小川新道
ヤクナゲ尾根
金糞峠
青ガレ
正面谷
堂満岳
1057
大橋
南比良峠
荒川越
烏谷山
1077
葛川越
比良岳
1051
大津市
白滝山
1022
伊藤新道
北山
明王谷林道
三の滝
牛コバ
奥ノ深谷
口ノ深谷
白滝谷
音羽池
夫婦滝
長池
汁谷
大岩谷
木戸峠
打見山
1108
山頂駅
びわ湖バレイスキー場
びわ湖バレイロープウェイ
志賀駅へ
堅田駅、出町柳駅、京都東ICへ
鯖街道
安曇川
1080
494
573
522
722
706
273
301
1:40,000
0
1km
N
2:00
1:20
0:30
0:40
0:25
0:55
0:50

16

# 三国峠

みくにとうげ
776m

## 美しいブナ林を抱く近江、丹波、若狭国境の山

日帰り

歩行時間＝2時間20分
歩行距離＝3・8km

技術度
体力度

コース定数＝9
標高差＝216m
累積標高差 337m 337m

新緑がまぶしい生杉ブナ林

三国峠は、昔の若狭、近江、丹波（現在の福井県、滋賀県、京都府）の境にある山だ。ピークでありながら峠とあるが、このあたりの地域では、ピークを「峠」、峠を「坂」と呼ぶ。

生杉《おいすぎ》側登山口の周囲には立派なブナ林が広がり、さらに尾根を境に京都側は京都大学芦生研究林で、西日本有数の自然豊かな山域である。ただし研究林への入山には許可が必要なため、ここでは、高島トレイルを通るコースを紹介する。

起点の**生杉ブナ林**にはトイレや駐車スペースがある。その先が登山口で、右手の遊歩道を進むと中ほどに三国峠への道標が立つ。生杉のブナ林は日本海側特有のブナ林が広がり、昭和41年に県立自然公園の特別地域に指定されている。20分ほどブナ林内の急坂を登ると尾根に着く。近年シカの食害がひどくなってからは、シカが食べないエゾユズリハが背丈を超え、繁茂している。ミズナラの森に入ったあたりで地蔵峠への分岐があり、そのまま先へ進む。すぐに鞍部に出て、尾根への登りに取り付く。春先なら林床にオオイワカガミが咲く道を進むと、**三国峠**に出る。山頂は南側が開け、比良山地北部の蛇谷《じゃたに》ヶ峰《みね》、その先には琵琶湖が顔をのぞかせる。

山頂をあとに地蔵峠への分岐に戻り、高島トレイルを歩く。歩きはじめてしばらくはブナの多い森が続き、標高が下がるにつれコナ

■鉄道・バス
往路・復路＝バスでのアクセスは不便で、JR湖西線安曇川駅からタクシー利用。

■マイカー
名神高速京都東ICから湖西道路、国道367号、県道781号を経由して朽木生杉へ。さらに約15分で生杉ブナ林登山口。20台程度の駐車スペースとトイレがある。

■登山適期
春から秋が登山の適期。秋のブナ林周辺の紅葉がすばらしい。冬季は、生杉集落からは除雪がなく、雪道を徒歩約2時間でブナ林に着く。三国峠への登山は夏道を使う。

■アドバイス
▽京都大学の芦生研究林への入山は原則禁止で、調査・研究等での入山は届けが必要（源流の駅 山帰来のホームページから予約可）。
▽生杉ブナ林はブナが主体の森林で、ブナ、トチノキの巨木が生育。

■問合せ先
高島市朽木支所☎0740・38・2331、高島トレイルクラブ☎0740・20・7450、江若交通安曇川支所（バス）☎0740・32・1371、高島市営バス☎0740・38・2331、大津第一交通（タクシー）☎0120・524・447

■2万5000分ノ1地形図
古屋

ラ、ミズナラの雑木林となる。多少のアップダウンはあるが、全体には緩やかな尾根道である。途中尾根が2つに分かれる箇所があり、「地蔵峠」の道標にしたがって進む。さらに分岐があるが、道は確かで、道標もあるので迷うことはない。ただ、一部に倒木が多く道が分断されるところがあり、要注意だ。

背丈ほどのアシウスギの森を抜け、スギの植林地を下ると地蔵峠手前の**林道**に出る。左にとり、約40分で**生杉ブナ林**に着く。

（青木 繁）

↑三国峠の全景

オオカメノキの花

オオイワカガミ

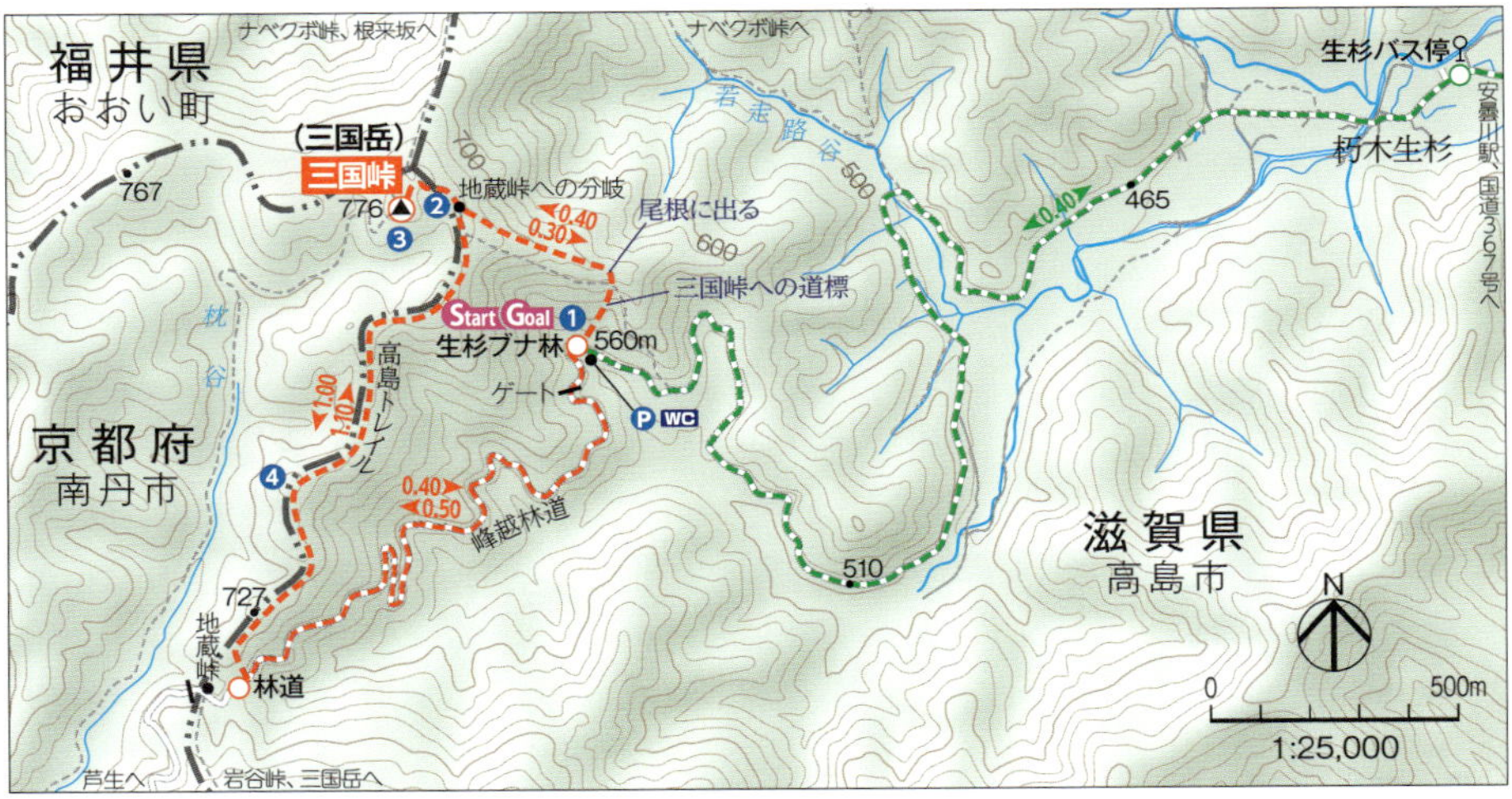


**CHECK POINT**

生杉ブナ林の解説看板が立つ登山口

高島トレイルの看板がある地蔵峠への分岐。ここまで来れば山頂は近い

三国峠山頂からの眺め。蛇谷ヶ峰や武奈ヶ岳、琵琶湖などを遠望する

地蔵峠へ下る途中の尾根の分岐にある道標

17

# 赤坂山・寒風

## 花崗岩特有の荒々しさとやさしさの両方楽しむ山旅

日帰り

歩行時間＝5時間35分
歩行距離＝10・8㎞

あかさかやま　824m
さむかぜ　840m

技術度　体力度

コース定数＝23

標高差＝681m

累積標高差　938m　938m

東麓を流れる知内川畔から赤坂山（左）と明王の禿を眺める

栗柄越えに残る石畳の道

滋賀・福井県境にそびえる赤坂山は、花崗岩地特有の植物や多雪地特有の植物が分布し、「花の山」として知られる。また日本海に近く、冬季は積雪も多いことから、雪山登山が楽しめるなど、さまざまな魅力を備えた山だ。ここで紹介するマキノ高原から赤坂山に登り、下山は寒風からマキノ高原に戻るコースは、気持ちのよい稜線歩きが満喫できる。

**マキノ高原さらさバス停**から車道を進み、色とりどりのテントが立ち並ぶスキー場横の道を通り登山口を目指す。ここからしばらく登りが続くが、30分ほどでマキノ遊歩道との合流点に到着し階段道はひとまず終わる。ここからしばらくは緩やかなアカマツ林の中の道を進み、あずまやのある**ブナの木平**を目指す。かつて小浜とマキノを結ぶ道は栗柄越え《あわがら》と呼ばれ、背中に荷を積んだ牛馬が峠を越え、小浜から海産物が運ばれた。今も石畳の道が残り、古道の風情が漂う。ブナの多い森をつづら折りに登りきると道が緩やかになり、

■鉄道・バス
往路・復路＝JR湖西線マキノ駅から高島市コミュニティバスでマキノ高原さらさへ。

■マイカー
名神高速京都東ICから湖西道路を北へと進み、国道161号でマキノ市街へ。県道287号でマキノ高原方面に向かう。マキノ高原温泉さらさの手前に登山者用駐車場がある。

■登山適期
春から秋が登山シーズン。冬季は熟練者の世界だが、公共交通、マイカーともにマキノ高原まで入ることができるため、雄大な雪山の縦走が楽しめる。

■アドバイス
▽登山口にあるマキノ高原ビジターセンターでは、赤坂山や高島トレイルのコース情報が入手できる。
▽温泉はマキノ高原温泉さらさ（☎0740・27・8126）で日帰り入浴が可能。

■問合せ先
高島市マキノ支所☎0740・27・1121、マキノツーリズムオフィス☎0740・28・8002、NPO法人高島トレイルクラブ☎0740・20・7450、高島市コミュニティバス（湖国バス）☎0749・62・3201

■2万5000分ノ1地形図
海津・駄口

まず寒風からの道、ついで**折戸《おりと》谷からの道**と合流する。広々とした尾根を赤坂山方面に進み、高圧線が見えてきたら**赤坂山**は近い。

　大展望の山頂をあとに先述の**分岐**まで戻り、高島トレイルを寒風へ向かう。稜線歩きは山歩きの楽しみのひとつだが、中央分水嶺の稜線歩きは、また格別だ。ただ、冬季は琵琶湖側に雪庇が発達するため、近寄りすぎに注意。コースの多くは草地だが、途中ブナ林の中にも道が続く。寒風峠手前のブナ林を抜けると**寒風**に着く。

　ここから東にのびる尾根を、マキノ高原へと下る。琵琶湖側にしっかりとした道があり間違うことはないが、踏跡がいたるところにあるので注意する。

　中腹まではブナの森が続き、その後植林地となって西山林道との分岐を左折すると、**マキノ高原さらさバス停**に着く。

（青木　繁）

## CHECK POINT

1 マキノ遊歩道の入口。マキノ高原では美化協力金として100円を支払う

2 スキー場からの道との合流地点からの眺め

3 ブナの木平にはあずまやがあり、休憩に最適

4 赤坂山の山頂と眼下に見える琵琶湖

5 寒風から下山ルートがある。南には大谷山が見える

6 西山林道との分岐。林道経由でもマキノ高原に行ける

中央分水嶺をなす赤坂山から寒風峠への稜線

# 概説　京都府の山

——木之下 繁

京都府は、本州のほぼ中央部に位置し、北は日本海と福井県、東は滋賀県と三重県、南は大阪府と奈良県、西は兵庫県と接し、南北に細長い形をしている。地形的には中央部に丹波《たんば》山地があり、北は丹後《たんご》・中丹《ちゅうたん》地域に、南は京都盆地や山城《やましろ》盆地に、それぞれ分けることができる。

標高1000メートルを超す山がなく、緑深い低山が重畳として連なり、歴史と伝説、生活に密着していることがあげられる。また登攀意欲をかき立てたり、人を寄せつけないような厳しい山はほとんどなく、車を使えば日帰りができる山々といってよい。

## ●京都府の山の山域

山々を紹介するにあたり、本書では京都府の地形に沿って、丹後、丹波（北山《きたやま》を含む）、京都市街地周辺、南部の4つに分けた。

**●丹後**　丹後半島から丹波との稜線の山々を、丹後山域として区切った。本書では、天橋立《あまのはしだて》を眼下にする鼓《つつみ》ヶ岳《たけ》、天女伝説が残る磯砂《いさなご》山《さん》、展望のよい尾根歩きができる大江山《おおえやま》・赤石《あかいし》ヶ岳《たけ》、「丹後富士」と称される青葉山《あおばやま》を紹介する。また鼓ヶ岳では、京都府内最低山の妙見山《みょうけんさん》にも触れている。

**●丹波**　ここでは、丹後との国境稜線から京都市街地周辺までの山々（北山を含む）を取り上げた。

北山は、日本の山岳会をリードしてきたパイオニアたちを育んだ揺藍の地であり、北山で経験した若者らが、北山のその先の、未知なる領域に挑んでいった原点に触れることができる。特筆したいのは、炭焼きの道や生活の場としての道を登山の対象としてとらえ、「北山」と名づけたのが今西錦司（1902~1992）であるということ。大正時代、15~16歳の少年らが、京都市街地周辺や南部の山々から30座を選定し、「山城三十山」と命名して登頂を競い合った活動が、「京都北山からヒマラヤへ」につながっていく。

また、特に京都、南丹《なんたん》、綾部《あやべ》の3市と京丹波《きょうたんば》町にまたがる丹波高原（約6万9000ヘクタール）は、2016（平成28）年3月に国定公園に指定されたが、保全と利用が課題となっている。

ここでは、秀麗な山容の弥仙山《みせんさん》、若丹《じゃくたん》国境にそびえる頭巾山《ときんざん》、廃村八丁《はいそんはっちょう》を抱く品谷山《しなだにやま》、高層湿原を擁する峰床山《みねとこやま》、京都府最高峰の皆子山《みなこやま》、地形図に名前がないながらも人気の雲取山《くもとりやま》、京都の岳人ゆかりの魚谷山《いおだにやま》、亀岡《かめおか》市の名山・半国山《はんごくやま》、府内1等三角点最高峰の地蔵山《じぞうやま》の10座をあげた。

**●京都市街地周辺**　京都に平安京が定められてから1200年余。歴史の変遷を見続けてきた東山《ひがしやま》の主峰・比叡山《ひえいざん》や、西山《にしやま》の主峰・愛宕山《あたごやま》などの山々が盆地を取り巻き、登山口やコースの中に古寺や史跡が多いのは古都ならではの魅力であり、世界文化遺産の登録もその重みを増している。

京都市街地周辺の山として、京

魚谷山の今西錦司博士レリーフ

砥石山から早春の大江山連峰を遠望する

都市内を囲む東山、北山南部、西山の山々を中心に扱った。ここでは、大原《おおはら》の里を望む金毘羅山《こんぴらやま》・翠《すい》黛山《たいさん》、「火伏の神さん」愛宕山、送り火で知られる大文字山《だいもんじやま》、歴代天皇陵では最高所に陵がある小塩山《おじおやま》・大暑山《だいしょざん》を紹介している。

**●南部**　なだらかな山並みが続き、高い山といっても鷲峰山《じゅぶさん》の685メートルであり、冬季でも歩け、京都市街地周辺と同様、豊富な歴史や伝説に触れることができる。

醍醐山《だいごやま》、大峰山《おおみねさん》、鷲峰山、甘南《かんな》備山《びやま》などの山々があるが、ここでは元弘の変の舞台となった笠置山《かさぎやま》を紹介する。

## ●山々の四季

紹介した山々の登山適期を見ると、多くは春と秋、もしくは春から秋としている。筆者らは、新緑が芽吹き、若葉が山を覆いだすころ、また、紅葉して華やかな装いを誇る時季に山の魅力を一段と感じとることができる点から推奨している。

**春**——ブナの芽吹く早春では、頭巾山の参道尾根コース五合目付近からの上部、八ヶ峰《はちみね》（未掲載）の若丹国境尾根などでは、自然の息吹が肌で感じられる。この時季を象徴するサクラは、醍醐山のふもとの醍醐寺付近、五老岳《ごろうだけ》の共楽《きょうらく》公園などがおすすめ（ともに未掲載）。愛宕山では、平地で見ごろが終わったころに最盛期を迎え、登山家は二度愛でることができる。初夏に咲くシャクナゲは、長老ヶ岳の斜面や天《あま》ヶ岳《たけ》（未掲載）のシャクナゲ尾根がみごと。

**夏**——天王山《てんのうざん》（142ページ）ではアジサイ、峰床山の八丁平《はっちょうだいら》ではカキツバタが鮮やかである。ここでは盛夏がすぎるころ、トンボの一種、アキアカネが舞いはじめる。

**秋**——紅葉が綾どりを見せるころ、君尾山《きみのおさん》（未掲載）の大トチではトチの実がなり、2000年以上の生命力を感じとれる。紅葉の名所でなくても、枯葉のじゅうたんを踏みしめれば、自然の懐に抱かれた気分になれる。晩秋には大江山連峰などで雲海が眺められる。

**冬**——1000メートル以下の山々なので、降雪があってもそれなりの装備であれば歩ける。雪の少ない笠置山など県南部の山々では、好天の日の陽だまりハイクが楽しい。

## ●山行上の注意

京都府の山は、標高1000メートルに満たない山々ではあるが、低山や里山ほど、山道や林道が錯綜しているところがあり、あなどれない。地図やGPSの持参が必要となる山がある。

また、2018年の台風などは府内の山々に大きな被害をもたらし、現在も倒木など荒れた箇所が残っている。最新の状況を入手のうえ入山すること。

防獣フェンスや扉を開けた際には、必ず閉めること。登山者にとっては遊びとして通過する集落だが、住民にとっては野生の動物との戦いの場である。さらに山々の多くは民有地であり、他人の土地を歩かせて頂いているということを忘れないでほしい。

雪の愛宕山

# 京都府の山全図

18 鼓ヶ岳
本書で紹介する山名とコース番号
市役所・町村役場
国道と国道ナンバー
高速道路・自動車専用道路
JR線
JR新幹線
私鉄線
N
1:600,000
0
20km
若狭湾
敦賀湾
常神岬
三方五湖レインボーライン
敦賀市
美浜町
若狭美浜IC
若狭三方IC
みかた
若狭町
福井県
小浜湾
小浜市
小浜IC
おばま
小浜線
小浜西IC
かみなか
わかさたかはま
大飯高浜IC
24 頭巾山
八ヶ峰
三国峠
ブナノ木峠
三国岳
小野村割岳
25 品谷山
京都府
片波山
26 峰床山
27 皆子山
28 雲取山
飯森山
天童山
桟敷ヶ岳
岩茸山
天ヶ岳
29 魚谷山
32 翠黛山
32 金毘羅山
31 地蔵山
三郎ヶ岳
朝日峯
峰山
水井山
横高山
比叡山
牛松山
33 愛宕山
34 大文字山
亀岡市
京都市
大津市
大津IC
草津市
みずき山
沓掛山
唐櫃越
35 小塩山
35 大暑山
向日市
ポンポン山
釈迦岳
行者ケ森
高塚山
醍醐山
京都南IC
長岡京市
京都東IC
奈良線
京滋バイパス
天王山
大山崎町
島本町
大阪府
八幡市
宇治市
大峰山
高槻市
京田辺市
宇治田原町
鷲峰山
茨木市
枚方市
甘南備山
三上山
和束町
井手町
笠置町
南山城村
摂津市
四條畷市
門真市
36 笠置山
かさぎ
木津川市
奈良市
奈良県
伊賀市
三重県
いがうえの
関西本線
おうみいまづ
高島市
あどがわ
おうみたかしま
湖西線
滋賀県
琵琶湖
長浜市
長浜IC
米原市
米原IC
まいばら
彦根市
ひこね
彦根IC
近江八幡市
おうみはちまん
東近江市
東海道本線
東海道新幹線
野洲市
竜王IC
八日市IC
湖南市
栗東IC
草津線
日野町
御在所岳
甲賀市
信楽IC
甲南IC
甲賀土山IC
亀山市
つげ
かたた
やました

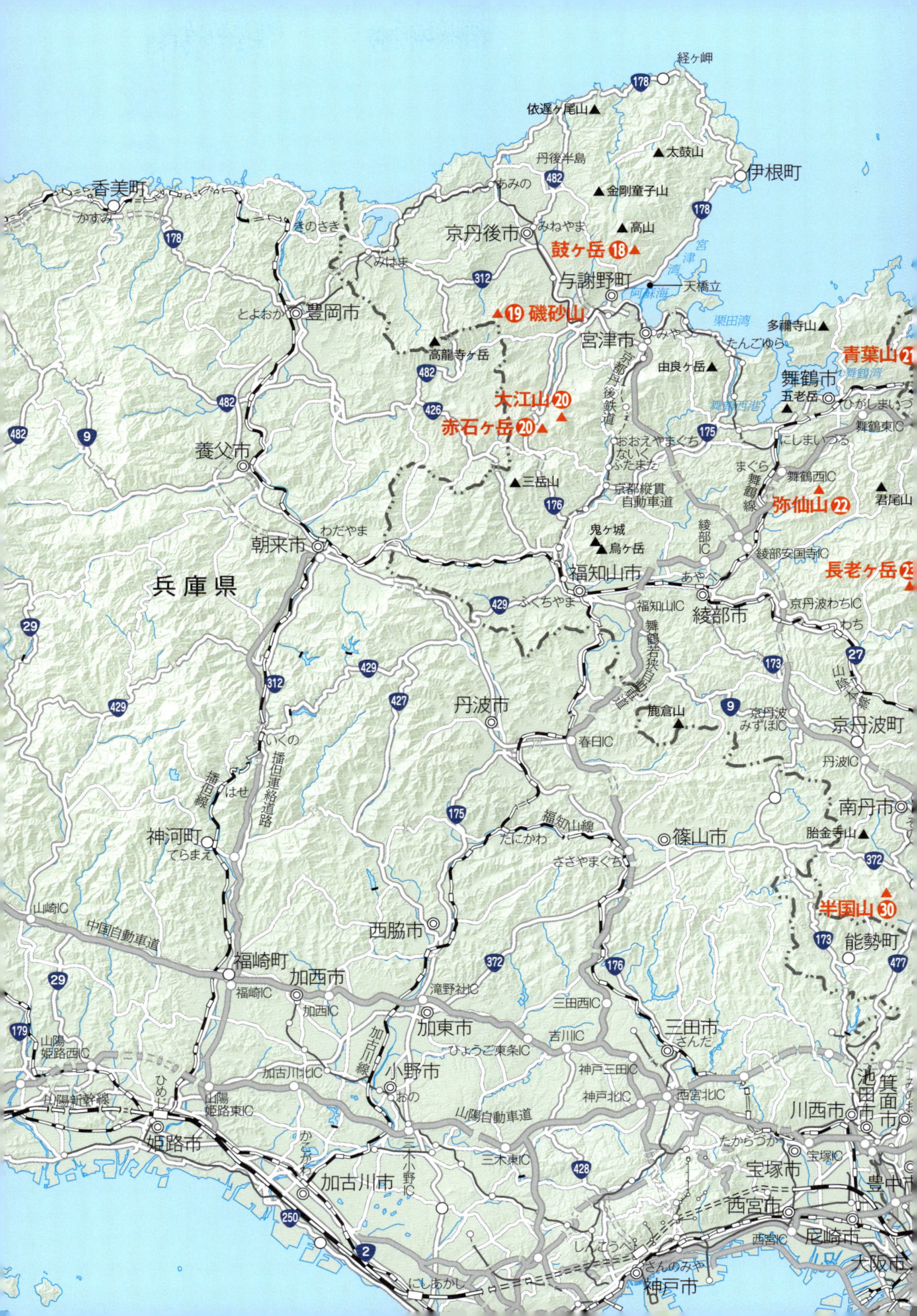

経ヶ岬
依遅ヶ尾山
太鼓山
丹後半島
伊根町
香美町
かすみ
あみの
金剛童子山
きのさき
みねやま
京丹後市
高山
鼓ヶ岳 18
くみはま
与謝野町
宮津湾
阿蘇海
天橋立
とよおか
豊岡市
19 磯砂山
栗田湾
多禰寺山
宮津市
みやづ
たんごゆら
青葉山 21
高龍寺ヶ岳
京都丹後鉄道
由良ヶ岳
舞鶴湾
舞鶴市
五老岳
ひがしまいづる
大江山 20
舞鶴西港
赤石ヶ岳 20
舞鶴東IC
養父市
おおえやまぐち
ないく
ふたまた
にしまいづる
まぐら
舞鶴線
舞鶴西IC
三岳山
京都縦貫自動車道
弥仙山 22
君尾山
わだやま
朝来市
鬼ヶ城
烏ヶ岳
綾部IC
綾部安国寺IC
兵庫県
福知山市
あやべ
長老ヶ岳 25
ふくちやま
福知山IC
綾部市
京丹波わちIC
わち
舞鶴若狭自動車道
山陰本線
丹波市
鹿倉山
京丹波みずほIC
京丹波町
いくの
播但連絡道路
播但線
はせ
春日IC
丹波IC
南丹市
福知山線
たにかわ
神河町
てらまえ
篠山市
胎金寺山
ささやまぐち
山崎IC
中国自動車道
半国山 30
西脇市
能勢町
福崎町
加西市
福崎IC
滝野社IC
加西IC
三田西IC
加東市
吉川IC
山陽姫路西IC
ひょうご東条IC
三田市
さんだ
加古川線
加古川北IC
神戸三田IC
小野市
池田市
箕面市
山陽新幹線
ひめじ
山陽姫路東IC
おの
神戸北IC
西宮北IC
山陽自動車道
川西市
姫路市
かこがわ
三木小野IC
三木東IC
たからづか
宝塚IC
宝塚市
加古川市
豊中市
西宮市
西宮IC
尼崎市
しんこうべ
さんのみや
大阪市
にしあかし
神戸市

滝上山から天橋立と鼓ヶ岳を望む。アンテナのように見える鉄塔が目印

# 18 鼓ヶ岳

つづみがたけ 569m

## 天橋立を渡り、天橋立を眼下に眺める山

日帰り

歩行時間＝5時間
歩行距離＝16・3km

技術度
体力度

| | |
|---|---|
| コース定数 | ＝22 |
| 標高差 | ＝566m |
| 累積標高差 | ↗ 715m ↘ 715m |

阿蘇海越しに見上げる鼓ヶ岳（鉄塔が見える山）

日本三景のひとつ、天橋立《あまのはしだて》を渡って北方に位置する鼓ヶ岳に登る行程は、海と山、両方の魅力を存分に味わうことができる好コースだ。鼓ヶ岳は、中腹に西国二十八番札所の成相寺《なりあいじ》を擁しているところから「成相山」ともよばれている。

京都丹後《たんご》鉄道（丹鉄）**天橋立駅**から府道2号を右手に100《メートル》ほど進むと、文珠堂《もんじゅどう》（智恩寺《ちおんじ》）を左手に見送って右に曲がる。続いて、小天橋《しょうてんきょう》、大天橋《だいてんきょう》を渡って天橋立の砂嘴《さし》に入る。対岸の江尻《えじり》までの3・6《キロ》は松並木が続き、両側から潮騒を聞きながらの散歩は心地よい。途中、左手の阿蘇海《あそかい》越しに、鉄塔が突き出ている鼓ヶ岳が、壁のように迫って見える。

**江尻**からは籠《この》神社境内を右に見送り、傘松《かさまつ》公園にいたるケーブルカー・リフト乗り場を目指す。乗り場の左手から階段がのびていて、大谷寺《おおたにじ》境内の前を通り**傘松公園**へ。標高130《メートル》の公園は股のぞきのスポットとしておなじみの観光地だ。

傘松公園の名物・股のぞきでは、天橋立が天に登っていくように見える。「昇竜観」という

歩いてきた天橋立の展望と、股のぞきで転倒した天橋立を望んだあとは、成相寺（標高328メートル）へ向かう。

朱色の山門をくぐり、左手へ横

## CHECK POINT

1

ケーブルカー・リフト乗り場の横から傘松公園へ登る。左手先の大谷寺の前を通る

2

中腹にある成相寺の山門には、まだ残雪が見える。願い事がかなう（成り相う）寺という

3

杉が下方に向かってのび、張り出している姿に、勇壮で奇妙な思いになりしばしみとれる

4

パノラマ展望所から望む眼下の天橋立。ここに立つと気宇壮大な気分に浸れる。カフェ「美人茶寮」も人気

5

山頂へは、丹後縦貫林道と交差する地点から北西方面の山道を登る。あずまやを経れば山頂はすぐ

6

鼓ヶ岳の山頂に立つ京都趣味登山会「再訪！京都府の山」チーム。分県登山ガイド『京都府の山』主筆の木之下繁さんを偲び命日に登る

■鉄道・バス

往路・復路＝京都駅からJR山陰本線福知山駅で京都丹後鉄道宮福線に乗り換え、またはJR舞鶴線西舞鶴駅で宮舞線に乗り換え、宮豊線天橋立駅下車。京都・大阪からは丹海交通の高速バスも運行されている。

■マイカー

京都縦貫自動車道宮津天橋立ICから府道9号、国道178号を利用。天橋立駅周辺、籠神社境内、成相寺境内に有料の駐車場がある。

■登山適期

冬季をはずせばいつでもよい。海からの山行なので、標高の高さそのものを登ることになる。

■アドバイス

▽府内で最も標高の低い妙見山（標高30メートル／別称・向山）が、鼓ヶ岳の東方、宮津湾を眺める日置郵便局から日置浜海岸の方向にある。日置郵便局から海方向へ徒歩10分の海側の鳥居から登る。

▽成相寺の創建は、寺伝によると奈良時代以前の慶雲元（704）年といわれている。『今昔物語』に寺の名前の由来を示す話が納められている。旧境内が国の史跡に指定された。

▽逆杉は樹高25メートル、幹周7・3メートル、樹齢600年ほど。幹が途中から3本に枝分かれして主幹を形成、その枝のほとんどが下方に向かってのびている。京都の自然200選。

■問合せ先

切るように**成相寺**境内を通り抜け、車道を登っていく。逆《さか》杉の前を通過してなおも進むと、**パノラマ展望所**に着く。展望は絶景のひと言につきる。斜めに走る天橋立の砂嘴をはさんで、内海の阿蘇海、外海の宮津《みやづ》湾とに分かれ、濃紺の海が茫洋と続く。

立ち去り難いパノラマ展望所を背に、前方の鉄塔を目印にさらに高度を上げる。丹後縦貫林道の交差する地点の北西方向に、山頂の案内板が目に入る。「鼓ヶ岳展望台まで300メートル」の語に押されて山道を登ると2等三角点がある**鼓ヶ岳**山頂で、天橋立が見え隠れする。高山《たかやま》や青葉山《あおばやま》、大江山《おおえやま》、三岳山《みたけさん》などの山々も見える。

帰りは往路を下る。

（木之下　繁　補筆取材＝津田美也子
取材・写真協力＝馬淵康秀）

天橋立観光協会☎0772・22・8030、京都丹後鉄道（丹鉄）天橋立駅☎0772・22・2348、丹後海陸交通（丹海バス）☎0772・42・0321、成相寺☎0772・27・0018

■2万5000分ノ1地形図
日置・宮津

19

# 磯砂山

天女に会いに1000段の階段を駆け上がる

いさなごさん
661m

日帰り

歩行時間＝1時間35分
歩行距離＝2・3km

技術度

体力度

コース定数＝7

標高差＝278m

累積標高差 314m 314m

京丹後市峰山町鱒留からの磯砂山の全景

磯砂山は丹後《たんご》半島の中央部に位置し、天女が舞い降りたという伝説の山である。山頂からの展望はよく、車で中腹まで上がり、天女の石碑のある山頂へ1000段の階段を登る。

国道312号の京丹後《きょうたんご》市峰山《みねやま》町鱒留《ますどめ》に丹海バス大路口《おおろぐち》バス停があり、そこに磯砂山、乙女神社などの案内板が立っている。標識にしたがって府道704号に入ると、集落の手前で目指す磯砂山が目に入る。乙女神社を左手に見送り、大成《おおなる》の分岐点で案内板にしたがって、左へ舗装道を上がる。中腹に休憩所の**羽衣茶屋**《はごろもぢゃや》があり、ここで車を停める。

「登山口まで310メートル」の標識にしたがって進むと車止め（**登山口**）があり、登山道がのびている。車

■鉄道・バス
往路・復路＝京都丹後鉄道峰山駅から丹海バスで大路口バス停へ。登り口の羽衣茶屋まで約5キロ歩く。

■マイカー
山陰近畿自動車道京丹後大宮ICから国道312号、府道704号で羽衣茶屋へ。約10台駐車可能。無料。

■登山適期
春秋がベストである。

■アドバイス
▽山名は、足占山（あしうらやま）、比治山（ひじさん）、真名井岳（まないだけ）などのよび方がある。
▽女池の羽衣伝説＝峠の案内板によると、鎌倉・南北朝の公卿・北畠親房の『元元集』から、「丹後国風土記に曰く」として、天女8人が降りてきて水浴のさなかに、ふもとの老父・和奈佐が一人の天女の衣を隠し、子として連れ帰った。十有年するうち老父の家は富んだが、老父は「我が子ではない」といって家を出した。天女は泣いて放浪し、竹野郡舟木の里で倒れ、里人は奈具社に祀った。

■問合せ先
京丹後市観光公社☎0772・72・6070、京丹後市商工振興課☎0772・69・0440、丹海バス☎0772・42・0321、天女の里☎0772・62・7720

■2万5000分ノ1地形図
四辻

止めの周囲には、文字が薄くなった「京都の自然200選」の標柱と、その先に「頂上まで1000段」(以前は1010段だった)の標識が立っている。
　やがて道は**峠**にさしかかる。「頂上まで780段」の標識にしたがって北に進み、高度を上げていく。しだいに東側の展望が広がり、「南無妙法蓮華経」の法塔をすぎれば山頂は近い。
　**磯砂山**山頂は「てんてん広場」と名づけられ、公園風に整備されている。1等三角点を中心に、天女が舞っている情景を浮き彫りにして「日本最古の羽衣伝説発祥の地」を記した石碑、ベンチなどが置かれている。展望は四方に開け、東に天橋立《あまのはしだて》を擁する宮津《みやづ》湾、西に小天橋《しょうてんきょう》を擁する久美浜《くみはま》湾、南は大江山《おおえやま》など、文句ない眺めを堪能できる。
　下りは往路を戻る。**峠**に下り立ったら女池《めいけ》へ行ってみよう。文字

峠から山頂への途中で休憩。東方を望むと丹後半島の山並みが目に入る

法塔をすぎた付近から山頂を仰ぐ

## CHECK POINT

1 国道312号の表示板。ここから南へのびる府道704号に入る

2 登山口の羽衣茶屋。トイレもあり、休憩する場所としてもってこいの場所である。無料

3 登山口から1000段もの階段登りがはじまる

4 峠には名前がついていない。東麓の京丹後市大宮町上常吉(かみつねよし)集落からの道が上がってきている

5 天女らが水遊びをしたといわれる女池。たまり水にイメージはわかないが、ロマンとして胸に納めよう

6 天女の娘のひとりが祀られているといわれる乙女神社。お参りすると美女が授かるとか。向かい側に都市農村交流施設「天女の里」がある

がはがれかけた「女池200メートル」の標識にしたがって、山頂とは反対側の山道を登る。ササと雑木林を分けてピークを下った左手に**女池**がある。樹林のため、昼なお暗い窪地の中央部に水たまりがある。

**峠**に戻ったら、駐車した**羽衣茶屋**まで戻る。

（木之下 繁）

天女が舞い降りたという山頂。360度の展望に時を忘れるひと時である

# 20 鬼の伝説を尾根伝いにたどる人気のハイキングコース

# 大江山・赤石ヶ岳

おおえやま 832m（千丈ヶ嶽）
あかいしがたけ 736m

QRコードは71ページコース図内に記載

**日帰り**

Ⓐ大江山 歩行時間＝3時間20分 歩行距離＝6・5km 技術度 体力度
Ⓑ赤石ヶ岳 歩行時間＝3時間50分 歩行距離＝6・0km 技術度 体力度

コース定数＝Ⓐ14Ⓑ16
標高差＝Ⓐ192mⒷ175m
累積標高差 Ⓐ↗613m ↘528m Ⓑ↗652m ↘652m

鞍部付近から鳩ヶ峰（手前）、千丈ヶ嶽を望む

大江山は、丹波《たんば》と丹後《たんご》にまたがる名山であり、一般的に主峰・千《せん》丈《じょう》ヶ嶽《だけ》、鳩《はと》ヶ峰《みね》、鍋塚《なべづか》と続く一群の連峰を総称する場合と、単に千丈ヶ嶽を指す場合とがある。その連峰の山容は南東方面の砥石岳《といしだけ》から望むと、緩やかな女性的な稜線を描いている。昔から鬼の伝説の山として知られている大江山は、いずれも標高900メートルに満たないが、特に尾根歩きは展望がよく、道幅も広く、爽快な高原を歩く気分で、家族向きのコースである。ここでは鬼嶽稲荷《おにだけいなり》神社を起点に、千丈ヶ嶽から鍋塚を経由して北東に建っている航空管制塔までの尾根を歩くコースと、連峰から南西に位置する衛星的な山の赤石ヶ岳を往復するコースを紹介する。

起点となる鬼嶽稲荷神社まで車でいっきに駆け上がれば、標高640メートル、八合目まで上がったことになる。神社境内の休憩所からは、空山《そらやま》、矢部山《やべさん》、岩戸山《いわとやま》などの展望がよい。

### Ⓐ大江山

**鬼嶽稲荷神社**に山行の無事を祈願したあと、奥の広場の登山口から登っていく。最初は擬木の階段が続く細い道だが、登るにしたがって道幅は1〜2メートルと広くなる。このあたりはブナ林の中を歩いているので心地よい。

木の階段の急登が続くが、やがて緩くなり、**縦走路と合流**する地点に着く。標識は「右へ千丈ヶ嶽0・3キロ、左へ双峰《そうほう》、天座《あまざ》1・2キロ」を矢印で示している。「双峰」とは、赤石ヶ岳の東ふもとにある加悦《かや》双峰公園（与謝《よさ》郡与謝野町与謝）を、「天座」は福知山《ふくちやま》市天座の在所をそれぞれ意味している。

広々とした千丈ヶ嶽の山頂は、気分をゆったりとさせてくれる。周囲の展望に文句はない

■鉄道・バス
利用できる公共交通機関はない。マイカーやタクシーを利用する。

■マイカー
京都縦貫自動車道の舞鶴大江ICまたは舞鶴若狭自動車道の福知山IC〜国道175号〜府道9号で鬼嶽稲荷神社へ。駐車は境内の手前に10台ほど置くことができる。鳩ヶ峰と鍋塚の鞍部（休憩所）に10台ほど、航空観測所付近では路肩に10台ほど置ける。いずれも無料。縦走する場合は、下山口に車を用意するか、タクシーを予約するとよい。

■登山適期

鬼嶽稲荷神社を背に見る晩秋の雲海は見ものである

千丈ヶ嶽へ向かって右に曲がれば、すぐに2等三角点のある**千丈ヶ嶽**山頂に着く。展望はよく、目の前に赤石ヶ岳や三岳山《みたけさん》が、西には江笠山《えがさやま》がどっしりと望める。ベンチもあって広々としている。

展望を楽しんだら北に向きを変え、木の階段を下っていく。北東に向きを変えて樹林帯の稜線を登ると**鳩ヶ峰**に着く。登り終えたばかりの千丈ヶ嶽が実に堂々として

## CHECK POINT—Ⓐ大江山

1

鬼嶽稲荷神社に山行の無事を祈る。休憩できる小屋もある

2

赤石ヶ岳と千丈ヶ嶽との分岐。千丈ヶ嶽へは右に曲がる

3

鳩ヶ峰から千丈ヶ嶽を振り返る。どっしりとした山容である

4

鳩ヶ峰の山頂。一角にある地図を囲んで山々の位置を確認しよう

5

鍋塚休憩所から見る鍋塚。ドーム状の山容がよくわかる

6

鍋塚の山頂。北へ日本海が見えるなど、この山頂も展望がよい

7

鬼が住んでいたという鬼の岩屋。入口だけしか入れないが、スリルのある洞窟である

8

円筒形の航空観測所をバックに道が続いている

冬季は、日本海からの季節風をまともに受けるため不向き。春夏は、高原を歩く気分である。

■アドバイス

▽日本の鬼の交流博物館は、地元大江山の鬼伝説をはじめ、全国各地の鬼にまつわる伝統芸能、世界の鬼面などを展示している。有料。一帯にはユーモラスな鬼のモニュメントが立っていて、楽しめる。

▽加悦双峰公園は標高約450㍍にある宿泊もできる施設。大江山連峰と加悦谷平野を一望できる。

大江山連峰の各ピークを飾っている連峰のモニュメント

ユーモラスな鬼が歓迎する

■問合せ先

福知山市役所大江支所☎0773・56・1102、日交タクシー☎0773・22・4111（福知山）、☎0772・22・2188（宮津）、日本の鬼の交流博物館☎0773・56・1996、加悦双峰公園☎0772・43・1581

■2万5000分ノ1地形図

大江山・内宮

740メートル峰から宮津湾を見る。かすかに伊根湾も

いる。南西方向におにぎりのような三角錐の形をした赤石ヶ岳が見える。眼下には加悦谷《かやだに》平野の街並みが一望できて、すばらしい展望だ。

　ひと息入れたのち鞍部へ下る。転石が多いので足運びに気をつけよう。**鍋塚休憩所**には車道が上がってきていて、バイオトイレもある。鞍部の北方に見える山がドーム型の鍋塚で、登りの道は岩や石が露出している。ここも足の運びに気をつけたいところだ。登り着いた**鍋塚**山頂一帯は、笹と低い松が覆っていて、眺めは抜群。北方に銀波輝く日本海が見えている。

　鍋塚の下りはやや急だ。避難小屋が建ち、かや山の家と池ヶ成《いけなる》公園からの道とが交差するころから緩やかな登りとなり、**鬼の岩屋**に着く。鬼が住んでいたという洞窟には内部の見取り図がついている。その付近に展望台があり、ここも眺めが楽しめる。

　鬼の岩屋をすぎれば**740メートル峰**はすぐ。北方に宮津《みやづ》湾の日本海と伊根《いね》湾、西方に兵庫県と京都府の山々、眼下に国道176号をはさんで田んぼや街並みが見える。円筒形をした**航空観測所**の敷地を巻くようにして車道に出る。

### Ⓑ赤石ヶ岳

　高原歩きができる人気のある大江山連峰に反して、南西端に位置する赤石ヶ岳は、連峰の衛星的な存在であって、印象も薄い。したがって、人気はいま一歩というところで、登る人も少ないので、静かな山行を好む人におすすめしたい。鬼嶽稲荷神社から山頂を往復してみよう。

　**鬼嶽稲荷神社**から千丈ヶ嶽を目指すコースを登り、縦走の始点となる**分岐**を左に、標識にしたがって、双峰、天座方面へ向かう。ブナや杉林の中を、道幅2メートルほどの広い林道がなだらかな下りとなって続いている。

　天座方面からの道を見送り、な

## CHECK POINT—Ⓑ赤石ヶ岳

1 3つの方向を示す標識。双峰方向へ進む（現在は2方向への標識に変わっている）

2 右手から双峰公園からの道が合流する双峰公園乗越

3 やや赤みを帯びた岩もある岩場をよじ登る。慎重に足を運ぼう

4 展望のよい赤石ヶ岳の山頂

おも道を下っていくと、**2方向への分岐**に出る。左方向への平坦な道は福知山の北稜《ほくりょう》総合センター、右に上がっていく道は赤石ヶ岳や加悦双峰公園へと続く。ここは後者をとる。

標高を上げてひとつピークを過ぎると、正面に目指す赤石ヶ岳が迫ってくる。双峰公園から上がってくる道との出合（**双峰公園乗越**《のっこし》）から下ると鞍部に出て、ここから赤石ヶ岳への登りにさしかかる。低い樹林をすぎて高度を上げていく。石ころが多くなり、露出する岩がせり出し、登るのに手間がかかるが、ゆっくり足を運ぼう。道脇の岩は、やや赤みを帯びていて、山名の由来がわかる。背後には主峰・千丈ヶ嶽など、大江山三峰が望める。

緩やかな低木の道になり、なおも進んでいくと**赤石ヶ岳**山頂に登り着く。中央部に三角点があり、周囲が切り払われて明るく、北方、南方の展望がよい。

下山は往路を戻るが、時間に余裕があれば千丈ヶ嶽や鳩ヶ峰、鍋塚への往復（コース🅐参照）をプラスすれば、より充実した山行になるはずだ。

（木之下 繁）

双峰公園乗越付近から望む赤石ヶ岳

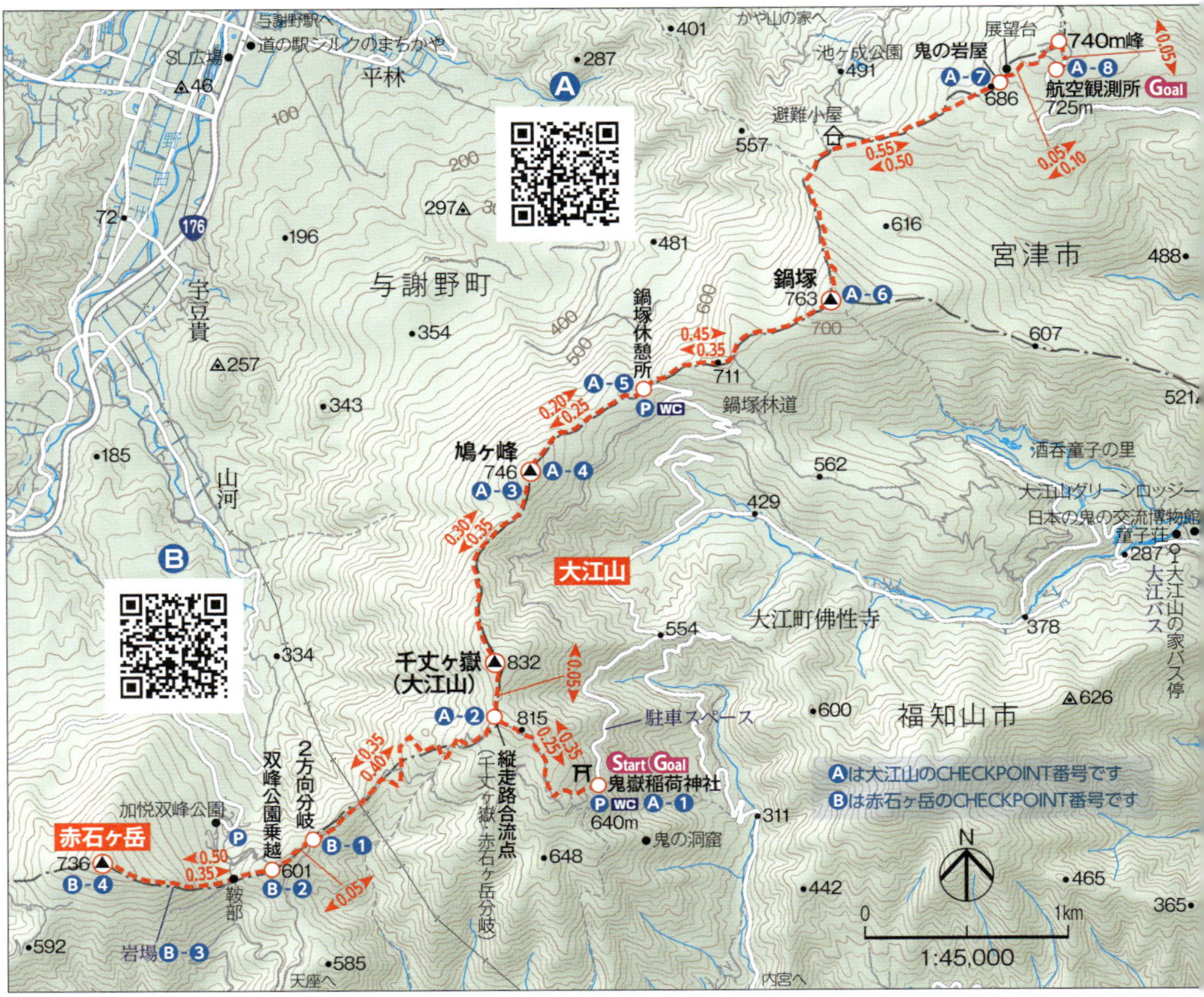

# 21 青葉山

双耳峰の丹後富士をめぐり、若狭湾を一望する

あおばやま
693m

日帰り

歩行時間＝3時間10分
歩行距離＝5・3km

技術度

体力度

コース定数＝14

標高差＝463m

累積標高差 581m 716m

西峰の岩壁からの眺望はすばらしい。ジグザグに登ってきた疲れが吹き飛ぶ

舞鶴市松尾地先から青葉山を仰ぐ。双耳峰の山容は遠方の山々からもよく見える

青葉山は、丹後《たんご》（舞鶴市《まいづる》）と若《わか》狭《さ》（福井県大飯《おおい》郡高浜町《たかはま》）の府県境にそびえ、山そのものは福井県側の山である。しかし舞鶴市側の中腹に西国二十九番札所の松尾寺《まつのおでら》を擁していることから、京都府の山との印象が深い。山容は福井県側からは富士山のように見えて、「若狭富士」とよばれ、京都府側からは「丹後富士」と称するが、西峰と東峰の2つのピークをもつ双耳峰である。近畿自然歩道に沿って、松尾寺から中山寺《なかやまでら》（高浜町）へ下ってみよう。

登り口は**松尾寺**境内の奥である。参拝者に混じって山行の安全を祈願したあと、本堂裏手の標識にしたがって石の階段を登る。竹林の中に道が続き、その先の鳥居跡をすぎたあたりから急斜面の道になり、ジグザグを繰り返す。足もとの悪い箇所にはロープが渡されていて、ハシゴもかけられている。

樹林の中を登りつめ、高浜町今《いま》寺《でら》からの道の合流点をすぎると**西峰**に着く。西権現といわれる権現社と避難小屋が建っている。権現社の裏の岩壁を登ると内浦《うちうら》湾から若狭湾国定公園の大海原がすばらしい。南に目を転じると、丹波《たんば》や丹後の山々が望め、立ち去り難い。

最近の調査によると、西峰付近の高浜町域で氷河期の生き残りの子孫とみられる天然杉が20本以上確認されたといわれ、保全に向けて検討が進められている。

東峰を目指そう。潮風が駆け抜けていくようなブナの中の道は起伏に富み、岩の間をくぐったり、ロープのある岩をよじ登ったりとスリル満点。大師洞《だいしどう》（奈良時代の僧・泰澄大師が修行したという）などを経て**東峰**に着く。青葉神社が建っていて、樹林の間から能登《のと》半島や越前《えちぜん》岬などが展望できる。

東峰からは、岩がごつごつした馬の背を経て擬木のある道を下る。やがて金比羅大権現《こんぴらだいごんげん》の社を通過し、すぐに**展望台**に出る。下っていくと高浜町**高野《たかの》との合流点**にさしかかる。左へ進み、ひたすら

■鉄道・バス
往路＝JR小浜線松尾寺駅から松尾寺へはは徒歩約50分。JR舞鶴線東舞鶴駅からは京都交通バスに乗車し15分で松尾寺口バス停下車、松尾寺へ徒歩約40分。
復路＝中山寺からJR小浜線三松

## CHECK POINT

松尾寺の山門。石段を上がり境内に入る

登りにくい箇所にはハシゴがかけられている

すべりやすく急傾斜の山道にはロープもある

西峰の権現社。岩壁上からは日本海の海原が続く

危険箇所をすぎて東峰に着くとホッとする

馬の背を越すと、眼下に高浜町や舞鶴湾が見える

展望台。若狭湾の大島半島や久須夜ヶ岳などを遠望

中山寺境内に入って、無事の山行に感謝しよう

下ると中山登山口に出て、車道を横切りなおも下れば**中山寺**の境内に着く。（木之下 繁）

駅、青郷駅へ徒歩約40分。

■**マイカー** 舞鶴若狭自動車道舞鶴東ICから国道27号、府道564号で松尾寺へ。登山者は松尾寺手前の第3駐車場（有料）を利用する。中山寺側は、中山登山口に約10台分の駐車場（無料）がある。

■**登山適期** 春・秋がベスト。冬季は避けたい。また、岩場があり、すべりやすく、雨天時も足運びに注意を要する。

■**アドバイス** ▽府北部はよく雨が降る。地元では「弁当忘れても傘忘れるな」の言い伝えがある。▽松尾寺で毎年5月8日に行われる仏舞（ほとけまい）は有名。本尊は、馬頭観世音菩薩坐像。▽中山寺は北陸三十三箇所観音霊場の第一番、若狭観音霊場の三十三番札所。松尾寺、中山寺とも山号は青葉山。

■**問合せ先** 舞鶴市役所観光振興課☎0773・66・1024、高浜町役場産業振興課☎0770・72・7705、松尾寺☎0773・62・2900、中山寺☎0770・72・0753、京都交通バス舞鶴営業所☎0773・75・5000

■**2万5000分ノ1地形図** 青葉山・東舞鶴・高浜

22

## 丹波富士の修験道・改心の道を回遊する

# 弥仙山

みせんさん
664m

日帰り

歩行時間＝2時間55分
歩行距離＝6㎞

技術度
体力度

コース定数＝**13**

標高差＝449m

累積標高差 595m 595m

弥仙山は、綾部《あやべ》市と舞鶴《まいづる》市との境に位置し、その山容から「丹波《たんば》富士」、または「丹波の槍ヶ岳」と称されていて、秀麗な山容が知られている。古くは修験道の行場でもあった山だが、遊歩道「改心の道」として整備され、歩きやすくなった。ここでは回遊コースを紹介したい。

マイカーで府道74号を東につめ、綾部市於与岐《およぎ》町大又《おおまた》集落を通過すると、空き地のある**登山口**に着く。集落近くには近畿自然歩道の標識もあり、登山口まで案内してくれる。

空き地に車を置かせてもらう。脇に立つ「改心の道」の案内板にしたがって参道（山道）を進むと、すぐ左手に水分《みくまり》神社がある。前方に見える鳥居をくぐると山道がのびている。ここは、鳥居から林道への道を進んでも先の堰堤で合流する。鳥居脇の標識には「山頂まで2・1㌔」と記されている。

杉林の中を進むと大本教の開祖が修行した岩の祠を左手に見る。拝観させてもらおう。元に戻ってそのあたりから石段が続き、赤い

山頂の金峯神社で憩う。神社境内をぐるりと回ると樹間からの展望がよい

■**鉄道・バス**
往路・復路＝利用できる公共交通機関はない。

■**マイカー**
京都縦貫自動車道綾部安国寺ICから国道27号、府道74号などで登山口へ。周辺に10台ほど駐車できるスペースがある（無料）。

■**登山適期**
新緑や紅葉の季節がよい。

■**アドバイス**
▽日置谷コース（約4㌔）＝出発地点へ下る分岐点から元権現跡（もとごんげんあと）展望所に着き、あとは下る。集落内に出たら、左に行けばJR山陰本線・舞鶴線綾部駅への日置谷バス停（あやバス☎0773・42・3280）、右に行けば5分ほどで綾部市観光センターに着く。
▽改心の道は、弥仙山東方にある君尾山光明寺（綾部市睦寄町）を舞台にした伝承「天狗の詫び証文」をもとに命名された。「天狗の詫び証文」とは、その昔、悪さをする君尾山の天狗を光明寺の和尚が諭して、悪さをやめるわび証文を入れさせたという民話である。

■**問合せ先**
あやべ観光案内所☎0773・42・9550

■**2万5000分ノ1地形図**
丹波大町・梅迫

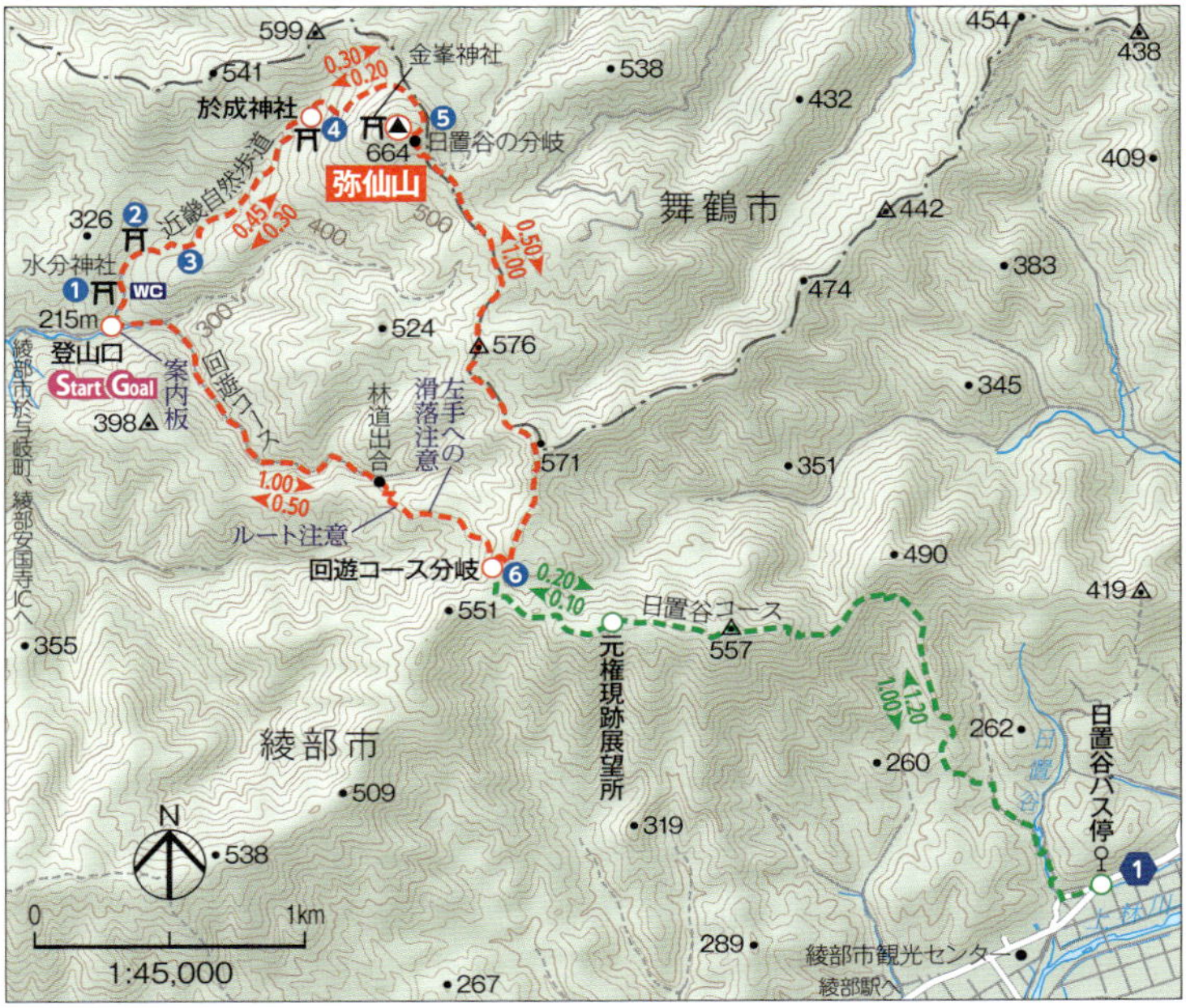

綾部市於与岐町地先からの遠望。槍ヶ岳を思わせる山容である

鳥居をくぐる。**於成《おなる》神社**である。境内に入りひと息ついていこう。樹間に響き渡る滝音が心地よい。

　於成神社からはなおも登りが続き、山頂部を時計の針が回るように大きく右に曲がりこむように登っていくと、日置《へき》谷の分岐点となる。すぐに**弥仙山**山頂だ。金峯《きんぽう》神社境内となっていて、一巡すると、樹間から青葉《あおば》山《やま》、大江山《おおえやま》、君尾山《きみのおさん》などが遠望できる。

　下山は、先の分岐点に戻り、日置谷方面へ下る。急な下り道のあと、いくつかの起伏を越して、571メートル峰をすぎた地点で出発地点へ下る**回遊コース分岐点**に着く。そこからトラバースぎみに下っていくと林道に出て、あとは車を駐車している空き地に戻る。（木之下　繁）

## CHECK POINT

1

登山口から歩いてすぐの左手に見える水分神社。山行の無事を祈ろう

2

水分神社をすぎ、鳥居をくぐると参道である山道が山頂へのびている

3

近畿自然歩道に指定された杉林の道を登り於成神社を目指す

4

中腹に建つ於成神社。滝の音を聞きながら休憩をとるのによい場所である

5

山頂から下ってすぐの日置谷の分岐。ゆっくりと急坂を下っていく

6

右に行けば出発地点に戻る。直進すれば元権現跡展望所、綾部市観光センターに下る

23

# 丹波高地の盟主・長老さんに「ごあいさつ」

# 長老ヶ岳

ちょうろうがだけ
917m

**日帰り**

歩行時間＝3時間35分
歩行距離＝11・5km

技術度

体力度

コース定数＝19

標高差＝622m

累積標高差 885m 885m

↑船井郡京丹波町上乙見から見上げる長老ヶ岳

←京都国体の採火を記念したモニュメントが建つ山頂。近くに1等三角点がある

長老ヶ岳は、重畳と山並みが広がる丹波《たんば》高地のほぼ中央部、由良《ゆら》川中流域にそびえている。その堂々とした山容はまさに丹波高地の盟主といえるだろう。地元では「丹波の長老さん（山）」とよび、親しんでいる。北麓の仏主《ほどす》集落（船井《ふない》郡京丹波町）のはずれにある森林公園をめぐる周回コースが家族連れによく歩かれている。車を使えば、周回コースから西南麓の上乙《かみおと》見《み》をつなぐ縦走が楽しめる。

仏主集落の東北方面に続く道を歩き、分岐を右へ。仏主バス停から800㍍、約15分で**森林公園の登り口**に着く。案内板「長老ヶ岳登山マップ」で確認しよう。登り口から**管理棟のある広場**（標高520㍍）まで舗装道（林道長老線）を登る。うんざりするが、仏主集落を眼下に眺めながらゆっくりと歩こう。

管理棟の背後から山道がは

■鉄道・バス
往路・復路＝JR山陰本線和知駅から京丹波町営バス仏主線に乗り、終点の仏主バス停で下車。便数が少ないので、事前に時刻表を確認のこと。

■マイカー
京都縦貫自動車道丹波ICから国道9号、27号、府道12号などで森林公園の登り口へ。林道長老線を上がった森林公園にも駐車場があるが、林道は道幅が狭く運転に注意。

■登山適期
シャクナゲとイワカガミの群生地なので、5月中旬～6月下旬が鑑賞期。

■アドバイス
▽七色の木は樹高約18㍍、幹の直径7㍍を超すカツラの木の本体に、杉、ケヤキ、モミジ、カヤ、カエデ、フジの6種類が共生しているところから名づけられた。樹齢70～80年。京都の自然200選。木の名所「天上の木10選」（京都府）。
▽西南麓の船井郡京丹波町上乙見集落からも登れる。往復6㌔。山歩きに慣れた人にはよいコースだ（24年7月現在通行止め）。集落はずれに車2～3台が置ける空地がある。

■問合せ先
京丹波町観光協会☎0771・89・1717、京丹波町役場（町営バスも）☎0771・82・3801

■2万5000分ノ1地形図
和知

じまる。「山頂まで3・5㌔」の標示を見て登る。やや広い道沿いの樹木には、イヌシデ、モミジ、カマツカ、タムシバなどに標識がつりさげられ、親しまれている山であることを感じさせる。

　南方に向かっている道の途中に**あずまや**が建っている。そこからなおも登りが続き、東方向へ向かう地点で2基の電波塔が見え隠れする。ここまで来れば山頂は近い。関西電力などの敷地を大きく回りこむと、東へのびる細い登り道があり、登りきると**長老ヶ岳**山頂である。

　1等三角点のある山頂では、昭和63（1988）年京都国体の際に採火したモニュメントが建っていて、地元の心意気が今に伝わる。西側の展望はやや樹木にさえぎられているところはあるが、全般に展望はよい。設置されている見盤からは、日本海に青葉山《あおばやま》、弥仙山《みせんさん》、大江山《おおえやま》、三岳山《みたけさん》、多紀《たき》連山、北山《きたやま》の山並みに愛宕山《あたごやま》、比良《ひら》山系の蓬《ほう》莱山《らいさん》、武奈《ぶな》ヶ岳《たけ》などが見わたせる。

　下山は管理用道路まで戻り、近畿自然歩道になっている舗装道を下り、出発点に帰る。

　休憩の後、約150㍍ほど権現《ごんげん》谷に入って七色の木を見に出かけてもよい。

（木之下　繁）

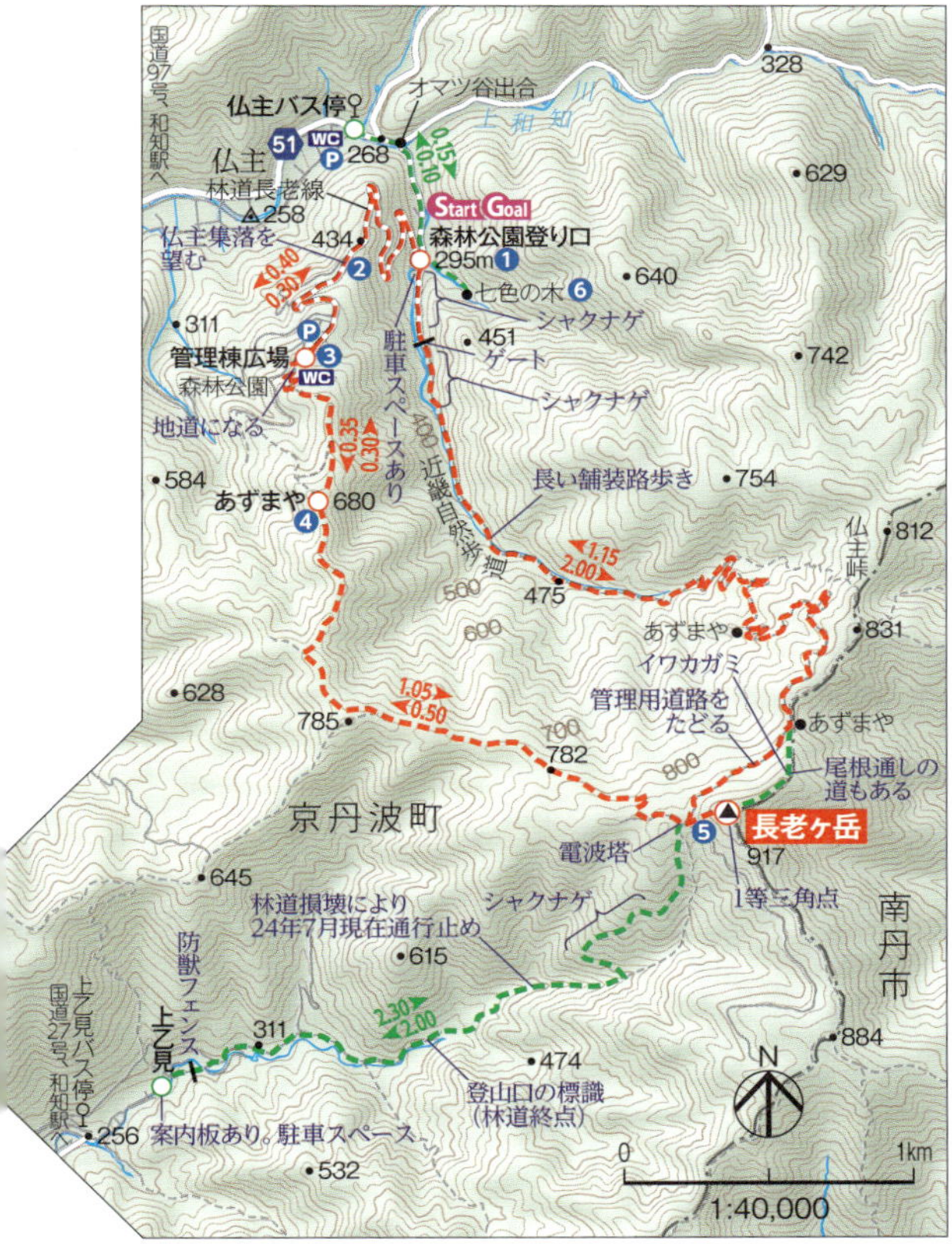


## CHECK POINT

1 森林公園の登り口。数台の駐車スペースもあり、ゆっくり登山準備ができる

2 管理棟に向かう道沿いから仏主の集落が見下ろせる

3 管理棟のある広場。トイレもあり休憩しよう。山道は管理棟の裏からのびている

4 コース途上に建つあずまや。ひと息入れて眺めを楽しんでいこう

5 もうすぐ山頂。東へのびる山道の階段登りがきつく感じられる

6 七色の木。秋の深まりとともに杉以外がそれぞれ異なった色に紅葉し、七色を際立たせる

# 24 頭巾山

## 若丹国境の盟主は雨の神を祀る信仰の山

とうきんざん 871m

日帰り

Ⓐ南丹市側から山頂往復 歩行時間＝5時間5分 歩行距離＝13.5km 技術度 体力度

Ⓑ行谷林道・参道尾根 歩行時間＝4時間15分 歩行距離＝6.8km 技術度 体力度

QRコードは80・81ジペーコース図内に記載

コース定数＝Ⓐ23 Ⓑ17

標高差＝Ⓐ564m Ⓑ569m

累積標高差 Ⓐ↗940m ↘940m Ⓑ↗700m ↘700m

君尾山の光明寺付近から頭巾山を望む。頭巾のような山容がよくわかる

頭巾山は、京都府の綾部《あやべ》市と南《なん》丹《たん》市美山《みやま》町、福井県おおい町との若丹《じゃくたん》国境（府県境）に位置していて、若丹国境周辺の山々の盟主と目される山である。西方の君尾山《きみのおさん》から眺めると、山頂部が修験者がかぶる頭巾《ときん》の形をしているところから名づけられたといわれている。山頂には雨の神様・古和木権現《こわぎごんげん》が祀られ、展望はよく、北は銀波き

祭礼でにぎわう頭巾山山頂。古和木権現のご開帳とお札授与がある

「頭巾山」と彫られた石標

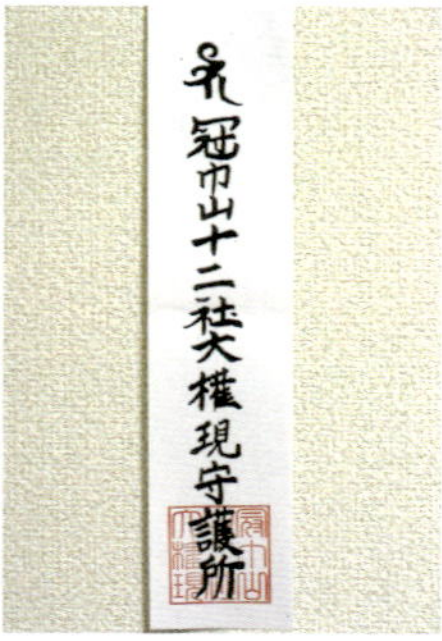


頭巾山祭礼のお札

■鉄道・バス
利用できる公共交通機関はない。

■マイカー
国道162号（周山街道）を美山町盛郷で棚野川を渡り、山森川に沿って福居山森集落に向かう。集落最奥に若干の駐車スペースと、手前の集落内にも駐車場がある。

■登山適期
積雪が多い地域なので冬期は避ける。

■アドバイス
▽本コースの代替路となる横尾ルートはブナ林の尾根歩きで危険箇所も少なく、歩きやすい道だ。福居山森集落奥から川を渡ると登山口で、小尾根に取りつく。30分ほどの登りで尾根に立ち、これを北上し、途中左からコースⒶの道を2度合わせると横尾峠に着く（横尾峠まで登り1時間35分、下り1時間10分）。

▽雨の神・古和木権現を祀る山頂では、毎年4月に祭礼が行われ、「冠巾山十二社大権現守護所」のお札（上の写真）も授与されたが、執り行う3地区（南丹市美山町福居山森、綾部市古和木、福井県おおい町名田庄納田終）の高齢化と過疎化により、2021年を最後に休止となった。

■問合せ先
南丹市役所美山支所☎0771・68・0040

■2万5000分ノ1地形図
口坂本

らめく日本海や青葉山《あおばやま》、南は丹波高原の山々、東は延々と続く若丹国境、西は弥仙山《みせんさん》などが見わたせる。ここでは、南丹市側から山頂を往復するコースと、綾部市側から行谷《ゆきたに》林道をつめて山頂へ登り、参道《さんどう》尾根コースを下る2コースを案内したい。ともに車を使う。

### Ⓐ南丹市側から山頂を往復

※本コースは24年現在ルート未整備。横尾峠へは横尾ルート（78㌻アドバイス参照）を利用する。

車を南丹市美山町福居《ふくい》山森《やまもり》集落端の空き地に停め、登山の準備を行う。**駐車地点**から先に見えるゲートをすぎ、ひとつ目の送電線の下をくぐる。やがて二股の別れとなり、右に進む。**「山頂まで3・2㌔」の標識**が立っている。

川沿いの道幅の広い林道は、2つ目の送電線の下を通過するころから山道に入る。その先で**谷と尾根の最初の分岐**にさしかかる。ここでは尾根筋を登ることにする。道は送電線の下を進み、大きく南方へ山腹を回りこむようについていて、北へ転じる。645㍍地点付近から直登気味になり、**谷からの道と出合い**（2つ目の分岐）、**横《よこ》尾《お》峠**へ向かう。

峠からは西に向かい、鉄塔の下をくぐって若丹国境の尾根を歩く。左は京都府側、右は福井県側に分かれる尾根歩きは、登り下りがあり、時折展望がさえぎられることもある。とはいえ、季節ごとの息吹が感じられて心地よい。山道にイワカガミが見られるところでは、心がなごむことだろう。7～800㍍の尾根を1時間強歩くので、水分の補給に留意したい。

783㍍地点をすぎて、ようやく最後の坂を登る。地元では「心臓破りの坂」と称している。途中に地蔵尊が祀られている。登りきったところが**頭巾山**山頂である。古和木権現を祀る小さな社が建っている。

下山は**横尾峠**まで戻り、しばらく往路を下って**分岐**を右に折れ、谷へ。踏みこんだ谷は急な下り坂であり、ところどころ道が不鮮明だったり消えているところがある。谷を見下ろしながら進むので、足もとの延長線をたどっていけば踏跡が見つかる。標高500㍍付近で「右　頭巾山」と記した石の標識を見つけるかもしれないが、登りの目印である。

やがて**谷と尾根との最初の分岐**に着き、林道を下っていくと**駐車地点**に戻る。

（木之下　繁）

**CHECK POINT―Ⓐ南丹市側から山頂往復**

1 山森集落のはずれで駐車、登山の準備をしよう。代替路の横尾峠ルートもここが起点となる

2 駐車した地点の先に見えるゲートをすぎる

3 「山頂まで3.2㌔」の標識がある。二股を右へ。左の林道に入らないこと

4 谷と尾根との最初の分岐に標識があり、尾根をとり南から北へ転じて登っていく

5 谷と尾根との2つ目の分岐を直登方向に進む。下山時には右に折れ谷へ向かう

6 地蔵尊が見守る横尾峠。ここから西へ続く尾根を歩く

7 横尾峠からすぐの鉄塔の下をくぐり、府県境の尾根を西へ行く

8 山頂まで2㌔付近の明るい尾根を歩く

9 最後の登り。地元では「心臓破りの坂」という名称をつけている

## Ⓑ綾部市側から行谷林道・参道尾根コース

綾部市側からは、故屋岡《こやおか》町の古和木集落をつめ、古和木川の支流沿いの車道を左へ進む。行谷橋を渡り、行谷林道（地道）に入れば、左手に頭巾山の伝説などを記した案内板を通過する。さらに林道を川に沿ってつめていく。最初の堰堤が見えると、川沿いの樹木に参道尾根コースの簡単な案内板が吊り下げられている。ここが**参道尾根コースの登山口**で、傍らにわずかな駐車スペースがある。

下山で利用する参道尾根コースを左に分け、そのまま行谷林道をたどると**チェーンゲート**に出る。この先はやや登り気味の道になる。右手に見える**裏八反《うらはったん》の滝**にひと息つき、さらに進んで左手に**新登山道の登り口**を見送りながら、しだいに高度を上げていく。

やがて林道が途切れ登山道に入るとまもなく尾根に出て、急斜面を上がると参道尾根に合流する。ここから東へ（右に）向かうと、小さな社が建つ山頂が見えてくる。**頭巾山**の三角点は社の脇にある。

下山は、尾根を西へ進む。820㍍地点で府県境と別れ、北西へのびる参道尾根コースをとる。下っていくと**「京都の自然200選　ブナ林」の標識**が立つ地点に着く。ここで新登山道から上がってくる道に出合う。

参道尾根コースは、急傾斜もあり、道が不鮮

### CHECK POINT — Ⓑ行谷林道・参道尾根

1 行谷橋付近に立っている案内板。頭巾山にまつわる伝説などを説明している

2 裏八反の滝。高さ約20㍍、幅約5㍍の規模で、悠然とそびえる。京都の自然200選

3 裏八反の滝の先にある新登山口。ここから稜線に上がる道があったが廃道状態

4 山頂の三角点は小さな社の裏にある

5 参道尾根コースの五合目。ブナはこのあたりまで見られる

6 参道尾根コースの三合目

■鉄道・バス
利用できる公共交通機関はない。

■マイカー
京都縦貫自動車道京丹波わちICから国道27号、府道1号、771号で行谷林道に入り、約1・5㌔進むと参道尾根コース登山口で、2台分の駐車スペースがある。

■アドバイス
▽参道尾根コースを登る場合、最初の堰堤を見つけるのがポイント。樹木に簡単な案内がついている。距離やコースタイムも紹介されている。
▽参道尾根コース登山口への駐車の際は、林道の通行に支障が出ないよう配慮したい。
▽頭巾山は、綾部市古和木地区では「ときんさん」という。ここでは「日本山名事典」にしたがった。

■問合せ先
あやべ観光案内所☎0773・42・9550

■2万5000分ノ1地形図
口坂本

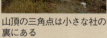

明なところもあるが、踏跡とテープを確かめていけば迷わない。ブナは**五合目**付近まで見られる。高度を下げ、**三合目**へと下っていく。

この先は急斜面で、スリップに注意しながら下ると行谷に出る。これを徒渉すると**参道尾根コース登山口**だ。

（木之下　繁）

山頂から青葉山を望む

山頂直下の地蔵尊

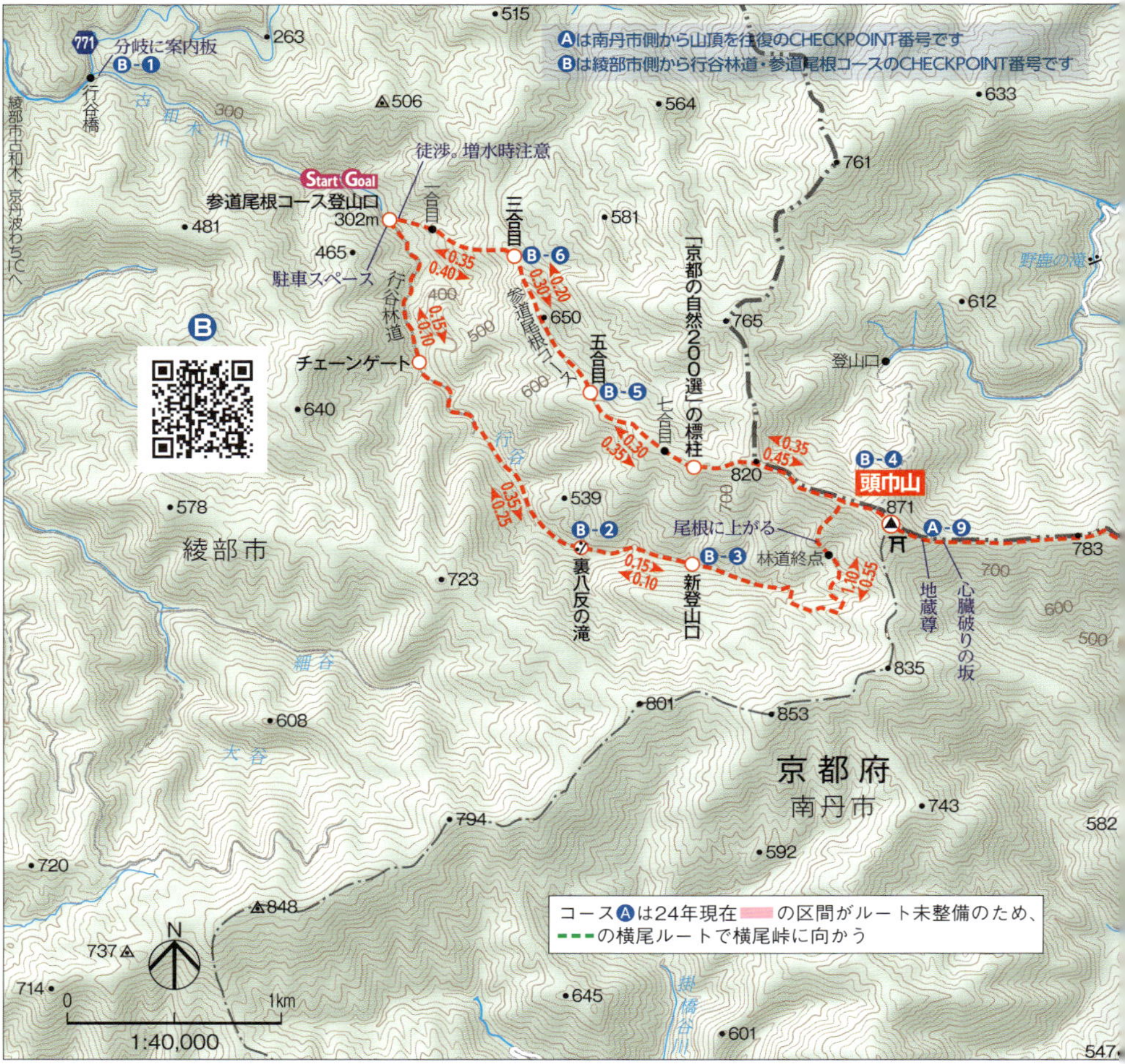

25

# 品谷山

山と峠から寂しさ漂う廃村を訪ねる

しなだにやま 881m

**日帰り**

歩行時間＝5時間20分
歩行距離＝12km

技術度

体力度

| | |
|---|---|
| コース定数 | ＝20 |
| 標高差 | ＝411m |
| 累積標高差 | ↗793m ↘793m |

佐々里峠付近から望む早春の品谷山

品谷山は、南のふもとに廃村八《はいそんはっ》丁《ちょう》を擁している。かつて存在した集落に郷愁を感じるのか、近年はよくハイカーが集落跡を訪れる。

ここではダンノ峠を起点に品谷山～廃村八丁～四郎五郎《しろうごろう》峠をたどる周回コースを紹介しよう。

**菅原《すがわら》バス停**前から桂《かつら》川にかかる橋を渡って西へ。最後の一軒家をすぎて南へ入る衣懸坂《きぬかけざか》への道を見送り、右のホトケ谷の林道を行く。谷が2つに分かれている地点がダンノ峠への登り口だ。尾根道と谷道があり、上部の杉林で道は合流するが、谷道はかなり荒れているので尾根道を行くようにしよう。尾根道は2つに分かれた谷の間の支尾根についていて、しだいに高度を上げていく。

たどり着いた**ダンノ峠**は、周囲の雑木が払われて明るい。ここから北に転じ、杉林の山腹を登っていく。当初は踏跡程度だが、尾根に出るとはっきりした道がついていて、**佐々里《ささり》峠の分岐**を左に行き、866メートル標高点を通過し、緩やかな登り下りを繰り返すと**品谷山**に着く。2等三角点を中心に、少し広くはなっているが、樹林に囲まれて展望はよくない。

山頂から南西へ進んで品谷峠を目指す。**品谷峠**は古い地形図の「品谷峠」の位置とは異なり、峰を

**■鉄道・バス**
往路・復路＝京阪電鉄出町柳駅前から出る広河原行きの京都バスに乗車し、菅原バス停で下車。

**■マイカー**
府道38号線（堀川通り）を北上する。菅原バス停付近や集落のはずれに駐車させてもらう。

**■登山適期**
積雪の多い冬季は避けた方がよい。夏場はヤマビルに注意。

**■アドバイス**
▽コースは沢沿いを中心に倒木などで荒れており、ルートファインディング能力が求められる。
▽廃村八丁は明治期に5戸が居住。1933（昭和8）年には大雪に見舞われ、食糧が欠乏するなど陸の孤島になり、犠牲者を出すほどの災害に見舞われ、1941（昭和16）年に離村した。
▽刑部谷は、シャクナゲの群落や刑部滝が見られるなど、美しい渓流で知られる（24年現在倒木が多い）。
▽ダンノ峠は古い地形図では「ダンノウ峠」と記されているが、地元では「ダンノ峠」とよんでいる。

**■問合せ先**
京都市左京区花脊出張所☎075・746・0215、京都バス高野営業所☎075・791・2181

**■2万5000分ノ1地形図**
久多・中・上弓削

ひとつ越したところで、標識はない。そこから南のスモモ谷へ向かって杉林の中を下る。倒木で荒れた谷筋をはずさなければ**廃村八丁**に着く。広場にトタン小屋が建っているが、村落跡は年の経過とともに生活の匂いが薄らいでいるようだ。

村落跡から東北にのびる谷道に入り、刑部《ぎょうぶ》谷を見送って左の谷に入る。ルートに注意して登り**四郎五郎峠**に立つ。さらに左手、同志社大学の自然環境研究室・新心荘を見送り、往路の**ダンノ峠**を経て**菅原バス停**に戻る。（木之下 繁）

寂しさが漂う廃村八丁。石垣などに生活の跡がしのばれるが、近年まで建っていた八幡宮の社は崩壊した

## CHECK POINT

1 尾根道と谷道の分岐点。足もとに標識があるので、見落とさないようにしたい

2 明るいダンノ峠。行きと帰りに通過する。ここで標高770㍍

3 佐々里峠の分岐。ここを左に曲がる

4 三角点を中心に小広くなっている品谷山山頂。展望はよくない

5 廃村八丁の生活していた場所は、時間の経過とともに自然に朽ちていくようだ

6 緩やかな登りをつめてたどり着いた四郎五郎峠。木に小さな標識がかけられている。標高736㍍

# 26 峰床山《みねとこやま》

970m

## 高層湿原を擁する府内第2位の高山を登る

日帰り

歩行時間＝3時間
歩行距離＝6km

技術度
体力度

コース定数＝13
標高差＝300m
累積標高差 563m 563m

丹波広域基幹林道の花脊付近から峰床山を望む

2等三角点を中心に開けた峰床山山頂

峰床山は、府内最高峰・皆子山《みなこやま》に次ぐ高峰で、西日本では数少ない高層湿原の八丁平《はっちょうだいら》を擁し、古くから登山者に親しまれている。ここでは、大原尾越《おおはらおごせ》の京都市二の谷《にのたに》管理舎から俵坂峠《たわらざか》を経由して峰床山に登り、八丁平を経て二の谷管理舎に戻る周遊コースを歩こう。

尾越の北端にある**二の谷管理舎**のゲート前に駐車し、準備を整える。標高は670㍍ほどである。

俵坂峠を目指すが、その道は管理舎の敷地に入り、トイレの左手前からの踏跡をたどる。いったん南へ向かうが、すぐに北へ転じ、高度を増して**峰床山の登山口**とよばれる林道と交差する地点に着く。その道の北側に細い登り道がある。その道をとり、ひとつピークをすぎると**俵坂峠**に着く。

峠からは左からの道を見送って北へ。864㍍のピークで右手に京都市防災行政無線局の建物を見送り登っていくと、林道との交差点に飛び出す。林道を横断して山腹についている階段状の道を上がっていく。杉と笹の混在する道を登り、八丁平に下るクラガリ谷への道を右手に見送って、いっきに登ると**峰床山**山頂である。

2等三角点のある山頂は広く開けて展望はよい。南にどっしりとした皆子山、西南方面に愛宕山《あたごやま》、台型の大悲山《だいひざん》など、東に比良《ひら》山系を望む。あいにく北方面は樹林が

■鉄道・バス
二の谷管理舎へは公共交通機関はない。バス利用の場合は西側の大悲山口バス停、花背交流の森前バス停から登るルートがおすすめ（ともに京阪電鉄出町柳駅前から広河原行きの京都バスに乗車）。

■マイカー
国道367号、国道477号、百井川沿いに北上、百井、大見、尾越を経る。二の谷管理舎のチェーンゲート前に10台ほど駐車可能。無料。

■登山適期
新緑もしくは紅葉期がよい。厳冬期は積雪量が多いため、ワカンが必要。

■アドバイス
▽尾越までの道は、土砂崩れなどでよく通行止めがある。荒天後は車の通行に注意を要する。
▽林道や新旧の山道が複雑に入り組んでいる。地形図やGPSは必携。
▽二の谷管理舎は、京都市有林の管理に必要な作業のために利用されている施設であり、一般利用は不可。
▽八丁平の地名は周囲が八丁あるところからついた。標高800～820㍍、約90㌶の盆地状の地形に、約5㌶の高層湿原がある。堆積物の年代測定の結果、3万年前にさかのぼるという（『八丁平の自然』京都市発行）。京都の自然200選。
▽六尺道は道幅が六尺（約1・8㍍）あったところから名づけられた。戦

## CHECK POINT

二の谷管理舎へ向かう。通常はゲートが閉まっているのでゲートの脇から入る

峰床山の登山口。俵坂峠へ山腹を巻くように細い道を登っていく

俵坂峠。左へ下る道を見送って北へのびる道を登る

林道と合流する。山腹を巻くように階段状の道を上がる

オグロ坂峠。地蔵尊が祀られ北山らしく落ち着いた雰囲気を残している

八丁平の南端からフノ坂へ。フノ坂は八丁平への出入口であり、昔からの道である

じゃまして展望が悪い。

山頂から東へ下る。東稜を下っていくと**オグロ坂峠**に着く。地蔵尊が祀られ、北山らしい静かで落ち着いたたたずまいだ。

峠からは南に向かい、八丁平の東端を緩やかに下っていく。細い道から、幅の広い六尺道とよばれる付近まで来ると、**中村乗越《なかむらのっこし》からの道と合流**する。八丁平の南端から木橋を渡って北西方向へ歩くと、フノ坂峠への標識があり、緩い坂を登る。峠から下って林道に出ると、左手に「二の谷1キロ」の標識がある。そこを下っていけば、**二の谷管理舎**に戻る。（木之下 繁）

国時代には、越前の朝倉軍に敗れた織田信長が木下藤吉郎（のちの豊臣秀吉）、徳川家康とともに京へ逃げ帰るために使ったという。

■問合せ先

京都市左京区花脊出張所☎075・746・0215、京都市左京区久多出張所☎075・748・2020、二の谷管理舎（棟）は京都市林業振興課☎075・222・3346、京都バス高野営業所☎075・791・2181

■2万5000分ノ1地形図

花脊・久多

27

# 皆子山

みなこやま
971m

京都府の最高峰から比良山系の展望を楽しむ

日帰り

歩行時間＝4時間10分
歩行距離＝6・7km

技術度
体力度

コース定数＝16

標高差＝515m

累積標高差 577m 577m

比良山系・蓬莱山より皆子山を望む。背後にはいく重にも北山の山々が連なる

皆子山山頂からは比良山系が真正面。写真は初冠雪の武奈ヶ岳

皆子山は滋賀県との府県境にあり、京都府の最高峰である。芦火《あしび》谷、寺《てら》谷、皆子谷など、谷通しの道が一般コースとして歩かれていたが、2013年秋の台風で大きな打撃を受け、登山道の多くが荒れてしまった。

たとえば、北山有数の渓谷美を誇った芦火谷（足尾谷）は、その後、荒廃がさらに進み、丸木橋はすべて流失、道は崩れ、飛び石はつるつるで、うかつに入ると危険でさえある。寺谷は登山道が不鮮明になっているところもある。寺谷より広い皆子谷は、さほど荒れていないが、少し難しい。

したがって、最近では、近年整備された東《ひがし》尾根コースが主流であり、安全登山にはその往復がおすすめだが、尾根コースの往復ではいささか単調なため、比較的やさしい寺谷を登って山頂に立ち、東尾根を下るコースを2017年発行の分県登山ガイド『京都府の山』で、前述のように紹介した。しか

■鉄道・バス

往路＝JR湖西線堅田駅から江若バス細川行きで平バス停下車（春分の日～12月第一土曜の土日祝と8月14～16日運行）、京阪出町柳駅からは京都バス朽木学校行きで平バス停下車（3月16日～12月15日の土日祝と8月14～16日運行）。平日は堅田駅から大津市の予約制乗合タクシー「光ルくん号」（日曜と年末年始運休）を利用する。予約＝琵琶湖タクシー☎077・522・6677。

復路＝バスは土日祝の午前便のみなので、先述の「光ルくん号」を利用する（日曜はタクシーを利用する）。

■マイカー

京都市内からは大原経由で国道367号を北上。平バス停横の空き地に駐車でき、木の枝の筒に駐車料金を入れる。

■登山適期

新緑・紅葉期。梅雨、夏はヤマビルに注意。春、秋でも暖かい時はヤマビルが出るが、尾根筋はまだまし。

■アドバイス

▽皆子山の名称は1923年に今西錦司ら旧制第三高等学校山岳部の部員らがこの山を囲む皆子谷、寺谷、アシミ谷付近の名称を採録して命名した。古くは霞ヶ嶽とよばれていたという（『近江国滋賀郡誌』）。

▽足がそろえば、セミバリエーションとして寺谷コースも利用してみよ

しその後の寺谷の状況から、今回ははずさざるを得ないと判断し、東尾根の往復コースとして紹介する。東尾根は危険箇所こそ少ないが、ヤマビルがいるため、対策は万全にして登山に臨みたい。

**平《だいら》バス停**から京都市街方面に少し戻り近畿自然歩道の道標で右に折れ、安曇《あど》川に架かる仲《なか》平《だいら》橋を渡り右へ。民家の突き当たりを左に行くと正教院《しょうきょういん》の山門に出る。境内を抜けたら、墓地の左手より登っていく。植林地の急登が40～50分続くが、ここさえがんばればあとはぐっと楽になる。やがて気持ちいい自然林となるので、ゆっくり歩みを進めていこう。その後は植林地と自然林を交互に抜け、緩いアップダウンを繰り返しながら標高を上げていくと、やがて寺谷、皆子谷分岐の稜線に出る。深いササやぶは、あとかたもない。灌木の平坦な道を右に進むと、**皆子山**の山頂はすぐそこだ。

3等三角点のある明るい山頂からは、比良《ひら》最北の蛇谷《じゃたに》ヶ峰《みね》をはじめとする北の山々に、武奈《ぶな》ヶ岳《たけ》が真正面。下山は往路を引き返す。道標はほとんどないが、よく踏まれた道を忠実にたどれば問題はない。

（津田美也子　写真協力＝堀池幸子）

## CHECK POINT

1 正教院の山門をくぐる。無住のお寺だが、きれいに掃除されている

2 植林地の急登が続く、今日一番のしんどいところ。ヤマビル要注意地点でもある

3 植林地を抜けると緩やかで気持ちいい自然林だ。ここからはぐっと楽になる

4 稜線手前の標高950㍍付近からは、比叡山やびわ湖、対岸の山々も望める

5 三角点を中心に切り開かれた山頂。ヒルの心配はなくゆっくりくつろぎたい

6 往路を下山。蓬莱山、権現山を東に望み、樹々の合間からは眼下に鯖街道を見る

う。寺谷橋の手前に京都工芸繊維大ワンゲル部が設けた迂回路がある。京都府側からの皆子谷はもはやバリエーションである。

■問合せ先
左京区役所大原出張所☎075・744・2020、大津市役所☎077・523・1234、京都バス高野営業所☎075・791・2181、江若交通バス☎077・572・0374、琵琶湖タクシー雄琴営業所☎077・579・6677

■2万5000分ノ1地形図
花脊

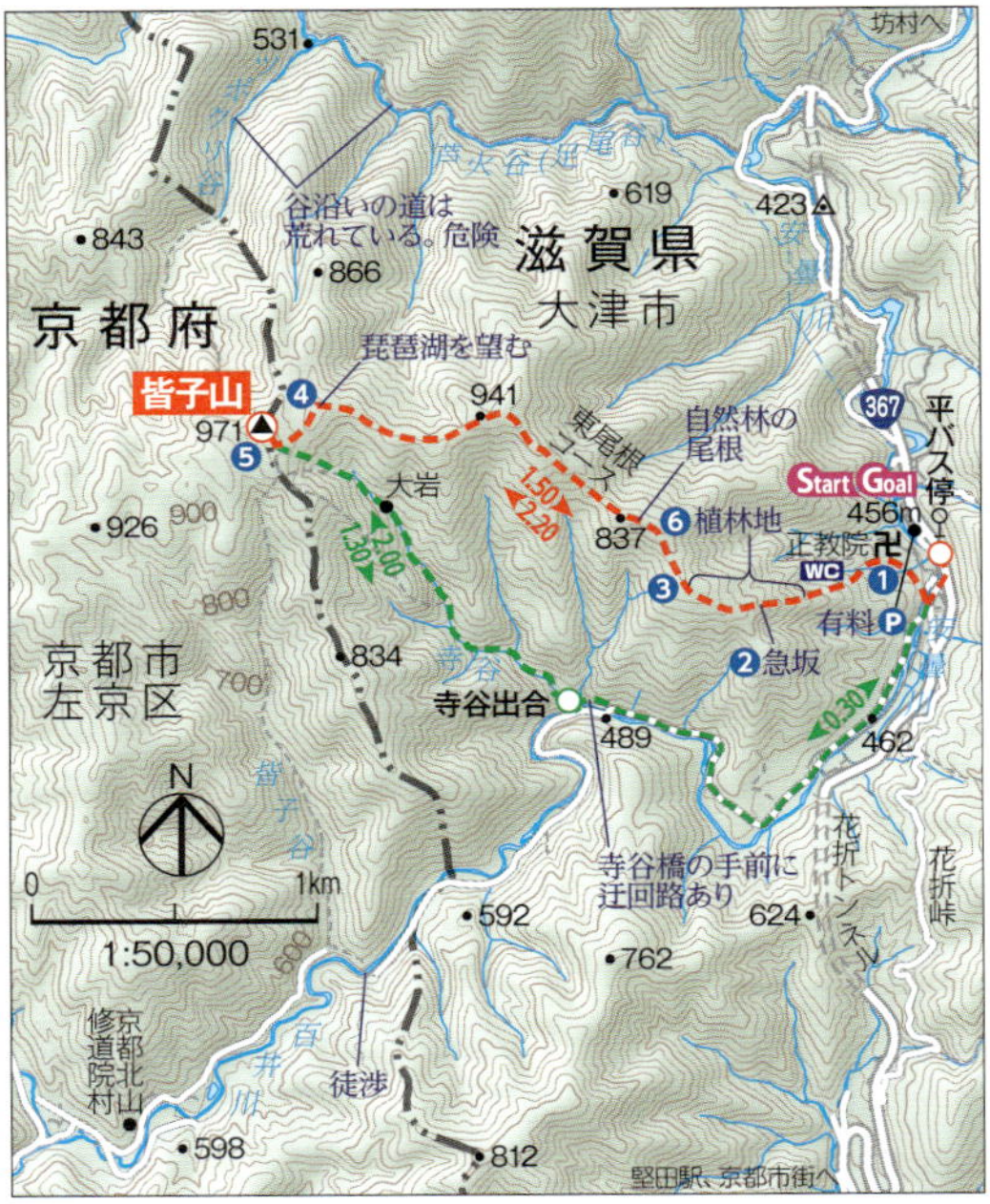

28

# 雲取山

くもとりやま 911m

## 北山を代表する山、明るい2つの峠を経て山頂へ

日帰り

歩行時間＝4時間5分
歩行距離＝7・0km

技術度 1/5
体力度 1/5

コース定数＝16

標高差＝341m

累積標高差 ↗582m ↘582m

芹生峠付近からの雲取山遠景

雲取山とは高山を思い起こさせる名前だが、京都の雲取山は1000《メートル》にも満たない。2万5000分ノ1地形図にも山名は記されていないが、古くから北山《きたやま》を代表する山である。芹生峠《せりょう》から西南方向の751《メートル》ピーク付近からは、送電線越しに上部が膨らんだ山容が見られる。通過する寺山峠、雲取峠の明るい二峠にも惹かれ、歩いてみたくなる山である。コースには林道開発はなく、昔ながらの自然が保たれている。メインの周回コースを歩く。

スタートは京都バスの**花背高原前バス停**。帰りのバス時間を確認しよう。別所《べっしょ》川にかかる橋を渡り、旧学校前で登山の準備をする。トイレはバス停向かいの別所自治会館が開放してくれている。

山道は車が入れるほどの道がのびていて、スキー場跡を左手に見ながら進む。杉林の中、沢沿いに登っていき、谷を離れて急斜面を巻くように登ると**寺山峠**である。

三角点を囲むように雲取山山頂で憩う

峠の周辺は自然林もあり明るい。

峠を下って**一の谷出合**を見送り、徒渉を繰り返し谷をつめる。ササと雑木林の道をかきわけ、山小屋をすぎて尾根に沿って登ると**雲取峠**である。この峠から南に転じ、稜線をたどり山頂を目指す。

■鉄道・バス

往路・復路＝京阪電鉄出町柳駅前から京都バス広河原行きに乗り、花背高原前バス停下車。サブコースで利用する旧道別れバス停も同路線。

■マイカー

府道38号（堀川通り）、国道477号で花脊高原へ。花脊高原前バス停の手前に有料駐車場がある。また、三の谷出合付近へは林道がのびていて、空き地もある。林道へは府道38号から府道361号に入り、勢竜天満宮付近から入る。

■登山適期

夏場はヤマビル対策が必要。冬は軽アイゼンを持参したい。

■アドバイス

▽サブコースは、二の谷出合から勢竜天満宮を経て、旧道別れバス停にいたる。二の谷出合を右にとり、徒渉しながら進む。三の谷出合からは林道になり、勢竜天満宮に着く。勢竜天満宮は、歌舞伎「菅原伝授手習鑑」の舞台となったという寺子屋跡である。

静かな勢竜天満宮境内

■問合せ先

着いた3等三角点のある**雲取山**山頂は、20人ほどで満員になる程度の広さだ。展望は残念ながらよくない。

山頂からの下りは、二の谷と三の谷に分かれるが二の谷をとる。谷筋はかなり荒れている。急斜面で高巻きもある沢沿いの道で、立命館大学のワンゲル小屋を通過するころは傾斜は緩やかになる。さらに徒渉を繰り返しながら下ると、一の谷から流れてくる川と合流する地点に着く。**二の谷出合**であるが、標識がなくわかりにくい。合流点から一の谷をさかのぼると、**一の谷出合**に戻り着き、さらに**寺山峠**から**花背高原前バス停**に戻る。

（木之下 繁）

京都市左京区役所花脊出張所☎075・746・0215、右京区役所京北出張所☎075・852・1811、京都バス高野営業所☎075・791・2181、叡山電鉄出町柳駅☎075・781・3305

■2万5000分ノ1地形図
花脊・大原

## CHECK POINT

花背高原前バス停付近の旧学校前で、ザックの点検、靴ひもの確認など出発の準備に忙しい登山者

明るい寺山峠でひと息。この峠まで登ってくると参加者の歩く速度も揃ってくる

2つ目の峠は雲取峠。フカンド峠ともよばれる。この峠も明るい

二の谷を下ると立命館大のワンゲル小屋を通過する。ここまで下ると二の谷の出合はもうすぐ

29

京都北山にゆかりの先人の足跡をたどる

# 魚谷山

いおだにやま
816m

日帰り

歩行時間＝4時間25分
歩行距離＝12・0km

技術度
体力度

コース定数＝21
標高差＝568m
累積標高差 836m 836m

魚谷山への道は、京都北山《きたやま》ゆかりの先人たちの足跡をたどることができる。その山容は、遠方からは周辺の山々とどんぐりの背比べで確定しにくいが、付近の樹林越しから見ると、緩やかな三角形をしている。山頂の展望はよくないものの、なおも北山らしい面影を残している。

西北の狼峠付近から魚谷山を望む

京都市街に戻る帰りのバス便は1本しかない。乗り遅れないよう早めの行動を心がけよう。

**出合橋《であい》バス停**に着いたら、中津《なかつ》川に沿って北へ続く舗装道を歩く。**松尾谷《まつおだに》の出合**で右手の直谷《すぐたに》をとり、堰堤をすぎるあたりから山道に変わる。道が東から北へ変わりしばらくすると、道脇に直谷山荘跡を通過する。さらに進むと麗《れい》杉《さん》荘に着く。京都北山でもっとも古い山小屋であるとされ、屋根部分が痛んではいるものの、いまもすっくと建っている。

なおも進むと**滝谷《たきだに》峠の分岐点**にさしかかり、手前の谷を用心して渡り、山道に入る。川を幾度か徒渉すると、あごの長い、笑顔の**今西錦司博士レリーフ**が迎えてくれる。その手前に北山の小舎《こや》跡を通る。案内板によると、西堀榮三郎（1903〜89、第1次南極越冬隊長）らが建てたという。「京都北山からヒマラヤへ」といわれるように、北山を逍遥した若者らの、

今西錦司博士（1902〜92）レリーフ。生態学者・人類学者であり登山家。文化勲章受章。レリーフは平成6（1994）年に完成した

**■鉄道・バス**
往路・復路＝京都市営地下鉄の北大路駅前と雲ヶ畑地域を結ぶ「もくもく号」（ジャンボタクシー）に乗り、出合橋バス停下車。

**■マイカー**
府道38号（堀川通り）、府道61号で登山口へ。松尾谷の出合、滝谷峠の出合、松尾谷林道などで道端に置かせてもらう。

**■登山適期**
冬季は積雪などがあっても装備があれば歩ける。夏場の徒渉にはヤマビルに注意を。

**■アドバイス**
▽山名は地元でよくよばれる「いおだにやま」とした。そのほか「うおだ（た）にやま」「いおたにやま」「いおだんやま」などが伝わる。
▽出合橋付近に雲ヶ畑公民館、京都市森林組合雲ヶ畑支所などのトイレがある。利用の際はひと声かけよう。

レリーフ付近に立つ「→柳谷峠→魚谷山」への案内板

**■問合せ先**
京都市北区役所雲ヶ畑出張所☎075・406・2001、彌榮自動車上堀川営業センター☎075・49

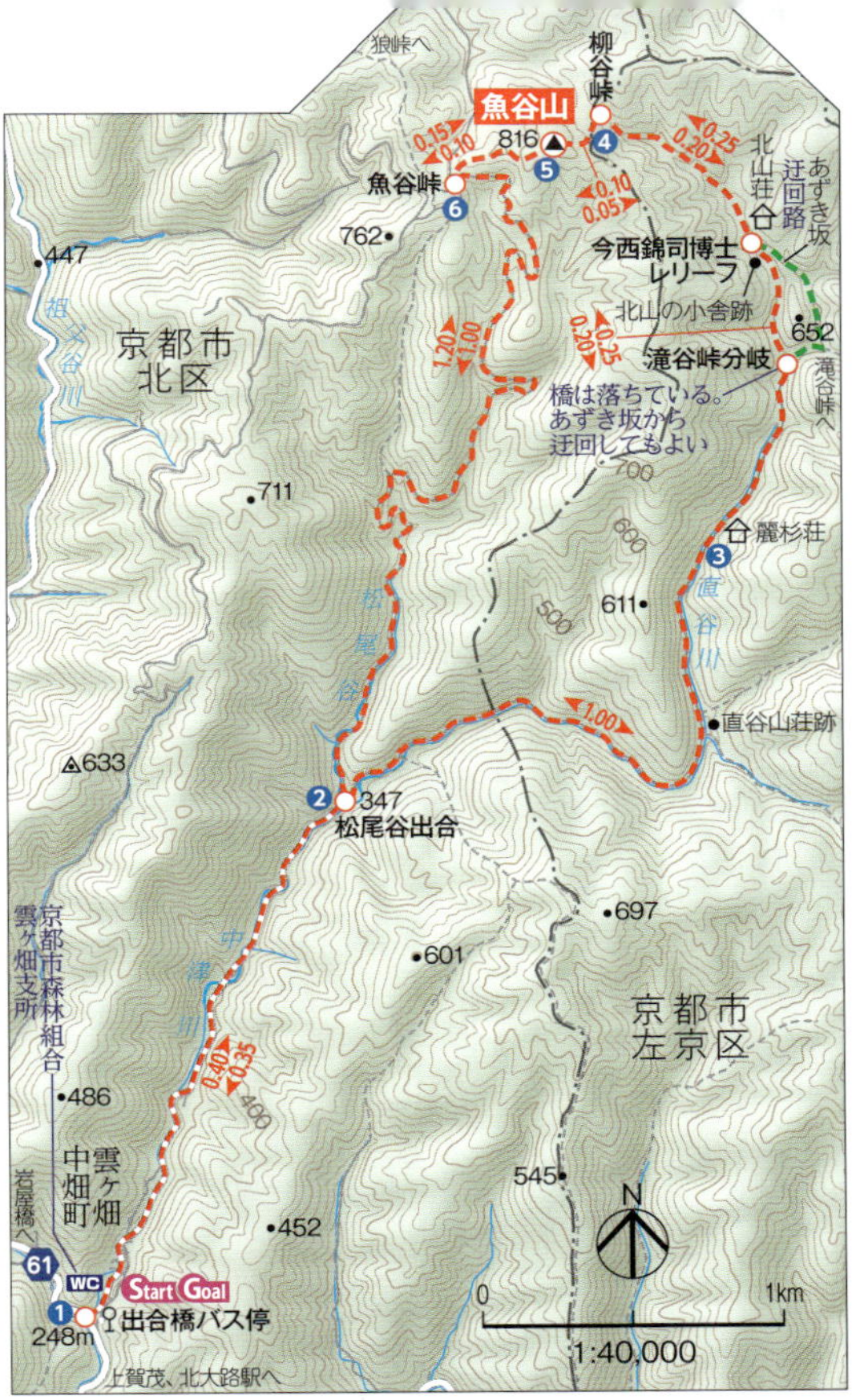

「北山の小舎」発祥の地。案内板には、「雪山讃歌」にいう「煙い小舎」とは、この小舎のこと、と記されている

揺籃期の活動の原点となった小舎跡に立って彼らをしのびたい。

レリーフをすぎてすぐに分岐があり左をとる。樹木に吊り下がっている赤布などを目印に進むと**柳谷峠**に着く。ひと呼吸置き西へ登り、道をたどると**魚谷山**に着く。山頂は3等三角点を中央部に小広くなっているが、展望はよくない。

山頂から**魚谷峠**に下る。その峠は広場になっていて峠らしい雰囲気はないが、賀茂《かも》川と大堰《おおい》川との分水嶺の峠である。左手の松尾谷林道を下り、最終バスの通過時間を気にしながら**出合橋バス停**に戻る。

（木之下繁）

1・0251（もくもく号）
■2万5000分ノ1地形図
周山

## CHECK POINT

1 もくもく号を降車した出合橋付近。道路が狭く、すれ違いに気を使うところである

2 松尾谷と直谷の出合で、右手の直谷の道をとる

3 麗杉荘は、戦前から活躍し北山を紹介した森本次男が、昭和10（1935）年に建てた

4 柳谷峠。『北山の峠』の著者金久昌業は、「五月の緑の風が渡る峠が思い浮ぶ」と表現した

5 真ん中に3等三角点がある魚谷山山頂。憩うことはできるものの展望はよくない

6 広場になっている魚谷峠。北山らしい峠の雰囲気はない

30

# 半国山

はんごくやま
774m

## 大展望の亀岡の名山。美しい音羽渓谷から頂上へ

日帰り

歩行時間＝4時間50分
歩行距離＝9・5㎞

技術度 1/5
体力度 2/5

コース定数＝20
標高差＝597m
累積標高差 登り775m 下り766m

本梅（ほんめ）町東加舎（ひがしかや）方面から見る半国山

亀岡《かめおか》市は古代より丹波《たんば》国の中心として栄え、明智光秀が丹波亀山《かめやま》城を築いたことから、城下町としての趣も残っている。秋には山鉾巡行の亀岡祭が催され、にぎわいを見せる。そんな亀岡の市街地から、展望に恵まれた里山に出かけてみよう。登路で渓谷美を楽しみ、古刹の金輪寺《きんりんじ》へ下山するという変化に富んだコースである。

山頂の線刻不動明王。半国山は麓の人々と深く関わってきた

**赤熊《あかくま》バス停**のすぐ先に登山口の道標がある。10分ほど歩いて**ゲート**をくぐると、苔庭のようなすがすがしい空間が広がる。**山の神の祠**から谷沿いの道になる。台風や豪雨で荒れた道は地元の赤熊楽暮会の方により整備され、ピンクのテープが導いてくれる。3つ目の滝が二条に落ちる音羽《おとわ》の滝だ。

音羽の小滝をすぎたあたりで谷から離れ、峠へ向かっていく。かわいい案内板の「**牛つなぎ広場**」でひと息入れ、雑木の尾根を登ること30分で**半国山**山頂に立つ。「播《はり》磨《ま》、丹波、摂津《せっつ》の国がそれぞれ半分ずつ」望めるという山名由来通りの展望を期待していたのだが、松の若木が背丈ほどに成長し、西と南方面の眺望がさえぎられつつあるのは残念だ。木々の茂りでや

■鉄道・バス
往路＝JR山陰線亀岡駅から京阪京都交通バス赤熊バス停下車（34分）。復路＝宮川バス停から同バスでJR亀岡駅へ（30分）。

■マイカー
京都縦貫道千代川ICから府道73号などで赤熊8㌔、宮川9㌔の距離。赤熊は山道に入るところの四差路、左手前に赤熊区有地の空き地（左端に土管が積んである）があり約5台、宮川には宮川神社手前100㍍左側の広場に10台弱駐車可。いずれも土地の方のご厚意による（無料）。

■登山適期
年中登れるが、夏は虫刺されに注意。

■アドバイス
▽千ヶ畑からは最短で登れ、傾斜も緩い。府道路肩に約5台駐車可。山麓の静寂な禅寺、法常寺はぜひ立ち寄りたい。蔦の絡まる石垣は見事。
▽亀岡市文化資料館は亀岡の歴史・文化を展示。亀岡駅徒歩7分、丹波亀山城址は亀岡駅徒歩10分、JR亀岡駅観光案内所はパンフが充実。

■問合せ先
JR亀岡駅観光案内所☎0771・22・0691、亀岡市文化資料館☎0771・22・0599、京阪京都交通亀岡駅前営業所☎0771・23・4511

■2万5000分ノ1地形図
埴生

や狭くなった感はあるが、それでも30人ほどはくつろげる。愛宕山《あたごやま》、比叡山《ひえいざん》方面の眺望は健在。山頂の一画には線刻《せんこく》不動明王の石碑がある。法常寺《ほうじょうじ》ほか山麓の10ヶ寺により昭和8年に建立され、年1回供養祭や雨乞いの儀式が行われていたとかで、各地から網の目のように道があったが、今では不鮮明な道も多い。

　下山は宮川《みやがわ》コースを行く。山頂を南に下ると近畿自然歩道の分岐（**るり渓《けい》分岐**）があり、るり渓への道を右に見送り左に進むと、送電線下の広場に出る。大岩をすぎてさらに下ると前方に尾根通しの踏跡が見えるが、**左の山腹道に目をやると近畿自然歩道の道標**があり、そちらへ進む。

　京都西山《にしやま》方面の展望地を経て鞍部まで下ると、宮川への旧山道が右手の谷へ下りている。今回は近年整備された神尾山城跡《かんのおさんじょう》を通って金輪寺へ向かう。道なり左方向へ少々登り返す。山岳寺院の金輪寺を取り込む、連郭式の大規模な城であったようだ。**金輪寺**はすぐそこで、本堂横に出る。

　宮川神社へは旧参道を下る。仁王門《におうもん》跡上手の妙見山《みょうけんさん》展望台は、宮川郷志会が新設された。

　**宮川神社**からはまっすぐ進み、突き当たりを右へ、石橋で左折し道なりに進んでバス道路に出ると、右手の少し先が**宮川バス停**だ。

（津田美也子　写真協力＝二村忠夫）

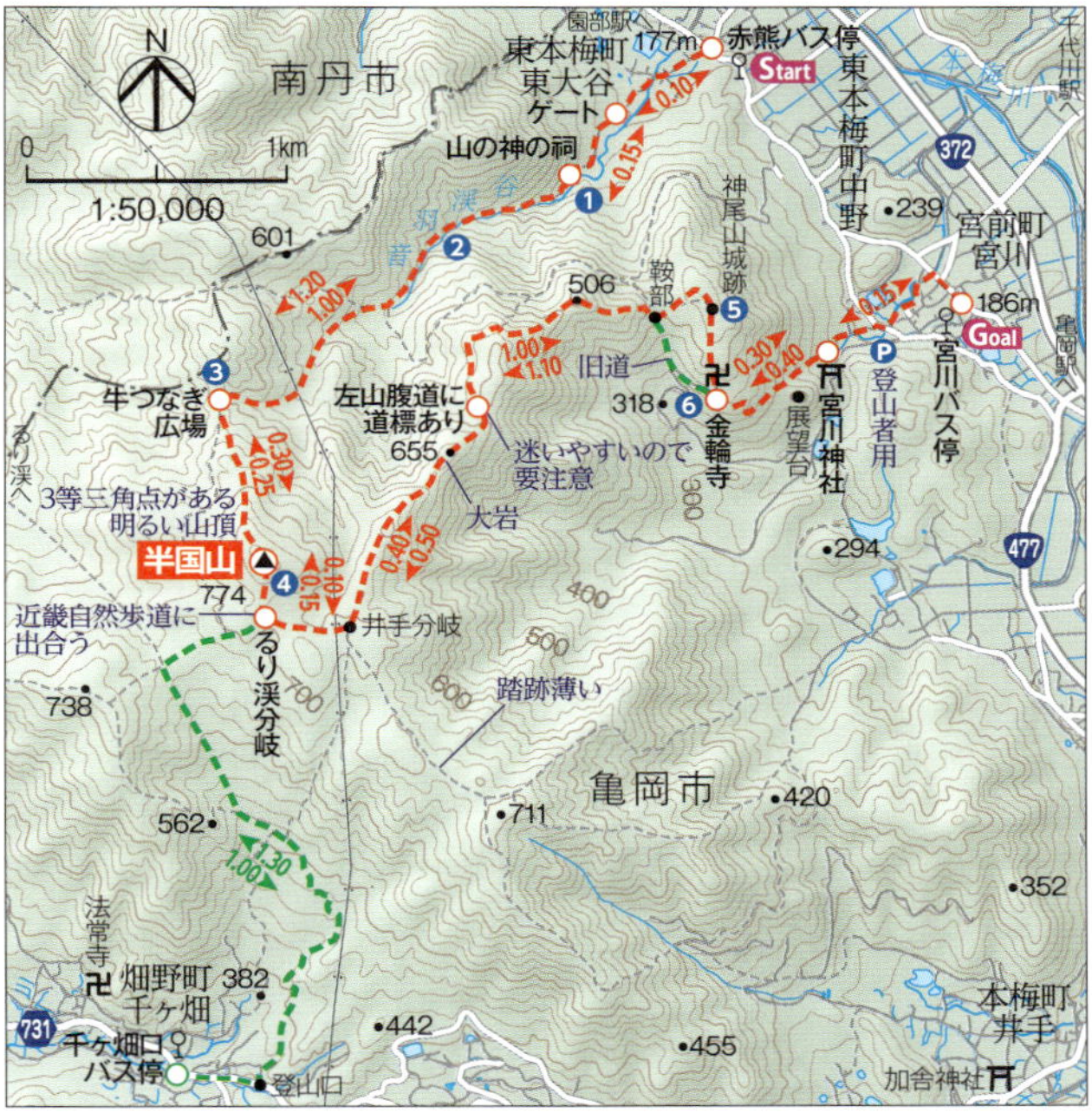


## CHECK POINT

クスノキの下の山の神に、赤熊の方が毎朝サカキを供えられている

二条に落ちる音羽の滝。見どころのコメントを読みながら行くのも楽しい

「牛つなぎ広場」は広い峠。るり渓へは左斜め方向に小さな案内板あり

松の若木に覆われ、下山地点がわかりにくい。南へ進み、ザレた急坂を下る

明智光秀が丹波平定の中間拠点とした神尾山城。八上城攻めはここから

口丹波西国三十三ヶ所霊場金輪寺。本堂裏に旧参道沿いの石仏が安置されている

31

# 地蔵山

## 「1等三角点府内最高峰」に恥じない堂々たる山容

じぞうやま
947m

日帰り

歩行時間＝6時間20分
歩行距離＝13km

技術度 ★☆☆☆☆
体力度 ★★☆☆☆

コース定数＝26

標高差＝552m

累積標高差 987m 1329m

南丹市八木町神吉から、デンと構えた地蔵山1等三角点を望む

地蔵山は不遇な山だ。京都市の西北部にある愛宕山《あたごやま》の北に位置し、京都市内からは愛宕山が大きく構えているので望むことはできない。しかし、北西麓の南丹《なんたん》市八《や》木《ぎ》町神吉《かみよし》から見ると、愛宕山に一歩もひけをとらない。さすがは1等三角点の山と思わせる堂々とした山容だ。

越畑《こしはた》から清涼感が漂う芦見《あしみ》峠を経て、地蔵山から愛宕神社へ参り、水尾《みずお》へ下る。少し長いが充実感がある道を歩いてみる。

愛宕山へ向かう道で、左手に比叡山から東山三十六峰を望む

**越畑バス停**から、集落の三差路を右へ行き、2つ目の防火水槽を右折。人家の横から山道へ入ると、すぐにシカ除けの鉄柵がある。道は谷をまたいで大きく曲がり、緩やかに一本道が芦見峠へと続く。

地蔵山へは**芦見峠**を右に行く。桧が大きく育った中を、越畑スキー場跡をすぎ、高度を上げる。登りがしばらく続き、少し緩やかになると視界が開け、電波反射板跡に出る。その端には西向宝庫《にしむきほうこ》地蔵尊が鎮座している。

ここから5分ほどで**地蔵山**1等三角点の山頂に着く。山頂は明るく開けた場所だが、展望はない。

山頂からは南へ向かう。ひとつ鞍部を越すと、電波反射板跡がある。ここから前方に愛宕山を見つつ、アセビの多い道をたどる。小さな登り下りの起伏の先に、樒原《しきみがはら》から愛宕神社へ通じる**樒原分岐**に出合う。ここを左に行き、竜《りゅう》ヶ岳《たけ》

水尾分かれの小屋から水尾集落へ下る道

■鉄道・バス
往路＝JR山陰本線八木駅から京阪京都交通バス神吉・原行きに乗り、越畑バス停下車。
復路＝JR山陰本線保津峡駅を利用。
▽水尾からJR保津峡駅まで自治会バスが運行。ただし、火曜と金曜、お盆、年末年始は運休。

■マイカー
スタート時に下山口へ車を回送する以外は、JR山陰本線利用のこと。

■登山適期
通年登れるが、冬季、雪の多い日は軽アイゼンが必要。新緑の時期と秋が山の彩りがよい。近年笹が少なくなり、歩きやすい道になった。

■アドバイス
▽1等三角点の山は、京都府内に7山ある。標高順に、地蔵山、長老ヶ

の分岐と地蔵辻《じぞうつじ》の分岐を見送り、大きく道が回りこむと正面に石段が続き、登りきると**愛宕神社**だ。

下りは、神社から表参道の黒門を通り、**水尾分かれの小屋**へ向かう。小屋を右に、今までより幅が少し狭い一本道を**水尾**集落へ下る。秋には黄色く実ったユズが重く枝を垂らしている。あとはゆっくり車道をたどり、**JR保津峡駅**《ほづきょう》へと向かう。

（大槻雅弘）

## CHECK POINT

越畑バス停から北方向へ進む。集落の三差路を右に行き、２つ目の防火水槽を右、人家の横から芦見峠へ

芦見峠は右手が広く伐採されていて明るい。地蔵山へは峠から右手に見える送電線の鉄塔の方向へ登る

電波反射板跡のフェンスの端に、西向宝庫地蔵尊が鎮座する。ここから山頂までは、もうまもなくだ

樒原分岐は特に注意が必要。この大木を目印に左手へそのまま進み、広い林道に出る

下りは表参道を下って、正面に見える「水尾分かれ」の小屋を右に。水尾集落へ下る。大きな案内板が目印だ

岳、太鼓山、鷲峰山、磯砂山、多禰寺山、烏ヶ岳である。

▽柚子風呂は、奈良時代、聖武天皇が冬至の賀を受けられたころがはじまりといわれる。水尾では屋敷内、畑など、いたるところにユズの木が植えられ、予約すれば民家で柚子風呂と鳥すきなどを楽しむことができる（宿泊不可）。時間が許せば下山後ひと風呂浴び汗を流すのもよい。

地蔵山山頂の１等三角点

■問合せ先
京都市右京区役所宕陰出張所☎0771·44·0314、京阪京都交通バス亀岡営業所☎0771·23·8000、水尾自治会バス☎080·9748·2090

■２万５０００分ノ１地形図
京都西北部・殿田・亀岡

32

## 大原の里を望み、平家物語ゆかりの地を歩く

# 金毘羅山・翠黛山

こんぴらやま 572m
すいたいさん 577m

日帰り

歩行時間＝3時間45分
歩行距離＝7・2km

技術度

体力度

コース定数＝15

標高差＝362m

累積標高差 593m 578m

大原の里から見た金毘羅山（左）、コブをはさんで翠黛山（右）

京都市街を抜け、洛北八瀬《らくほくやせ》をすぎると大原《おおはら》だ。古くは小原《おはら》といわれた里が見えるころ、左前方の山肌に白い露岩が目につく。金毘羅山である。その峰続きにひとつコブをはさんで翠黛山が肩を並べている。

金毘羅山から平家物語に登場する「翠黛の山」を経て、寂光院《じゃっこういん》から大原へ下る道を歩いてみよう。**戸寺《とでら》バス停**から京都一周トレイルの道標にしたがってバス道を横切り、**江文神社《えぶみ》**にお参りして、少し戻って**江文峠**に出る。車道を西へ１００《メートル》進むと「三体不動明王《さんたいふどうみょうおう》、金毘羅大権現《だいごんげん》」の石碑がある金毘羅山登山口に着く。

鳥居をくぐり、自然石を利用した階段を緩やかに登っていく。谷を渡り、少し平らな江文寺の跡を経てしばらく進むと**琴平新宮社《ことひらしんぐうやしろ》**に着く。ここから道はややジグザグになり、尾根の分岐に出る。分岐から右は江文神社へ下る道。分岐からは左へ岩混じりの道を進むと道が三方に分れる。金毘羅山へは

秋は紅葉の彩りが鮮やかな琴平新宮社

■鉄道・バス
往路＝JR京都駅前、地下鉄国際会館駅前、京阪出町柳駅前のいずれかから大原行きの京都バスに乗り、戸寺バス停下車。
復路＝大原バス停から京都バスに乗り、京都駅へ。

■マイカー
国道367号沿いの大原には、三千院、寂光院などに観光用の駐車場が多数ある。トイレもある。

■登山適期
四季を通じて登れるが、春と秋がベスト。春秋は観光客も多い。大原の民宿に泊まり、温泉と歴史を訪ねる旅を楽しむのもよい。

■アドバイス
▽江文神社の拝殿は、井原西鶴の『好色一代男』の中で、「大原雑魚寝（ざこね）」の舞台として描かれた。横に公衆トイレもある。
▽江文峠は、大原と静原・鞍馬を結ぶ峠。『平家物語』で後白河法皇が文治2（1186）年寂光院の建礼門院を訪ねる大原御幸で峠を越えた。
▽寂光院は、建礼門院徳子の隠棲地。壇ノ浦で滅びた平家と、わが子安徳天皇の霊を弔いすごした。女院に仕えた阿波内侍の墓が近くにある。

■問合せ先
京都大原観光保勝会☎075・744・2148、左京区大原出張所☎075・744・2020、京都バ

金毘羅山の岩場から大原の里を望む

真ん中の道を登る。すぐに三壺大《みつぼおお》神《かみ》の祠があり、そこを回りこみ鞍部へ下る。鞍部を越えると小さな祠のある**金毘羅山**だ。

翠黛山へは三差路まで戻り、左へ細い急な道を下る。ピークをひとつ越えると鞍部があり、そのままひと登りで、小広い**翠黛山**の山頂に着く。

山頂からは北へ下る道をとる。尾根筋の一本道で、道標のある**十字路になった鞍部**に下り立つ。鞍部からは右へ。少し山腹を巻いて下り、大きな堰堤を経て谷川越しの右手に阿波内侍《あわのないし》の墓を見ると、すぐ左に**寂光院**の入口がある。土産店や旅館を抜け、30分ほどで**大原バス停**に出る。

（大槻雅弘）

ス高野営業所☎075・791・2181

■2万5000分ノ1地形図
大原

## CHECK POINT

バス停から南へ30㍍下るとポストがある。ここがスタート地点。トレイル北山24にしたがい江文神社へ進む

車道を横切りまっすぐに進むと江文神社に着く。北山29まで戻り、小川を渡って江文峠へ進む

江文峠から車道を西へ少し下る。大きな石碑と鳥居があり、トレイルコースと分かれ金毘羅山へ登る

三差路にある看板を見て、真ん中の道を登ると、すぐに三壺大神だ。ここを回りこんで金毘羅山山頂へ進む

少し開けたところに3等三角点と小さな祠がある金毘羅山山頂。このあと、ルートは三壺大神まで戻る

翠黛山からは尾根筋を北へ下ると変則十字路の鞍部。道標があるので、ここを右に寂光院へ下る

# 33 愛宕山

あたごやま 924m

## 火伏の神を祀り、四季を通じて親しまれる山

日帰り

Ⓐ表参道コース　歩行時間＝5時間　歩行距離＝10・1km　技術度 1/5　体力度 2/5

Ⓑツツジ尾根　歩行時間＝4時間50分　歩行距離＝9・9km　技術度 1/5　体力度 2/5

コース定数＝Ⓐ24 Ⓑ23

標高差＝Ⓐ824m Ⓑ871m

累積標高差　Ⓐ↗1096m ↘1096m　Ⓑ↗1047m ↘1000m

QRコードは101ジペーコース図内に記載

嵐山渡月橋の下流の罧原堤（ふしはらづつみ）より愛宕山を望む

京都市内から見える山として、東の比叡山《ひえいざん》に対峙する西の愛宕山は、高さといい風格といい、比叡山に一歩もひけをとらない堂々とした山である。数ある登山コースの中で、ここではメインルートのⒶ清滝《きよたき》から表参道を登り、山頂の愛宕神社へお参りして月輪寺《つきのわでら》から清滝へ下る道と、Ⓑ交通の便がよいJR保津峡《ほづきょう》駅からツツジ尾根を登って表参道と合流し愛宕神社へ参り、下りは表参道を下る、2つのコースを案内しよう。

**Ⓐ表参道コース**

**清滝バス停**から渡猿橋《とえんきょう》を渡り二の鳥居登山口へ。戦前まで運行していたケーブル跡を右に見ながら、最初は急坂の階段の多い道を三合目小屋までひと汗かく。少し緩くなるが、なおも階段混じりの道が**五合目小屋**まで続く。

参道脇の地蔵と丁石に導かれ、しばらく緩やかな道を七合目へ。この上すぐ左手からツツジ尾根の道が**合流**し、**水尾《みずお》分かれの小屋**に着く。ひと休みしていこう。道は北へと方向を変えて「ハナ売場」をすぎ、黒門をくぐって正面の階

表参道の地蔵と丁石が登山者を迎えてくれる

■鉄道・バス
Ⓐ表参道コース／往路・復路＝JR京都駅前または三条京阪、阪急嵐山駅から京都バス清滝行き終点下車。Ⓑツツジ尾根コース／往路＝JR山陰本線保津峡駅下車。復路＝Ⓐの清滝バス停を利用。

■マイカー
清滝に駐車場とトイレあり。保津峡駅前には数台駐車可、トイレもある。

■登山適期
表参道は一人でも安心して登れる道。新緑のころはもちろん、冬季も多くの人が登る。ツツジ尾根コースとともにゴールデンウィーク前後はサクラ、ツツジなどが見ごろとなり、トイレ近くにはクリンソウが美しく咲き誇る。

■アドバイス
▽愛宕神社は全国九百余社の分社を擁し、防火・火伏せの神の総本山。

山頂の休憩所横に咲くクリンソウ

段を登りきると、**愛宕山**山頂の愛宕神社に着く。参拝して「火迺要《ひのよう》愼《じん》」のお札を受けよう。

下山は石段を下り、左へ月輪寺の分岐から下る。広い参道が細い山道となり、月輪寺へと続く。**月輪寺**からはアカマツの多い岩混じりの道を、**月輪寺登り口**に下り立つ。あとは林道を右へ、左の谷の水音を聞き**清滝バス停**まで下る。

**Ⓑツツジ尾根コース**

尾根筋にミツバツツジが咲き誇るツツジ尾根からのコースを紹介しよう。

山懐にある**JR保津峡駅**から赤

ミツバツツジが咲く快適なツツジ尾根を荒神峠へ向かう

## CHECK POINT―Ⓐ表参道コース

1 この赤い二の鳥居が、表参道登山口。ここから愛宕神社までは一本道。しばらくは坂道と階段が続く

2 木陰の中に建つ五合目小屋。ここからしばらく緩やかな道になり七合目へと続く

3 水尾分かれの小屋。T字路の道は、そのまま乗越すと水尾集落へ。愛宕神社へは右へ行き、黒門へと続く

4 石段を登りきった愛宕山山頂に建つ愛宕神社。全国の900余社の総本宮の火伏せの神で参拝者が絶えない

5 神社の石段を下りたら直進せず、すぐに左手に進む。広い道から右手に下る月輪寺への大きな看板が目印だ

6 法然上人像が立つ月輪寺。春にはサクラとシャクナゲがみごと。収蔵庫安置の木造空也上人立像は重要文化財

7月31日～8月1日にかけて参る千日詣が千日分のご利益があるとしてにぎわう。阿多古祀符（あたごしふ）「火迺要愼」の火伏せの札は、一年中、山頂神社で求められる。3歳までに参ると一生火難に遭わないといわれている。

7月31日夜の千日詣

▽下山コースは、①山頂から首無地蔵を経て清滝、②首無地蔵から高雄、③ウジウジ峠から愛宕道、④水尾分かれからJR保津峡駅がある。

■問合せ先
京都市右京区役所☎075・861・1101、JR西日本お客様センター☎0570・00・2486、京都バス嵐山営業所☎075・861・2105

■2万5000分ノ1地形図
京都西北部

保津峡駅に続く六丁峠の下りから望むツツジ尾根（中央が荒神峠）

い橋を渡り、車道を右に進んで尾根に取り付く。取付から急なジグザグでいっきに尾根に乗る。ここから荒神《こうしん》峠までが花の見どころだ。尾根道は平坦になり、小さなコブを2つほど越えると、しばらくして**荒神峠**に着く。

峠からはまっすぐに登る。少し急坂だが、この登りが終わると、やがて雑木林の中、表参道の七合目をすぎたところに**出合う**。そのまま参道を進み、**水尾分かれの小屋**へ。ここから愛宕神社まではⒶのコースを参照。

下山は表参道を下って**清滝バス停**へ。（大槻雅弘）

## CHECK POINT—Ⓑツツジ尾根

1 保津川の上の鉄橋がホームになったJR保津峡駅。駅前から赤い橋を渡り、車道を右に行くとすぐ左が登り口

2 ツツジ尾根の登り口。歩いて来た車道の左側につけられた細い道が取付点。尾根まではやや急なジグザグ道

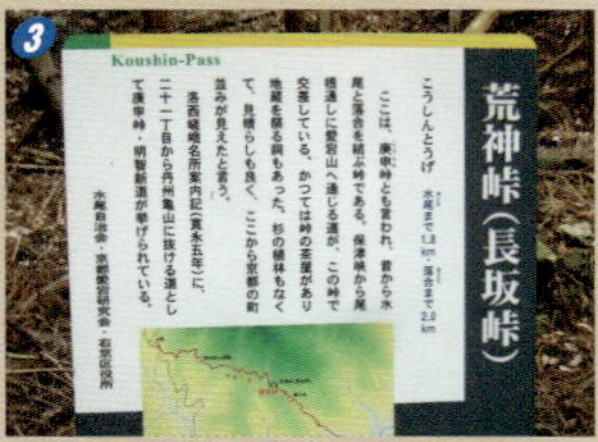


3 荒神峠にある看板。峠は嵯峨から六丁峠を越え、落合にいたり、長坂谷に沿って登り、水尾集落へ通じる

4 表参道との合流点。ここからⒶの表参道コースを愛宕神社へ。下りはここまで戻り、表参道コースで清滝バス停へ

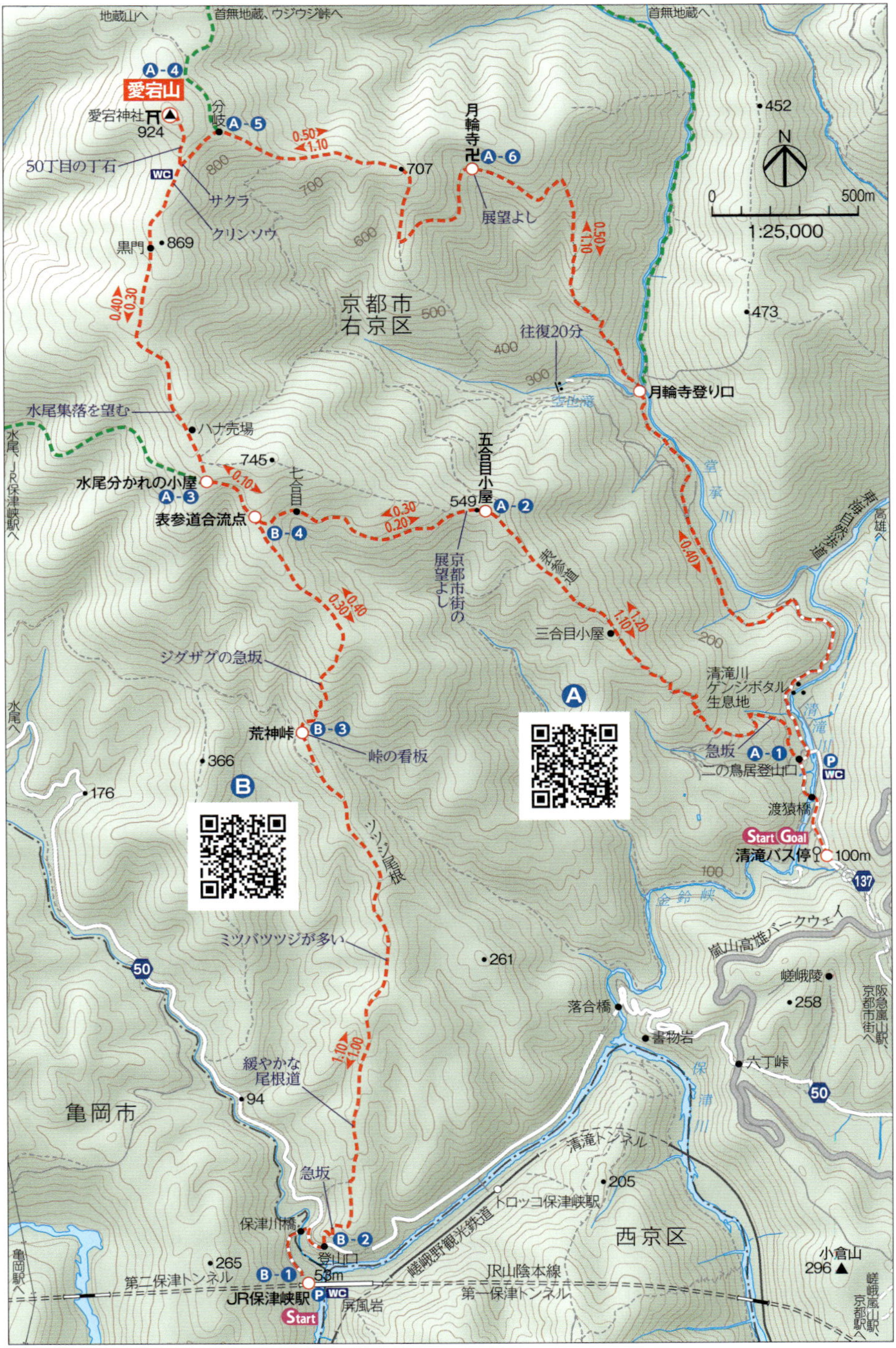

愛宕山
愛宕神社
924
地蔵山へ
首無地蔵、ウジウジ峠へ
首無地蔵へ
分岐
50丁目の丁石
サクラ
クリンソウ
黒門
869
707
月輪寺
展望よし
1:25,000
京都市
右京区
往復20分
空也滝
月輪寺登り口
452
473
水尾集落を望む
ハナ売場
745
水尾分かれの小屋
表参道合流点
七合目
五合目小屋
549
京都市街の展望よし
表参道
三合目小屋
清滝川
東海自然歩道
高雄へ
清滝川ゲンジボタル生息地
急坂
二の鳥居登山口
渡猿橋
清滝バス停
100m
ジグザグの急坂
荒神峠
峠の看板
366
176
ツツジ尾根
ミツバツツジが多い
261
嵐山高雄パークウェイ
嵯峨陵
258
落合橋
書物岩
六丁峠
阪急嵐山駅、京都市街へ
緩やかな尾根道
94
亀岡市
急坂
清滝トンネル
205
トロッコ保津峡駅
嵯峨野観光鉄道
保津川橋
登山口
265
第二保津トンネル
58m
JR保津峡駅
JR山陰本線
第一保津トンネル
屏風岩
西京区
小倉山
296
嵯峨嵐山駅、京都駅へ
亀岡駅へ
水尾、JR保津峡駅へ
水尾へ
Start
Goal

34

送り火の大文字山から楽しむ京の大パノラマ

# 大文字山

だいもんじやま
465m

日帰り

歩行時間＝3時間20分
歩行距離＝6・3㎞

技術度 1/5
体力度 1/5

コース定数＝13

標高差＝398m

累積標高差 ↗539m ↘530m

鴨川の堤から望む大文字山

大の字の火床から望む京都市街の大パノラマ

京都の夏の風物詩。夜空に浮かぶ五山の送り火

京都の街を東で区切る峰が、北は比叡山《ひえいざん》から南の稲荷山《いなりやま》まで続く。「ふとん着て寝たる姿や東山《ひがしやま》」（嵐雪《らんせつ》）と歌にも詠まれ、京の町衆に親しまれているのが東山三十《さんじゅう》六峰《ろっぽう》だ。大文字山はその第十一峰如意《にょい》ヶ岳《たけ》の西峰にある。五山の送り火で有名なこの山頂から大パノラマを楽しむため、京都一周トレイルの東山コースを歩いてみよう。ここではトレイルの標識「東山30-2」から「東山45」をたどり、大文字山から銀閣寺《ぎんかくじ》に下る。

**蹴上《けあげ》駅**からインクラインのトン

■鉄道・バス
往路＝京都市営地下鉄東西線蹴上駅または京阪バスの蹴上バス停下車。復路＝銀閣寺前バス停から京都市バスで京都駅へ。

■マイカー
京都の観光スポットが登山口になるので、公共交通機関が望ましい。マイカーを利用するなら、南禅寺または銀閣寺の京都市観光駐車場利用（有料）。蹴上駅周辺に駐車場はない。

■登山適期
年間を通して登れる。冬季はまれに雪も降るがストックで充分。4月中旬はインクラインのサクラがみごと。

■アドバイス
▽毎年8月16日、盆の送り火として、山腹の大の字に点火される。大の字は、第一画の長さ80㍍（火床数18）、第二画160㍍（同27）、第三画120㍍（同29）、金尾（かなわ・同1）の計75の火床で「大」を表す。金尾は大の字の中心で特別に大きい。
▽京都盆地を囲む山や山すそなどをたどる京都一周トレイル。本項で一部を歩く東山コースはそのひとつとして整備され、標識にしたがって歩けば初心者でも安心して歩ける。

■問合せ先
京都市観光協会☎075・213・1717、京都市交通局（地下鉄・バス）☎075・863・5200、京阪バス山科営業所☎075・58

ネルをくぐり抜けて、**日向《ひむかい》大神宮**へ向かう。境内の最奥に建つ内宮《ないくう》本殿の左から「33－2」へと進む。そこから山腹を巻いて**七福思案《しちふくしあん》処《どころ》**「38」に出る。道が入り組んでいるが、標識を確認して「39」の方向へ進もう。

ここから少し登って振り向くと山科《やましな》盆地が望める。なおも主尾根を歩むと山科への分岐「41」を目にする。岩混じりの登りもあるが、歩きやすい道で、やがて山林が開け、新しくつけられた林道を横切る。ルートはそのまままっすぐに進み、少し広い分岐点の**大文字四つ辻《よつつじ》**「東山45」に着く。

ここでトレイルコースと分かれ、北へまっすぐひと登りするとT字路で、左へとると5分ほどで**大文字山**の山頂に着く。山頂は、三角点と菱形基線の標石があり、広く展望のよいところだ。

下りは銀閣寺へ下る。急なすべりやすい道だが、すぐによく踏まれた道に変わる。小さい鞍部を越すと目の前がパッと開け、「大」の字の頭の**大文字**に着く。眼下に京都の町の大パノラマが広がる。

下山は、弘法大師堂《こうぼうだいしどう》から石段を下る。千人塚《せんにんづか》を経て谷川にかかる小さい橋を渡り、銀閣寺まで広い道を下る。**銀閣寺**からみやげもの店の多い中を抜け、「哲学の道」を左に見て、**銀閣寺前バス停**へ出る。

（大槻雅弘）

1・7189
■2万5000分ノ1地形図
京都東北部

## CHECK POINT

インクラインのトンネル（ねじりまんぽ）「東山３０-２」を通り抜け、出口を右へ、インクラインに沿って登る

天照大神を祀る日向大神宮「東山33-1」の鳥居をくぐり抜け、境内いちばん奥を左「東山33-2」から山道へ

「東山33-3」からの山腹を巻く道は、木の根が地表に出たところが続くので、つまづかないよう注意

山道がいろんなところから複雑に入り組んだ七福思案処。次の「東山39」への標識をよく確認し進むこと

見晴のよい広い大文字山山頂。三角点と菱形基線がある。ベンチも木陰もあって食事をとるのにいい場所だ

銀閣寺から土産店が軒を連ねる道を下る。「哲学の道」に出て、そのまま行けばバス停。左は南禅寺から蹴上へ

35

# 小塩山《おじおやま》・大暑山《だいしょざん》

## 帝陵の峰から酒呑童子伝説の老ノ坂峠へ縦走

日帰り

おじおやま 642m
だいしょざん 568m

歩行時間＝4時間30分
歩行距離＝11・2㎞

技術度
体力度

コース定数＝19
標高差＝545m
累積標高差 738m 617m

京都市郊外の向日《むこう》市、長岡京《ながおかきょう》市あたりの阪急、JR沿線や、京都市内から国道9号を西に向かうとき、電波塔の林立する山が見える。歴代天皇陵では最高所の陵がある小塩山である。京都西山連峰の中ほどに位置し、山麓に点在する古社寺の散策も楽しめ、都市近郊の山として人気がある。植生も豊かで、カタクリの花の時期は大勢のハイカーが訪れる。桜、紅葉の名所、大原野《おおはらの》神社（京都市西京区）から御陵道の天皇陵道を行き、小塩山、大暑山、老ノ坂《おいのさか》峠への縦走コースを歩いてみよう。

西京区大枝から見る小塩山（左）と大暑山（右）、老ノ坂（右端）

小塩山山頂に祀られる淳和天皇陵

**南春日町《みなみかすがちょう》バス停**でバスを降りると断層崖の急峻な山腹の小塩山が目前に見える。大原野神社向かいの正法寺《しょうほうじ》境内を抜け、山に向かう。京都縦貫自動車道の開通で、山麓は大きく変わった。竹林をすぎると自然林のジグザグの山道となるが、すべりやすい箇所もある。

金蔵寺《こんぞうじ》からの道と合流し、しばらく歩くと車道と出合う。車道を2回横切ると、無線中継所がある。ここを左に向かうと淳和天皇陵。ここがいちばん高いところなので、**小塩山**山頂と思われる。三角点はないが、御陵裏手に山頂を示す小さな石積みがある。

御陵から引き返し車道を進むとカタクリ保全活動紹介の掲示板があり、ドコモ施設右手をフェンス沿いに山道を下り**大暑山**に向かう

■鉄道・バス
往路＝JR東海道線向日町駅から阪急バス南春日町行きで終点下車。所要25分。バスは阪急東向日駅も通る。
復路＝老ノ坂峠より京阪京都交通バスで阪急桂駅へ22分、JR京都駅へ42分。京都霊園前の沓掛西口からJR桂川駅前への同バスは27分。

■登山適期
桜、新緑、紅葉の各時期がベスト。時に降雪はあるが、そう問題はない。

■アドバイス
▽平安時代初期の第53代淳和天皇（桓武天皇第3皇子）は散骨を行った唯一の天皇。上皇だった承知7（840）年に亡くなり、現在の向日市物集女（もづめ）町で火葬され、大原野の山で散骨された。しかし千年の時を経て幕末期に小塩山山頂に御陵がつくられ、明治に入り比定。平安京の前の10年間、桓武天皇造営の「長岡京」が向日市、長岡京市とその周辺にあった。向日市役所近くの向日市文化資料館で「長岡京」について知ることができる。入館無料。

■問合せ先
京都市西京区役所☎075・381・7121、向日市文化資料館☎075・931・1182、阪急バス☎075・921・0160、京阪京都交通バス☎075・391・8888

■2万5000分ノ1地形図
京都西南部

（チェックポイント③④参照）。老ノ坂へは西山《にしやま》団地を通過していく。すべりやすいえぐれた道を下り、途中で左に入るとすぐにグラウンド。その左側を通り西山高原アトリエ村とよばれる**西山団地**に入り、北東端にあるNTT林道のゲートを越えて進む。突き当たりにNTTの施設があり、そのあたりが大枝山《おおえやま》らしいが、旧老ノ坂峠あるいは大暑山（地元の呼称は「だいしょやま」）を大枝山とする説もある。また酒呑童子が住んだのは丹波の大江山《おおえやま》ではなく、こちらの大枝山ともいわれている。

老ノ坂へは建物の右横を回り込み（大枝山の山頂板あり）、ザレた急坂を下ると山陰道の旧道に出合う。山城《やましろ》、丹波国境の石柱が立ち、右隣が**首塚大明神**だ。平安時代初期、源頼光が酒呑童子の首を埋め込んだという。大明神より引き返し、石柱の前を直進すると旧老ノ坂峠だが、三差路道標で右折し、国道9号の老ノ坂トンネル東側の**老ノ坂峠バス停**に向かう（旧山陰道を沓掛《くつかけ》西口バス停へ向かってもよい）。

近郊のハイキングコースとはいえ、露岩に落ち葉が積もりすべりやすい箇所やえぐれた道、ザレた急坂などあり、しっかりした足元で訪れたい。案内板は随所にある。（津田美也子　写真協力＝二村忠夫）

## CHECK POINT

1 大原野神社は長岡京守り神、紫式部の氏神社でもある。登山前に立ち寄りたい

2 京都縦貫道を越えて竹林の道へ。ゲートを越えて進むとしだいに自然林となる

3 カタクリ保護2か所をすぎ車道に出て左折。二つに折れた大看板で左の地道へ

4 大暑山山頂（3等三角点）は縦走路から左に1分。上に送電線が走っている

5 NTT林道ゲートを越え、太陽光発電パネル群を横目に大枝山あたりに向かう

6 国境石柱を右に旧山陰道を30分歩くと京都霊園前の沓掛西口バス停。道標なし

36

# 笠置山

元弘の変のあった修験道の山をめぐる

かさぎやま
288m（三角点324m）

日帰り

歩行時間＝4時間15分
歩行距離＝8・4km

技術度
体力度

コース定数＝17
標高差＝277m
累積標高差 645m 645m

笠置山全景

本尊弥勒磨崖仏

笠置山を有名にしたのは後醍醐天皇の倒幕計画であった。公家政権の復権を企てた元弘の変だ。元弘元（1331）年8月27日、事が露顕して京を逃れ、僧兵500人あまりをしたがえた後醍醐天皇は笠置山を行在所として籠城、北条氏側と攻防の末に落城し、隠岐《おき》に流された。笠置山はお椀を伏せたような急峻な山容で、籠城に適していた。

**JR笠置駅**前には元弘の役を戦っている武者人形があり、また道路脇には元弘の絵巻と説明文がある。その横を通り、白砂《しらすな》川にかかる大手《おおて》橋を渡ると府道4号とのT字路に出る。右折してしばらく進むと左に登山口（車道）があって、その10㍍ほど先の右側に古道の**登り口**が見える。東海自然歩道を笠置寺まで約2㌔、1㍍幅の舗装路を登る。

やがて石畳になり、そして山道の登りになると右側に経塚山《きょうづかやま》が見え、家の横を登ると車道に出る。そこは一の木戸跡で、車道を少し登り、左の階段を登ると笠置寺**山門**に着く。拝観料を納めたら、矢印にしたがって修行場めぐりをしよう。

本尊弥勒磨崖仏は三度の火災で火を浴び、本尊の彫刻は表面がくずれてわからなくなっているが、弘法大師が一夜にして彫刻したと伝わる虚空磨崖仏は今でも線彫り

■鉄道・バス
往路・復路＝JR関西本線笠置駅。

■マイカー
笠置駅東から木津川河原に下るとキャンプ場の駐車場（有料）がある。

■登山シーズン
新緑、紅葉のころがよい。笠置山は紅葉の名所として知られる。

■アドバイス
▽笠置山の由来は『今昔物語集』巻11に、天智天皇の皇子が狩猟中、断崖で進退きわまり、神の擁護を祈念したところ難をのがれた。その場所に笠を置き、弥勒石仏を本尊として寺を創建した。「笠置（かさおき）」と可云也（いふべきなり）、其（そ）れを只和（ただやわら）かに、かさぎと云也（いふなり）けり」。

▽元弘の変で笠置寺は全焼した。その後室町時代に復興をみたが、江戸中期より荒廃、明治初年無住となった。明治9年丈英和尚が復興につくすこと20年で今日の姿となった。

▽一の木戸を守っていた三河国足助次郎重範は弓の達人で、下から上がってくる幕府軍の敵将荒尾九郎、弥五郎兄弟を弓で射ち落とした場所である。その重範公は現在の愛知県足助町の足助神社に祀られている。

▽「阿対の石仏」の阿弥陀如来は流行病除け願を聞いてくれる。左の地蔵菩薩は子供のいない人が豆腐を供えると子供が授かる。子供ができた

がはっきりとわかる。胎内くぐり、ゆるぎ石、二の丸から登りになり**笠置山**山頂の行在所跡に出る。「うかりける身を秋風にさそわれて、おもわぬ山の紅葉こそ見る」と刻まれた後醍醐天皇の歌碑がある。

修行場めぐりを終え、山門下から東海自然歩道（「史の道ハイキングコース・至緑のしぶきコースまで3キロ」と道標がある）に入る。トラバースの道が笠置寺の裏から来た広い舗装路と合流し尾根上を行くと、やがて山道となり**電波塔**が出てくる。その先に「かさぎゴルフ倶楽部」への車道が見える。

その車道の手前に左へ入る道がある。ここから笠置山の三角点まで約1キロだが、三角点まで行く人は少なく、道は草木にじゃまされるところもある。

右下にゴルフが見えてきたら左へ下る道を見送り、登っていく。足もとは1メートル幅の舗装路の下りになり鞍部に着く。鞍部から登り返し、最高点を左に登ると**三角点**（点名「笠置山」）がある。雑木林の中で展望はない。

引き返して**電波塔**に戻り、「かさぎゴルフ場」を左に見ながら歩道を下ると打滝《うつたき》川沿いの府道4号に出る。柳生《やぎゅう》方向へ100メートルほどの地点にある「**阿対《あたや》の石仏**」を見てから笠置駅まで約5キロの「緑のしぶきコース」を下ろう。府道4号を下るコースで打滝川の滝音を聞き、車に気をつけながら下ると、やがて街に入る。**古道登山口**を右に見て笠置郵便局で左に折れると**笠置駅**に着く。（内田嘉弘）

## CHECK POINT

1 古道の登り口。東海自然歩道になっていて、1メートル幅の道を一の木戸跡まで歩く

2 笠置山山門。拝観料を納め矢印にしたがって、修行場めぐりをしよう

3 山頂の行在所。後醍醐天皇の歌碑がある

4 山門下の「史の道」の入口。緑のしぶきコースまで3キロ

5 点名「笠置山」の3等三角点。雑木林の中で展望はない

6 阿対の石仏。中央の阿弥陀如来は流行病除けの願を聞いてくれる

ときは1000個の数珠を造り、お礼参りをする。

■問合せ先
笠置町観光協会☎0743・95・2011
■2万5000分ノ1地形図
笠置山・柳生

概説

# 大阪府の山

岡田敏昭
岡田知子

本書では、大阪府の山を、淀《よど》川以北の「北摂《ほくせつ》地域」、淀川から大和《やまと》川の間に南北にのびる「生駒《いこま》山地」、二上山《にじょうさん》から金剛山《こんごうさん》、紀《き》見《み》峠を経て、便宜上、岩湧山《いわわきさん》まての山並みを「金剛山地」、槇尾山《まきおさん》、燈明岳《とうみょうだけ》から和歌山県境沿いに四《し》国山《こくやま》までのびる稜線を「和泉《いずみ》山地」の4つに分けて紹介する。

最高地点は金剛山（1125メートル）で、ほかに1000メートルを超える山はない。ただし金剛山の3ピーク（葛木岳《かつらぎだけ》、湧出岳《ゆうしゅつだけ》、大日岳《だいにちだけ》）はいずれも奈良県にあるため、大阪府下で最も高い「山頂」となると大和葛城山《やまとかつらぎさん》（959メートル）となるからややこしい。参考までに、大阪府には1等三角点で全国最低標高の蘇鉄山《そてつやま》（7メートル／堺市）、三角点峰で全国最低標高の天保山《てんぽうざん》（5メートル／大阪市）がある。

峠越えの国道や林道が発達し、交通の便が比較的よいため、ほとんど日帰りで山行が楽しめる。役行者（役小角）にちなんだ古刹や行場、楠木正成ゆかりの遺跡などが各所にあり、歴史散策にもあきさせない。

## ●山域の特徴

**●北摂地域**　淀川以北の山域を指す。地質は府下最古といわれ、巨石や滝が唐突に現れる例も多い。明確な山脈をもたず、山塊間の盆地に集落が点在し、人々は古くから炭焼きや、クリ、マツタケの採集、狩猟などで山と共生していた。地元の信仰を集めた神社・仏閣を含め、里山の魅力が凝縮された地域だ。能勢《のせ》、箕面《みのお》、摂津《せっつ》峡など、温泉にも恵まれている。

気候は比較的穏やかで、能勢近辺は避暑地として知られる。積雪は多くて30センチほどになる山域もあるが、根雪にはならない。

動物はイノシシやシカ、タヌキなどが生息する。箕面のニホンザルは全国的に有名だ。

代表的な山は、修験の山で知られ、巨石群と好展望の剣尾山《けんびさん》と、ブナの天然林が残る妙見山《みょうけんさん》。ポンポン山《やま》や箕面周辺は、手軽なハイキングコースとして人気が高い。

**●生駒山地**　大阪平野の真東に位置し、国見山《くにみやま》から生駒山《いこまやま》、高尾山《たかおさん》まで南北25キロにわたる。最高峰の生駒山でも600メートル強の低山だ。大阪府側は比較的急峻だが、奈良県側はなだらかな地形である。地質的には、昔は傾動地塊とされていたが、最近は褶曲や断層活動説もある。山麓では、良質の花崗岩が産出された。

哺乳類では、生駒山周辺でイノシシやニホンザルが見られる。交《かた》野山《のさん》周辺や枚岡《ひらおか》公園などは植生が多様で、野鳥の楽園となっている。最近、猛毒のキノコ、カエンタケの発生例があるので注意しよう。

大阪と奈良を結ぶ古い峠道が何本もあり、遊歩道や公園を絡めて手軽なハイキングができる。

**●金剛山地**　二上山から金剛山へと南北にのび、中葛城山《なかかつらぎさん》で西に折れ、紀見峠、岩湧山、滝畑《たきはた》にいたる、奈良、和歌山との県境尾根。古い火山岩でできた二上山、ツツ

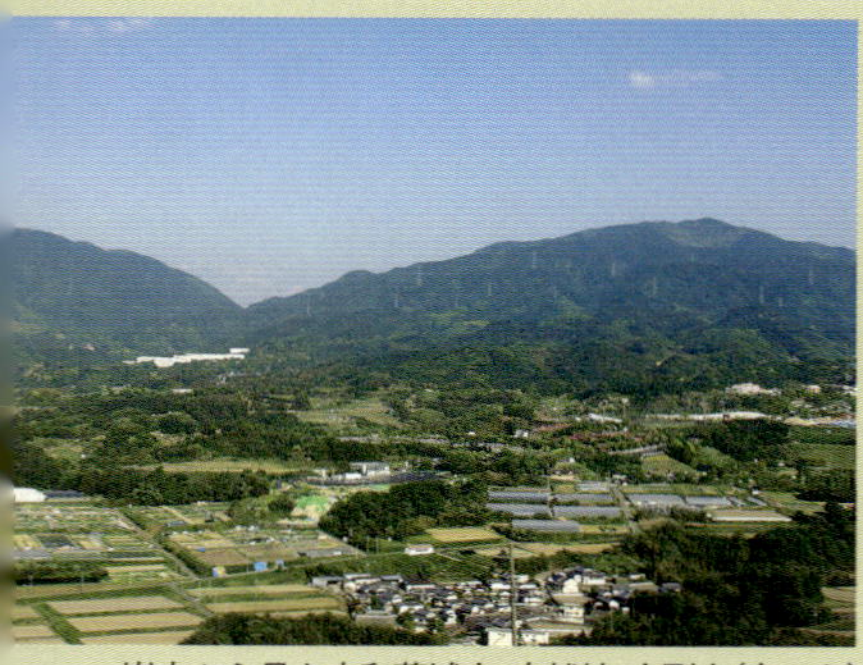

嶽山から見た大和葛城山、水越峠、金剛山（左から）

ジの名所の大和葛城山、大阪府最高所で、ブナ林がある金剛山が代表格だ。

　杉や桧の植林帯が多いが、ひとたび展望が開けると迫力の鳥瞰を楽しめる。屯鶴峰《どんづるぼう》から尾根伝いに槇尾山まで続く全長45キロのダイヤモンドトレールが整備され、発達した峠道と合わせて、多彩なコースが組めるのが最大の魅力だ。

　登山道は、初心者向けのものから沢登りルートまで数多く、実力に見合った楽しみ方ができる。自然にも恵まれ、新緑、紅葉、雪景色のどれをとっても申し分ない。大和葛城山の山頂には通年営業の宿泊施設があり便利だ。

　河内長野《かわちながの》市の奥地、岩湧山は一面のススキ（カヤト）で知られる。滝畑周辺は急峻な地形のため滝が多く、避暑地になっている。

春の箕面滝

**●和泉山地**　槇尾山以西の高原上の山脈で、和泉葛城山《いずみかつらぎさん》、犬鳴山《いぬなきやま》、山中渓《やまなかだに》以西の紀泉《きせん》アルプスを含む。わが国を代表する大断層、中央構造線のすぐ北を東西に走り、核心部は標高800メートル級のなだらかな高原が続く。大阪側は急峻な渓谷が発達し、特異な幽玄境を持つ山域が多い。
　主峰・和泉葛城山のブナ林は貴重な存在。犬鳴山は修験の行場と温泉が有名だ。温泉はほかにも牛《うし》滝《たき》、水間《みずま》などが知られる。

　紀泉アルプスは標高400メートル台以下の低山で、西端は友《とも》ヶ島《しま》に収斂する。暖かい海風の影響で、ウバメガシやヤマモモ、ネズミモチなどの常緑樹林帯が広がり、下草もササよりシダが多い。気候は年間を通じ温暖で、自然林の中、野趣あふれる山行が楽しめる。登山道は網の目のように発達し、自在にコースが組めるのがうれしい。

岩湧山から和泉山脈を望む

## ●安全登山のために

　熟年ハイカーが全盛の時代だが、軽率な山行をよく目にする。安全に登山を楽しむため、きちんと地図を読み、自分の体力を見極め、装備を使いこなせる技術を身につけてほしい。また、ゴミやし尿の問題など、マナーや環境への配慮も忘れずに。近年は登山口へのバス便が減少傾向にあり、事前にダイヤをよく確認しておく。

　山行の適期は春と秋。夏は熱中症と毒虫に注意したい。秋は北摂や紀泉アルプスのマツタケ山で入山制限もある。冬は凍結や降雪に備え、軽アイゼンを携行すること。ハンターが入る場合もあるので、注意が必要だ。

# 大阪府の山全図

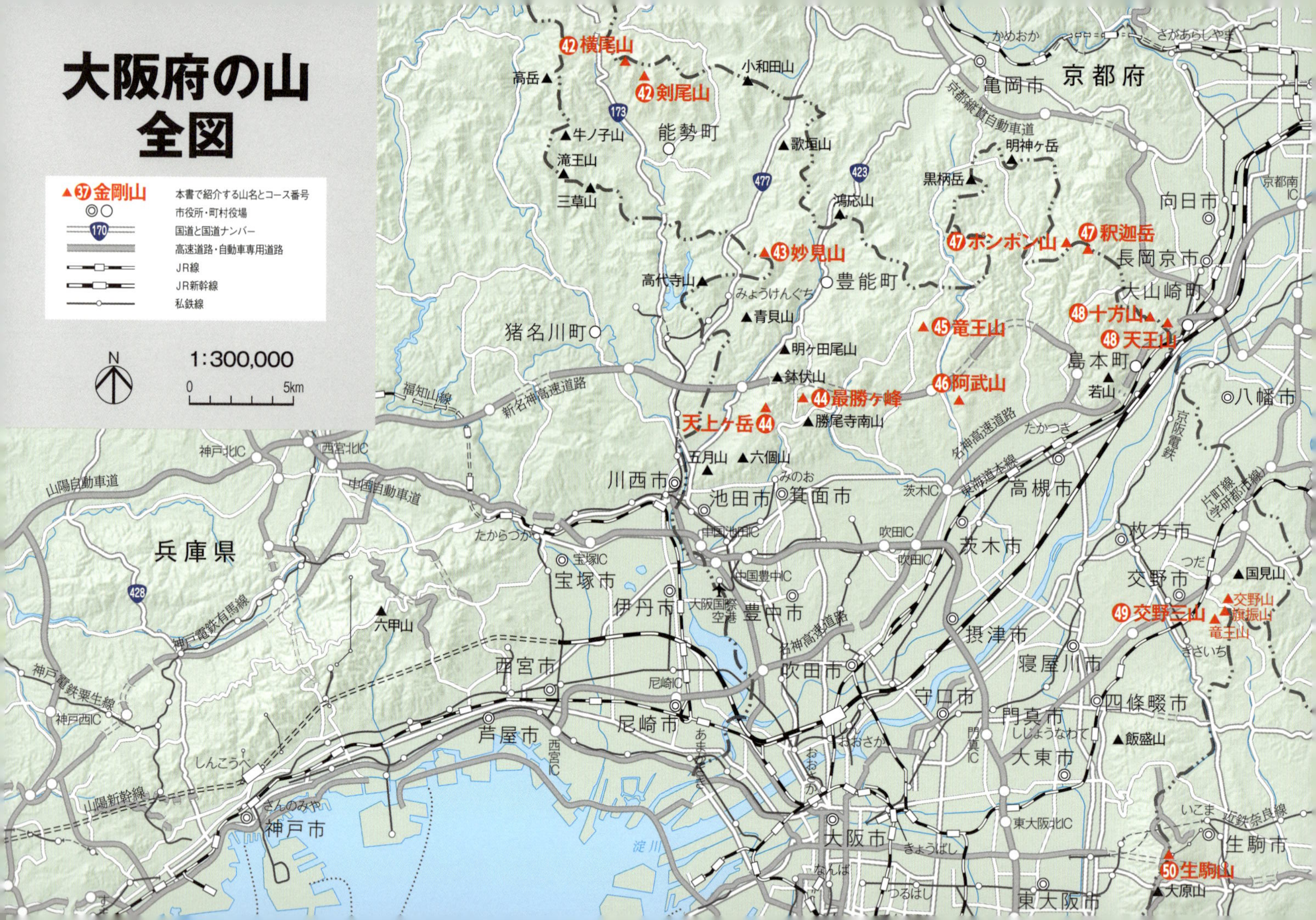
▲37 金剛山 本書で紹介する山名とコース番号
◎○ 市役所・町村役場
170 国道と国道ナンバー
高速道路・自動車専用道路
JR線
JR新幹線
私鉄線
N
1:300,000
0
5km
42 横尾山
42 剣尾山
高岳
小和田山
牛ノ子山
能勢町
歌垣山
滝王山
三草山
43 妙見山
鴻応山
黒柄岳
明神ヶ岳
47 ポンポン山
47 釈迦岳
高代寺山
みょうけんぐち
豊能町
青貝山
明ヶ田尾山
45 竜王山
猪名川町
鉢伏山
44 最勝ヶ峰
46 阿武山
勝尾寺南山
天上ヶ岳 44
五月山
六個山
48 十方山
48 天王山
島本町
若山
大山崎町
長岡京市
向日市
亀岡市
京都府
かめおか
さがあらしやま
京都縦貫自動車道
京都南IC
八幡市
京阪電鉄
片町線(学研都市線)
枚方市
つだ
交野市
国見山
交野山
旗振山
竜王山
49 交野三山
きさいち
四條畷市
飯盛山
寝屋川市
摂津市
茨木市
高槻市
たかつき
東海道本線
名神高速道路
茨木IC
吹田IC
吹田市
豊中市
中国豊中IC
大阪国際空港
伊丹市
宝塚市
宝塚IC
たからづか
川西市
池田市
みのお
箕面市
中国池田IC
名神高速道路
尼崎IC
尼崎市
あまがさき
西宮市
西宮IC
芦屋市
六甲山
兵庫県
神戸電鉄有馬線
神戸電鉄粟生線
神戸西IC
神戸北IC
西宮北IC
山陽自動車道
中国自動車道
福知山線
新名神高速道路
428
山陽新幹線
しんこうべ
さんのみや
神戸市
淀川
大阪市
おおさか
なんば
つるはし
きょうばし
守口市
門真市
しじょうなわて
門真IC
大東市
東大阪北IC
東大阪市
いこま
近鉄奈良線
生駒市
50 生駒山
大原山

大阪湾
大阪府
堺市
松原市
藤井寺市
羽曳野市
八尾市
柏原市
王寺町
三郷町
高安山
長原IC
法隆寺IC
香芝IC
河合町
奈良県
広陵町
柏原IC
屯鶴峯
香芝市
41 二上山
太子町
40 ダイヤモンドトレール
大和高田市
岩橋山
葛城市
富田林市
河南町
千早赤阪村
ごせ
38 大和葛城山
御所市
309
310
37 金剛山
中葛城山
神福山
東條山
旗尾岳
府庁山
あまみ
52 編笠山
52 一徳防山
タンボ山
根古峰
きみとうげ
40 ダイヤモンドトレール
五條市
こじょう
岩湧山 39
南葛城山
燈明岳
三国山
上山
猿子城山
槇尾山
八ヶ丸山
高石市
おおとり
美原南IC
堺JCT
堺IC
とんだばやし
泉大津市
南海本線
いずみ
ふちゅう
和泉市
大阪狭山市
岸和田市
阪和線
ひがしきしわだ
河内長野市
嶽山
かわちながの
南海高野線
貝塚市
ひがしかいづら
岸和田和泉IC
関西国際空港
泉佐野市
170
神於山
ひがし
さの
田尻町
熊取町
ひねの
阪和自動車道
泉南市
貝塚IC
雨山
阪南市
犬鳴山 53
高城山
五本松
51 和泉葛城山
みさきこうえん
みさき公園
阪南IC
泉南IC
お菊山
城ヶ峰
やまなかだに
四石山
ボンデン山
54 俎石山
55 飯盛山
岬町
54 大福山
雲山峰
昭和山
高森山
きょうし
四国山
和歌山県
かつらぎ町
こうやぐち
はしもと
和歌山線
24
橋本市
みょうじ
九度山町
紀の川市
なて
和歌山市
むそた
きい
岩出市
いわで
うちた

37

大阪を代表する名山へ、入門コースで登る

# 金剛山

日帰り

こんごうさん
1125m

歩行時間＝3時間25分
歩行距離＝7・1km

技術度 ▲▲▲▲▲
体力度 ♥♥♥♥♥

コース定数＝15

標高差＝610m

累積標高差 ↗664m ↘544m

岩湧山から遠望した金剛山

金剛山は金剛山地の最高峰で、葛木岳《かつらぎだけ》、湧出岳《ゆうしゅつだけ》、大日岳《だいにちだけ》の三峰からなる。役行者《えんのぎょうじゃ》がここに金剛山転法輪《てんぽうりん》寺《じ》を建立したのが山名の由来だ。アプローチもよく、四季を通じて非常に多くのハイカーに愛されている山だ。

ここではまず、道幅が広く、要所に売店やトイレもある初心者向きのコースを紹介する。

**金剛登山口**でバスを下り、車道を少し戻って橋の手前を右折。突き当りで右に、千早本道《ちはやほんどう》に入る。案内板にしたがって右の階段を上り、**千早城跡**に立ち寄ろう。千早神社の右横にのびる山道を下りて千早本道と合流する。

長い階段が続き、やがて新道と旧道に分かれるが、みごとなブナ林が広がる右の新道がおすすめ。再び旧道と接するが、引き続きブナ林を楽しめる右の道をとると、金剛山練成会員の登頂回数を掲示した大看板の広場に出る。社務所、金剛山頂売店を経て、**国見《くにみ》城跡**の広場に着く。

広場からは大阪平野が見わたせ、大休止に最適だ。売店に戻って転法輪寺を抜け、葛木神社に参拝しよう。本殿奥の葛木岳は、金剛山の最高点（1125メートル）だが、神域で立入禁止。

参道は**一ノ鳥居**でダイヤモンドトレールと合流する。出迎え不動を右に見送ってすぐ、左への分岐をとり、一等三角点のある**湧出岳**（1112メートル）へ。展望はないが、春先には付近にカタクリが咲く。

分岐に戻り、ブナ林を抜ける。ちはや園地のピクニック広場を右折すればちはや星と自然のミュージアムがある。ここではピクニック広場は直進する。舗装道に変わり、**伏見《ふしみ》峠**で右折し、念仏坂から下山する。渓流沿いに樹齢約

■**鉄道・バス**

往路＝南海高野線河内長野駅から南海バス金剛山ロープウェイ前行き、または近鉄長野線富田林駅から南海バス、4市町村バスで金剛登山口へ（千早赤阪村立中学校前で乗り換え）。

復路＝金剛山ロープウェイ前から南海バス河内長野駅前行きに乗り、終点で下車。富田林駅行きの金剛バスは2023年12月に廃止された。

■**マイカー**

金剛登山口周辺の民営駐車場（有料）、金剛山ロープウェイの駅周辺の府営駐車場（有料）を利用。

■**登山適期**

▽山麓の桜の開花は4月上旬から下旬だが、国見城跡の金剛桜は4月下旬。ブナの新緑（5月）、黄葉（10月下旬～11月中旬）も魅力。

▽厳冬期の霧氷も人気が高い。ブナの霧氷のころは非常に美しく、訪れ

ブナ林が美しい千早本道。10月後半の黄葉も美しい

冬でも霧氷目当ての登山者でにぎわう国見城跡の山頂広場

一言主を祀る葛木神社。関西では珍しい大社造りの建築

るハイカーの数も増える。

▽転法輪寺の前には、サクラの古木があり、5月上旬には花を咲かせる。なお、国見城跡には「金剛桜」と呼ばれるサクラの古木があり、5月上旬に薄緑の珍しい花を咲かせる。

■アドバイス

▽冬は数10センチの積雪があり、防寒装備を万全に。伏見峠付近から念仏坂は凍結してよく滑るので、軽アイゼンは必須。

▽ちはや園地では、香楠荘の撤去工事（2024年8月～2026年度）に伴う工事車両の通行に注意。香楠荘にあった携帯電話基地局も撤去され、工事期間は、ちはや園地付近一帯は各社携帯電話がつながらない。

ちはや星と自然のミュージアム

ちはや園地は休憩するのによい

■問合せ先

千早赤阪村まちづくり課☎0721・72・0081（4市町村バスも）、金剛山ロープウェイ（2022年廃止）、南海バス河内長野営業所☎0721・53・9043

■2万5000図分ノ1地形図

御所・五條

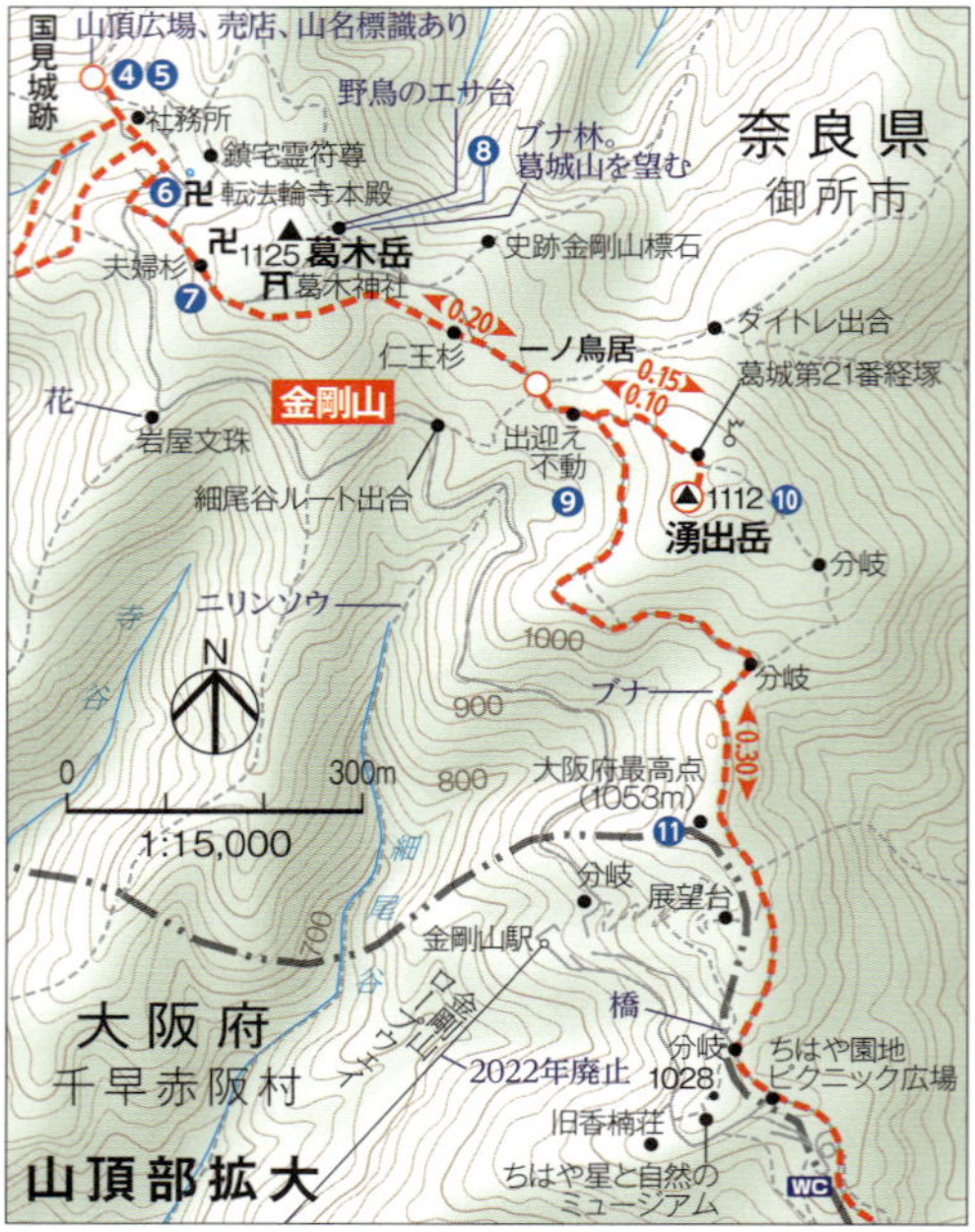

霧氷の山肌の向こうに大和葛城山が見える

ちはや園地の展望台

300年の「千早のトチノキ」が見えたら、**金剛山ロープウエイ前バス停**は近い。（岡田敏昭）

## CHECK POINT

1 車道から直接千早城跡に登る階段からもアプローチできる。春には八重桜が咲く

2 楠木正成の詰め城だった千早城跡。楠木正成、正行を祀る千早神社がある

3 千早本道は階段が多い。適宜、休憩をとりながら、自分のペースで登ろう

4 紅葉鮮やかな売店前の広場。どの季節にも人出が絶えない

5 国見城址の広場は、大阪平野が一望でき、お弁当を広げるのに好適

6 役行者の開祖と伝わる転法輪寺は、葛城修験道の総本山である

7 赤い灯籠が立ち並ぶ参道。冬は舗装道が凍ってすべりやすい

8 葛木神社東側直下のブナ林は野鳥の観察場所にもなっている

9 葛城回峰行の基点・出迎え不動。金剛山に参拝するすべての人々を出迎える存在だ

10 湧出岳の一等三角点。すぐ北に、葛城第21番経塚がある

11 大阪府最高地点の表示。葛木岳と湧出岳の山頂は奈良県にある

12 凍った念仏坂ではスリップに注意すること。アイゼン装着がベター

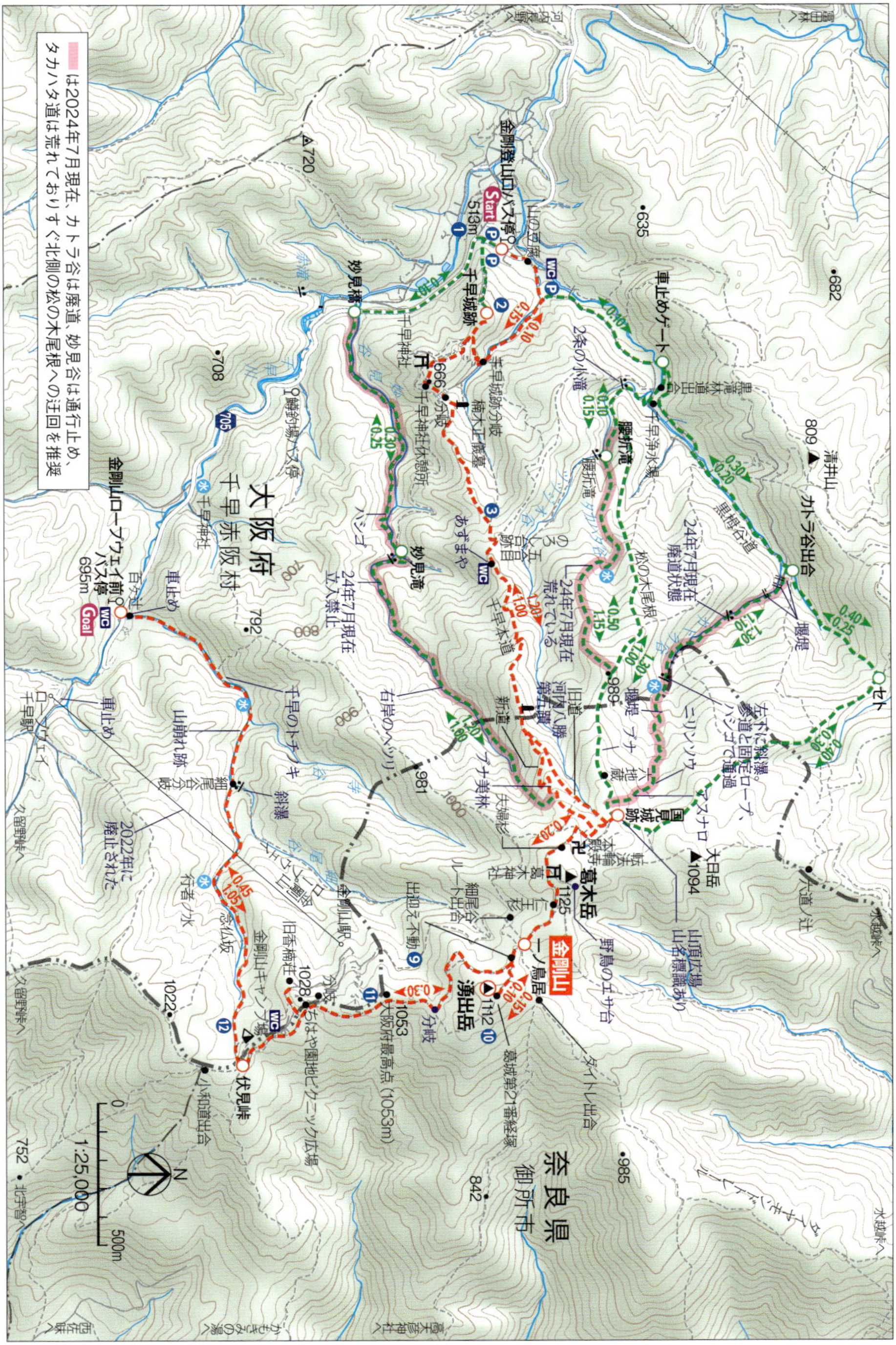
■は2024年7月現在、カトラ谷は廃道、妙見谷は通行止め、タカハタ道は荒れておりすぐ北側の松の木尾根への迂回を推奨
金剛登山口バス停
Start
513m
千早城跡
妙見橋
車止めゲート
カトラ谷出合
清井山
大阪府
千早赤阪村
奈良県
御所市
金剛山
葛木岳
一ノ鳥居
湧出岳
伏見峠
金剛山ロープウェイ前バス停
695m
Goal
国見城跡
大日岳
セト
1:25,000

←富田林市の嶺山から見た大和葛城山

# 38 大和葛城山

## 最短コースで山頂に立ち、西行法師ゆかりの桜の名刹へ

やまとかつらぎさん 959m

日帰り

歩行時間＝3時間10分
歩行距離＝9・2km

技術度
体力度

コース定数＝17
標高差＝444m
累積標高差 ↗733m ↘1038m

標高約510メートルの水越《みずこし》峠は、大和葛城山への最短ルートである。バスの便がなくなったのがネックだが、わかりやすい一本道だ。一方、下山に使う弘川寺道は、分岐が多く、都度の読図が必須となる。西《さい》行《ぎょう》法師入滅の地である弘川寺は、春は1500本のサクラが咲き、花見客でにぎわう。

旧国道を上がり、簡易な手洗い場がある**水越峠登山口**で北側へのびるダイヤモンドトレールに入る。いきなりの急坂なのでペース配分をしよう。振り向けば金剛山が見えるあたりからコナラ林に入り、再び急坂をこなし、リョウブの群生地を経て、春はヤマツツジが美しい木段道をひたすら登る。

絶景が広がるパラグライダー離陸場を右に見て、5月はツツジ、秋はススキが映える坂を登る。ツツジ鑑賞路の分岐を右に曲り、白樺食堂を少しすぎたあたりで左折すれば**大和葛城山**の広い山頂に出る。しばし展望を楽しもう。

元の道に戻って北進し、飲料自販機がある四つ辻を左折する。右にキャンプ場を見送るとほどなく、春はショウジョウバカマが咲く**青**《あお》

←金剛山を背に、ススキの銀穂がたなびく秋の大和葛城山

大きな山頂のモニュメントが立つ大和葛城山山頂

■鉄道・バス
往路＝近鉄富田林駅からタクシーに乗り、水越峠へ。
復路＝河内から4市町村コミバス（便数少ない）に乗り、終点の富田林駅で下車。

■マイカー
登山口と下山口が異なるので、マイカーは適さない。弘川寺の駐車場はサクラの花期には大混雑する。

■登山適期
弘川寺のサクラは4月上旬～中旬、

サクラを愛した西行法師入滅の地には1500本のサクラが咲く

崩《げ》・弘川分岐に着く。これを直進し、電波塔の脇を通って緩やかな坂を下る。しばらく簡易舗装の道が続き、車止めゲートをすり抜ける。**碓井《うすい》谷林道の四つ辻**（右の道の青いゲートが目印）では直進し、未舗装の山道に入る。その先の分岐は右折。直進すると下河内《しもがうち》への道に入ってしまうので要注意だ。

さらに約200メートル弱の三差路を直進すると、大きな**弘川城跡石碑**に着く。すぐの分岐は右折。次を左に曲り、坂をジグザグに下る。林道に合流すると、あとは**弘川寺**に下るのみだ。時間が許せば、西行墳や桜山を一巡したい。寺から**河内《かうち》バス停**へはわずかだ。

（岡田敏昭）

## CHECK POINT

1 水越峠の登山口。右下に手洗場がある

2 木段の急坂は、ヤマツツジを鑑賞しながらゆっくり登ろう

3 登路の途中にあるリョウブの群生地。特徴的な樹皮が印象深い

4 満開のツツジの中を山頂に向かう（5月初旬）。背後は金剛山

5 山頂にある宿泊施設、葛城高原ロッジ。ゆっくりコーヒーを楽しむのもよい

6 自販機のある四つ辻を左折する

7 青崩への分岐は直進し弘川寺道を下るこのあたりはショウジョウバカマの大群生地だ

8 車止めのゲートは横からすり抜ける

本坊庭園の樹齢350年のカイドウは4月中旬。大和葛城山のヤマツツジは5月上旬〜中旬。ダイヤモンドトレールのコナラの黄葉は11月中旬〜下旬。冬の積雪・凍結時は軽アイゼンが必要。

弘川寺本堂と隅屋桜

■**アドバイス**

▽国民宿舎葛城高原ロッジ（☎0745・62・5083）は、鴨鍋が名物。宿泊・日帰り入浴も可能。▽弘川城は南朝の忠臣隅屋與一正高の築城。戦に敗れ、境内で自刃した。▽弘川寺には西行法師の墓と、500年後に彼の古塚を発見した歌僧似雲の墓がある。

弘川寺にある名僧・西行の墓所（西行墳）

■**問合せ先**

河南町農林商工観光課（4市町村コミバスも）☎0721・93・2500、奈良県御所市観光振興課☎0745・62・3001、近鉄タクシー☎0570・06・9001

■**2万5000分ノ1地形図**

御所

＊コース図は118・119ページを参照。

岩橋山へ
726
568
ダイヤモンドトレール
平岡
山口
笛吹
梅室
葛城市
302
799
金剛山地
リョウブ群生
704
不動寺
葛城ロープウェイ前バス停
0.10
0.15
400
くじらの滝
500
213
205
WC
399
近鉄御所駅へ
標識。90度右折
900
五ツ辻
ショウジョウバカマ群生
自然研究路分岐
弘川寺分岐
葛城山ロープウェイ
600
700
800
不動の滝
葛城山上駅
0.15
0.20
くじらの滝尾根コース分岐
1.00
1.20
櫛羅の滝コースは工事のため2025年1月まで通行止め
青崩・弘川分岐
0.10
0.15
732
大和葛城山
959
白樺食堂
美しい自然林
小さな竹やぶ
木製の砂防堤
天空のハッピーベル
葛城高原ロッジ
ツツジ観賞路分岐
奈良県
御所市
533
ヤマツツジ
パラグライダー離陸場
908
ダイヤモンドトレール
760
295
24
1.15
0.55
リョウブ群生
水越トンネル
515m
水越峠登山口
Start
10台
櫛羅の滝
410
関屋
水越川
金剛山へ
御所南ICへ
N
0
500m
1:25,000

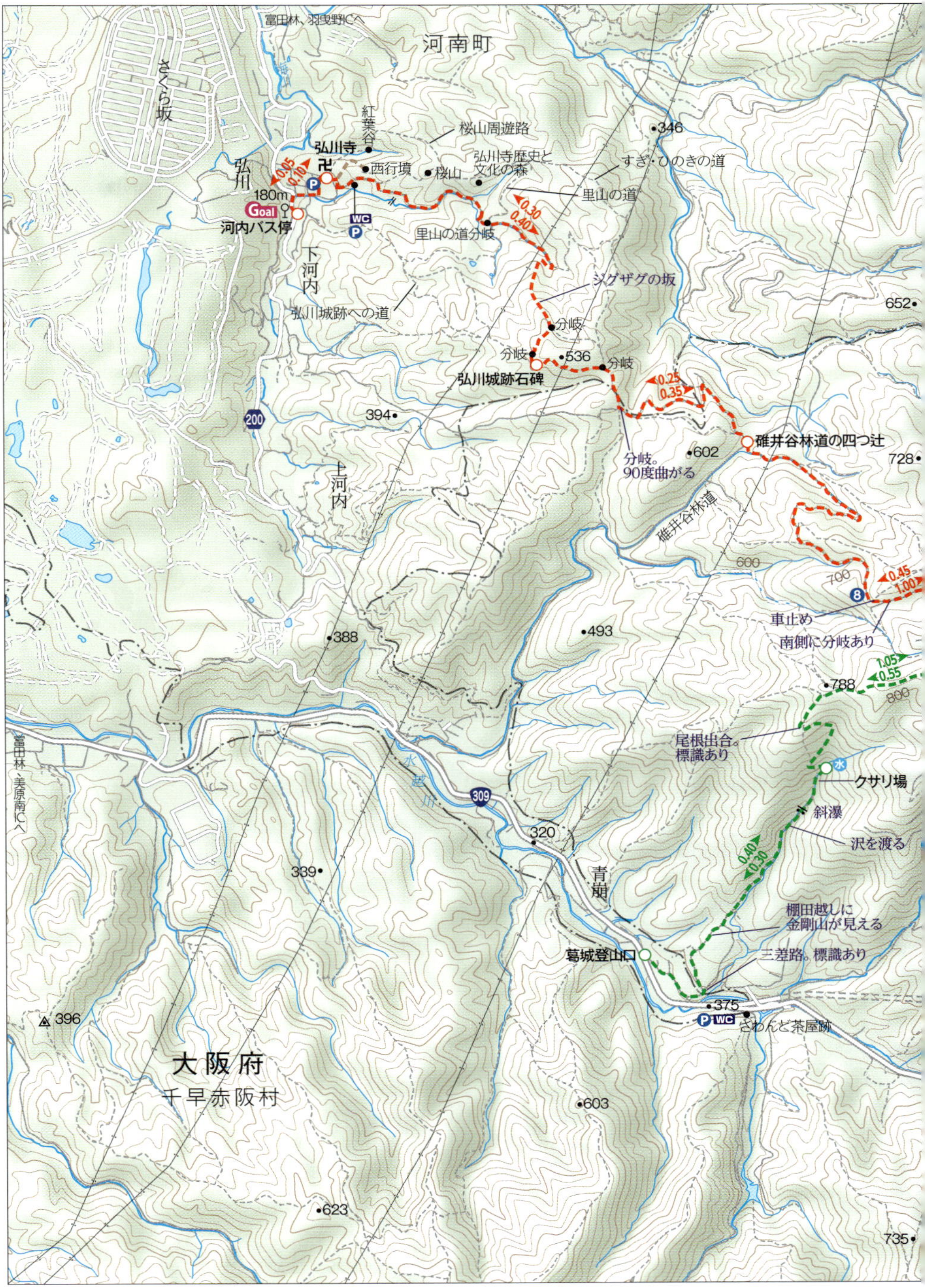
富田林、羽曳野ICへ
河南町
さくら坂
紅葉谷
桜山周遊路
弘川寺
西行墳
桜山
弘川寺歴史と文化の森
すぎ・ひのきの道
346
里山の道
弘川
180m
Goal
河内バス停
0.05
0.10
0.30
0.40
里山の道分岐
下河内
弘川城跡への道
ジグザグの坂
分岐
536
弘川城跡石碑
0.25
0.35
652
394
200
分岐。90度曲がる
602
雉井谷林道の四つ辻
728
上河内
雉井谷林道
600
700
0.45
1.00
車止め
南側に分岐あり
493
388
1.05
0.55
788
800
尾根出合。標識あり
クサリ場
斜瀑
沢を渡る
富田林・美原南ICへ
水越川
309
320
青崩
339
0.40
0.30
棚田越しに金剛山が見える
葛城登山口
三差路。標識あり
375
さわんど茶屋跡
396
大阪府
千早赤阪村
603
623
735

39

# 岩湧山

## 「岩湧の森」からの七ツ道を歩く

いわわきさん
897m

日帰り

歩行時間＝2時間25分
歩行距離＝4・7km

技術度

体力度

コース定数＝12

標高差＝407m

累積標高差 571m 571m

岩湧山の山頂部からは、二上山から金剛山にいたる金剛山脈が一望できる

岩湧山の北側に、河内長野市が管理する「岩湧の森」があり、ここまでマイカーで入れば、岩湧登山の最短ルートとなる。周辺の自然に関する情報発信を行う四季彩《しきさい》館《かん》を起点に山野草などの自然が豊かな「七ツ道」が整備され、最近は脚試しに1日に全ルートを踏破する人も増えている。

「岩湧の森」内にある岩湧寺は、大宝年間（701～704年）に修験の祖・役行者《えんのぎょうじゃ》が開山した。多宝塔は国の重要文化財。境内のカヤの大木は河内長野市の天然記念物だ。寺の北側を巻く「いにしえの道」は、5月のシャクナゲ、6月のアジサイ、9月のシュウカ

自然林が美しいきゅうざかの道の上部

■鉄道・バス

往路・復路＝南海高野線／近鉄長野線河内長野駅から南海バスで終点の神納下車。四季彩館まで舗装道を徒歩1時間45分。

■マイカー

国道371号新町橋南交差点を右折、T字路を右折し、南青葉台交差点を左折。府道加賀田片添線を南へ約5㌔。「岩湧の森」の無料駐車場を利用。

シュウカイドウ

■登山適期

「岩湧の森」の桜は4月中旬、シャクナゲは4月末～5月上旬、いわわきの道に多いヤマアジサイは6月～7月中旬、シュウカイドウは8月中旬～9月。冬の積雪量はさほど多くなく、軽アイゼンを携行すれば十分。

■アドバイス

▽岩湧山の名の由来は、「峻厳屹立にして其形、湧出るがごとし」と、江

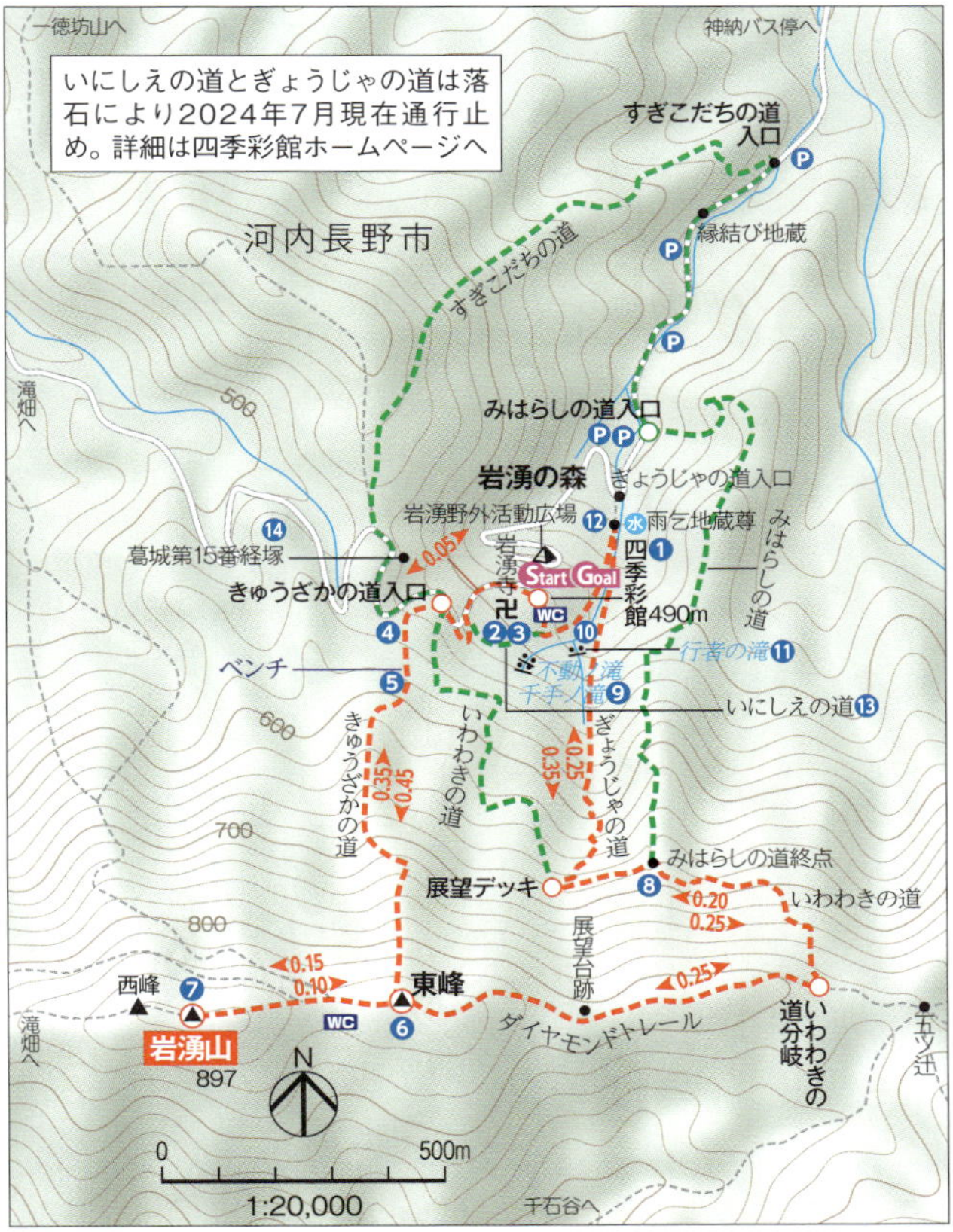

イドウの大群落がみごとだ。

岩湧山へのルートは「七ツ道」をいろいろ選べるが、ここでは代表的な「きゅうざかの道」で登り、「いわわきの道」で下るルートを紹介しよう。

**四季彩館**から岩湧寺の境内を抜け、林道を右に回り込んで、**きゅうざかの道入口**から文字通りの急登に挑む。途中には休憩ベンチもあるので、自分のペースを守ろう。やがて若いブナなどが混じる美しい自然林になる。

## CHECK POINT

1 七ツ道の拠点となる四季彩館は、ゆっくり休憩するには最適。自然に関するイベントも開催される

2 8世紀初頭に役行者によって開かれた岩湧寺。コンパクトだが凛としたたたずまいが魅力

3 岩湧寺の多宝塔（重文）とシュウカイドウ群落

4 きゅうざかの道は、その名の通り急登が続くが、整備は行き届いている

5 きゅうざかの道の途中にある休憩ベンチ。無理をせず、ゆっくり登ろう

6 木立の中の東峰は、ダイヤモンドトレールとの分岐点だ

7 岩湧山の三等三角点。この少し先にピークがある

8 いわわきの道の中ほどにある展望デッキからは、大阪湾など北側の眺めが得られる

見とれながら登っていると苦労も半減する。東峰《とうほう》でダイヤモンドトレールに合流し、右へ、**岩湧山**のピークを目指す。三角点をすぎ、展望抜群の山頂でくつろごう。

広い山頂にはベンチも置かれ、憩うのによい

## CHECK POINT

9 ぎょうじゃの道から見える直瀑に涼を感じる

10 ぎょうじゃの道から、行者の滝が遠望できる

11 厳寒時には凍りつくこともある行者の滝

12 雨乞い地蔵尊には、いつも冷たい水が流れ、暑い時期にはありがたい

13 いにしえの道沿いに咲き乱れるシュウカイドウ

14 林道のカーブミラーから少し山中に入ったところにある葛城第15番経塚

戸末期に出版された「河内名所図会」に記載があるという。

▽四季彩館は、岩湧寺の隣にある、河内長野市が管理運営する施設で、岩湧山の自然に関する情報を発信する。売店や自販機はないが、休憩によい。

■問合せ先

河内長野市環境経済部産業観光課☎0721・53・1111、南海バス河内長野営業所☎0721・53・9043、四季彩館☎0721・63・5986

■2万5000分ノ1地形図

岩湧山

「岩湧」の由来ともなった臥龍洞の岩峰

下山は、もとの道を引き返し、**東峰**を直進。植林帯の中、左に古い展望台の廃墟を見て、**いわわきの道分岐**で左をとる。いきなり急坂を下り、山腹を巻くと木橋を渡る。みはらしの道の分岐を見送り、**展望デッキ**に着く。湧き水で喉を潤すのもよい。冬は凍結するので要注意の箇所だ。

右からぎょうじゃの道に入って、スリップに気をつけて急坂を下る。沢筋に沿うと、左に滝が見える。さらに下ると、いにしえの道に合流する。すぐ下の雨乞い地蔵尊の流水は、真夏でもたいへん冷たい。いにしえの道を登り、行者の滝を遥拝し、すぐ先を右にとれば**四季彩館**に戻る。（岡田敏昭）

水量は少ないが、さらに奥に落差のある滝を抱える千手ノ滝（下部）

**・いわわきの道**…下部は比較的緩やかな道。入口から展望デッキまでは、登り25分、下り20分。
**・みはらしの道**…第3 駐車場近くから尾根筋をたどる健脚向きコース。途中で四季彩館周辺が見わたせる。入口から終点まで、登り1時間、下り50分。
**・すぎこだちの道**…第6 駐車場近くから長い階段道を登り、葛城第15番経塚の手前に出る。入口から終点まで、登り1時間、下り40分。
**・いにしえの道**…かつて修験者たちが寺に通った道という。入口（ぎょうじゃの道入口と同じ）から終点まで、登り20分、下り15分。

嶽山から見た大和葛城山、水越峠、金剛山

40

# ダイヤモンドトレール

だいやもんどとれーる

府県境のロングトレールで体力試し

二泊三日

1日目　歩行時間＝7時間25分　歩行距離＝15・5km
2日目　歩行時間＝8時間15分　歩行距離＝19・0km
3日目　歩行時間＝7時間45分　歩行距離＝16・3km

技術度
体力度

コース定数＝96

標高差＝1080m

累積標高差　↗3683m　↘3458m

ダイヤモンドトレール（ダイトレ）は、1970年から5年をかけ、大阪府や奈良県などが整備した自然歩道だ。屯鶴峰《どんづるぼう》から二上《にじょう》山《さん》、大和《やまと》葛城《かつらぎ》山《さん》、金剛山《こんごうさん》、岩湧《いわわき》山《さん》、槇尾山《まきおさん》へ、約45キロの行程だ。

コースを分けて日帰りで歩くもよし、高山の縦走の足慣らしに全行程を一度に歩くもよし。エスケープルートも多く、道標や階段が整備されていて安心だ。

**第1日　起点から大和葛城山**

近鉄**上《かみ》ノ太子《たいし》駅**から、上ノ太子駅前東交差点を左へ、細い道に入り、高速道路の下、線路横を東へ進む。府道703号（香芝《かしば》太子線）に合し、**ダイトレ北入口**から登山道に入る。小さく登り下りして、二上山の西を巻く。万葉の森からは国道を歩き**竹内峠《たけのうち》**に出る。

NTT道路分岐から先は急坂となり、**平石《ひらいし》峠**に出る。岩橋山へはさらに厳しい坂だ。**岩橋《いわはし》峠**でひと息つき、標識にしたがい南下する。平石公衆トイレをすぎ、長い木製階段を登って大和葛城山へ。**葛城高原ロッジ**（要予約）に泊まる。

**第2日　紀見峠へ**

長丁場なので早立ちしよう。水《みず》越《こし》峠まで400メートル以上下り、金剛山へ500メートル以上登り返す。**水越峠**からガンドガコバ林道に入り、カヤンボの小橋から山道へ。**一ノ鳥居**で左折し、ちはや園地、伏見《ふしみ》**峠**を経て**久留野《くるの》峠**に着く。

中葛城山からは西進する。**千早《ちはや》峠**で14時を回るようなら池ノ川林道から下山をすすめる。植林帯を**行者杉《ぎょうじゃすぎ》**、杉尾《すぎお》峠へ。最後の登り坂からタンボ山を巻く。**西ノ行者堂**

■鉄道・バス
往路＝近鉄南大阪線上ノ太子駅。
復路＝槇尾山からチョイソコいずみ（乗合送迎便、要会員登録・要予約）で槇尾中学校前へ、南海バスに乗り継ぎ、終点の和泉中央駅（泉北急行）で下車。

■登山適期
春と秋が最適。尾根道が中心なので水場が少なく、夏場は暑さが最大の敵だ。冬は日が短く時間の余裕がない。氷結に備え軽アイゼンをもとう。

■アドバイス
▽金剛山の香楠荘は閉鎖され、使用不可。
▽厳密にはダイトレの起点は屯鶴峰。近鉄南大阪二上山駅から屯鶴峰入口の起点標石を見て、穴虫峠を越えて北入口へ。車の往来が非常に激しいので細心の注意を。
▽ダイトレは、二上山・雌岳、大和葛城山、金剛山（湧出岳）のピークは通らないので、時間、体力と相談して立ち寄ろう。

■問合せ先
大阪府南河内農と緑の総合事務所みどり環境課☎0721・25・1131、葛城高原ロッジ☎0745・62・5083、紀伊見荘☎0736・36・4000、チョイソコいずみ☎050・2030・3350、南海バス光明池営業所☎0725・56・3931

## CHECK POINT

屯鶴峰にあるダイトレの起点標石

ダイトレ北入口の前は、猛スピードで走り抜ける車に注意しよう

サクラ散り敷く二上山「万葉の森」

平石峠からは、植林の中の急登となる

三角点、ベンチ、ダイトレ標石がある岩橋山の山頂で息を整えよう

大和葛城山から金剛山を望む

ダイトレを縦走する大会が毎年開かれている（水越峠）

カヤンボの分岐で左の山道に入る

千早峠は、かつて天誅組が五條代官所の襲撃に向かう際に越えた峠だ

植林の中の、西ノ行者堂。南への枝道をたどればすぐに小祠がある

紀見峠の公衆トイレは、縦走路中の貴重な設備。大切に利用したい

紀伊見荘の温泉で疲れをいやそう（日帰り入浴もできる）

五ツ辻にはベンチがあり小休止に向く

金剛・和泉山脈が見わたせる岩湧山

ダイトレの西の起点、槇尾山の施福寺

からは下り一本だ。山ノ神から舗装道を紀見峠《きみ》に出る。宿場跡の坂から紀伊見荘《きいみそう》（要予約）へ。

**第3日　槇尾山へ**

**紀見峠**に戻る。昨日の下山口の手前左側に登山口がある。葛城第17番経塚から先は急坂が続き、**岩湧山3合目**へ。根古峰《ねこみね》を巻き、南葛城山への分岐は直進し、五ツ辻へ。稜線をたどると**岩湧山**だ。

カキザコで右折し、**新関屋橋**《しんせきや》に下る。橋を渡り、民家脇から山道に入る。**ボテ峠**、番屋峠《ばんや》を経て、槇尾山**施福寺**《せふくじ》に登り返す。参道を下り**槇尾山停留所**へ。（岡田敏昭）

■2万5000分ノ1地形図
古市・大和高田・御所・五條・岩湧山

＊コース図は126・127ページを参照。

上ノ太子駅
Start
45m
大阪府
太子町
河南町
山田
加納
持尾
ダイヤモンドトレール
ダイトレル北入口
鉄塔
竹内峠
平石峠
岩橋山
659
岩橋峠
二上山
雄岳
517
雌岳
474
奈良県
葛城市
三角点
403
ベンチ
展望
急坂
西への分岐あり
新庄道（山麓公園）分岐
持尾辻
布施城跡分岐
岩湧山方面の眺め
長い階段
東側に分岐あり

河内長野駅へ
371
天見駅
天見
流谷
310
上の図から
千早峠
分岐注意
神福山
792
神福山の西側を巻く
行者杉
金剛トンネル
五條へ
タンボ山
763
西ノ行者堂
杉尾峠
ダイヤモンドトレール
五條市
杉尾
橋本市
紀見峠
紀伊見荘
紀見峠駅
橋本駅へ
長い下り坂
旧国道371号出合
小沢を渡る
紀見峠2.9kmの標識
タンボ山標識点
ベンチ
十字峠への分岐
十字峠
柱本道分岐
天見道分岐
道路を横切る
宿場跡
山ノ神
橋
南海高野線
1:60,000
1km

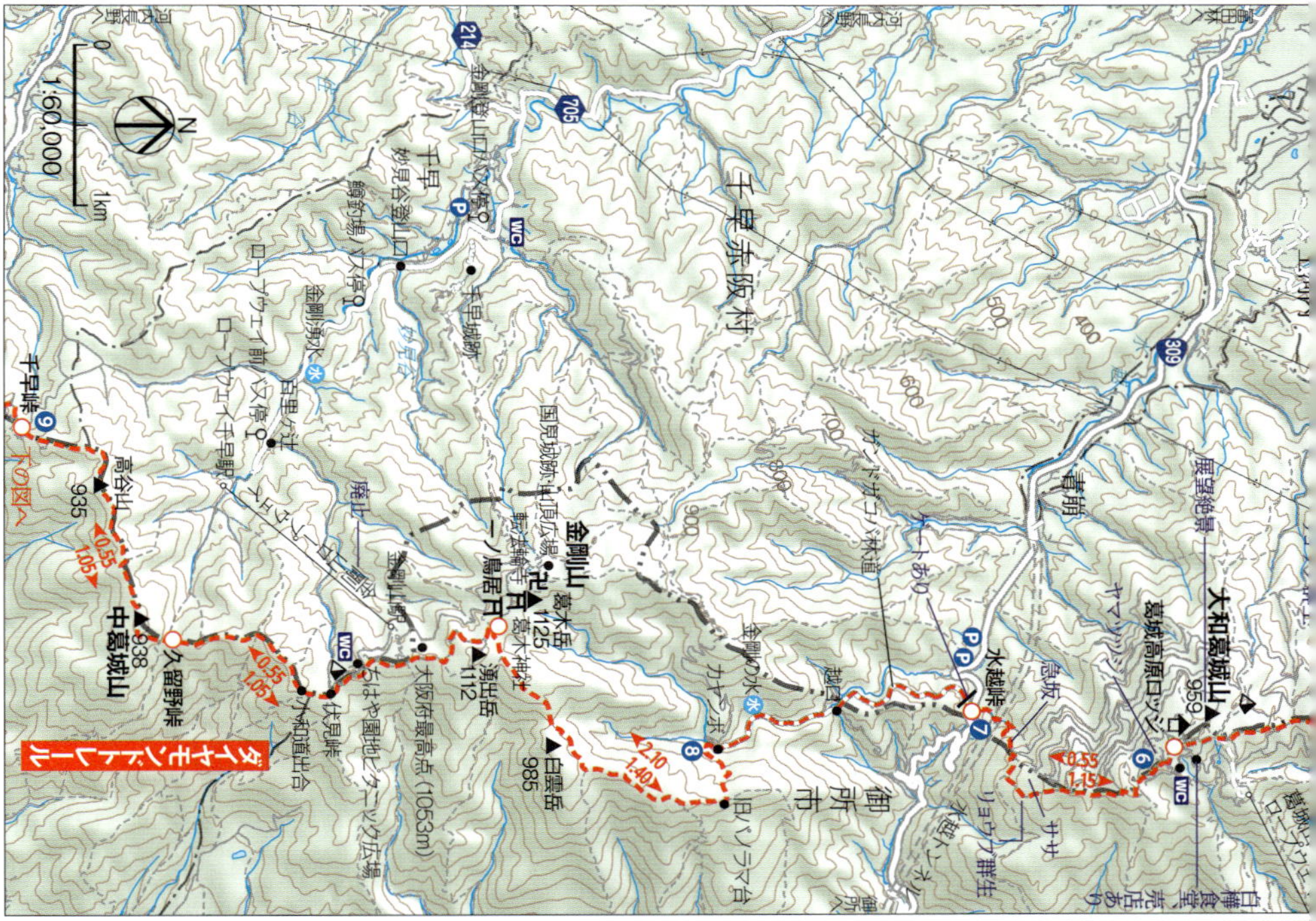
1:60,000
0
1km
N
千早赤阪村
御所市
金剛山
葛木岳
1125
葛木神社
転法輪寺
国見城跡
山頂広場
一ノ鳥居
湧出岳
1112
白雲岳
985
大阪府最高点（1053m）
ちはや園地
ピクニック広場
伏見峠
久留野峠
中葛城山
938
高谷山
935
千早峠
下の図へ
ダイヤモンドトレール
水越峠
大和葛城山
959
葛城高原ロッジ
展望絶景
青崩
急坂
ササ
リョウブ群生
白樺食堂
売店あり
金剛の水
カヤンボ
旧パノラマ台
ゲートあり
千早
妙見谷登山口
金剛登山口バス停
千早城跡
金剛涌水
香楠荘
ロープウェイ前バス停
ロープウェイ千早駅
0.55
1.05
2.10
1.40
1.15
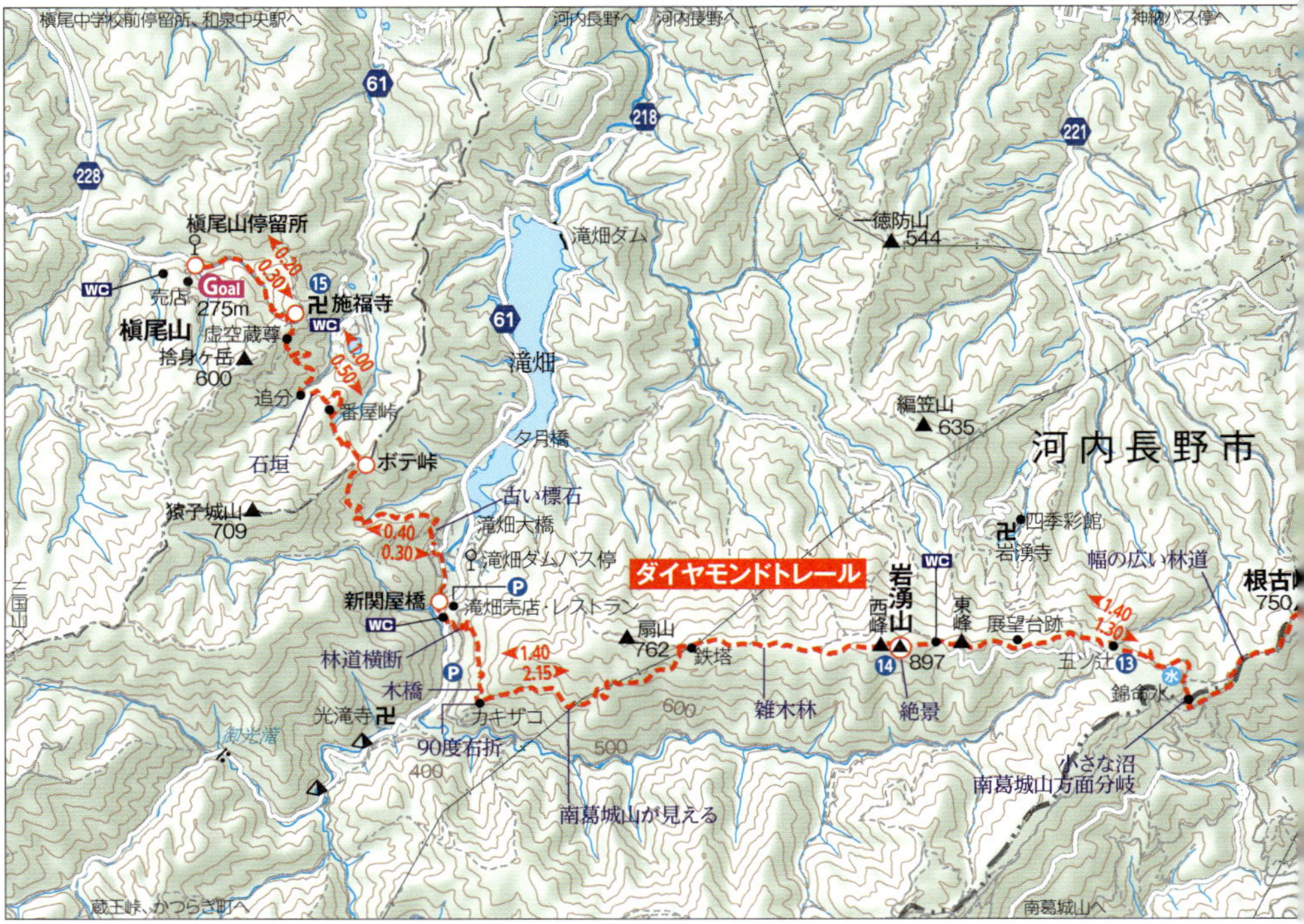
槙尾中学校前停留所、和泉中央駅へ
河内長野へ
河内長野へ
神納バス停へ
槙尾山停留所
Goal
275m
売店
槙尾山
施福寺
虚空蔵尊
捨身ヶ岳
600
追分
番屋峠
石垣
ボテ峠
猿子城山
709
滝畑ダム
滝畑
夕月橋
古い標石
滝畑大橋
滝畑ダムバス停
新関屋橋
滝畑売店・レストラン
林道横断
木橋
光滝寺
カキザコ
90度右折
南葛城山が見える
ダイヤモンドトレール
扇山
762
鉄塔
雑木林
岩湧山
西峰
897
東峰
絶景
展望台跡
五ツ辻
岩湧寺
四季彩館
幅の広い林道
錦命水
小さな沼
南葛城山方面分岐
根古峰
750
一徳防山
544
編笠山
635
河内長野市
蔵王峠、かつらぎ町へ
南葛城山へ
1.40
2.15
1.30
0.40
0.30
1.00
0.50
0.20
0.30

# 41 万葉の息吹を感じるファミリーハイクの山

# 二上山《にじょうざん》

517m

日帰り

歩行時間＝3時間40分
歩行距離＝7・0km

技術度

体力度

コース定数＝14

標高差＝427m

累積標高差 570m 585m

春霞の中、鹿谷寺跡から二上山雌岳を見上げる

万葉集にも歌われた二上山は、古くは「ふたかみやま」とよばれ、雄岳、雌岳の両ピークが織りなす優美なシルエットが印象的だ。南側の竹内峠《たけのうち》は、遣隋使はじめ、大和と難波《なにわ》を結ぶ交通の要衝だった。現在はファミリーハイクの山として人気が高い。

近鉄大阪線**二上神社口駅**から西へ、三神社が合祀された加守・倭文・二上神社の左手から登山道に入る。**二上山駅分岐**をすぎ、コナラやクヌギが美しい雑木林を登る。

ふたかみパークからの登山道を左から迎え、悲劇のプリンス・大津皇子《おおつのみこ》墓を見たら、すぐに葛城第26番経塚と二上神社に着く。その左奥が**二上山・雄岳**《おだけ》の小広い台地状の山頂だ。

整備された木製階段を通り、**馬の背**に着く。祐泉寺《ゆうせんじ》からの登山道がここで合流する。トイレと売店の間の道をひと登りすれば、三角点のある**二上山・雌岳**《めだけ》の山頂に着く。西は淡路島、明石大橋、東は大和《やまと》三山、龍門《りゅうもん》山塊、大峰《おおみね》山脈まで一望できる。

**馬の背**からは南西に下る。展望台の脇を通り、大きな露岩帯を下り、8世紀ごろに栄えた**鹿谷寺跡**《ろくたんじ》

■鉄道・バス
往路＝近鉄南大阪線二上神社口駅。復路＝太子町役場バス停から近鉄バスで近鉄長野線喜志駅、またはたいしのってこバス春日・畑線で近鉄南大阪線上ノ太子駅へ。

■マイカー
登山口、下山口ともに駐車地はないが、二上山のピークに登るだけなら、万葉の森の無料駐車場を利用できる。

■登山適期
雌岳周辺を染める桜（4月上旬）、ツツジ（4月下旬～5月上旬）と、紅葉彩る晩秋がよい。冬の積雪は少ない。初夏はササユリが咲く。

■アドバイス
▽地元では、昔から鹿のことを「ろく」とよび、鹿谷寺などの地名が残る。「ろくわたりの道」の名は、これに因んで太子町が命名した。
▽グリーンロードを北進し、日帰り入浴や食事ができる太子温泉（☎0721・98・4126）に下るのもよい。

■問合せ先
太子町観光産業課☎0721・98・0300、奈良県葛城市商工観光課☎0745・44・5111、近鉄バス八尾営業所☎072・949・4681、たいしのってこバス☎0721・98・5531

■2万5000分ノ1地形図
大和高田

を経て、「ろくわたりの道」入口に向かう。緑の濃い雑木林の中を登って、モチツツジの多い支尾根に合流する。左に行き、送電線鉄塔が見えたら再び左へ。白い露岩帯から急な階段を下りて南阪奈道路のガード下をくぐる。水路沿いの道を経てミカン畑の農道に出る。南河内グリーンロードに出て100㍍《メートル》ほど南に進み、右の細道に入って**竹内街道歴史資料館**に出る。

旧山本家住宅をはじめ、古い町並みを残す竹内街道の風情を楽しみつつ、住宅街に出て六枚橋《ろくまいばし》東交差点を右前方へ進み、次の六枚橋交差点を左折し**太子町役場バス停**に着く。（岡田敏昭）

最古の街道の歩みを学べる、竹内街道歴史資料館

## CHECK POINT

1 二上山駅からの登山道との合流点には休憩ベンチがある

2 雄岳への登路中、唯一の鉄製階段

3 悲劇のプリンス・大津皇子の墓

4 二上山・雄岳にある二上神社。保全のため入山料を徴収している日もある

5 鹿谷寺跡手前の露岩からは大阪方面の眺めが広がる

6 ろくわたりの道では、モチツツジの多い支尾根に乗ると左へ進む

7 送電線鉄塔が見えたら左折する

8 単純温泉が湧く太子温泉に下山するのも一案

42

## 巨石の行場めぐりと好展望が魅力の北摂を代表する山

# 剣尾山・横尾山

日帰り

歩行時間＝3時間25分
歩行距離＝7・5㎞

けんびさん（けんぴさん）784m
よこおさん 785m

技術度
体力度

コース定数＝16
標高差＝550m
累積標高差 663m 608m

長谷の棚田付近から見た剣尾山

剣尾山は、堂々とした山容、古の行場、山頂からのみごとな眺望で人気が高く、北摂を代表する山として知られている。

東の覗から岩谷池（堰堤湖）とトンビカラ付近を眺める

**能勢温泉**からキャンプ場を通り抜け、玉泉寺から続く林道に出る。公衆トイレをすぎてすぐの分岐で右に入る。木の階段を登っていくと、いきなり大岩が現れる。大日如来坐像が刻まれた大日岩だ。左の踏跡に入れば1時間弱で行場めぐりができる。巨石群の上からはすばらしい展望が得られ、「摂津大峯」とよばれる当山の魅力が味わえる。ロープが張られた悪場もあり、注意したい。

行場から東《ひがし》の覗《のぞき》をすぎれば**行者山**の標識地点。標識がなければ山頂とはわからない。炭焼窯跡を経て六地蔵に着く。このあたり一帯は大阪府指定史跡の月峯寺《げっぽうじ》跡だ。夏は、山頂よりも、木陰があるこの場所で大休止するとよい。最後の急登をしのげば、**剣尾山**の山頂だ。多くの岩が横たわる頂からは、ほぼ360度の大パノラマを楽しめる。東は旧キャンプ場の池の向こうに半国山《はんごくさん》が見え、北は深山《みやま》、西は大船山《おおふなやま》、大野山《おおやさん》を望むことができる。

■鉄道・バス
能勢の郷へのバスが廃止され、公共交通機関の利用は現実的ではない（最寄りの阪急バス森上バス停から能勢温泉へ3・3㌔、徒歩約50分）。

■マイカー
能勢温泉のフロントで駐車料金を支払い、駐車券をクルマに掲出して指定スペース（約20台）に駐車する。

■登山適期
横尾山のアセビが花をつける4月と、登山道わきのツツジが咲く5月が適期。雑木林が色づく11月ごろもすばらしい。ひと冬に数回降雪するが、積雪しても長くは残らない。念のため軽アイゼンがあれば充分だ。夏は日陰が少なく快適とはいえない。

■アドバイス
▽能勢温泉の送迎バス（阪急池田駅または能勢電鉄山下駅から）を利用できるのは宿泊または4人以上での食事利用者のみ。
▽行場めぐりは急な岩場やクサリ場など、危険箇所が多い。

■問合せ先
能勢町産業建設部地域振興課☎072・734・0001、阪急バス猪名川営業所☎072・766・3912

■2万5000分ノ1地形図
妙見山・埴生

北へ続く道をたどり、摂丹国界標石の辻を左にとって下る。鞍部から登り返し、反射板をすぎれば2つ目の国境標石を右に見て**横尾山**の三角点。真向かいに深山が見られる。

南に進み、シカ除けの柵に沿って下れば、やがてアルペン的な岩尾根となる。このあたりの岩峰群を総称して**トンビカラ**とよぶ。鉄塔をすぎ、雑木林の尾根を下る。能勢の郷《さと》の「21世紀の森」に入り、小鳥のテラス、ひと休み峠を経て**能勢温泉**の下に出る。時間が許せば入浴していこう。

（岡田敏昭）

能勢温泉では日帰り入浴できる（☎072・734・0041）

## CHECK POINT

1 登山口の手前に、道中唯一のトイレがある

2 巨石が現れると行者山山頂は近い

3 東の覗に立つと高度感は抜群だ

4 月峯寺跡にある六地蔵

5 剣尾山の山頂。山名表示板は「けんびさん」となっている（国土地理院は「けんぴさん」で採用）

6 横尾山山頂からは深山が間近に見える

7 トンビカラの岩尾根

8 ひと休み峠までくれば、あとわずかだ

43

## ブナ原生林が残る府県境の名山「能勢の妙見さん」

# 妙見山

みょうけんさん
660m

日帰り

歩行時間＝2時間50分
歩行距離＝10㎞

技術度
体力度

コース定数＝15
標高差＝444m
累積標高差 580m 627m

妙見山は、山頂にある眞如寺《しんにょじ》の境外仏堂が「能勢の妙見さん」として親しまれ、年中、参拝者やハイカーが絶えない。

タクシーを降りたら、まずは樹齢1000年以上とされる**野間《のま》の大ケヤキ**を見ていこう。

見学後は車道（府道4号線）を東に進み、妙見奥ノ院への分岐を見送ってレストランのあるS字カーブで右の未舗装道に入る。薄暗い林の中を進むと、長い石段が現れる。ここが**本滝口**だ。石段を上がり、さらに山道を登って鳥居をくぐる。コンクリートの石段を上がれば**本瀧寺《ほんたきじ》**に着く。紅葉の時期にはカエデが境内を赤く染める。

古びた祠や茶店跡など見ながら登り続ければ、しだいにブナが目につくようになる。妙見山のブナ林は標高600㍍前後の低所にある珍しいもので、大阪府の天然記念物に指定されている。薄暗い森林を抜けると石畳の参道に出る。

迎賓館や古い旅館の立ち並ぶ参道の先に開運殿（本殿）がある。お参りしてから階段を登り、山門をくぐると、ユニークな形の信徒会館星嶺《せいれい》に着く。展望台からは遠く大阪湾が望める。裏手の高台に

山頂付近にあるブナ林は府指定天然記念物となっている。幹周り2㍍以上の樹が100本もあるという

古い旅館や売店が立ち並び、レトロな雰囲気の参道

星嶺は、妙見大菩薩（北斗）と、能勢家の家紋「矢筈」をモチーフにしている

■鉄道・バス
往路＝能勢電鉄妙見口駅からタクシー（要連絡）で野間の大ケヤキへ。
復路＝能勢電鉄妙見口駅を利用。

■マイカー
登山口と下山口が異なるのでマイカーは向かない。山頂を往復するだけなら、妙見口駅前の食堂兼土産物店かめたにの有料駐車場が便利。

■登山適期
山頂や初谷のサクラは4月上旬〜下旬、本瀧寺境内のカエデの紅葉は晩秋がよい。本滝口までは車道歩きで日陰がないので、夏は新滝道（旧ケーブル黒川駅〜妙見山三角点：1時間10分）を利用するか、初谷を往復するとよい。冬は軽アイゼンを携行しよう。

■アドバイス
▽妙見ケーブルとリフトは、2023年12月に廃止された。
▽初谷は近年の台風や豪雨で登山道が傷んでいる箇所が多く、浮き石に足を乗せたり、路肩を踏み抜いたりしないよう注意したい。

■問合せ先
能勢町産業建設部地域振興課☎072・734・0001、京都タクシーときわ台営業所☎072・738・0408

■2万5000分ノ1地形図
広根・妙見山

登ると彰忠碑があり、奥に**妙見山三角点**を見つける。

駐車場方面への石段を下りきって、未舗装道を左へ鋭角に曲がる。カエデの大木が立つ分岐で右折して初谷《はつたに》コースに入る。一度車道を渡り、山道をまっすぐ下る。再び車道に出たら右折して道路沿いに歩く。**清滝**《きよたき》の分岐で、右手の道標から山道に入る。濡れた石に足をすべらせないよう注意して、何度も川を渡る。一帯は「大阪みどりの百選」に指定され、渓谷沿いに、貴重な桜の野生種・エドヒガンが見られる。農村に出るとほどなく能勢電鉄**妙見口駅**に到着する。

（岡田敏昭）

## CHECK POINT

1 アオバズクがすむ野間の大ケヤキ。幹周りは13メートルを超える

2 室町時代に造られた阿弥陀・六地蔵磨崖仏。野間には石仏や板碑が多い

3 S字カーブのミラーの脇から未舗装道に入る

4 本滝口の長い石段。幅が狭いので注意して歩こう

5 境内のカエデが美しい本瀧寺

6 能勢妙見山の本殿前にはヒノキの巨木が立ち並ぶ

7 大きな看板のおかげで三角点を見落とすことはない

8 初谷川に沿って歩くので、夏でも涼しく快適だ

44

# 最勝ヶ峰・天上ヶ岳

勝ち運の寺から由緒ある山々を経て箕面滝へ

日帰り

歩行時間＝6時間20分
歩行距離＝15・0㎞

技術度
体力度

さいしょうがみね 530m
てんじょうがたけ 500m

コース定数＝28
標高差＝428m
累積標高差 ↗1148m ↘1179m

紅葉の勝尾寺と、背後にそびえる最勝ヶ峰

紅葉が進む箕面滝（11月下旬）

勝ち運の寺・勝尾寺《かつおうじ》の背後にそびえる最勝ヶ峰は、桓武天皇の兄・開成《かいじょう》皇子の墓所でもある。天上ヶ岳は、役行者《えんのぎょうじゃ》の入寂の地といわれ、瀧安寺《りゅうあんじ》の奥の院とされている。さらに紅葉の名所で有名な箕《み》面《お》滝をめぐる、ぜいたくなコースを歩いてみよう。

**外院《げいん》バス停**の帝釈《たいしゃく》寺北交差点を左折し、細いY字路を左に進む。獣除けゲートを通り、外院尾根を緩やかに登る。町石を見送り、三差路を左に5分ほどで、しらみ地蔵がある。元に戻って右の急坂を登り、八天石蔵《はってんいしぐら》の脇をすぎ、長い階段を下りたら**勝尾寺**の山門前に着く。

車道を右へ。勝尾寺園地に入り、ウイングハウスの休憩舎を通り、自然研究路8号線を登って東海自然歩道に出る。左の尾根を進み、開成皇子の墓に着く。壊れた木道を迂回すれば**最勝ヶ峰**のピークだ。

■鉄道・バス
往路＝北大阪急行箕面萱野駅から阪急バス間谷住宅または余野行きなどに乗り、外院で下車。
復路＝徒歩で阪急箕面線箕面駅へ。

■マイカー
登山口と下山口が異なるためマイカーでのアプローチは不適。

■登山適期
勝尾寺と箕面滝のカエデが紅葉する11月がベスト。新緑のころもよい。勝尾寺境内は四季を通じて花が楽しめる。低山なので盛夏は不適。

■アドバイス
▽八天石蔵は、13世紀に勝尾寺が土地の境界を示したもの。8ヶ所すべてから青銅の八天像（国の重要文化財）が出土したが、現地には残っていない。
▽下山後、箕面温泉スパーガーデン（☎072・723・2324）で汗を流すのもよい。
▽箕面駅に向かう土産物屋街の酒屋では、箕面の地ビールを扱っている。種類も豊富で美味。土産物街の名物は甘い衣のモミジの天ぷら。

■問合せ先
箕面市地域創造部箕面営業室☎072・724・6905、阪急バス豊能営業所☎072・739・2002

■2万5000分ノ1地形図
高槻・広根・伊丹

先に進み、円形の方位盤を経て歩きやすい幅広の道を下る。ぎふちょう橋を渡り、東海自然歩道の西の起点、**政《まさ》の茶屋《ちゃや》園地**に着く。

自然研究路3号線に入って長い坂を登りきるとベンチがあり、標識の脇から明瞭な踏跡をたどれば**天上ヶ岳**だ。役行者像が、遠く熊野を眺めているようにたたずんでいる。

　ベンチに戻り、先を進む。畑を右に見て車道に出る。しばらく車道を歩き、霊園を通りすぎたら左の分岐をとる。入ってすぐに**ようらく台園地**に着く。2つ続く分岐はともに左へ進むと三国峠に出る。目立たない**箕面山**のピークに立ち寄って、石子詰《いしこづめ》の分岐に下りる。せっかくなので、カエデ林を見ながら滝道を北上し、**箕面滝**を観瀑しよう。あとは滝道を引き返し、そのまま阪急**箕面駅**にいたる。（岡田知子）

## CHECK POINT

外院尾根の入口となるY字分岐は左へ

旧参道との分岐手前からは、粟生団地が眼下に望める

中世に勝尾寺の領地を示すために設けられた八天石蔵

紅葉に彩られたウイングハウスの休憩舎

尾根を走る東海自然歩道に合流する

最勝ヶ峰山頂直下にある円形の方位盤

東海自然歩道西の起点に出る

ようらく台園地への入口

45

# 伝説を秘めた巨岩群から、隠れキリシタンの里をめぐる

# 竜王山

りゅうおうざん
510m

日帰り

歩行時間＝3時間25分
歩行距離＝6・7km

技術度
体力度

| | |
|---|---|
| コース定数 | ＝14 |
| 標高差 | ＝360m |
| 累積標高差 | 681m / 541m |

茨木市生保から見た天王山

歴史や伝説を秘めた巨岩群を訪ねながら、古くから雨乞いの山として崇められた竜王山を越え、隠れキリシタンの里・千提寺《せんだいじ》へとめぐる、見どころの多いぜいたくなルートを紹介しよう。

**車作《くるまつくり》バス停**から舗装道を北に進み、深山水路に沿って**清水廃寺《しみずはいじ》**へ。竹林の分岐をまず左へ、すぐ鋭角に右にとると狭い舗装道に出て右折。舗装道が終わるとすぐに、高さ30㍍の巨岩が立ちはだかる岩屋に着く。かつて桓武《かんむ》天皇の庶兄・開成皇子が修行したという。

岩屋のすぐ先が、**瀧《たき》不動明王横の分岐**だ。左手の高台をみると、石造りの樋から一条の清水が流れ落ちる水行場がある。分岐を北へ15分ほど進むと、左に穴仏《あなぼとけ》、右に**負嫁岩《およめ》**があるので往復してみよ

竜王山山頂には高さ13㍍の木製展望台が建つ

■**鉄道・バス**
往路＝阪急京都本線茨木市駅から阪急バス車作行きに乗り、終点の車作で下車。本数は極めて少ない。
復路＝千提寺口から阪急バス阪急茨木市駅行き、または北千里急行箕面萱野駅行き（大阪モノレール彩都西駅を経由する）に乗り、いずれも終点で下車。

■**マイカー**
登山口と下山先が異なるため、マイカーでのアプローチは不適。

■**登山適期**
新緑の春と、シイの実やフユイチゴが楽しめる晩秋から初冬にかけてが最適。

■**アドバイス**
▽茨木市立キリシタン遺物史料館（☎072・649・3443）は入館無料。
▽天満宮の石段下からあぜ道を5分で、キリシタン墓碑発見地がある。
▽岩屋では左手のチムニーを登り、上部のクサリを頼りに「胎内くぐり」をすると、弁財天を祀る宝塔を見られる。足の置場に乏しい登攀となるので、クライミング経験者向き。

■**問合せ先**
茨木市商工労政課☎072・622・8121、阪急バス茨木営業所☎072・643・6301

■**2万5000分ノ1地形図**
高槻

う。それぞれの由来が書かれた標識が立つ。

**分岐**に戻り、右の道をとると、少しの登りで**竜王山**の山頂に着く。木製展望台からは生駒、金剛、和泉の山々から大阪湾、六甲山まで広く見渡せる。三角点は、展望台の手前の木立の中にある。

山頂から西へ5分も下れば、龍神を祀る湧水の池がある宝池寺《ほうちじ》に着く。時おり、法螺貝の音が響いてくる修験の寺だ。岩《いわ》刀山《たちやま》（薬師岩）、蛙《かえる》岩を経て、晩秋はシイの実が降り敷く石段の参道を下ると、**忍頂寺《にんちょうじ》交差点**だ。

交差点を渡って左に進み、すぐに右の未舗装道へ。クヌギの古木を見て竹林を抜ける。カフェを過ぎ、カトリック協会・愛と光の家の分岐を右へ行くと、**キリシタン遺物史料館**に着く。有名なザビエルの肖像画（複製）や墓石など貴重な史料が並ぶ。あとは道なりに15分ほどで**千提寺口バス停**に着く。

（岡田敏昭）

## CHECK POINT

1 清水廃寺。清水寺が高山右近に焼かれた際、僧徒が経文をここに埋めたといわれる

2 垂直に切り立った巨岩の上に、さらに大岩を抱く負嫁岩

3 竜王山の三角点は展望台のすぐ北側の木立の中にある

4 八大龍王を祀る宝池寺の泉

5 石段の参道を下り、忍頂寺交差点へ

6 忍頂寺交差点に下りてくる

7 隠れキリシタンの史料が展示されているキリシタン遺物史料館

8 千提寺口バス停のすぐ南に出る

46

# 阿武山

貴人の墓から、北摂屈指の美渓をたどる

日帰り

あぶやま
281m

歩行時間＝3時間25分
歩行距離＝8・5km

技術度

体力度

| | |
|---|---|
| コース定数 | ＝13 |
| 標高差 | ＝236m |
| 累積標高差 | ↗437m ↘447m |

茨木市山手台から見た阿武山

摂津峡最大の滝、白滝（公称15メートル）

阿武山は、親子連れやジョギングに励む人など、地元に親しまれている里山だ。岩と清流が織りなすみごとな渓流美で知られ、夏にバーベキュー客でにぎわう摂津《せっつ》峡を結ぶ手軽なコースを紹介しよう。**安威《あい》バス停**から北に進み、長《おさ》ヶ橋北詰交差点を渡り、長い階段を登って武士《もののふ》自然歩道に入る。山道に入ると、すぐに阿武山稲荷の赤い大鳥居をくぐる。次に稲月大神の左を絡む。林道の分岐を右にとり、グラウンドを迂回するように進むと、主稜線の山道に出る。道標にしたがい、まず右の**阿武山古墳**に立ち寄ろう。うっそうとした木立が印象的だ。

元の分岐に戻り、緩やかな尾根道を北へ進む、木彫り像が設置されたアセビ峠と、大きなエノキの御神木を経て、**阿武山**の広い山頂に着く。ここにも同様の木彫り像がある。山頂からは、南側の眺めがわずかに得られる。

山頂から東西にのびる山道は、すぐ先で合流する。武士自然歩道をたどり、広い造成現場を、工事

■鉄道・バス
往路＝阪急京都線茨木市駅から阪急バス山手台7丁目行きまたは車作行きなどに乗り、安威で下車。
復路＝塚脇から高槻市営バスJR高槻駅北行きに乗り、終点で下車。

■マイカー
登山口と下山口が異なるため、マイカーは不適。安威バス停付近に駐車場はない。

■登山適期
低山なので盛夏は避ける。落ち葉降り積む晩秋、空気が澄む冬、雑木林の新緑が美しい春がよい。

■アドバイス
▽阿武山古墳は、昭和9年に京大地震観測所の拡張工事で発見された。埋葬者は藤原鎌足との説がある。
▽塚脇にある日帰り温泉の祥風苑（☎072・689・6700）の湯は、関西では稀なアルカリ性純重曹泉。食事、喫茶も可。
▽竜仙峡、竜仙滝から武士自然歩道を踏破するルートは雑木林が美しいが、府道46号は車が多く危険。

■問合せ先
高槻市観光シティセールス課☎072・674・7830、阪急バス茨木営業所☎072・643・6301・高槻市営バス緑が丘営業所☎072・687・1500

■2万5000分ノ1地形図
高槻

車両に気をつけながら通り抜けると、関電の北大阪変電所に出る。前に高槻市営バスの**阿武山口バス停**がある。バス道を左折、竜仙《りゅうせん》峠への登山道をやりすごし、道なりに進むと**萩谷《はぎたに》総合公園入口**だ。

公園の敷地に入り、野球場を右へ回りこむと、東海自然歩道が交差する。右に入り、ジグザグ道を下る。月見台住宅街との分岐で左折して沢沿いに下りると、摂津峡のシンボルである**白滝《しらたき》**に着く。

ウッドデッキで滝の涼感を満喫したら、渓流に沿って下る。沢が芥川《あくたがわ》の本流と合流したら、摂津峡の渓流美を楽しみながら下流方向へ進む。バス道に出て、日帰り温泉の祥《しょう》風苑《ふうえん》をすぎたら**塚脇《つかわき》バス停**はすぐだ。

（岡田敏昭）

## CHECK POINT

1 長ヶ橋北詰交差点から、長い階段を上がる。登りきったら右へ、武士自然歩道に入る

2 「貴人の墓」ともよばれる阿武山古墳は、墓室周辺に木が植えられている

3 緩やかな小ピークのアセビ峠には木彫りのトーテムポールが鎮座する

4 阿武山の南側直下にある、巨大なエノキの御神木

5 広場になっている阿武山の山頂部

6 阿武山口バス停からしばらくバス道を歩く。車に注意しよう

7 沢沿いの歩きやすい道を、白滝に向かう

8 迫力ある摂津峡の流れを見ながら下山する

# 47 ポンポン山・釈迦岳

北摂の名峰2座を訪ね、修験の古刹をめぐる

日帰り

歩行時間＝4時間10分
歩行距離＝10・9km

ぽんぽんやま 679m
しゃかだけ 631m

技術度

体力度

コース定数＝15

標高差＝415m

累積標高差 415m 562m

京都市西京区大原野から見た釈迦岳、ポンポン山、小塩山

ポンポン山の明るく開けた山頂

　ポンポン山は、かつては「加茂《かも》勢《せ》山」とよばれていたが、山頂で四股を踏むとポンポンと音がするといわれたことから、この名が定着した。または、麓の神峯山寺《かぶさんじ》の山号が根本山《こんぽんさん》であることが起源ともされる。人気の山だけに、登山ルートは四方から複数あるが、2018年の台風被害でいまなお通行止めのルートもある。

　登山口は、**善峯寺《よしみねでら》バス停**から少し上手にある。木橋を渡り、カエデ林を見ながら道なりに標高をかせぐ。白糸《しらいとの》滝への分岐は直進し、続いて大沢越《おおさわごえ》への分岐、大杉《おおすぎ》への分岐をやり過ごすと、島本《しまもと》町の最高峰である**釈迦岳**に着く。山頂は展望には恵まれない。

　**ポンポン山**へは、歩きやすい尾根道を30分ほど。山頂は大きく開け、北に愛宕山《あたごやま》、南に大阪平野が見渡せる。ベンチやテーブルが並び、長休止するのによい。

　ポンポン山をあとに、東海自然歩道を、ほぼ尾根伝いに南西方向に進む。植林の、よく踏まれた山道から夫婦杉を経て、本山寺《ほんざんじ》への

■鉄道・バス
往路＝阪急京都本線東向日駅から阪急バス善峯寺行きに乗り、終点下車。1・2月は手前の小塩止まりで、善峯寺まで30分歩く。
復路＝神峰山口バス停から高槻市営バスJR高槻駅北行きで終点下車。

■マイカー
本山寺、神峯山寺の駐車場は参拝者専用であり、使用は控えよう。

■登山適期
舗装道歩きが長いので夏場は辛い。本山寺、神峯山寺に紅葉が映える秋と、雪化粧した冬景色がよい。

■アドバイス
▽善峯寺は、西国三十三所観音霊場の第20番札所で、枝を水平に30メートルのばした遊龍の松は一見の価値あり。
▽神峯山寺は、696年に役行者がこの地に五色の彩雲が立つのを見て開山し、宝亀年間（770年ごろ）に開成皇子が創建したといわれる。

■問合せ先
長岡京市役所商工観光課☎075・955・9515、高槻市役所観光シティセールス課☎072・674・7830、阪急バス向日出張所☎075・921・0160、高槻市営バス緑ケ丘営業所☎072・687・1500

■2万5000分ノ1地形図
高槻・法貴・京都西南部

標識を右にとると、裏手から**本山寺**の本堂に出る。京都の鞍馬《くらま》寺、奈良の朝護孫子《ちょうごそんし》寺とともに「日本三毘沙門天」とされる名刹だ。境内のカエデやイチョウが色づくころはすばらしい。

苔むした参道を抜け、勧請掛《かんじょうがけ》をくぐる。この先の分岐では舗装道を歩いても、山道のあづき坂を行ってもよい。本山寺駐車場からは、舗装道をひたすら下り、**神峯山寺**に着く。紅葉の時期は拝観料が必要になるが、300本のカエデが織りなす錦繍は必見だ。

元の舗装道に戻り、2つ目の勧請掛をくぐって、右の山道を下りる。竹林を出て、手打ちそば秀の辻を直進すれば、**神峰山口バス停**に着く。（岡田敏昭）

## CHECK POINT

善峯寺側の登山口に入ると、すぐに沢を渡る

カエデの紅葉のバックに善峯寺を見る

大きな休憩テーブルと三角点が鎮座する釈迦岳の山頂

雪化粧の中をポンポン山へ向かう

ポンポン山の山頂から愛宕山が見える

夫婦杉をすぎると、モミの大木の群落がある

本山寺への分岐を右にとる。東海自然歩道を直進すると、直接、勧請掛の方に出てしまう

「お休み処 手打ちそば秀」は、入手難のどぶろく「原いっぱい」で知られる

# 48 天王山・十方山

日帰り

古戦場からウイスキー職人が認めた名水の里へ

てんのうざん　270m
じっぽうやま　304m

歩行時間＝2時間25分
歩行距離＝8・3km

技術度 1/5　体力度 1/5

コース定数＝12
標高差＝291m
累積標高差　↗457m　↘457m

山崎の国道171号から見た天王山

水枯れをしたことがない水無瀬滝

天王山は羽柴秀吉と明智光秀が戦った山崎の合戦の古戦場として有名だ。電車でのアクセスがよく、手軽に登れる山として人気が高い。麓は名水の里として知られ、昔は千利休が茶を点て、今はウイスキーに使用されている。

**大山崎駅**《おおやまざき》から北東に進み、「山崎聖《しょう》天《てん》参道近道」の看板で小道に入る。突き当りを右折し、JRの踏切を渡る。天王山登山口の石碑と観光案内図を見て、参道を直進すると、行基が建立したとされる**宝**《ほう》**積寺**《しゃくじ》に着く。かつて秀吉の本陣が置かれた場所でもある。

本堂右手から山道に入り、樹林帯の坂道を登る。旗立松《はたたてまつ》展望台からは淀川や名神高速大山崎ジャンクションが見下ろせる。鳥居をくぐると、山崎の戦いを描いた絵図と解説が書かれた大きなパネルがある。さらに進むと幕末維新の史跡、十七烈士の墓があり、さまざまな時代において、この山が重要な位置にあったことがわかる。

酒解《さかとけ》神社をすぎたら山頂まではすぐだ。**天王山**山頂は山崎城跡でもあり、休憩に絶好の広場になっている。

山道に戻り、山頂東面の平坦な道を進んで小倉神社分岐を左に行く。20分ほどで**十方山**に着く。展

■鉄道・バス
往路・復路＝阪急電鉄京都線大山崎駅から徒歩。徒歩で大山崎駅に戻る。JR京都線山崎駅も利用できる。
■マイカー
JR山崎駅や阪急大山崎駅周辺のコインパーキングを利用する。
■登山適期
桜の4月上旬～下旬と、紅葉が美しい11月中旬～12月初旬がベスト。一年を通じて登れるが、標高が低いので、梅雨時から夏場にかけては熱中症対策が必要だ。
■アドバイス
▽酒解神社は、山崎近辺では最も古い神社で、奈良時代に創建。本殿手前の神輿庫は、鎌倉時代の建築で、わが国最古の現存する板倉式倉庫で国の重文。
▽十方山からの下山路は粘土質で、雨後はすべりやすい。
▽サントリー山崎蒸溜所（☎075・962・1423）では、事前予約すれば製造工程の見学ができる。見学行程には、テイスティングラウンジ（有料）もある。
■問合せ先
島本町都市創造部にぎわい創造課☎075・961・5151
■2万5000分ノ1地形図
淀

望はないが、天王山から移設された三角点がある。

南にのびる道を下るにつれ、周囲が竹林に変わってきて、高速道路を見下ろす舗装道に出る。天王山トンネル脇の小道をたどって**水《み》無《な》瀬《せ》滝**へ。すぐそばの高速道路の騒音が残念だが、夏でも涼しく気持ちのいい場所だ。

ガードをくぐり、住宅街を抜けるとJRの線路に突き当たる。左折して線路沿いに進み、**サントリー山崎蒸溜所**を目指す。

JRの踏切を渡り、東進すればJR山崎駅、阪急**大山崎駅**に着く。

（岡田知子）

## CHECK POINT

天王山登山口の石碑と観光案内図のある坂道を上がる

宝積寺境内には豊臣秀吉が腰掛けたとされる出世石がある

本堂の右側から山道に入る

旗立松展望台から淀川と高速道路を眺める

城跡でもある天王山の山頂。周辺は広場になっている

十方山の山頂には、天王山から移設された三角点がある

名神高速道路の天王山トンネルの手前に水無瀬滝がある

サントリー山崎蒸溜所では見学や試飲ができる

# 49 交野三山

絶景で人気の山と、忘れられかけた三山をめぐる

かたのさんざん
345m（旗振山）

日帰り

歩行時間＝3時間45分
歩行距離＝7・7km

技術度
体力度

コース定数＝14

標高差＝290m

累積標高差 383m 407m

交野山の山頂にある観音岩から大阪平野を一望する

河内磐船駅付近から、交野三山のひとつ、竜王山を望む

交野山《こうのさん》、旗振山《はたふりやま》、竜王山《りゅうおうさん》を合わせ、交野三山とよぶ。絶景で人気の交野山は別として、交野市最高峰の旗振山、雨乞いの祠がある竜王山を訪れる人は少ない。ここでは無理なく3座をめぐるルートを紹介する。

JR**津田駅**《つだ》前のバス道を南進し、倉治《くらじ》交差点を左折。七夕伝説が残る**機物神社**《はたもの》を抜ける。第二京阪道路をくぐって道なりに進み、にわかにうっそうとした渓谷に入ると、荘厳な**源氏**《げんじ》**ノ滝**に着く。滝の手前の石段を上がり、森を育てる会の拠点の奥を右に進む。沢に沿って登り、橋をくぐって桜並木を抜け、白旗池《しらはた》に出る。すぐ左の**いきものふれあいセンター**に立ち寄り休憩しよう。

白旗池から南進し、公衆トイレのところで車道を横断する。尾根通しに急坂を登れば、**交野山**に着く。観音岩は341㍍の低山とは思えない

■鉄道・バス
往路＝JR学研都市線津田駅から徒歩。
復路＝徒歩でJR学研都市線河内磐船駅へ。

■マイカー
津田駅、河内磐船駅周辺のコインパーキングを利用する。

■登山適期
交野市野外活動センター付近の桜は4月上旬、いきものふれあいセンターや交野山山頂付近のササユリは6月上旬。源氏ノ滝付近のカエデの紅葉は11月中旬から12月初旬。冬季の積雪は、ほとんどない。

■アドバイス
▽機物神社は天棚機比売を祀り、7月6、7日に七夕祭りが行われる。
▽昔、白旗池は開元寺の池であったことから、これを源流とする滝が元寺滝とよばれ、転じて源氏ノ滝となったという。
▽平安・鎌倉時代、京の貴族は熊野参詣の際に、交野から「峡崖（かいがけ）道」を越えて大和へ出たという。

■問合せ先
交野市地域振興課☎072・892・0121、交野市星のまち観光協会☎070・2838・9690、府民の森くろんど園地☎072・891・4488

■2万5000分ノ1地形図
枚方

高度感があり、360度の眺めを楽しめる。

山頂からは、三宝荒神の鳥居をくぐりながら下り、せみしぐれの小路、さえずりの道を経て、**交野山登山口**に出る。舗装された枚方大和郡山線を100メートルほど南に行き、右の車止めの道に入る。

「火の用心」の赤い看板が見えたら右の道に入る。鉄塔下からササやぶを分けたら、狭い**旗振山**の三角点に着く。眺めは得られない。

そのまま西へ続く踏跡をとり、巨岩、竹薮を過ぎて少し登り返すと、3座目の**竜王山**だ。磐座の上に小さな龍王社の祠があるが、ここも展望はない。

孟宗の竹林を下り、石鳥居をくぐる。かいがけ地蔵、行者祠を見て、かいがけの道に出る。

住吉《すみよし》神社を経てJR線の手前の四つ辻を左に行けば、JR**河内磐《かわちいわ》船《ふね》駅**に着く。

（岡田敏昭）

## CHECK POINT

機物神社の境内からは、冬至の日に交野山から日の出が見られるという

源氏姫の哀話が伝えられる落差18メートルの源氏ノ滝

交野山への標識は右を示すが、ここでは直進し、橋の下をくぐり桜並木を抜ける

公衆トイレが見えたら車道を渡る

交野山の山頂直下に、梵字が刻まれた岩がある

旗振山への入口の目印は、赤い「火の用心」の標識のみ

磐座の上に祠がある竜王山の山頂

住吉神社に下る

50

# 生駒山

日帰り

府民のシンボルの山で、森林浴ハイキングを楽しむ

いこまやま
642m

歩行時間＝3時間10分
歩行距離＝8・3㎞

技術度 ■□□□□
体力度 ■□□□□

コース定数＝**15**

標高差＝532m

累積標高差 ↗ 611m ↘ 651m

ぼくらの広場から見た生駒山

摂河泉コースのすばらしい黄葉

生駒山系は、大阪市内はもとより、北摂《ほくせつ》、和泉《いずみ》、六甲《ろっこう》など多くの山地からその姿を望むことができる。豊かな自然に魅かれ、通いつめるハイカーも多い、府民のシンボル的な存在ともいえる。複数ある登山道の中でも自然度が高い「くさかコース」を歩いてみよう。

近鉄**石切**《いしきり》**駅**の北入口西側から北へ進み、T字分岐を右へ。右に近鉄の旧孔舎衛坂《きゅうくさえざか》駅跡と旧生駒トンネルの入口を見ながら坂を登ると、「くさかコース」の登山口がある。雑木林の中をジグザグに登り、展望台を経て、右下に河内七面山を見ると、古いハーケンが残る**石切場跡**に着く。

道なりに進み、イノラムキ古墳への分岐をすぎると、あずまやのあるこぶしの谷を通り、舗装された管理道に出合う。簡易トイレが設置されており、休憩ベンチもある。

右へ進むと、やがて左に標識の

■鉄道・バス
往路＝近鉄奈良線石切駅から徒歩。
復路＝徒歩で近鉄奈良線額田駅へ。

■マイカー
石切駅西側にコインパーキングがある。額田駅付近に駐車場はない。

■登山適期
春は新緑のほか4月の桜、5月のツツジなどがよい。低山かつ舗装道を歩く部分もあるので、なるべく夏は避けたい。秋は11月ごろのクヌギやコナラの黄葉が美しい。冬は降雪があっても午後には融けることが多いが、4月下旬に生駒山頂で雹が降った年もある。

■アドバイス
▽石室が残るイノラムキ古墳へは往復約30分。7世紀後半に築造され、近畿地方の古墳では末期のものという。生駒山系の中でも高所に造られた。
▽生駒山上遊園地は、冬期は休園するためトイレや売店は使えないが、通り抜けはできる。
▽生駒山へは、大阪側からは、ほかに辻子谷コース、宮川谷コース、奈良側からは宝山寺コースなどがある。

■問合せ先
東大阪市都市魅力産業スポーツ部商業課☎06・4309・3176

■2万5000分ノ1地形図
生駒山

ある分岐に着く。石段を上がり、遊歩道に入る。遊歩道はつづら折りになった舗装道をショートカットするように数回横断する。信貴《しぎ》生駒スカイラインを横断し、長い階段を登って入場無料の生駒山上遊園地に入る。ミニ蒸気機関車の線路の中に**生駒山三角点**が鎮座する。

遊園地を抜け、テレビ電波塔が並ぶ中を通り、「摂河《せっか》泉《せん》展望ハイキングコース」の分岐を右に入る。ガード下をくぐり、ジグザグに下る。次に遊歩道と立体交差して、クヌギなどの雑木林のなだらかな尾根を下る。

双子塚《ふたごづか》を経て**額《ぬか》田山《たやま》展望台**に下る。空気が澄んだ日は北摂の山々、六甲山、淡路島も見える。展望台からは左右どちらの道でも大差はなく、枚岡《ひらおか》公園事務所に出れば、右に抜けて重願寺の前を通り**額田駅**に向かう。

（岡田敏昭）

## CHECK POINT

1964年に廃駅となった近鉄の旧孔舎衛坂駅跡。廃線ファンにはポピュラーな場所だ

早春のくさかコースは、雑木林越しの青空が映える

大坂城の築城にも使われた生駒石の石切り場跡には錆びたハーケンも残る

歩行者道をショートカットする登山道に咲くヤブツバキ

生駒山上遊園地に入ると、山頂は近い

摂河泉展望ハイキングコースは、まず信貴生駒スカイラインの下をくぐる

摂河泉展望ハイキングコースでは、豊かな自然林に心がいやされる

額田山展望台からは、西側の大展望が楽しめる

51

府下南限のブナ原生林と渓谷美を楽しむ

# 和泉葛城山

いずみかつらぎさん
858m

日帰り

歩行時間＝4時間50分
歩行距離＝10・3㎞

技術度

体力度

| | |
|---|---|
| コース定数 | ＝20 |
| 標高差 | ＝638m |
| 累積標高差 | 816m / 831m |

山頂南側のあずまやから見た和歌山の龍門山

山頂の西側にはブナの原生林が広がっている

和泉葛城山《いずみかつらぎさん》は、かつては「宝仙山《ほうせんざん》」とよばれ、修験や雨乞いの山として知られていた。山頂北側には大阪府南限のブナ原生林が広がる。山頂直下まで車で入れるが、ふもとの温泉と組み合わせ、自らの足で歩きたい。

貝塚市コミュニティバスの「は～もに～バス」を終点の**蕎原《そぶら》バス停**で下りたら、右に入る。しばらく進んだ左に、白壁の蔵が見える塔原《とのはら》からのびる尾根道につながっている。

尾根道に合流すると、まもなく**枇杷平《びわだいら》**に着く。舗装林道に合流しては、また離れる。夏はササユリが咲く道を進むとブナ群落が現れる。観察用ウッドデッキで、のんびりしよう。小雨の日にはブナの樹肌を雨水が薄いヴェールのように流れ落ち、なんとも美しい。

長い石段を登れば、葛城神社と龍王神社のある**和泉葛城山**の山頂に着く。すぐ西に円筒形の展望台があり、和歌山の龍門山や大阪

■鉄道・バス
往路＝水間鉄道水間観音駅からは～もに～バス蕎原行きに乗り、終点の蕎原で下車。
復路＝ほの字の里バス停からは～もに～バス水間観音駅前行きに乗り、終点の水間観音駅前で下車。

■マイカー
本谷林道沿いにある渓流園地の有料駐車場を利用。

■登山適期
ブナは新緑の5月、黄葉の10月中旬～11月初旬が秀逸だが、その他の季節も渓谷美がよい。冬の積雪は少ないが、下山道の凍結に備え、軽アイゼンを持参する。

■アドバイス
▽ブナ林は大正12年に天然記念物に指定された。当時、直径30㌢以上のブナは1800本あったが、その後激減したため、大阪みどりのトラスト協会が、植樹や植生回復を図っている。
▽下山は、二十一丁地蔵から大威徳寺を経て牛滝山バス停に下りてもよい（1時間40分）。錦流ノ滝や大威徳寺の紅葉を楽しんだあと、牛滝温泉四季まつり（☎072・479・2641）で入浴できる。

■問合せ先
岸和田市市民環境部環境保全課☎072・423・2121、貝塚市総合政策部魅力づくり推進課☎072

湾のワイドな景観が楽しめる。

下山はまず車道に出て東へ進む。ロータリーで左をとり、すぐ下の**ブナ林の回廊入口**から木道に入る。往路に通過した分岐を横切り「蕎原へ（Aコース）」の標識にしたがい、左の道を下る。ブナの巨樹が連続して現れ、すばらしい。

どんどん標高を下げ、沢筋に下りると、宿《しゅく》ノ谷に**ハシカケノ滝**が見える。小滝が連続する美しい渓流に心が洗われる。**春日《かすが》橋**から先は、夏は渓流園地に来るバーベキュー客で混雑する。本谷林道を歩き、**蕎原バス停**に戻る。ここでバスに乗るのもいいが、入浴、喫茶、軽食ができるかいづかいぶき温泉まで足をのばすとより充実した山旅になろう。**ほの字の里バス停**で同じバスに乗れる。（岡田敏昭）

・423・2151、南海ウイングバス南部本社営業所☎072・467・0601、は〜もに〜バス（貝塚市）☎072・433・7246
■2万5000分ノ1地形図
内畑

## CHECK POINT

白壁の土蔵が見える登山口から山道に取り付く

歩きやすい山道でブナ林をめざす

片方を針葉樹に、片方をブナ林に囲まれた和泉葛城山の山頂には神社がある

山頂南側にあるあずまやからは、粉河方面の眺めがよい

11月初旬は、ブナがみごとに黄葉する

かいづかいぶき温泉（☎072・478・8577）で日帰り入浴が楽しめる。ぬるっとしたいい泉質だ

52

日帰り

登りがいのある、岩湧山支稜のミニ縦走コース

# 一徳防山・編笠山

いっとくぼうさん 541m
あみがさやま 635m

歩行時間＝5時間15分
歩行距離＝10・7km

技術度 1/5
体力度 2/5

コース定数＝21
標高差＝466m
累積標高差 ↗735m ↘723m

槙尾山方面から見た旗倉山、一徳坊山、編笠山

ユニークな名の一徳防山は、「徳のある坊さんが修行していた」との説があるが、定かではない。一徳防山と編笠山は、河内長野市の南部から岩湧山《いわわきさん》に続く支稜線上にあり、アップダウンが連続し、やせ尾根の縦走は歩きごたえがある。すばらしい展望が楽しめるのも魅力だ。

**中日野《なかひの》バス停**からすぐの左の坂道に入る。左に大きくカーブを描くところ、林道へ右折し、ため池の手前で左の山道に入る。竹やぶを抜け、ヒノキ林に変わるとU字に掘れた道となり、やがて葛城山《かつらぎさん》、金剛山《こんごうさん》を遠望するとスギ林になる。

**旗倉《はたくら》山東鞍部**で左折し（旗倉山へは右へ往復20分程度）、道なりに進む。見晴《みはらし》岩からは目指す一徳防山方面が見える。いくつか小ピークを越えて扇畑乗越《おうぎはたのっこし》の四つ辻に出る。稜線の、黒い樹脂製の急な階段をたどる。風化花崗岩のザレ場はスリップに要注意だ。

急登に息を弾ませながら、**一徳防山**の山頂に着く。右側の崩落が進んでおり、足もとに注意したい。15分ほど先にある送電線鉄塔のすぐ上の**三角点峰**からは、ほぼ全方位の大パノラマが得られる。

ススキのやぶを抜け、露岩の明るい尾根をたどり、厳しい急登をこなす。途中の分岐を左に50メートルほど寄り道すれば、眺めのいいタツガ岩に着く。

尾根道に戻ると、すぐに**編笠山**に着く。樹林の中で目立たない頂だ。ここから下りになり、「すぎこだちの道」を分けると、岩湧寺に続く舗装林道に出る。

■鉄道・バス
往路＝南海高野線河内長野駅から日野・滝畑コミュニティバスに乗り、中日野で下車。
復路＝神納から南海バス河内長野駅前行きに乗り、終点で下車。

■マイカー
登山口と下山口が異なるので、マイカーは適さない。

■登山適期
新緑の春、雑木林が色づく秋、雪化粧の岩湧山を仰ぐ冬と、それぞれに魅力的。尾根上には水場がなく、一部にやぶが茂るため夏場は不適。

■アドバイス
▽長丁場なので、バスはできるだけ早い便に乗ろう。

河内長野市が管理する休憩所、四季彩館

▽扇畑谷ルートは荒れており、下りの利用は危険。桧尾ルートは眺めのいい尾根から二ノ坂峠、大ザオ谷を経て中日野に戻れる。

■問合せ先
河内長野市環境経済部産業観光課（日野・滝畑コミュニティバスを含む）☎0721・53・1111、南

## CHECK POINT

1 中日野バス停からすぐの、左の緩い坂道に入る

2 一徳防山への胸突き八丁は、がんばりどころだ

3 一徳防山三角点は鉄塔の上にある

4 雨乞い地蔵尊は年中おいしい水が得られる

5 9月、シュウカイドウが咲く林道を加賀田川沿いに下る

一徳防山三角点から見た富田林方面の眺め

岩湧寺直下の四季彩館《しきさいかん》でゆっくり休憩したら、加賀田川《かがた》沿いの長い舗装道を、ひたすら神納《こうの》バス停まで歩く。バスの待ち時間が長いようなら、600㍍《メートル》ほど先の南青《みなみあお》葉台口《ばだいぐち》バス停まで行けば、さらにバス便が多い。

（岡田敏昭）

海バス☎0721・53・9043
■2万5000分ノ1地形図
富田林・岩湧山

# 53 犬鳴山 高城山・五本松

渓谷のパワースポットから絶景の展望地をめぐり美肌の湯へ

日帰り

いぬなきさん　649m
たかしろやま　約730m
ごほんまつ

歩行時間＝4時間25分
歩行距離＝9・7km

技術度
体力度

コース定数＝20
標高差＝575m
累積標高差　845m　845m

一般には温泉地として名をはせる犬鳴山は、役行者《えんのぎょうじゃ》が開山した七宝瀧寺《しっぽうりゅうじ》の山号であり、その名がつくピークはない。修験の地らしい、険しい地形が織りなす犬鳴川の渓流美と、渓流沿いの紅葉は必見である。

↑五本松の「ゆたか茶屋」から見た和歌山側は、竜門山が正面に見える
←犬鳴川の黄葉を愛でながら遊歩道を進む

**犬鳴山バス停**から、温泉施設が並ぶ道に入る。犬鳴川沿いに進むと、滝や巨石、曲がりくねった大木、古い杉木立などが次々に現れ、神秘的な雰囲気を感じる。義犬の墓などを経て、大きな身代わり不動明王が立つ**七宝瀧寺本堂下**に着く。いったん本堂を通り抜け、奥にある落差12㍍の**行者《ぎょうじゃ》ノ滝**を見にいこう（拝観有料）。

本堂下から元の道を少し戻り、右への坂道に入る。上の舗装林道に出て右折し、100㍍ほど先の右カーブ地点でコッツキ谷沿い

■**鉄道・バス**
往路・復路＝南海本線泉佐野駅から南海ウイングバス犬鳴山行きに乗り、終点の犬鳴山が起・終点となる。

■**マイカー**
犬鳴山バス停の周辺に有料駐車場が複数ある。

■**登山適期**
犬鳴山渓谷では、春はヤマザクラ、夏はカジカガエルの声、秋は紅葉が楽しめる。冬は道の凍結に注意。

■**アドバイス**
▽犬鳴温泉は楠木正成軍の兵士が傷を癒したという。ぬめり感のある重曹泉は「美人の湯」として有名。
▽七宝龍寺は、役行者が大峰山に先駆け、7世紀中ごろに開いたという。
▽七宝龍寺の表行場と裏行場は、現在、一般登山者は通行禁止だ。修験者のみが立ち入れる（一日修行体験は要予約）。
▽天狗岳へは、七宝瀧寺本堂下の身代わり不動明王の右奥からのびる登山道を行く。燈明ヶ岳、経塚権現山（葛城第8経塚）を経て山頂へ。登り1時間10分、下り55分。

■**問合せ先**
泉佐野市生活産業部まちの活性課☎072・469・3131、南海ウイングバス南部本社営業所☎072・467・0601

■**2万5000分ノ1地形図**
内畑

の山道に入る。弁天岳《べんてんだけ》への分岐を右進し、稜線の林道に出る。林道を右へ進み、すぐに右の山道に入ると、まもなく右のピークに**高城山**のピークに着く。植林の中の静かな場所だ。

山頂からは、手前の四つ辻を左に進み、何度か舗装林道に出合うが、北側に並行する山道を歩く。やがて舗装林道と合流すると、道なりに南へ進路を変える。坂を登りきると、**五本松分岐**に着く。紀《き》泉《せん》高原スカイラインに出ると、和歌山側の景色がいっきに開ける。五本松売店（ゆたか茶屋）で大休止しよう。西へ150㍍ほどのところに建つ展望台は有料だ。

下山は、五本松分岐で西の登山道に入る。石段が整備されて歩きやすくなった。2度ほど林道に絡みながら、ぐんぐん標高を下げる。やがて舗装林道に合流し、車止めゲートを経て不動谷に沿って下る。犬鳴隧道を抜けると、往路に通った場所に出る。あとは来た道を戻って**犬鳴山バス停**へ。時間があれば温泉で汗を流していこう。

（岡田敏昭）

## CHECK POINT

1 ウッディな二の橋を渡る

2 秘境感が漂う両開ノ滝

3 虚空蔵菩薩殿の前にイチョウの葉が降り積もる（11月）

4 大きな釜をもつ塔ノ滝

5 七宝瀧寺と水垢離の行場でもある行者ノ滝

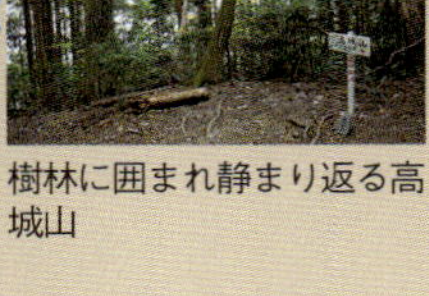
6 樹林に囲まれ静まり返る高城山

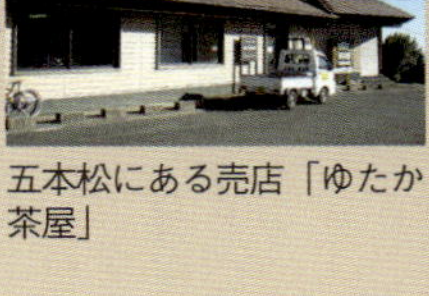
7 五本松にある売店「ゆたか茶屋」

8 五本松から植林の中を下山する

54

大阪府唯一の一等三角点「本点」の山へ

# 俎石山・大福山

まないたいしやま 420m
だいふくやま 427m

日帰り

歩行時間＝4時間35分
歩行距離＝11・4km

技術度
体力度

コース定数＝17
標高差＝349m
累積標高差 500m 564m

懺法ヶ岳から見た大福山

大阪府に一等三角点は4ヶ所あるが、俎石山には府下唯一の本点がある。府下で海岸線から最も近い400メートル峰でもあり、俎石山北展望台から見下ろす海の風景は格別だ。大福山を経て、南北にダイナミックに縦走するルートは、歩きがいがある。

**桃《もも》の木《き》台7丁目バス停**から歩道橋を渡って、公園風の階段を上がる。サンヒル都の横を通り、俎石山登山口の緩い坂を登る。右に鋭角に曲がり、左のゲートを通り山道へ。小沢にかかる短いコンクリートの**小橋**を渡ると、薄暗い植林となる。池の横を抜けて石ころ坂を登る。ヤマザクラが多いところだ。

俎石山北展望台では雄大な景色に浸れる

**第1休憩所**でひと息つき、右の尾根道に乗る。アカマツやミツバツツジ、モチツツジなどが印象的な尾根は、何ヶ所か北に南に展望が得られる場所がある。秋にはコウヤボウキが咲き、ムベの実も随所に見られる。**ピーク上の三差路**は右に行き、小さなアップダウンをこなすと、俎石山北展望台に出る。海がすぐ近くに見下ろせ、高度感を感じられる。すぐ南が一等三角点のある**俎石山**だが、こちらは展望に恵まれない。

雑木林のやせ尾根を南進する。岩がゴロゴロした葛城第3番経塚

■鉄道・バス
往路＝南海本線箱作駅から南海ウイングバス阪南スカイタウン線（循環）に乗り、桃の木台7丁目で下車。
復路＝徒歩でJR阪和線六十谷駅へ。

■マイカー
登山口と下山口が異なるので、マイカーは適さない。

■登山適期
真夏を除けばどの季節もよい。秋はマツタケ山になるところもあるので、登山道をはずさないこと。大福山周辺はヤマザクラが多いので春がベスト。

■アドバイス
▽俎石山は、地元では音読みして「そせきざん」とよぶ人も多い。
▽下山は大福山から懺法ヶ岳、井関峠を経て滝谷地蔵尊に下りてもよい。懺法ヶ岳からは大福山のピークがよく見える（約2時間強）。奥辺峠から札立山、逢帰ダムを経て孝子へ下るのもよい（約2時間）。いずれも健脚向けとなる。

■問合せ先
阪南市未来創生部まちの活力創造課☎072・489・4508、和歌山市観光国際部観光課☎073・435・1234、南海ウイングバス南部本社営業所☎072・467・0601

■2万5000分ノ1地形図
岩出・淡輪

の東側を巻いて、**大福山**に着く。ヤマモモの木が日陰をつくってくれている。奥に回ると、多奈川《たながわ》方面の眺めがすばらしい。山頂の南側直下のベンチからは和歌山市方面が一望のもとだ。

雑木林の尾根をさらに南へ。春はサクラが美しい**奥辺峠**《おくべ》は直進し、有功《いさお》中学への分岐を左に行く。つづら折りの急坂は慎重に下ろう。

ひなびた**八王子神社跡**《はちおうじ》から少し下ると、西谷林道に合流する。滝谷地蔵尊を経て、農村風景を楽しみながら、千手《せんず》川沿いにJR**六十**《むそ》**谷駅**《た》を目指そう。

（岡田敏昭）

CHECK POINT

サンヒル都の上部が俎石山の登山口だ

ゲートから登山道に入る

大阪府唯一の一等三角点本点がある俎石山の山頂

大福山南直下のベンチからは和歌山市方面が望める

奥辺峠は直進する

55

ウバメガシの森を抜けて、海を見下ろす絶景の展望台へ

# 飯盛山（泉南）

いいもりやま（せんなん） 385m

日帰り

歩行時間＝4時間35分
歩行距離＝9・6㎞

技術度
体力度

| | |
|---|---|
| コース定数 | ＝17 |
| 標高差 | ＝327m |
| 累積標高差 | ↗608m ↘647m |

飯盛山から海岸までは4㌔ほどなので、低山だが眺めは高度感がある

文字通りご飯を盛ったような形の飯盛山は、海に近いため、実際の標高以上にどっしりとした存在感を示している。

山頂からは、紀淡海峡から淡路島、大阪湾の向こうに六甲山地《ろっこう》にいたる大パノラマが得られることから人気がある。

**孝子駅**《きょうし》から国道26号を南下し、最初の踏切を渡る。すぐのY字路を左に進み、孝子観音の標識のある小橋を渡る。石段を登りつめると**高仙寺**《こうせんじ》に着く。

本堂裏の右奥から続く登山道をとり、ウバメガシの密生林を登ると、**高野山**《たかのやま》の地味なピークに着く。うっそうとシダが茂る中をさらに登り、高野山電波反射板の脇を通る。やがて幅が広い林道に絡みながら東進するが、林道が下り坂になりはじめるあたりで、右の尾根伝いの山道を行く。南海電車の線路と海が間近に見える。

緑の濃い稜線をたどると、背の高いササやぶの中の**札立山分岐**《ふだたてやま》に着く。左を選び、千間寺《せんげんじ》跡の古井戸を見送ってひと登りすると、広場に出た少し先に、展望デッキのある**飯盛山**の山頂がある。ワイドな眺めをしばし楽しもう。

下山は元の道をしばらく戻り、シブ谷への分岐で左折して坂を下る。赤い鳥居が見えたら、左に少

■鉄道・バス
往路＝南海本線孝子駅下車。
復路＝徒歩で南海本線淡輪駅へ。

■マイカー
孝子、畑ともに周辺の林道が狭く、マイカーでのアプローチは向かない。

■登山適期
南部の低山なので、暑い夏は避けたい。空気が澄んで見通しがきく晩秋から冬がよい。常緑のウバメガシやヤマモモなどが多いので、冬でも緑が楽しめる。

■アドバイス
▽高仙寺の裏手に役行者の母の墓がある。本尊の十一面観音は役行者が自ら刻んだという。

高仙寺にある役行者の母の墓

▽千間寺は、根来衆により室町時代に栄えたが、敵対する織田信長に攻められ焼失した。現在は井戸跡が残るのみだ。
▽飯盛山の山頂には、幕末のころ紀淡海峡に進入する異国船を見張る番屋があったという。

■問合せ先
岬町都市整備部産業観光促進課☎072・492・2730

■2万5000分ノ1地形図
淡輪

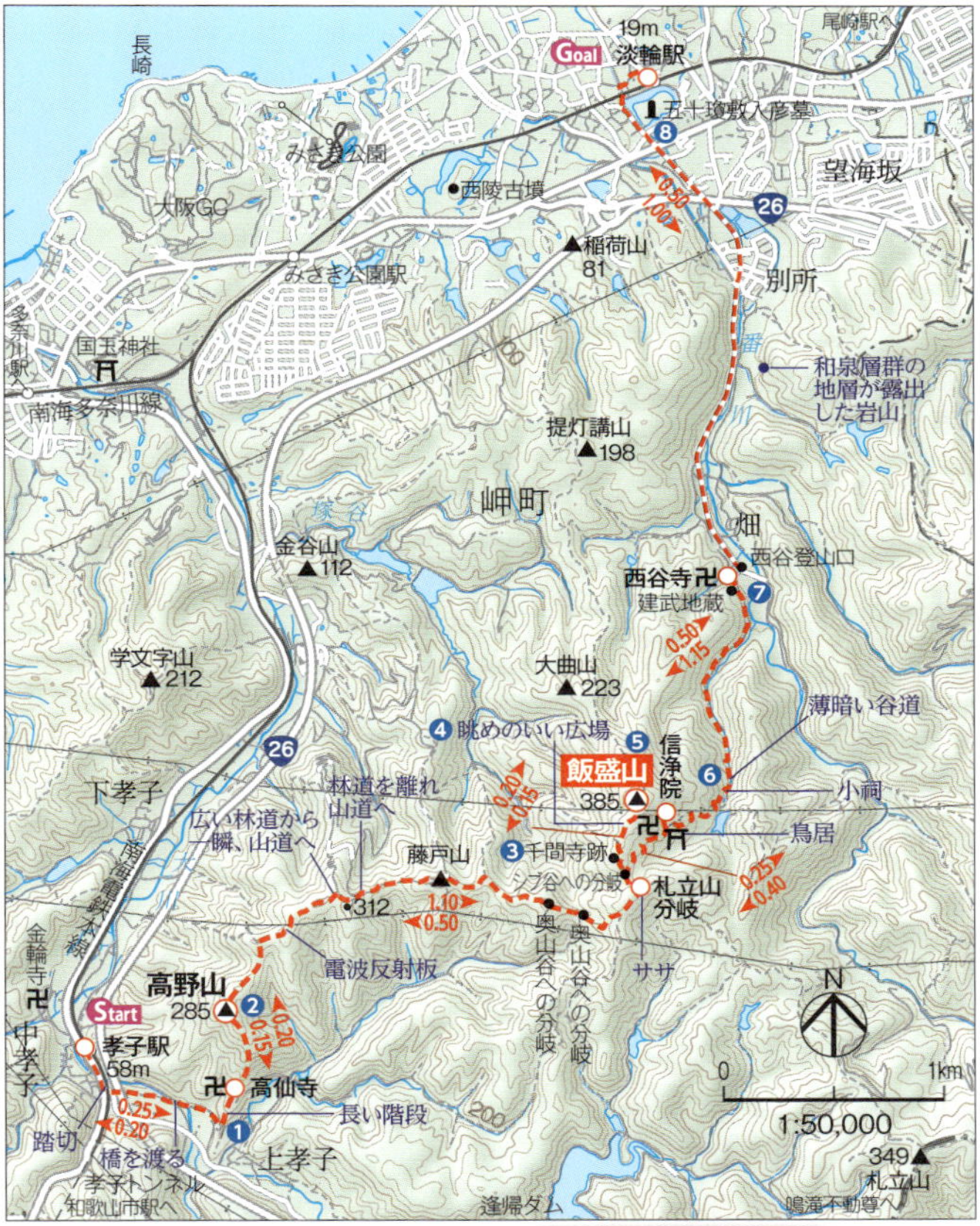


し登って信浄院《しんじょういん》の迫力ある岩屋に寄り道してみよう。

岩屋から元の鳥居に戻り、シブ谷の沢筋に下りる。薄暗い沢沿いの道をスリップに気をつけて下り、建武地蔵を左に見たら、すぐ西谷寺《さいこく》に着く。畑《はた》集落の農道に出て左へ、番川《ばんがわ》沿いに進む。道なりに進み、五十瓊《いにし》敷入彦命《きいりひこのみこと》墓（淡輪《たんのわ》ニサンザイ古墳）の横を通って踏切を渡り、右折すれば南海本線の淡《たん》輪駅《のわ》に出る。（岡田知子）

## CHECK POINT

1 高仙寺への長い石段を登る

2 目立たない高野山の山頂

3 古井戸が残る千間寺跡

4 飯盛山山頂手前の広場からは大展望が広がる

5 ウッドデッキがある飯盛山の山頂からは、大阪湾の絶景が広がるが、近年は木々の丈がのびつつある

6 すべりやすい岩に気をつけて谷道を下る

7 建武年間の文字が刻まれている建武地蔵

8 五十瓊敷入彦命墓を見れば淡輪駅も近い

## 概説

# 兵庫県の山

加藤芳樹

兵庫県は、北は日本海、南は瀬《せ》戸内海《とないかい》に面し、東西も幅広く、近畿地方では最大の面積を誇る。それだけに山容もさまざまだ。

たとえば、冬なら北部は多量の雪で閉ざされ、雪山の様相になるが、南部では瀬戸内の陽気で陽だまりハイクが楽しめる。交通手段も、鉄道網が発達した南部は駅から登れる山が多いが、北部に行くと鉄道が限られていて、バスに乗り継ぐか、マイカー利用の登山なることが多い。

兵庫県の山をここでは便宜上、六甲《ろっこう》・北摂《ほくせつ》、丹波《たんば》、播州《ばんしゅう》、但馬《たじま》、淡路《あわじ》島と区切って紹介しよう。

### ●山域の特徴

**●六甲・北摂の山**　六甲山《ろっこうさん》は、関西では初心者からベテランまでが楽しめる山として抜群の人気を誇る。「六甲山」とは山域としての呼び名で（最高点は931メートルの六甲最高峰）、東は宝塚《たからづか》から西は神戸《こうべ》の須磨《すま》まで、直線距離にして約30キロ。登山道は豊富で、無数に組み合わせることができる。

植生は、現在は遷移植物のアカマツや、荒地に根づきやすいオオバヤシャブシが優勢で、里山にはコナラなども多く、最高峰付近には一部イヌブナも見られる。したがって、花も荒地に強いツツジ類が目立つ。

歴史的に見れば、摩耶山《まやさん》の旧天《てん》上寺《じょうじ》や再度山《ふたたびさん》（未掲載）の大竜《だいりゅう》寺《じ》など古刹への参詣道や、江戸時代に間道として使われた峠越えの道などがあり、それらが今のハイキングコースとして利用されている。

また、六甲山は近代アルピニズム誕生の地といわれる。大正時代から昭和にかけて、阪神間の登山者たちが結成した岩登りと雪山専門の山岳会、R・C・C（ロッククライミングクラブ）が芦屋《あしや》ロックガーデンを中心に、六甲山で研鑽を積んだ。

北摂地域は。昔の「摂津国《せっつのくに》」の北部という意味である。大阪との府県境や有馬富士《ありまふじ》をはじめとする三田《さんだ》周辺の山など、いわゆる里山が多い。クヌギやアベマキ、コナラを中心とした雑木林で、台場クヌギや炭焼窯跡など、山村の暮らしと山との密接な関係が見てとれ、味わい深い山が多い。

**●丹波**　北摂より北の地域で、厳密には京都の一部も含む。兵庫県では篠山《ささやま》市周辺が中心だ。

やはり里山が中心となるが、小《こ》金《がね》ヶ岳《たけ》や三尾山《みつおやま》（未掲載）など、岩頭が露出した険阻な山も見られる。それゆえ、御岳《みたけ》など山の宗教・修験道の場となった山が多い。花はツツジ類が多いが、岩稜の山には薄黄色の花をつけるヒカゲツツジが特徴的で、小金ヶ岳などで見ることができる。

七種山の岩場を行く

また、篠山周辺の山の秋は、味覚の楽しみがある。ボタン鍋や黒豆、山芋などを味わったりすると、登山の楽しみが増える。

**●播州の山々**　「播州」とひと口にいっても、その範囲はとても広い。播州は旧播磨国《はりまのくに》のことで、北播磨、東播磨、西播磨に分けることもあるが、兵庫県の面積の3分の1から半分程度がこの播州に含まれる。南北は南の播磨灘《なだ》沿岸から北

コンパクトながらダイナミックな景観が広がる須磨アルプス

の播但《ばんたん》国境といわれる生野《いくの》あたりまで、東西は東の明石《あかし》市から西の岡山県境（美作国《みまさかのくに》国境）まで。

全般的な特徴としては、岩稜が多いことだろう。そういう山が登山対象となっているということもあるが、特に南部の播磨平野は、高御位山《たかみくらやま》を代表とする標高300メートルまでの岩山が多く、駅から登れて手軽なうえに、播磨灘の大展望が広がる。ただし低山かつ日陰に乏しく、真夏はおすすめしない。

内陸部に移ると標高は高くなるが、やはり岩山が注目される。姫《ひめ》路《じ》市北部の雪彦山《せっぴこさん》、福崎《ふくさき》町の七種《なぐさ》山《やま》などがそれである。

北部に行くと1000メートルを超える山もあるが、中南部とはうって変わって穏やかで、稜線漫歩を楽しめる山々が多い。特に「生野高原」とよばれるあたりがそうで、段《だん》ヶ峰《みね》はまさに高原状ですばらしい開放感が楽しめる。

**●但馬**　県北部、日本海に面する豊岡《とよおか》市、新温泉《しんおんせん》町、内陸部の養父《やぶ》市、宍粟《しそう》市の一部が該当し、県下最高峰の氷《ひょう》ノ山《せん》（1510メートル）をはじめ標高が1000メートルを超える山はほぼ但馬に集中している。ただ、標高こそ高いが、なだらかな山容をした山が多いのが特徴だ。

高さに加え、緯度が高いことや日本海に近いことも手伝って冬季は積雪が多く、冬山経験者向きの山となる。それだけに春は遠く、登山シーズンは5月からだ。

植生は、県下の他地域に見られるコナラやクヌギなどの雑木林に加え、みごとなブナ林が見られる。

この地域では、2人の但馬出身の人物を偲ぶ登山もいい。

ひとりは冒険家・植村直己である。旧日高《ひだか》町出身の植村は、子供のころに蘇武岳《そぶだけ》に登ったことを書き記している。彼が登山にのめりこんだのは明治大学山岳部入部以降の話で、のちに日本人ではじめてのエヴェレスト登頂、五大陸最高峰登頂、犬ゾリでの北極点到達、グリーンランド横断など、探検史に輝かしい足跡を残している。その土壌が但馬の山にあるとするのは、考えすぎだろうか。

もうひとりは、昭和初期の単独行の登山家・加藤文太郎だ。浜坂《はまさか》出身の彼は、中学卒業後に神戸の三菱内燃機関製作所に入る。そして、ここで登山を覚え、六甲山縦走をはじめ、兵庫県の山々に遊び、のちにはたったひとりで10日間内外の厳冬期の北アルプス行をなしとげ、単独行の登山者として全国的に名が知られるようになる。神戸から浜坂まで徒歩で帰ることもあり、しばしば氷ノ山や岡山県境の山々などに入り、それらの山々をアルプスの山々になぞらえ、氷ノ山を「兵庫槍《やり》」など「兵庫○○」と名づけて楽しんだ。昭和11年、厳冬の槍《やり》ヶ岳《たけ》北鎌《きたかま》尾根で遭難死した加藤の墓は、故郷・浜坂の町中にある。

**●淡路島の山**　瀬戸内海最大の島・淡路島には、島内最高点となる諭鶴羽山《ゆづるはやま》をはじめ、登山対象となる山がいくつもある。山は高くないが、そのぶん古くから信仰の対象となり、寺院や神社が設けられた。そのため山中にも道路がつけられているが、古い参道も残っていて、登山道として使われている。また、島特有の風情も楽しみのひとつといえる。

蘇武岳の登山道は巨樹が多い。これは大トチノキ

# 兵庫県の山全図

▲57摩耶山 本書で紹介する山名とコース番号
◎○ 市役所・町村役場
国道と国道ナンバー
高速道路・自動車専用道路
JR線
JR新幹線
私鉄線
1:650,000
N
0
20km
鳥取県
兵庫県
京都府
鳥取市
岩美町
新温泉町
香美町
豊岡市
京丹後市
八頭町
若桜町
養父市
朝来市
福知山市
綾部市
舞鶴市
丹波市
京丹波町
篠山市
神河町
西粟倉村
奈義町
勝央町
山陰本線
城山
観音山
来日岳
扇ノ山
鉢伏山
駒の尾山
後山
向山
三尾山
▲70蘇武岳
▲69氷ノ山
段ヶ峰68
千ヶ峰66
雪彦山67
65笠形山
62御岳
62小金ヶ岳
生野高原
北近畿豊岡自動車道
鳥取自動車道
舞鶴若狭自動車道
京都縦貫自動車道
播但連絡道路
京都丹後鉄道
若桜鉄道
因美線
播但線
福知山線
舞鶴線
鳥取IC
河原IC
智頭IC
朝来IC
和田山IC
氷上IC
春日IC
福知山IC
綾部IC
舞鶴西IC
舞鶴東IC
舞鶴大江IC
丹波IC
丹南篠山口IC
津山IC
美作IC
佐用IC

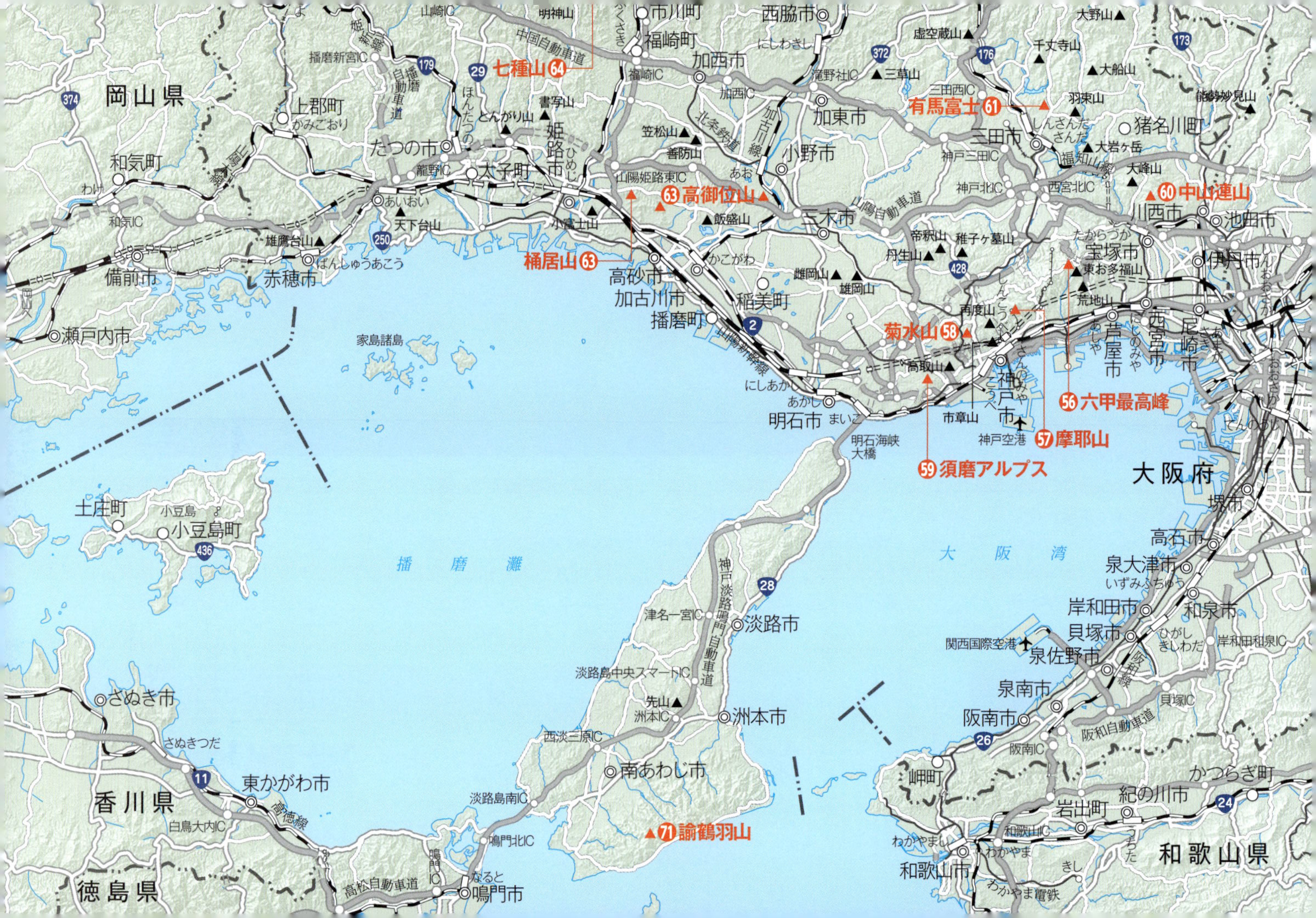

岡山県
香川県
徳島県
大阪府
和歌山県
播磨灘
大阪湾
七種山 64
有馬富士 61
高御位山 63
桶居山 63
中山連山 60
菊水山 58
六甲最高峰 56
摩耶山 57
須磨アルプス 59
諭鶴羽山 71
瀬戸内市
備前市
和気町
和気IC
わけ
赤穂市
ばんしゅうあこう
上郡町
かみごおり
雄鷹台山
相生
あいおい
天下台山
たつの市
龍野IC
太子町
姫路市
ひめじ
ほんたつの
とんがり山
書写山
小富士山
播磨新宮IC
山崎IC
明神山
中国自動車道
福崎町
ふくさき
福崎IC
市川町
加西市
加西IC
西脇市
にしわきし
滝野社IC
加東市
三草山
虚空蔵山
大野山
千丈寺山
大船山
羽束山
能勢妙見山
三田西IC
三田市
しんさんだ
さんだ
猪名川町
大岩ヶ岳
大峰山
神戸三田IC
神戸北IC
西宮北IC
福知山線
川西市
池田市
伊丹市
宝塚市
たからづか
東お多福山
荒地山
西宮市
にしのみや
芦屋市
あしや
尼崎市
稚子ヶ墓山
帝釈山
丹生山
山陽自動車道
三木市
小野市
北条鉄道
加古川線
笠松山
善防山
飯盛山
山陽姫路東IC
高砂市
加古川市
かこがわ
稲美町
播磨町
雌岡山
雄岡山
山陽新幹線
にしあかし
あかし
明石市
まいこ
明石海峡大橋
高取山
市章山
再度山
神戸市
こうべ
さんのみや
しんこうべ
神戸空港
家島諸島
土庄町
小豆島
小豆島町
淡路島南IC
西淡三原IC
南あわじ市
洲本市
洲本IC
先山
淡路島中央スマートIC
津名一宮IC
淡路市
神戸淡路鳴門自動車道
鳴門北IC
鳴門IC
鳴門市
なると
高松自動車道
白鳥大内IC
東かがわ市
高徳線
さぬき市
さぬきつだ
関西国際空港
泉佐野市
泉南市
阪南市
阪南IC
阪和線
阪和自動車道
貝塚市
貝塚IC
岸和田市
岸和田和泉IC
和泉市
ひがしきしわだ
泉大津市
いずみふちゅう
高石市
堺市
岬町
和歌山市
わかやま
わかやまし
和歌山IC
わかやま電鉄
きし
岩出町
紀の川市
かつらぎ町

56

# 六甲最高峰

関西を代表する名コースで有馬温泉へ

ろっこうさいこうほう　931m

**日帰り**

歩行時間＝4時間20分
歩行距離＝13・4km

技術度
体力度

| | |
|---|---|
| コース定数 | ＝**24** |
| 標高差 | ＝902m |
| 累積標高差 | ↗1213m ↘881m |

「六甲山」と俗にいうが、東西に長い山地の総称で、その最高点、９３１㍍を「六甲最高峰」あるいは「六甲山最高峰」とよんでいる。古くはその肩を「魚屋道《ととやみち》」とよばれる六甲越の道が大阪湾沿岸の灘《なだ》から有馬《ありま》へと通じていた。「大山《おおやま》」ともよんでいたようだ。今は関西の登山道を代表するコースとして、日々、老若男女が六甲登山を味わいに訪れている。

起点は**阪急《はんきゅう》芦屋川《あしやがわ》駅**だ。芦屋川に沿って山の手に向かって歩きはじめる。右に公園を見て緩やかな登りになるが、「高座《こうざ》ノ滝」を示す道標にしたがって左に折れ、道なりに右にカーブしていくと、「滝道」とよばれる緑陰の道になる。

やがてロックガーデンの入口があり、滝の茶屋、続いて大谷《おおたに》茶屋のある**高座ノ滝**に出る。ここが登山口になる。

階段を上がり、尾根に立つと、尾根伝いに登山道が続く。この尾根を「中央稜」とよんでいる。鎖場を経て登っていくが、風吹岩《かぜふきいわ》までがんばりどころ。このあたりを一般に「芦屋ロックガーデン」とよぶが、昭和初期に阪神間の岳人が岩登りの研鑽を積んだのは、中央稜両脇の地獄谷《じごくだに》や高座谷《こうざだに》の谷筋の岩場だ。風吹岩手前で、左に万物相《ばんぶつそう》への分岐が現れるので、ぜひ立ち寄っていこう。ロックガーデンの名の由来が実感できる。

展望抜群の**風吹岩**まで来ると、深江《ふかえ》から登ってきた魚屋道と合流する。しばらくは登山道は緩やか

RCC藤木九三のレリーフがある高座ノ滝

万物相からは「ロックガーデン」とよぶにふさわしい風景が広がる

■鉄道・バス
往路＝阪急神戸線芦屋川駅が起点駅。復路＝神戸電鉄有馬温泉駅から帰途につく。

■マイカー
有馬温泉に有料駐車場があるが、起点・終点が遠すぎてマイカー登山は実際的ではない。

■登山適期
通年。新緑は4月下旬から5月中旬、紅葉は11月中旬から下旬。

■アドバイス
▽万物相へは道標がない。風吹岩に向かい、道が平坦になったあたりで左手に分岐がある。万物相からは西に向かう道に入ると、風吹岩の手前に出る。
▽サブコースとして、魚屋道を阪神深江駅から登るのも楽しい。風吹岩まで1時間30分。
▽一軒茶屋は第2・4・5月曜休み。15時まで（月や曜日で異なる）。
▽有馬温泉の立ち寄りどころは金の湯（第2・第4火曜休、☎078・904・0680）と銀の湯（第1・第3火曜休、☎078・904・0256）。

■問合せ先
芦屋市地域経済振興課☎0797・38・2033、神戸市森林整備事務所☎078・371・5937

■2万5000分ノ1地形図
西宮・宝塚・有馬

＊コース図は166・167ページを参照。

各方面の分岐である風吹岩。イノシシの出没に注意

広い魚屋道を有馬に向かう

だ。時間があれば途中で横池《よこいけ》に立ち寄ってもいい。

湿地になった荒地山《あれちやま》への分岐を横目に進むと、ゴルフ場内を歩くようになる。これを越えると雨《あま》ヶ峠《とうげ》への急登が待っている。ひと踏ん張りして**雨ヶ峠**へ。この先で道はいったん下りとなり、川を一回渡って**本庄橋跡**《ほんじょうばし》へ向かおう。今は流失してしまった石橋の一部が残っている。

ここから階段を上がると広場に出る。その先でもう一度川を渡り、七曲り《ななまがり》へ。急坂で知られるが、ペースを崩さずにゆっくり登ればいい。上部で迂回路を経て登りつめると**一軒茶屋**の前に出る。最高峰へは道路を渡って左のコンクリート道を登る。**六甲最高峰**の頂上は、近年樹木が刈り払われ、展望が360度に広がって爽快だ。

魚屋道はコンクリート道の下から続く。快適な道だが、途中で一部崩落箇所があり、迂回路がつけられている。右に筆屋道《ふでやみち》を分けると射場山《いばやま》に突き当たり、左に水平に山を巻くように道がついている。

射場山をすぎると振り幅の大きいつづら折りになって、有馬温泉上部の鳥地獄《とりじごく》・虫《むし》地獄に出る。ここが**魚屋道入口**だ。道路を右に進み、しばらくして左に出てくる炭酸泉源公園へ道をとると温泉街へ下っていく。あとは思い思いに**有馬温泉駅**を目指せばよい。

（加藤芳樹）

有馬温泉金の湯。足湯もある

開放感あふれる六甲最高峰には1等三角点が埋まる

## CHECK POINT

1 いつもハイカーでごった返す芦屋川駅

2 登山口の高座ノ滝はハイカーの憩いの場だ

3 登りはじめには1箇所だが簡単な鎖場もある

4 うまく道を見つけて万物相へ立ち寄ろう

5 7月にスイレンが咲く横池も立ち寄りたいスポット

6 七曲り手前には2箇所、徒渉箇所がある

7 最高峰直下にある一軒茶屋は江戸時代から続く

8 下山路では道が崩れ迂回路が設けられた場所もある

9 射場山手前、トンネルがあったとされる切通し

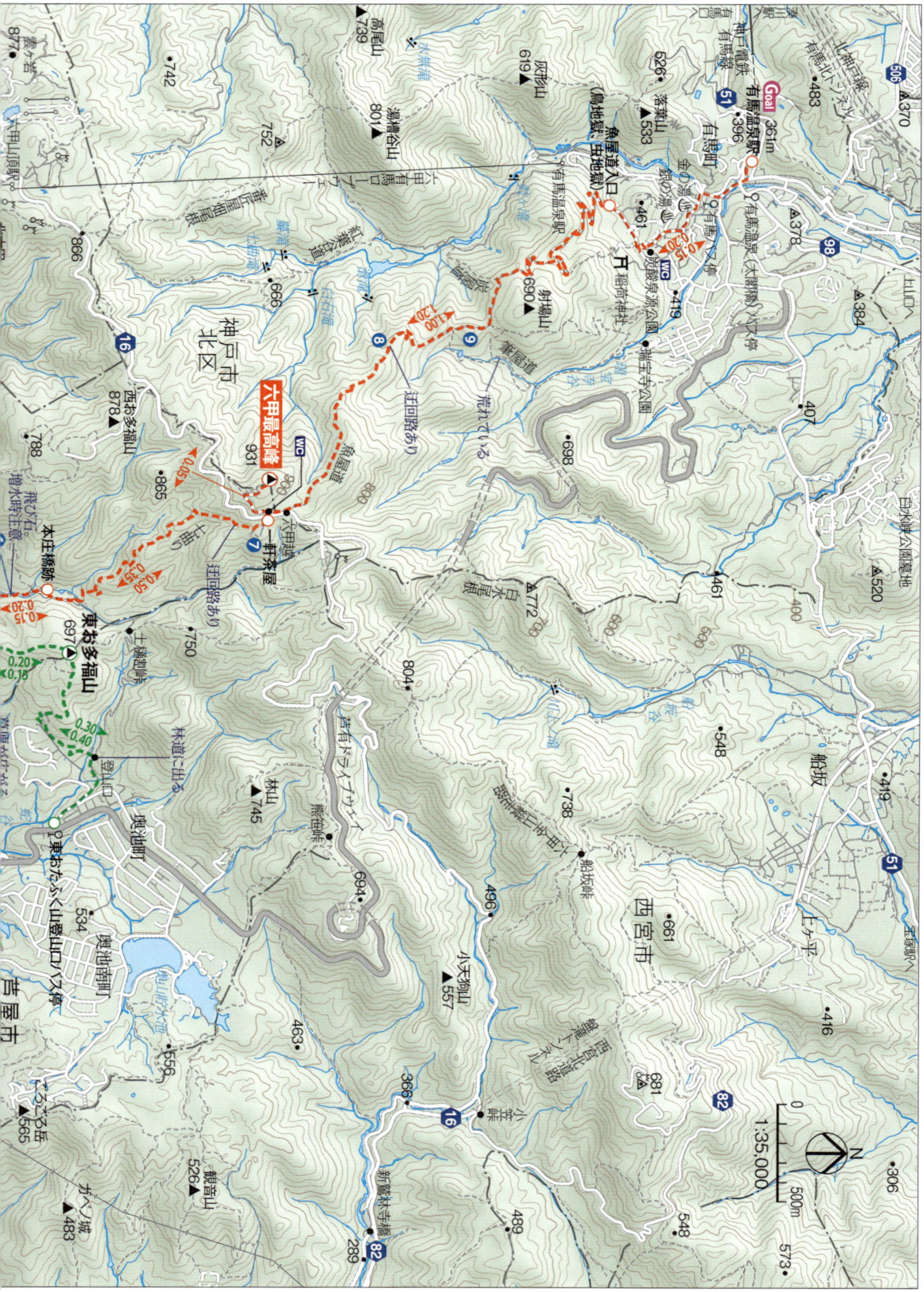

Goal
有馬温泉駅
361m
有馬町
魚屋道入口
（鳥地獄・虫地獄）
射場山
690
稲荷神社
炭酸泉源公園
瑞宝寺公園
六甲最高峰
931
一軒茶屋
魚屋道
迂回路あり
荒れている
神戸市
北区
西おたふく山
878
東おたふく山
697
本庄橋跡
土樋割峠
林道に出る
登山口
東おたふく山登山口バス停
奥池町
奥池南町
芦屋市
芦有ドライブウェイ
西宮市
船坂
船坂峠
小天狗山
557
鷲林寺
小笠峠
鎌倉峡
白水峡公園墓地
1:35,000
0
500m
N

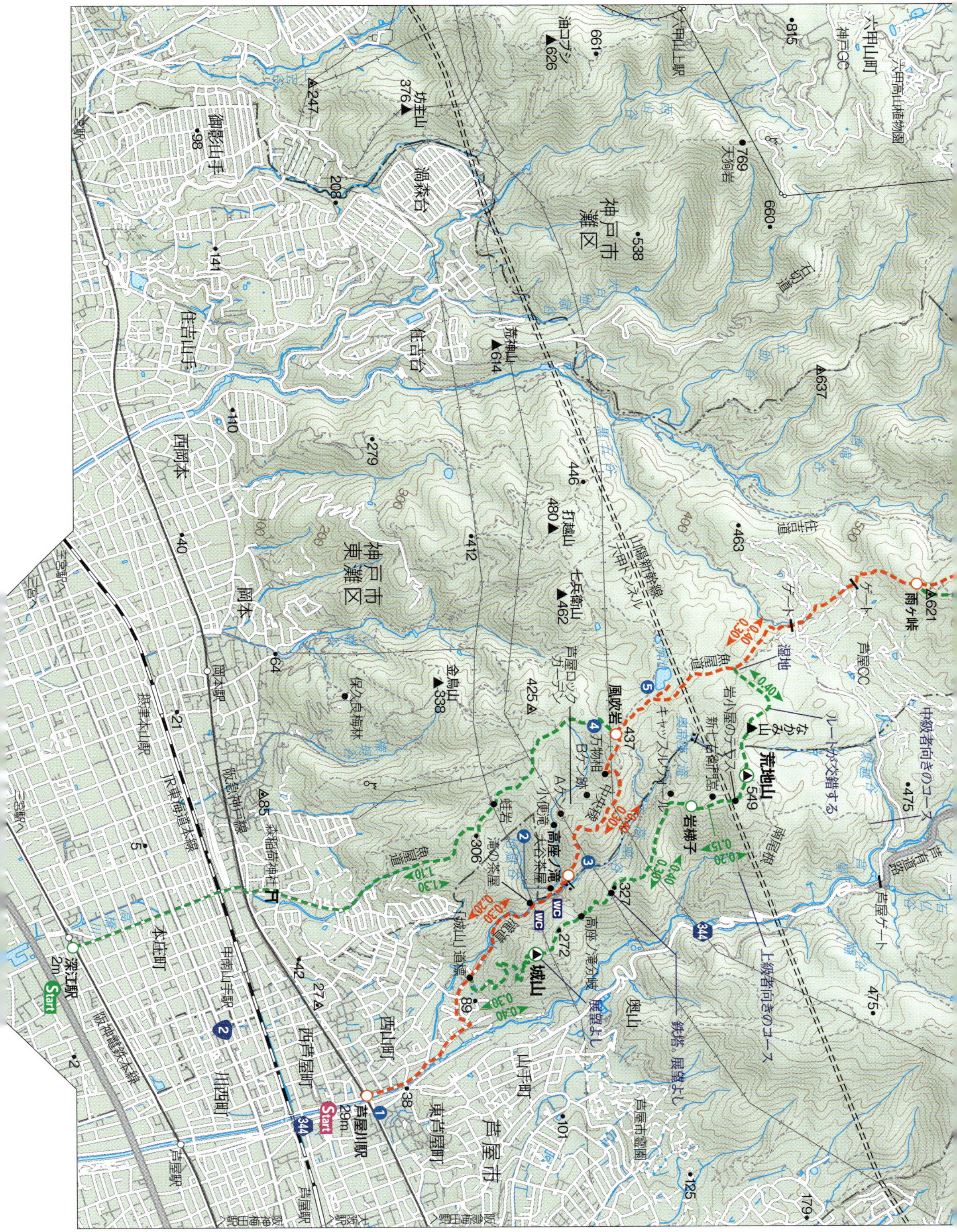

神戸市灘区
神戸市東灘区
芦屋市
荒地山
岩梯子
風吹岩
雨ヶ峠
城山
高座ノ滝
芦屋川駅
深江駅
Start

57

# 摩耶山

## 摩耶詣で栄えた六甲の西の雄

日帰り

まやさん
702m（最高地点＝717m／摩耶別山）

歩行時間＝5時間45分
歩行距離＝10・6km

技術度
体力度

コース定数＝25
標高差＝674m
累積標高差 1051m 1039m

山頂が狭いシェール槍から穂高湖を見下ろす

俗に「六甲《ろっこう》・摩耶」とよばれるように、摩耶山は六甲山地の中では観光においても登山においても重要なエリアだ。それは古刹の忉《とう》利天上寺《りてんじょうじ》があり、古くから「摩耶詣」として多くの登拝道が発達し、六甲山では一大観光地だったからで、今もロープウェイが通じ、その趣は失われていない。数ある登山道のうち、ここでは比較的緩やかに登れる青谷道《あおたにみち》と、六甲全山縦走路の天狗道《てんぐみち》を紹介する。やや長くなるが、マイナーピークのシェール槍《やり》にも登ってみよう。

出発は**阪急《はんきゅう》王子《おうじ》公園《こうえん》駅**。王子公園に沿うように山の手に向かい、馬頭《ばとう》観音像が迫力ある妙光院《みょうこういん》の横を通ると**青谷道入口**がある。街と山を区別する断層がよくわかる坂を登り、青谷川に沿って登っていく。途中には観光茶園がある。谷をつめ上がると広場になった**行者堂《ぎょうじゃどう》跡**に出る。

摩耶山へは右。登山道は広く、古道を思わせる石段もあり、また、樹木もみごとな大木を見ることができる。昭和51年に焼失した天上寺で唯一残った建物の山門まで来

■**鉄道・バス**
往路＝阪急神戸線王子公園駅が起点駅。
復路＝神戸市営地下鉄新神戸駅から帰途につく。

■**マイカー**
阪神高速摩耶ランプまたは生田川ランプを出て、王子公園駐車場（有料）へ。約2キロ、5分。

■**登山適期**
通年だが、6月中旬から7月上旬なら掬星台西の摩耶自然観察園で、六甲山を代表する花、アジサイを楽しむことができる。

■**アドバイス**
▽メンバーしだいで下山にロープウエイやケーブルを使うとよい。火曜定休なので注意。星の駅にあるCAFE702では六甲みやげも販売。
▽天上寺の開基は飛鳥時代で、釈迦の母、摩耶夫人を祀ることから摩耶山となった。花の寺で、四季折々、さまざまな花が咲く。展望抜群の舞台があり、明石海峡大橋などが見わたせる。

■**問合せ先**
神戸市森林整備事務所☎078・371・5937

■**2万5000分ノ1地形図**
神戸首部

摩耶山の掬星台は阪神間の市街と大阪湾を見下ろす展望台

たら長い石階段が待ち受ける。登りきると**史跡公園**となった天上寺跡だ。そのまま突き当たって右へ、石段を登ると道路に出る。右に行くと大阪湾を一望する**掬星台**《きくせいだい》だ。

広い掬星台の広場の北端から下り、遊歩道を経てオテル・ド・摩耶跡地の先に続く登山道へ。再建された天上寺を眼下に見て進み、アゴニー坂を下って奥摩耶ドライブウェイに出て、穂高《ほだか》湖《こ》に向かう。居留外国人シェールの名がついた**シェール槍**へは周遊路を歩き、北岸から登れる。ちょっとした岩場もある。

下山は**掬星台**に戻り西の電波塔前から天狗道に入るが、その前に電波塔手前の分岐から摩耶山の三角点によって行くといいだろう。天狗道は六甲全山縦走路中の難所の急坂だが下りに使うと楽だ。**学校林道との分岐**からは「稲妻坂《いなづまざか》」とよばれ、下りきると小尾根の分岐になっていて、左に行くと桜《さくら》茶屋のある**市**《いち》**ヶ原**《はら》に着く。あとは舗装された遊歩道を布引《ぬのびき》貯水池、平安時代からの名所・布引の滝を経て**新神戸駅**に下り立つ。

（加藤芳樹）

## CHECK POINT

1 青谷道の登山口からコンクリートの坂道を登っていく

2 青谷道の途中には山中にもかかわらず茶畑もある

3 ベンチのあるつくばね寮の前でいっぷく

4 放火で焼失した天上寺の跡地は摩耶山史跡公園になっている

5 摩耶別山に再建された天上寺は西の展望が抜群

6 電波塔から全山縦走路の天狗道を下っていく

7 学校林道の分岐で天狗道は西へ方向転換する

8 市ヶ原はトイレもあり、格好の休憩ポイント

9 明治時代竣工の五本松堰堤は国指定重要文化財

＊コース図は170ページを参照。

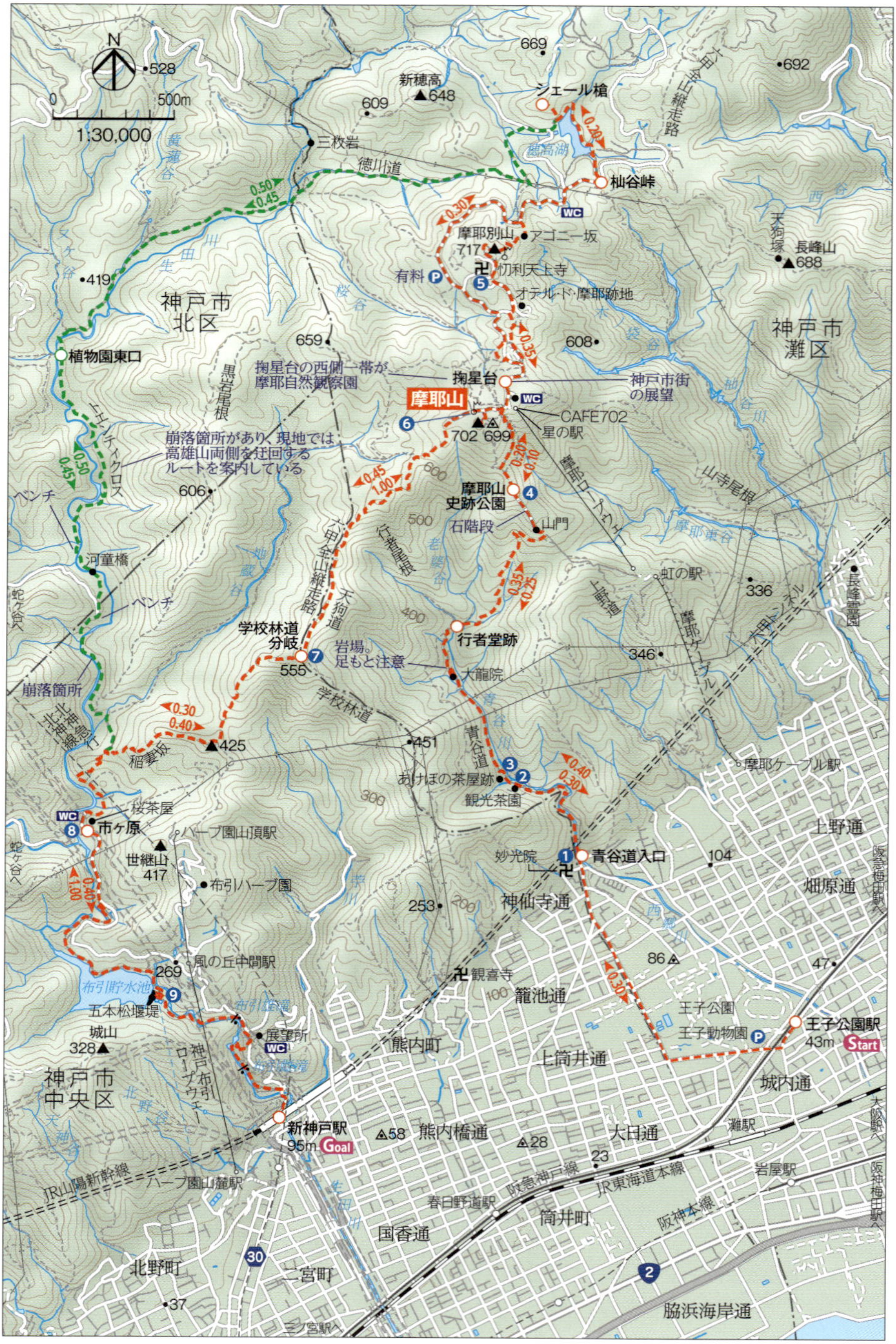

1:30,000
摩耶山
王子公園駅
43m
Start
新神戸駅
95m
Goal
青谷道入口
行者堂跡
摩耶山
史跡公園
掬星台
摩耶別山
杣谷峠
シェール槍
学校林道
分岐
市ヶ原
植物園東口
掬星台の西側一帯が
摩耶自然観察園
崩落箇所があり、現地では
高雄山両側を迂回する
ルートを案内している
岩場。
足もと注意
神戸市街
の展望
神戸市
北区
神戸市
灘区
神戸市
中央区
徳川道
六甲全山縦走路
天狗道
学校林道
稲妻坂
青谷道
上野道
摩耶ロープウェー
摩耶ケーブル
北神急行
CAFE702
星の駅
虹の駅
摩耶ケーブル駅
山門
石階段
大龍院
あけぼの茶屋跡
観光茶園
妙光院
オテル・ド・摩耶跡地
忉利天上寺
アゴニー坂
有料
新穂高
三枚岩
河童橋
ベンチ
崩落箇所
桜茶屋
ハーブ園山頂駅
布引ハーブ園
世継山
風の丘中間駅
布引貯水池
五本松堰堤
城山
展望所
ハーブ園山麓駅
神戸布引ロープウェー
JR山陽新幹線
阪急神戸線
JR東海道本線
阪神本線
神仙寺通
籠池通
熊内町
上筒井通
熊内橋通
大日通
城内通
上野通
畑原通
王子公園
王子動物園
観音寺
灘駅
岩屋駅
春日野道駅
筒井町
国香通
二宮町
北野町
脇浜海岸通
長峰山
天狗塚
山寺尾根
黒岩尾根
行者尾根

58

# 菊水山

## 隣り合う快適な尾根から神戸・明石を見下ろすピークへ

きくすいやま
459m

日帰り

歩行時間＝4時間
歩行距離＝9・9㎞

技術度

体力度

コース定数＝18

標高差＝179m

累積標高差 765m 765m

↑妙号岩から見ると菊水山は峻険な山。中央の溝は菊水ルンゼ

←妙号岩の上から石井ダムと神戸の街を見下ろす

急坂を登りつめて菊水山の頂上へ

菊水山は六甲山《ろっこうさん》の西部に位置し、500㍍に満たない標高の手軽な山だ。登るには少し物足りないが、烏原川《からすはら》をはさんだ西にあるイヤガ谷東尾根を加えると、その魅力が増す。イヤガ谷東尾根は緩やかで快適な尾根で、クライミングゲレンデとして知られる妙号岩《みょうごういわ》の上に立つと、正面にそびえる菊水山がいかに峻険な山かが手にと

■鉄道・バス
往路・復路＝神戸電鉄有馬線鈴蘭台駅が起・終点駅。

■マイカー
阪神高速生田川ランプを出て北へ。国道2号を左折して道なりに進んで湊川神社の先、有馬道交差点を右折して国道428号に入り、二軒茶屋交差点で左折して鈴蘭台方面へ。駅北方のすずらんホール地下に市営駐車場（有料）がある。

■登山適期
通年歩けるが、真夏は暑い。

■アドバイス
▽妙号岩から東尾根に戻るほかの道もあるが、来た道を忠実にたどる方が無難。
▽イヤガ谷東尾根の南部は分岐が多い。まっすぐに尾根をたどることを意識しよう。道標では烏原貯水池方面へ向かう。

■問合せ先
神戸市森林整備事務所☎078・371・5937

■2万5000分ノ1地形図
神戸首部

るようにわかる。

**神鉄鈴蘭台駅**《しんてつすずらんだい》が起・終点。改札を出てまずは西に向かう。緩やかな坂を登り、下りはじめてすぐに左に下る道に入る。唐谷《からたに》橋交差点で大通りに出たら左へ、鈴蘭橋交差点で右の坂を登る。左にブルーの手すりがある階段を見つけて登っていこう。登りきって道路に出たら住宅地の縁をたどるように進み、教員住宅の先の公園に**イヤガ谷東尾根の入口**がある。

登山道に入ってしばらくして左に分岐がある。たどると君影《きみかげ》ロックガーデン（広い露岩）がある。余裕がありそうなら立ち寄るとよいが、ここでは先を急いで妙号岩に向かおう。

イヤガ谷の案内板と通報プレート「き56－18」のある場所が妙号岩への分岐。左折して尾根伝いに行くと、**妙号岩**の上に出る。正面に菊水山、眼下に石井《いしい》ダム湖がたたずむ。

分岐に戻り、イヤガ谷東尾根を末端までたどると**六甲全山縦走路**に出る。北に折れ、しばらく道路を進んで下水処理場の先から登山道に入る。石井ダムを左手に見る**橋**を渡り、登っていくと休憩所がある。ここからは本格的な登りだ。

きつい登りだが、ひと踏ん張りすると電波塔の建つ**菊水山**山頂に着く。東に神戸市街、電波塔下の展望台からは明石《あかし》海峡大橋が見える。

下山は縦走路を少し進んで、左の鈴蘭台方面へ。下っていくと、すぐに池のほとりを歩く散策路があり、やがて道路に出る。少し道を歩き、再び登山道に。今度は道路を横切っていくと、谷沿いの道になる。せせらぎを聞きながら気持ちよく下っていくと、**登山口**に下り立つ。あとは**鈴蘭台駅**を目指せばよい。

（加藤芳樹）

## CHECK POINT

1 君影町の住宅奥にあるイヤガ谷東尾根の入口

2 通報プレート「き56－18」が妙号岩への目印

3 石井ダムの前を橋で渡って菊水山に取り付く

4 電波塔がそびえる菊水山の頂上。電波塔の下が休憩所

5 北へ下ると池のほとりに菊水山周遊路が設けられている

6 道路に下り立つとトイレと毎日登山の休憩所がある

7 公園の入口のような菊水山の登山口に下り立つ

8 スタート・ゴールとなる神戸電鉄鈴蘭台駅へ

沢沿いの下山路をたどって鈴蘭台駅を目指す

菊水山山頂直下。短いがしんどい登りだ

59

六甲西部の「アルプスは」コンパクトで親しみやすい

# 須磨アルプス

すまあるぷす
312m（横尾山）

日帰り

歩行時間＝2時間35分
歩行距離＝8・0㎞

技術度
体力度

| | |
|---|---|
| コース定数 | ＝**15** |
| 標高差 | ＝293m |
| 累積標高差 | 790m / 793m |

これが須磨アルプスとよばれる所以となった景観だ

「須磨アルプス」とは、六甲《ろっこう》山地の西部、横尾山《よこおやま》から東山《ひがしやま》にかけての荒々しい風化花崗岩の岩稜帯を指す。区間としては短いが、それだけに手軽にアルペン的な風景を楽しめる場として人気がある。秋の風物詩、六甲全山縦走大会の起点となる須磨浦《すまうら》公園を起点に歩いてみよう。

**須磨浦公園駅**を出て西へ、線路をまたぐ敦盛《あつもり》橋を渡るとすぐに「鉢伏山頂」への登り口がある。しばらく進んで右に登り、ロープウェイ駅の横に出る。右に派生する六甲全山縦走路を横目に登り続けると広場になった**鉢伏山《はちぶせやま》**山頂だ。そのまままっすぐ下り、登り返すと旗振《はたふり》茶屋のある**旗振山《はたふりやま》**に着く。昔、米相場を大阪に伝えるために旗を振ったという場所で、源平一の谷合戦ゆかりの地とも伝えられている。

尾根伝いに直進し、ウバメガシの純林を抜けると鉄拐山《てっかいさん》の登り口に着く。急坂を登ると鉄拐山山頂だが、展望はない。この先、やがて公園のようになり、2階建ての**おらが茶屋**に着く。トイレがあり、

■鉄道・バス
往路＝山陽電鉄須磨浦公園駅が起点駅。
復路＝山陽電鉄・神戸市営地下鉄板宿駅から帰途につく。

■マイカー
阪神高速若宮ランプを出て国道2号を西進、須磨浦公園の駐車場（有料）へ。約3㌔、5分。

■登山適期
通年登れるが、低山だけに夏はおすすめできない。

■アドバイス
▽須磨アルプスは見た目ほど危険ではないが、コースをはずれると脆い部分が多いので注意のこと。
▽六甲全山縦走路の本来の起点（六甲山地の西端）は塩屋からになる。
▽旗振茶屋の営業は、土日祝の6〜14時、おらが茶屋は土日祝の8〜14時営業（営業時間は変動あり）。

おらが茶屋

■問合せ先
神戸市森林整備事務所☎078・371・5937

■2万5000分ノ1地形図
須磨

屋上が展望台になっている。

階段を下り、全縦路の表示にしたがって高倉台《たかくらだい》団地を抜ける。つつじ橋を渡って左折し、山裾に沿っていくと、栂尾山《とがのおやま》名物の長い階段だ。階段を登りきり、しばらく行くと、あずまやも兼ねた展望台がある栂尾山山頂に立つ。近年周囲の樹木が苅り払われて展望もよくなった。

**横尾山**からは小さな鎖場を経て、須磨アルプスの核心部へ入っていく。鉄階段を下り、鞍部から登り返すと、やせ尾根の馬の背がある。すぐに岩場は終わり、**東山**に登り着く。振り返ると須磨アルプスが荒々しく、北東を見ると高《たか》取山《とりさん》がどっしりと構える。

東山からは「板宿八幡《いたやど》」を示す道標に沿って尾根上を進み、高度を下げていく。地図上の155メートル三角点手前の広場は最後の休憩にもってこいだ。道はやがて尾根を回りこむようにして**板宿八幡神社**へ下り着く。神社から階段を下り、市街地に出る。妙法寺川を渡り、商店街を抜けると**地下鉄板宿駅**への入口がある。（加藤芳樹）

鉢伏山のロープウェイ駅あたりから見下ろす須磨の海

**CHECK POINT**

1

須磨浦公園駅近くから見上げる鉢伏山とロープウェイ山麓駅

2

敦盛橋を越えるとすぐ左に鉢伏山への登山口がある

3

旗振山から見下ろす須磨浦。源平合戦一の谷はここであるともいわれている

4

周囲が伐採され展望がよくなった栂尾山の山頂

5

板宿八幡への尾根道にヤブツバキが花を散らす

6

下山地の板宿八幡宮。階段を下ると市街地に

＊コース図は176ページを参照。

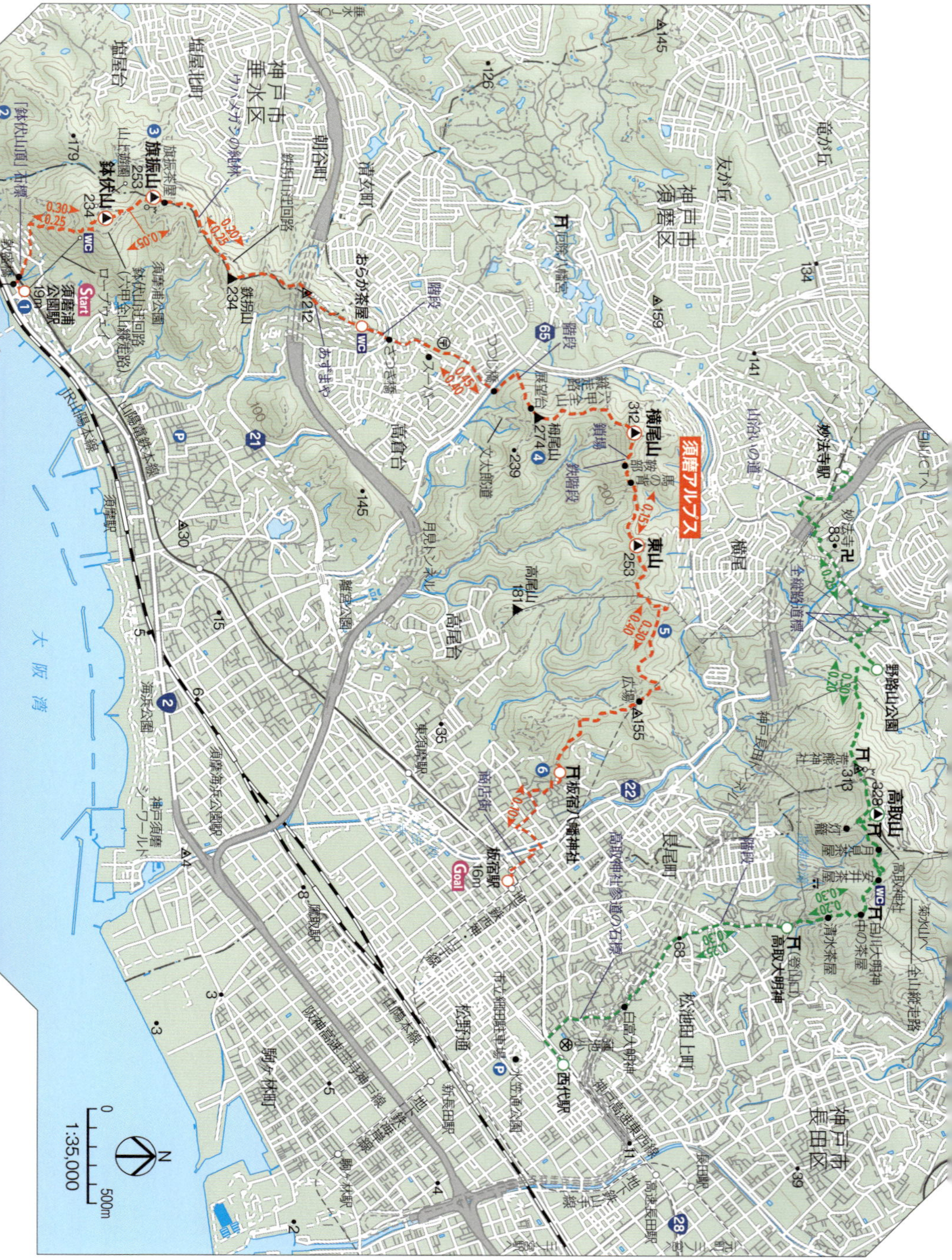
須磨アルプス
旗振山
鉢伏山
鉄拐山
横尾山
東山
高取山
須磨浦公園駅
板宿駅
妙法寺駅
西代駅
おらが茶屋
板宿八幡神社
高取大明神
野路山公園
神戸市須磨区
神戸市垂水区
神戸市長田区
大阪湾
Start
Goal
1:35,000
500m

←鉄塔のあるピークからは六甲山と甲山を望むことができる

# 60 中山連山

古刹の背後に連なる山々をめぐって

なかやまれんざん

478m（中山最高峰）

日帰り

歩行時間＝4時間10分

歩行距離＝12・0km

技術度

体力度

| | |
|---|---|
| コース定数 | ＝20 |
| 標高差 | ＝417m |
| 累積標高差 | ↗ 815m ↘ 826m |

←奥之院への参道には享保年間の丁石が立つ。コバノミツバツツジのころが美しい

西国21番札所の中山寺《なかやまでら》の北方から東にかけて、馬蹄形に連なる山並みが中山連山だ。アクセスがよく、手軽なので、平日でも登山者の姿が絶えない。おすすめの時期は春で、早春なら紅白の梅が楽しめる中山梅林、続いて中山寺や満《まん》願《がん》寺《じ》の桜、やがて登山道沿いにコバノミツバツツジが咲き誇る。

**中山観音駅**から参道を歩くと、すぐに大きなわらじがぶら下がる中山寺の山門に出合う。境内に入って直進し、階段を登って本堂へ。背後の真新しい五重塔が目にまぶしい。

本堂前を左に向かい、信徒会館の前を通ると中山梅林がある。梅林から下って谷を渡り、奥之院参道へ。しばらくは住宅横を歩く。住宅が途切れ、なおも丁石が点

■鉄道・バス

往路＝阪急宝塚線中山観音駅が起点駅。

帰路＝阪急宝塚線山本駅から帰途につく。

■マイカー

中国自動車道宝塚ICから国道176号経由、安倉中交差点を北へ、中山観音駅周辺の有料駐車場を利用する。約3キロ、10分。

■登山適期

通年登れる。中山梅林の見ごろは2月中旬～3月上旬。コバノミツバツツジは標高の低いところは桜の咲く4月上旬。縦走路は4月中旬。秋の紅葉は11月下旬～12月上旬。

■アドバイス

▽分岐は多いが、道標も充実しているので見落とさずに進もう。

▽最後の岩場は急な上に、足もとが不安定。足の置き場をよく確認すること。

▽中山寺は安産祈願で知られる寺。聖徳太子創建と伝わる。現存の本堂は豊臣秀頼発願によるもの。山門は徳川家光の再建。

中山寺の五重塔

見通しのいい三日月岩と書かれた付近

々とする道を登っていくと**夫婦岩**《めおといわ》にたどり着く。この先で、道は中山最高峰方面と奥之院方面に2分するが、ここではいったん奥之院に立ち寄ろう。聖徳太子修行の地、宇多天皇自彫りという天神が刻まれた岩を見ると、すぐに**中山寺奥之院**に着く。「武内宿祢・応神天皇御座」の祠の先に最高峰への道が続いている。

しばらく歩くと先ほど分かれた道に合流し、やがて、登山道沿いにフェンスが現れる。ほどなく縦走路から左に少しはずれた**中山最高峰**に達する。

方向転換に注意して下りはじめると、周囲は灌木が多くなり、鉄塔のあるピークでフェンスがようやく途切れ、展望のよい縦走が楽しめるようになる。アップダウンを繰り返し、**満願寺西山**を経てしばらく進むと岩場の急降下がはじまる。足もとに気をつけて下りきると**満願寺・山本駅分岐**に着く。

いったん左に道をとり、住宅街を経由して**満願寺**へ。金太郎こと坂田金時の墓がある。山本駅へは、住宅地内にある「最明寺《さいみょうじ》滝」への道標にしたがって歩く。大聖不動

▽満願寺は奈良時代開基の古刹で多田源氏ゆかりの寺。桜の季節なら「せんじゅ桜の庭」はぜひ訪れたい。

■問合せ先
宝塚市観光にぎわい課☎0797・77・2012

■2万5000分ノ1地形図
武田尾・広根・宝塚・伊丹

## CHECK POINT

1 足腰が丈夫になるように草鞋が奉納された中山寺山門

2 休憩ポイントの夫婦岩は樹木が育ち、展望が悪くなった

3 美しくリフォームされた中山寺の奥之院

4 登山道を少し横にはずれた三角点の埋まる中山山頂

5 満願寺西山の三角点も登山道を少しはずれる

6 岩場を下りきると満願寺・最明寺滝分岐に着く

7 多田源氏ゆかりの満願寺にある坂田金時（金太郎）の墓

8 最明寺滝への分岐にはユニークな土門が建っている

明王への階段手前で右へ進むと、満願寺・山本駅分岐からの道と合流する。土門の手前で左にとって**最明寺滝**を見学してから**山本駅**に向かうとよいだろう。（加藤芳樹）

古くからの行場の最明寺滝

満願寺のせんじゅ桜の庭

61

# 有馬富士

## 公園施設内の小さな富士と西国札所

日帰り

ありまふじ
374m（最高地点＝約400m／花山院）

歩行時間＝3時間30分
歩行距離＝8・6km

技術度
体力度

コース定数＝14

標高差＝194m

累積標高差 514m 565m

江戸時代の地誌『摂陽群談』でも「有馬富士山」とよんでいる

わんぱく砦はその名に似合わずハード

有馬富士は、昔は「角山《つのやま》」とよばれたが、今は地形図にも愛称の「有馬富士」として記載されている。周辺は有馬富士公園として整備されたレジャーゾーンだが、有馬富士そのものは岩場が多く、特に南面のわんぱく砦とよばれる岩場は、その名に似合わず、なかなか手ごわい。コースタイムは短いので、西国札所番外の花山院《かざんいん》と組み合わせると充実する。

**花山院バス停**からまずは舗装路を花山院菩提寺《ぼだいじ》へ登っていく。登りつめたところが**花山院**で、西国巡礼の祖ともいわれる花山院の墓所もある。有馬富士を見下ろす展望がいい。

**花山院バス停**まで戻り、道路を横断して下ると、花山院ゆかりと伝わる十二妃の墓がある。バス道に出て南下、道路標示にしたがって右折して有馬富士公園へ。進んでいくと左手に尾根コースの**登山口**がある。

登山道に入ると、近年は歩く人も少ないのだろう、しばらくは荒れた道が続く。軽くアップダウンしながら有馬富士に近づいていくと道も歩きやすくなり、山麓周遊道に出る。直進して急坂を登りつめれば**有馬富士**山頂に着く。南側

山頂直下からは六甲山など南の展望が開ける

## CHECK POINT

1 「琴弾坂」とよばれる花山院への道を歩く

2 西国番外札所の花山院。有馬富士が見下ろせる

3 花山院ゆかりの十二妃の墓に立ち寄ろう

4 有馬富士公園北側の入口からアプローチ

5 上へ行くほど岩が露出する有馬富士への登り

6 小広場となった有馬富士の山頂。南の展望がある

7 有馬富士公園の芝生広場近く。園内は道が多く複雑

8 新三田駅へは小川に沿う遊歩道が設けられている

の山頂直下が開けていて六甲山《ろっこうさん》の山並みが見わたせる。

　下りはそのまま南へ、わんぱく砦と名づけられた岩場を足もとに注意しながら下る。下りきってしばらく行くと小さな広場になった頂上広場に着く。いくつか下山道があるが、フィトンチッドの小道が近道だ。周遊路を横切って進むと**芝生広場**に出る。

　そのまま駐車場へ進み、福島《ふくしま》大池へ下る。大池に沿って進むと西端で**橋**に突き当たる。橋を渡って川沿いに緑陰の道を進んでいこう。途中で道が二分する。どちらの道を行ってもよいが、左の道を選び、道路に出てしまう方が、**新《しん》三田《さんだ》駅**には近い。（加藤芳樹）

＊コース図は182ページを参照。

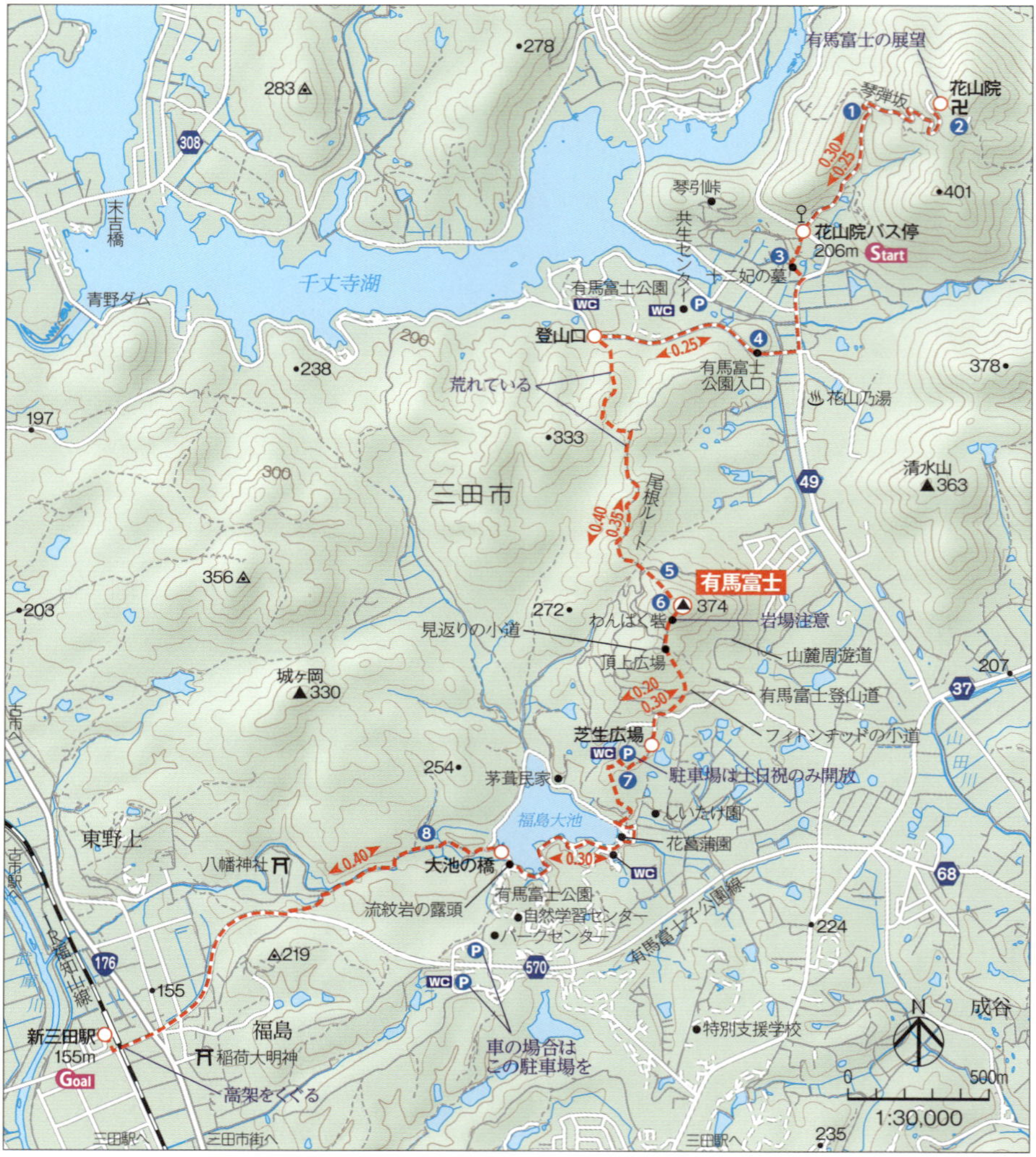


■鉄道・バス

往路＝JR福知山線（宝塚線）三田駅から神姫バス約15分で花山院へ。復路＝JR福知山線新三田駅。

■マイカー

中国自動車道神戸三田ICから県道95号を東へ、県道720号を経由して県道570号で有馬富士公園駐車場（無料）へ。ICから約8キロ、15分。

■登山適期

通年登れるが、6月ごろに福島大池花菖蒲園にハナショウブが咲く。

■アドバイス

▽有馬富士の北東に天然温泉有馬富士花山乃湯☎079・562・1249がある。第3木曜休（祝日の場合翌日休）。

■問合せ先

三田市総合案内所☎079・563・0039、有馬富士公園☎079・562・3040、神姫バス三田営業所☎079・565・5711

■2万5000分ノ1地形図

藍本・三田

花山院山門から境内へ

# 62 御岳・小金ヶ岳

みたけ 793m
こがねがたけ 725m

## 「多紀アルプス」の名で知られる丹波の名峰

日帰り

歩行時間＝4時間10分
歩行距離＝8・2km

技術度

体力度

コース定数＝19

標高差＝523m

累積標高差 849m 862m

小金ヶ岳へは鎖場のある岩稜を越えていく

クリンソウの群生地も御岳の魅力のひとつ

御岳、小金ヶ岳の連峰は、岩稜が顕著で、「多紀《たき》アルプス」ともよばれる。御岳は、地形図では「三嶽」となっているが、もともとは西岳《にしだけ》、御岳、小金ヶ岳の三峰を指して「三嶽」とよんだらしいので、ここでは「御岳」と表記する。古

■鉄道・バス
往路＝JR福知山線篠山口駅からウイング神姫バス22分で篠山営業所へ。日本交通乗合タクシーに乗り換え、約30分で火打岩停留所へ。

復路＝小金口停留所から乗合タクシー約30分で篠山営業所へ。ウイング神姫バスに乗り換え22分で篠山口駅へ。

■マイカー
舞鶴若狭自動車道丹南篠山口ICから東に向かい、県道299・36・77・140号で岡野小学校北交差点へ。右折して県道301号を東進し、「いわや」の看板を目印に進むと火打岩集落先の右に多紀連山駐車場がある。大たわはその先の峠。いずれも無料。また、城北交差点を右折していくと登山者用駐車場がある。

■登山適期
クリンソウの花期は5月中旬。紅葉は11月中旬〜下旬。冬季は積雪を見ることもあり、軽アイゼンは必携。

■アドバイス

くは山岳修験の山として知られ、「西の大峯《おおみね》」とも称されたという。

御岳へのスタートは**火打岩《ひうちわん》停留所**から。停留所の先に民家があり、その棟の間に登山道入口がある。急階段の道が続き、尾根に出てほっとひと息、しばらくは緩やかな尾根道が続く。

**鳥居堂跡《とりいどう》**をすぎて進むと、左にクリンソウ群生地への道が開けている。季節ならぜひ寄っていこう。大岳寺跡《みたけじ》の先は急登となり、見晴らしのいい岩場もある。

植林帯に入り、あずまやをすぎると多紀アルプスの主稜線はすぐだ。主稜線に出たところに役行者を祀る大きな石造りの行者堂《ぎょうじゃどう》がある。左に進むとすぐに多紀アルプスの主峰、**御岳**山頂だ。展望はあるものの、爽快さには欠ける。

御岳から東に、小金ヶ岳に向かおう。駐車場のある峠の大たわまでは鎖場や急階段があるので足もとに注意しよう。**大たわ**で道路を横切り、小金ヶ岳の登山道へ。アスレチック施設を横目に登っていくと、やがて岩場が現れ、展望もよくなる。目の前の小金ヶ岳への岩稜が荒々しい。振り返ると御岳も見えるようになる。

この先、鎖場をこなしながらの岩稜歩き。足もとには重々気をつけよう。特に北側は断崖になっている。最後に急登をこなすと**小金ヶ岳**山頂に着く。突出した山頂だけに展望は広大だ。

下山は90度南へ。岩場も混じえながら急降下する。道標の立つ鞍部に出たら道は平坦になる。広い平地の福泉寺跡《ふくせんじ》をすぎ、谷へ下る。谷道は足もとに石がゴロゴロして歩きづらいが、下りきると左手にかやぶきの「いわや」がある道路に出る。道路を下っていくと**小金口《こがねぐち》停留所**だ。

（加藤芳樹）

## CHECK POINT

1 乗合タクシーの火打岩停留所から登山をスタート

2 民家の間の路地についている登山口から登山道へ

3 修験の山、御岳の史跡のひとつ、鳥居堂跡には石垣が残る

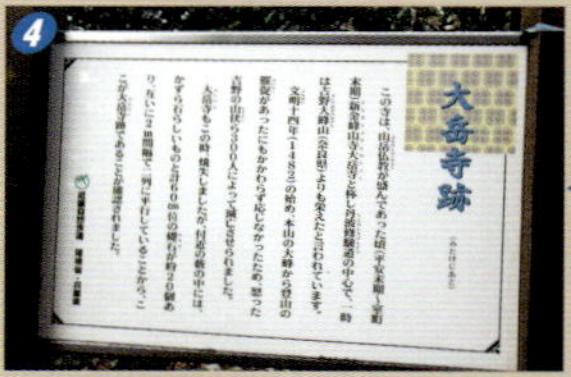

4 大岳寺跡。丹波修験は平安末期から室町時代にかけて栄えたという

5 植林帯の中の休憩所まで来ると主稜線まではひと登り

6 多紀アルプスの主峰、御岳山頂は電波施設もあり、展望も今ひとつ

7 小金ヶ岳から下りきった鞍部に立つ道標。福泉寺跡はこの先

8 ガレた谷道から小金ヶ岳登山口まで下るとホッとする

▽乗合タクシーは平日が午前2便で土日祝が1便、復路の最終便は平日・土日祝とも16時台。出発の1時間前までに要予約。日本交通篠山営業所☎079・594・1188。

■問合せ先
篠山観光案内所☎079・552・3380、ウイング神姫篠山営業所☎079・552・1157

■2万5000分ノ1地形図
宮田・村雲

大たわにはトイレや駐車場がある

御岳から大たわへは急階段や岩場が続く

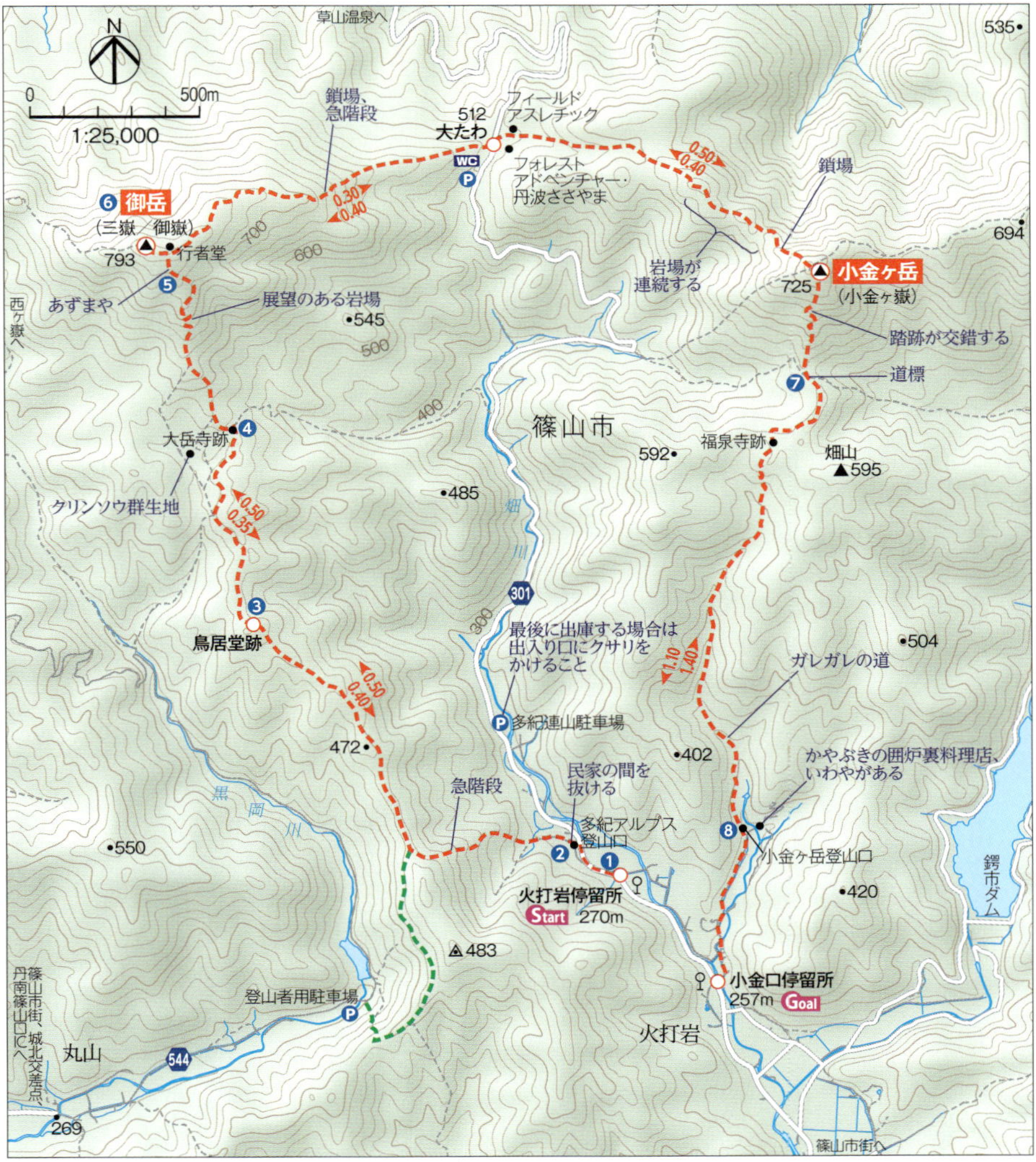

63

魅惑の山並み、播磨アルプスを堪能する

# 高御位山・桶居山

たかみくらやま 304m
おけいやま※ 247m

日帰り

歩行時間＝5時間40分
歩行距離＝12・7km

技術度

体力度

※「おけすけやま」ともよばれる

コース定数＝26

標高差＝289m

累積標高差 1095m 1102m

↑反射板のあるピークから鷹ノ巣山（左）と高御位山（右奥）を望む

←百間岩の登りは高御位山登山の醍醐味のひとつ

高砂《たかさご》市と加古川《かこがわ》市、姫路《ひめじ》市の境にある高御位山山塊は、「播磨《はりま》アルプス」ともよばれ、標高こそ低いが、その俗称に恥じない岩稜と展望が楽しめる山々だ。人気の山塊だけにコース数は豊富。ここでは曽根《そね》駅を起点として、馬蹄形をなす西の尾根の縦走路を歩いて主峰の高御位山を訪ね、西にあるピラミダルな山容の桶居山に足をのばしてみたい。

**JR曽根駅**から北へ、大日《だいにち》池の横を通って国道を横断すると、**豆《まめ》崎《さき》登山口**がある。ひと登りで石室が口を開けた経塚山《きょうづかやま》古墳に出合う。登るにつれ展望が開けて爽快だ。三角点のある**大平山《おおひらやま》（豆崎奥《まめさきおく》山《やま》）**を越え、地徳山《じとくさん》をすぎると、正面に巨大な岩盤の百間岩《ひゃっけんいわ》がそそり立つ。

いったん大下りして**展望台**を経て百間岩に取り付く。決まったルートはないので登りやすいところを登ればよい。登りきって反射板の建つピークを越えて鷹《たか》ノ巣山《すやま》へ。昔は東鷹ノ巣山、鷹ノ巣山と区別されていたが、現在はまとめて「鷹ノ巣山」とよんでいるようだ。ここから少し下ると、左に**桶居山への分岐**がある。

ここはいったん見送って直進し、

■**鉄道・バス**
往路＝JR山陽本線曽根駅が起点駅。帰路＝JR山陽本線ひめじ別所駅から帰途につく。

■**マイカー**
第二神明道路から加古川バイパスに入り高砂北ランプを出て国道2号経由、阿弥陀交差点を右折して鹿嶋神社駐車場（無料）へ。

■**登山適期**
通年だが、日影がないので真夏は避けた方が無難。

■**アドバイス**
▽短めに縦走を楽しむなら、鹿嶋神社を起点にして百間岩に登り、高御位山から南へ向かって鉄塔のあるピークから北山鹿島神社へ下るルートがおすすめ。
▽桶居山に行かずに、高御位山から南へ進んで北山鹿島神社まで歩くと、馬蹄形を一周できる。
▽鹿嶋神社は地元では一願成就の神社として知られる。参道で売られる名物の柏餅はおすすめ。

■**問合せ先**
高砂市観光交流ビューロー☎079・441・8076

■**2万5000分ノ1地形図**
加古川

高御位山を目指す。展望の尾根をアップダウンしながら進む。反射板と展望図のあるピークの先が高御位神社の建つ**高御位山**山頂だ。三角点は神社脇にある。標高300メートルだが、横の大岩が高いので、

## CHECK POINT

新しく国道に面するところに設けられた豆崎登山口

三角点の埋まる大平山から高御位山を見る

鷹ノ巣山の山頂部。三角点の少し東あたりの道標

反射板のあるピークには展望板がある。高御位山山頂はすぐ

登高欲をそそる桶居山が見えてくる

クライミングゲレンデ入口の山神社に下ってくる

標高は304メートルとされている。

山行の後半は桶居山へ。**分岐**まで戻り北へ向かう。巨岩が張り出すピークを越え、ザレの足もとに注意しながら**最低鞍部**に下り、登り返していく。鉄塔の建つピークの北側を巻いて再び尾根に出ると、正面に姿のいい桶居山が見える。桶居山の登りは急だが、標高が低いだけに短い。

**桶居山**を越えてもみごとな岩稜が続く。末端までたどってもいいし、2つ目のピークからも下れるが、ここではひとつ目のピークから下ろう。足もとがややザレているので注意したい。下りきると集落に出て、しばらくで**山神社**がある。この背後の尾根の岩場はクライミングゲレンデとしても有名だ。

集落内を直進するように抜け、国道に出たら左折して**ひめじ別所《べっしょ》駅**を目指す。

（加藤芳樹）

64

名瀑とスリリングな岩の尾根

# 七種山

なぐさやま
683m

日帰り

歩行時間＝3時間35分
歩行距離＝6・6km

技術度
体力度

コース定数＝17
標高差＝451m
累積標高差 782m 904m

七種槍をすぎるとダイナミックな岩峰が続く

七種山は、奈良時代に編纂された『播磨《はりま》国風土記』に、「奈具佐《なぐさ》山《やま》」としてその名が見えるほど、昔から知られた山だ。懐に七種滝を抱き、山麓には推古天皇時代にまで起源が遡るという作門寺《さくもんじ》の山門が残っている。山岳としては、七種山を中心にした馬蹄形の東側に薬師峯《やくしみね》、西側に七種槍《なぐさやり》がそびえ、合わせて「七種三山」とよばれている。三山縦走は上級者向けとなるので、ここでは七種山と七種槍を縦走するコースを紹介しよう。

最寄り駅はJR播但《ばんたん》線の福崎《ふくさき》駅だが、バス便はないのでタクシーで向かう。タクシーの場合は**作門寺山門**まで入ることができる。この先も舗装路が続き、太鼓《たいこ》橋から登山道となる。コース上に虹《にじ》ヶ滝、八龍《はちりゅう》滝と続き、最後に落差72メートルという七種滝が現れる。滝観賞は**七種神社**まで上がるとよい。

七種神社からは、ロープ場を経て七種滝落ち口近くまで行く。ここからは稜線の急登となる。登り着いた**七種山**山頂は展望がないが、その手前に展望抜群の展望岩がある。また、山頂の東側に、深い亀裂の入ったつなぎ岩がある。

山頂からは北へ向かい、町境尾根に出たら右へ。552メートルピークからは急な下り坂となる。いった

■鉄道・バス
往路・復路＝JR播但線福崎駅からタクシー15分で作門寺山門へ。帰りは青少年野外センター前から。

■マイカー
中国自動車道福崎ICを出て播但連絡道方面、福崎北ランプから西へ、福崎駅方面へ。県道406号経由で、8キロ、福崎町立青少年野外活動センター前の里山公園なぐさの森駐車場（無料）へ。

■登山適期
通年登れる。4月中旬にコバノミツバツツジとヒカゲツツジが咲く。紅葉は11月中旬〜下旬。

■アドバイス
▽岩場が濡れていると危険が増すので、雨後や天候の悪い日は要注意。中止という決断も必要。
▽作門寺が転居した七種山金剛城寺が1・5キロ南にある。真言宗の古刹で新西国札所である。
▽福崎駅の北に福ふく温泉があったが、2021年に閉店となった。
▽福崎町は民俗学者・柳田国男の生誕地で、生家や記念館が一般公開されている。月曜休。

■問合せ先
福崎町観光協会☎0790・21・9056、神崎交通タクシー☎0790・22・0043

■2万5000分ノ1地形図
前之庄・寺前

鎖場を下るが、見た目よりは簡単だ

ん緩むが、この先にも急な下り坂がある。しばらくアップダウンを繰り返しながら樹林の中を進み、七種槍への分岐で左に登るとすぐに**七種槍**の山頂だ。

縦走路に戻り、先へ進む。ここから先の岩場が圧巻だ。無理をしなければ見た目ほど危険はないが、鎖場は慎重に通過しよう。鉄塔のあるピークをすぎると、右に下山路がある（**田口奥池分岐**）。岩盤を下ると田口奥池《たぐちおくいけ》に下り立つ。**福崎町青少年野外活動センター**に着いたら予約していたタクシーに乗りこんで福崎駅へ。（加藤芳樹）

水量は少ないが、落差のある七種滝

## CHECK POINT

1 里山公園なぐさの森には広い登山者用の駐車場がある

2 作門寺の山門。元禄時代の建立といわれる

3 七種神社へ登ると、七種滝を正面に見ることができる

4 山頂手前の展望岩。山頂は展望がないのでここでひと休み

5 鉄塔のあるピークの先に下山路を示す道標がある

6 岩盤の道を下りきると、のどかな田口奥池の前に出てくる

65

# 笠形山

## 「播磨富士」の名で知られる播州の名山

日帰り

かさがたやま
939m

歩行時間＝4時間20分
歩行距離＝9・5km

技術度 ▲▲▲▲▲（1/5）
体力度 ♥♥♥♥♥（2/5）

| | |
|---|---|
| コース定数 | ＝21 |
| 標高差 | ＝714m |
| 累積標高差 | ↗955m ↘955m |

仙人滝コースの下山地から見上げる笠の丸（右）

ほうらい岩は展望に恵まれ居心地もよい

北麓から見ると秀麗な姿をしている笠形山は、その昔、京都の愛宕山から眺めると「笠」の形に見えたからその名がついたという。南麓に笠形寺、中腹に笠形神社といった古寺・古社があり、見どころにもこと欠かない。

スタートの**笠形神社コース駐車場**には市川《いちかわ》町買い物バスの寺《じ》家《け》バス停があるが、登山には適さずマイカー利用となる。山の手に向かい、すぐに案内にしたがって左に派生する道に入る。大鳥居のあるところが**登山口**だ。道路をそのままたどってもいいが、並行するように登山道が通じ、笠形寺の下で合流する。笠形寺は7世紀開基という古刹で、樹齢450年ともいうコウヤマキがそびえたっている。

大きな堰堤を越え、しばらくはコンクリート道が続く。**休み堂**を経て八角堂から登山道となる。やがて山中にしては広い境内をもつ**笠形神社**に着く。笠形寺の本堂だったという。拝殿はもと笠形寺の本堂だったという。巨木の夫婦杉もみごとだ。

神社から小尾根の展望所を経由

■鉄道・バス
往路・復路＝登山に利用できるバス便はない。

■マイカー
播但連絡道市川南ランプを出て右折、県道34号経由で寺家の登山者用無料駐車場へ。約11キロ、20分。

■登山適期
4月下旬、山頂付近にアケボノツツジが咲く。新緑は5月上旬～下旬。秋の紅葉は11月中旬から下旬。冬は積雪がある場合が多いので軽アイゼンを携行しよう。

■アドバイス
▽笠形神社の御神木の大桧は1959年に伐り出され、姫路城の心柱に活用された。
▽寺家の南5キロに、かさがた温泉せせらぎの湯☎0790・27・1919がある。月曜休。

■問合せ先
市川町地域振興課☎0790・26・1015

■2万5000分ノ1地形図
粟賀町

して、急坂をこなしてあずまやのある**笠《かさ》の丸《まる》**へ。ここから山頂までは緩やかなアップダウンの尾根歩きで到着する。**笠形山**山頂からの展望は抜群で、北に千《せん》ヶ峰《みね》がゆったりと横たわっている。

下山は**笠の丸**から西へ。アセビが一面に生える鹿《しか》ヶ原《はら》からほうらい岩へ。**ほうらい岩**は少し登山道からはずれるが、展望がよいのでぜひ立ち寄りたい。ただし、手前の急坂は要注意だ。

続いて高度感のあるトラバースをしながら仙人滝に向かう。仙人滝は岩壁を流れる滝で、水量は多くないが、江戸時代に姫路藩主が雨乞いのために、領民を千人参らせたために名づけられたという歴史ある滝だ。

流れを横切り登山道を進むと**林道**に下る。あとは長い林道歩きで、**仙人滝コース登山口**を経て**駐車場**に戻る。（加藤芳樹）

## CHECK POINT

1 寺家の広い登山者用駐車場に車を停めて出発

2 笠形寺の蔵王堂は市川町の有形文化財に指定されている

3 大きな笠形神社の拝殿。もとは笠形寺の本堂だったという

4 笠の丸にはあずまやがある。山頂までは約20分ほど

5 落差35㍍の仙人滝。まだこの上部に滝が連続する

6 仙人滝コースの登山口にも駐車場が用意されている

66

# 千ヶ峰

せんがみね
1005m

## 北播磨の1000メートル峰のスカイラインを歩く

日帰り

歩行時間＝4時間35分
歩行距離＝11.1km

技術度
体力度

コース定数＝21
標高差＝829m
累積標高差 902m 892m

ひとつ目の展望棟手前から千ヶ峰山頂を見る

播州《ばんしゅう》では、標高1000メートルを超えて登山対象として親しまれている山は少ない。山頂が草原状になっている千ヶ峰は抜群の展望を誇り、手軽な稜線漫歩が楽しめる山として人気が高い。旧加美《かみ》町と旧中《なか》町が合併して多可《たか》町となって以降、「多可の天空を歩く」がキャッチフレーズとなっている。

**門村《かどむら》バス停**から少し北に行き、千ヶ峰の案内にしたがって左折する。三谷《みたに》川に沿って山の手に向かうが、キャニオンキャンプ（旧ハーモニーパーク）手前のログハウスのあるヘアピンカーブで直進する林道に入り、登りきると広々とした駐車場とトイレのある**三谷登山口**に着く。

植林のなかを歩きはじめると右手にナメ滝の三谷雌滝が見える。雌滝の上で雄滝を見上げながら橋を渡り、今度は左手に雄滝を見ながら上がっていく。植林が途ぎれてからが、三谷渓谷の真骨頂で、苔むした沢が美しい。最後に左岸から右岸へ橋で渡ると、再び植林となり、急坂が続く。**岩座神《いさりかみ》コースとの分岐**を左に見て、さらに登る。ロープが続くようになると、山頂は近い。

三谷大滝の雄滝

「南妙法蓮華経」の石柱が立つ**千ヶ峰**山頂からの展望は抜群で、360度。南西の尾根は笠《かさ》

■鉄道・バス
往路＝JR加古川線西脇市駅からウイング神姫バス52分で門村バス停へ。
復路＝丹治バス停からウイング神姫バス55分で西脇市駅へ。

■マイカー
中国自動車道滝野社ICから国道175号を北へ。西脇市街を経由して国道427号を北上、門村で案内表示にしたがい三谷登山口駐車場（無料）へ。市原峠には5台ほど停められる駐車スペースがある。

■登山適期
新緑は4月下旬から5月中旬、紅葉は11月上旬から中旬。冬季は積雪があり軽アイゼンは必携。

■アドバイス
▽土・日曜・祝日はバスの便数が少なくなる。ウイング神姫バス西脇営業所☎0795・22・2786。
▽山頂直下のロープ場は植林帯の中に踏跡もある。
▽三谷コースを下山する場合、濡れた岩場もあるので足もとには注意しよう。

■問合せ先
多可町商工観光課☎0795・32・4779

■2万5000分ノ1地形図
丹波和田

形山《がたやま》へ続く縦走路。ここでは北東に向かう尾根を歩いて市原《いちはら》峠に向かう。おおむねススキと灌木からなる見晴らしのいい尾根歩きが楽しめる。屋根付きの展望棟の手前

南方から千ヶ峰を望む。右のピークが千ヶ峰

## CHECK POINT

1 国道沿いの門村バス停から登りはじめる。登山口まで道路歩き

2 キャニオンキャンプ手前のヘアピンカーブを直進する

3 広い駐車場とトイレのある三谷登山口をスタート

4 雌滝のすぐ上で上流部に雄滝を見ながら橋を渡る

5 谷を離れると植林帯の急登が続く。岩座神コース分岐はもうすぐ

6 稜線上には展望棟が２つ設置されている

7 ２つ目の展望棟手前から見ると千ヶ峰の姿がいい

8 市原峠から下ると二本杉の石祠の前に下り立つ

9 この分岐を見逃さないように。林道を歩くとかなり遠回り

あたりで振り返ると千ヶ峰の山頂が見えるが、三角点峰に建てられた2つ目の展望棟の手前からは山頂が三角錐に見えてかっこいい。下りついたところが**市原峠**だ。

下山は車道に出る手前の踏跡を下る。二本杉で林道に出て右に行くと石に囲まれた白い看板があり、ここで左の沢道に入る。やや荒れた道を下ると、林道の下に出る。あとは舗装路を下って国道沿いの**丹治バス停**へ。　（加藤芳樹）

登山者が集う千ヶ峰のピーク

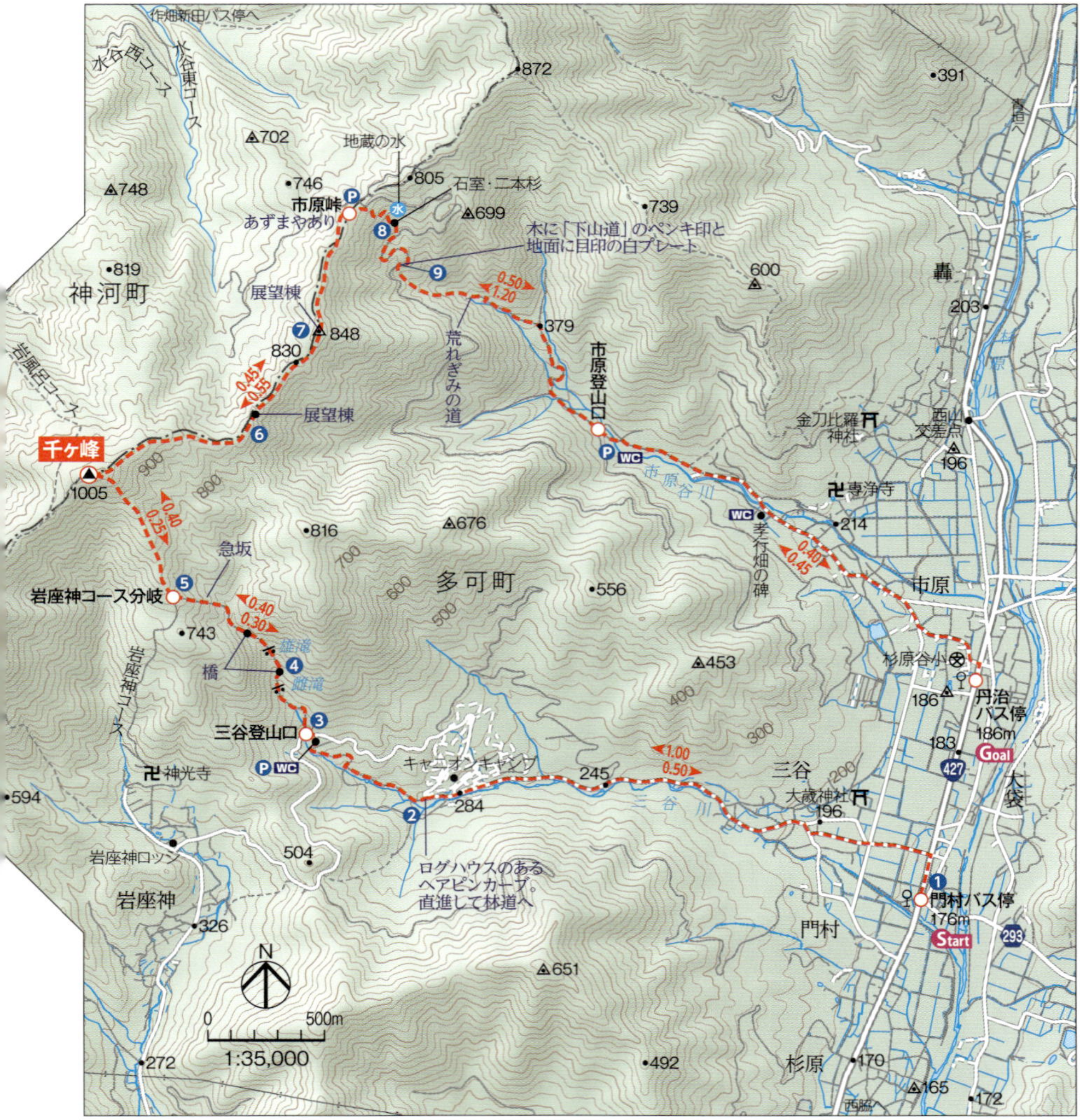

←展望岩から見上げる雪彦山（洞ヶ岳）。岩場は昭和初期にＲＣＣが開拓

←頂上へは鎖場がいくつもあり、手足を使う険しい登りが続く

# 67 雪彦山

関西屈指の岩の殿堂に登る

せっぴこさん

950m（鉾立山）

日帰り

歩行時間＝4時間45分
歩行距離＝6・4km

技術度 ■■■□□

体力度 ■□□□□

コース定数＝19

標高差＝668m

累積標高差 ↗849m ↘849m

もともと雪彦山は、大天井岳《おおてんじょうだけ》、三峰岳《みつみねだけ》、不行岳《ゆかずだけ》、地蔵岳《じぞうだけ》を合わせた「洞《ほら》ヶ岳《たけ》」を指すが、今は雪彦山三角点（三辻山《みつじやま》）、鉾立山《ほこたてやま》の三山の総称として使われている。ちなみに現在最高峰のピークを鉾立山とよんでいるが、本来は賀野《かの》神社北西の中腹にあるピークをよんだらしい。古くから岩登りのゲレンデとして知られるが、出雲岩《いずもいわ》コースは一般登山者でも岩登りの楽しさに触れることができる。下山路もいくつかある。

最寄りのバス停は寺河内《てらごうち》だが、登山口まで1時間かかるうえ、最寄り駅も遠すぎてタクシーで向かうにも実質的ではないので、マイカー登山となる。

**駐車場**から歩くとすぐに登山口がある。のっけからいきなりの急

■鉄道・バス
往路・復路＝最寄りの福崎駅からは約30キロ。姫路駅から寺河内バス停まで神姫バスと姫路市コミュニティバス（平日のみ）で約1時間（前之庄乗り換え）。登山口へ徒歩1時間。

■マイカー
中国自動車道夢前スマートICから福崎方面へ。県道23号を西へ。前之庄西交差点を右折し、県道504号を北上して雪彦山登山口駐車場（無料）へ。約10キロ、20分。

■登山適期
通年。4月下旬ごろから山頂付近にアケボノツツジが咲く。紅葉は11月中旬から下旬。

■アドバイス
▽出雲岩コースの鎖場は迂回路がないので、慎重にたどるように。
▽上級コースは、20メートル以上の鎖場があり、鎖場以外も足もとが悪い坂が続く。岩登りに自信があれば、地蔵岳の上にも立てるが、虹ヶ滝近くの鎖場も足もとが濡れていてすべる。滑落事故も起きているので注意。

■問合せ先
姫路市観光コンベンション室☎079・221・2116、神姫バス姫路営業所☎079・288・1744、姫路市コミュニティバス☎079・221・2860

■2万5000分ノ1地形図
寺前

オーバーハングした巨大な出雲岩

出雲岩の上の覗岩からの眺め

登で、岩場というほどの箇所はないが、手を使うシーンもある。展望岩まで登ると目の前に雪彦山の雄姿を望むことができる。

尾根道を登りつめ、ようやく山腹道となると出雲岩は近い。途中、ロープのはられた箇所もある。**出雲岩**はオーバーハングした岩壁で、その迫力に思わず歓声が上がる。

出雲岩を回りこむようにして鎖場をひと登りすると、覗岩《のぞきいわ》に出る。ここは出雲岩の上だ。正面に播磨《はりま》富士・明神岳《みょうじんだけ》の特徴ある姿が見える。狭いセリ岩をすり抜けると、鎖場が連続する岩場、馬ノ背になる。岩場をよじ登るようにしてグイグイと高度を上げると、**大天井岳**の山頂だ。

山頂から急坂を下り、登り返す。天狗岩《てんぐいわ》の先のピークで直進すると

## CHECK POINT

1

バスが廃止されてからはマイカー登山の山になった

2

駐車場のすぐ上に登山口がある。のっけから急登だ

3

出雲岩の先の鎖場。足もとがすべりやすいので注意

4

大天井岳の山頂。祠が建っている

5

雪彦山三角点峰。昔は「三辻山」といういい方もした

6

雪彦山最高点・鉾立山の山頂。本来の鉾立山とは別のようだ

7

林道を横断して雪彦川沿いへ。下りはじめは注意しよう

8

雪彦川の名瀑のひとつであるナメ滝

上級コースになるので、左に上がる道（三角点方面）に進む。道は一転して穏やかな道になる。尾根通しに進み、大岩の横を通ると雪彦山の三角点は近い。

**三角点**をすぎ、次は展望板のある鉾立山へ。次のジャンクションピークを越えると**林道**に出て、崩落した場所に下山口が開いている。植林帯を下ると谷筋に出る。倒木で荒れているが、道はしっかりしている。快適な道を谷沿いに下る。ナメ滝をすぎ、道が岩混じりになると**虹《にじ》ヶ滝**に出る。滝の前で沢を渡り、山腹道を進み、**大曲り**から再び谷筋に下って進むと、登山口に戻る。（加藤芳樹）

洞ヶ岳の岩場を背に大曲りへ向かう

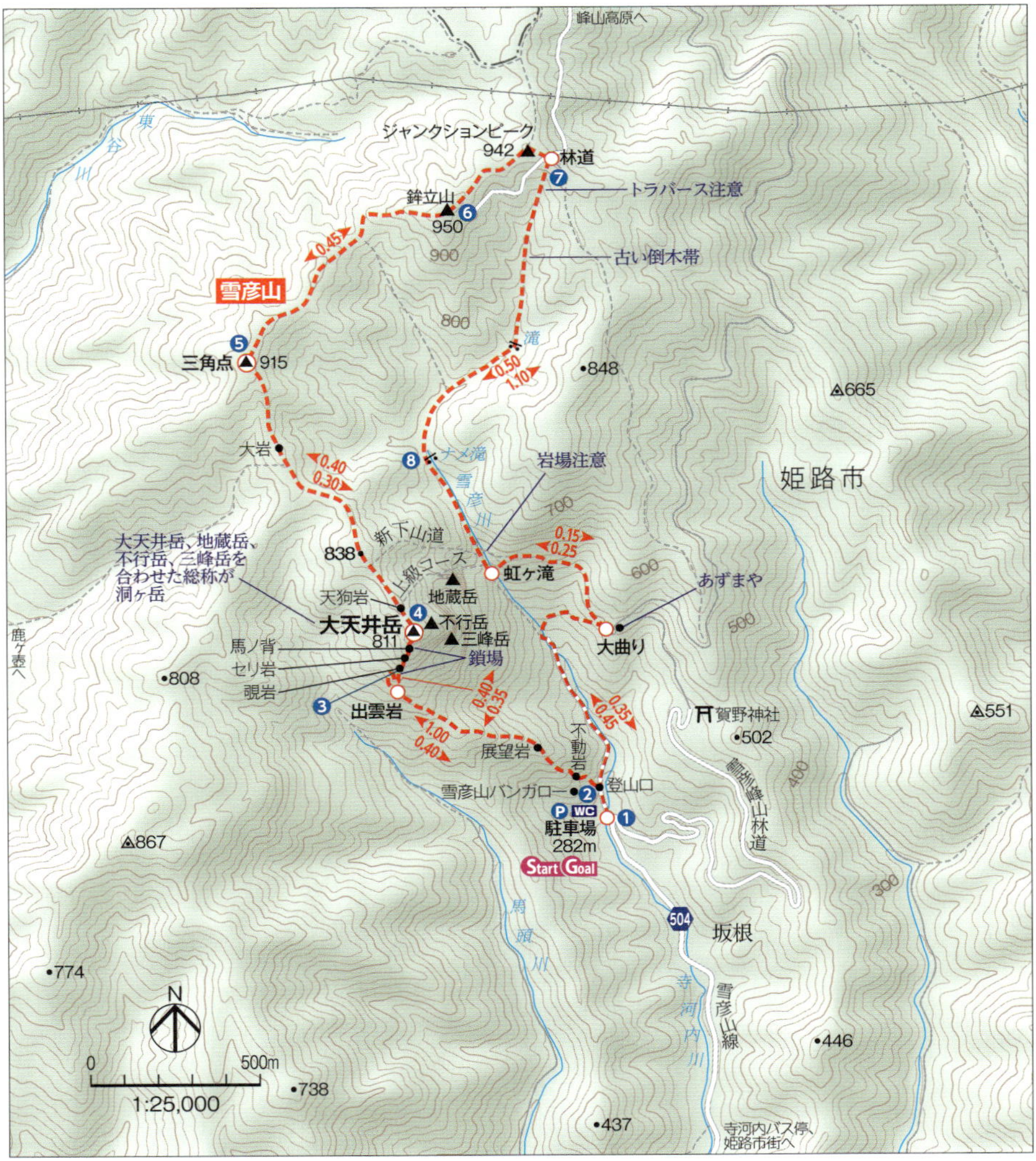

# 68 段ヶ峰

広大無辺の草原を歩くプロムナード

だんがみね
1103m

日帰り

歩行時間＝5時間20分
歩行距離＝12・2km

技術度 1/5
体力度 1/5

コース定数＝23
標高差＝543m
累積標高差 ↗902m ↘902m

↑達磨ヶ峰を越えて、草原台地となった段ヶ峰へ向かう

←フトウガ峰手前の大岩のある場所は最高の休憩場所

生野《いくの》高原に横たわる段ヶ峰は、顕著なピークではないが、広大な草原が広がり、関西では類を見ない広々とした風景が魅力の山だ。コースの距離は長いが、一度稜線に上がってしまうとアップダウンも緩やかなので、思う存分爽快な山歩きが堪能できる。

起点の**縦走コース登山口**へはマイカーやタクシーは直接入れるが、朝来市デマンド型乗合交通（要予約、日曜・祝日運休）の場合は生野駅から生野高原カントリークラブへ行き、徒歩約5分で登山口へ。

雑木林を登りはじめるとすぐに稜線に達する。周囲がススキに囲まれ、後方の展望が開けてくると達磨《だるま》の肩《かた》に着く。急坂はここまでで、緩やかに登ると**達磨《だるま》ヶ峰《みね》**に着く。そのまま進むと、前方にフトウガ峰《みね》から段ヶ峰にかけての台地が広がっている。

ススキに囲まれた道を下りきり、第二峰を越え、樹林に入る。いっ

■鉄道・バス
往路・復路＝JR播但線生野駅からタクシーで縦走路コース登山口へ。

■マイカー
中国道福崎ICから播但連絡道に入り、生野ランプで降り、右折して橋を渡ってすぐ右折しゴルフ場に向かう。ゴルフ場手前で右折すると縦走コース登山口で、無料駐車場がある。

■登山適期
ススキが見ごろを迎える10月中旬ごろがおすすめ。冬は積雪があり、スノーシューが楽しめる。

■アドバイス
▽生野駅から縦走コース登山口まで徒歩で約1時間。
▽最短ルートは千町峠からだが、フトウガ峰東の巨岩あたりまでは足をのばしたい。このルートは下山に使えるが、林道歩きが長くなる。

■問合せ先
朝来市観光交流課☎079・672・4003、生野タクシー☎079・679・3156、朝来市デマンド交通☎079・666・8170

■2万5000分ノ1地形図
神小畑・但馬新井

段ヶ峰山頂近くからフトウガ峰方面を望む

## CHECK POINT

駐車場のある登山口からしばらくは雑木林が続く

最初のピーク、達磨ヶ峰山頂にはススキが繁茂している

フトウ谷の分岐。帰りはここから尾根を下る

段ヶ峰山頂。三角点はもう少し北のピークにある

杉谷コースを下りきると谷に出る。林道はすぐ

長い林道歩きだが、ロケーションはおおむね気持ちがよい

たん下り、植林のピークを越えると**最低コル**、登り返すとササ原に灌木、巨岩が点在するフトウガ峰の肩に着く。開放感あふれ、先に進むのが惜しまれるような場所だ。フトウガ峰はその先すぐ。

**フトウガ峰**の直下で左に杉谷《すぎたに》コースを分けるフトウ谷分岐を見送り、いったん高度を下げて湿地を抜ける。続いて緩やかに高度を上げていくと**段ヶ峰**山頂に着く。

下山はフトウ谷分岐から杉谷コースを下る。幅の広い気持ちのいい尾根道だが、下部はなかなかの急坂だ。足もとがガレてくると谷に下り着き、**林道**に飛び出す。

あとは長い林道歩きで**縦走コース登山口**へ戻る。 （加藤芳樹）

＊コース図は200㌻を参照。

N
0
500m
1:30,000
三角点は登山道で
北にはずれる
湿地
巨石が点在
フトウガ峰
1082
フトウ谷分岐
フトウガ峰の肩
1072
1103
段ヶ峰
宍粟市
1076
1064
926
860
968
891
692
1000
900
杉谷コース
（杉谷コース
登山口）
林道
倉谷橋
ロープのある急坂
最低コル
植林
915
889
534
栃原川
第二峰
菖蒲沢
達磨ヶ峰
913
一帯は
ススキ草原
達磨の肩
分岐注意
655
836
888
605
724
800
700
619
倉谷コース
538
470
786
569
SUGOMoRI
リゾート生駒高原
生野高原CC
Start Goal
縦走コース
登山口 560m
540
600
栃原
500
860
倉谷川
少林寺
400
894
415
朝来市
339
423
609
39
330
324
506
392
548
長谷へ
生野ランプ、生野駅へ
0.40
0.40
1.00
0.40
0.30
0.45
0.45
0.30
1.10

コシキ岩の上から登ってきた稜線を見る

69

# 氷ノ山

ひょうのせん

1510m

## 但馬の自然をたっぷりと楽しめる兵庫県最高峰

日帰り

歩行時間＝8時間25分

歩行距離＝17・5km

技術度

体力度

コース定数＝**36**

標高差＝939m

累積標高差 1437m 1437m

氷ノ山は、兵庫・鳥取県境に横たわるゆったりと大きな山。その堂々とした姿は、まさに但馬《たじま》の主で、京阪神の登山者には昔から親しまれてきた名山中の名山だ。但馬生まれの昭和初期の登山家・加藤文太郎は、但馬の山々を日本アルプスになぞらえたが、その象徴という意味だろうか、氷ノ山を「兵庫槍」とよんでいる。ところで、「ひょうのせん」または地形図に併記されている「須賀《すが》ノ山《せん》」は鳥取県側のよび名で、兵庫県側では「ひょうのやま」とよばれていた。

**氷ノ山鉢伏口《はちぶせぐち》バス停**から左に下る道に入り、登山口の**福定《ふくさだ》親水公園**へ。ここには駐車場とトイレ、登山届箱、キャンプ場がある。

遊歩道を谷に沿って奥に進むと、右手に兵庫の山々を紹介したことで知られる多田《ただ》繁治を顕彰する多田ケルンがある。その先で荒れた川筋をたどり登山道に入ると、やがて正面に布《ぬの》滝が見えてくる。滝を正面に見る橋の手前で左へ、ここからが本格的な登り。つづら折りに急坂を登り、ようやく

＊コース図は204・205ジペーを参照。

コシキ岩を越えて山頂へ。三角屋根の避難小屋が目印になる

傾斜が緩くなると、広場になった場所に**地蔵堂**が建つ。

しばらくは緩やかだが、やがてまた急坂になる。この急坂を登りきると主稜線上の**氷ノ山越**《ごえ》にたどり着く。ここからの登りは先ほどまでと比べると緩やかで、みごとなブナ林の中を進んでいく。

やがて正面に山頂が見えはじめるが、その手前の岩頭がコシキ岩だ。その手前で仙谷《せんだに》コースを右に見送り、北側を巻くようにしてコシキ岩を越える。ちなみに、越えたところで踏跡をたどれば岩の上に立てる。さらに登り続けると、避難小屋のある**氷ノ山**山頂だ。さすがは但馬の主峰、360度の展望が広がる。

余力があれば、山頂から南に三《さん》ノ丸《まる》を目指そう。ササが高いので周囲の展望は見えにくいが、三ノ丸に近づくにつれて背後の展望がよくなる。氷ノ山を見るには**三ノ丸**がおすすめだ。

**氷ノ山**山頂に戻り、東へ。高層湿原の古生沼《こせぬま》をすぎ、杉の古木が立ち並ぶ古千本《こせんぼん》を抜けると、東尾

■鉄道・バス
往路・復路＝JR山陰本線八鹿駅から全但バス23分で氷ノ山鉢伏口バス停へ。

■マイカー
舞鶴若狭自動車道春日ICから北近畿豊岡自動車道八鹿氷ノ山ICを出て、国道9号を鳥取方面へ。関神社前交差点で左折し、県道87号で福定親水公園駐車場へ（無料）。ICから約23㌔、約30分。

■登山適期
ゴールデンウィークは例年残雪が多い。ブナの新緑は5月中・下旬ごろ。紅葉は10月下旬ごろ。冬は山スキー、スノーシューが楽しめるが、鳥取県側からがポピュラー。

■アドバイス
▽京阪神から公共交通機関を使っての日帰りは難しい。前夜、福定の民宿あるいは八鹿駅周辺で宿泊する。
▽長時間の行動になるので、体力的に難しいようであれば三ノ丸への登山はカットしよう。
▽何箇所か水場があるが、涸れることもあるので、飲料水はしっかりともっておきたい。

■問合せ先
氷ノ山鉢伏観光協会☎079・660・2024、全但バス八鹿営業所☎079・662・6151

■2万5000分ノ1地形図
氷ノ山

根分岐の**神大《しんだい》ヒュッテ**に着く。ここで左に折れ、谷を絡みながら山腹道を下っていく。ブナの美林をすぎ、**避難小屋**で左に下ると**東尾根登山口**出る。あとはスキー場の道をたどり、**親水公園**に下ればよい。

（加藤芳樹）

山頂には三角点の横に避難小屋が建っている

## CHECK POINT

1 実質的なスタート地点となる福定親水公園。キャンプもできる

2 氷ノ山の名瀑のひとつ、布滝。ここから本格的な登りに

3 尾根の中間地点の地蔵堂。氷ノ山越は伊勢参りの道だった

4 氷ノ山越で主稜線に出る。この向こうは鳥取県だ

5 三ノ丸まで足をのばすと、氷ノ山ののびやかな姿が見える

6 杉の古木が林立する古千本を抜けていく

7 東尾根の分岐点に建つ神大ヒュッテ。一般には非公開

8 東尾根登山口の分岐にも避難小屋が建っている

9 東尾根登山口に下りてきた。あとはスキー場の道を下る

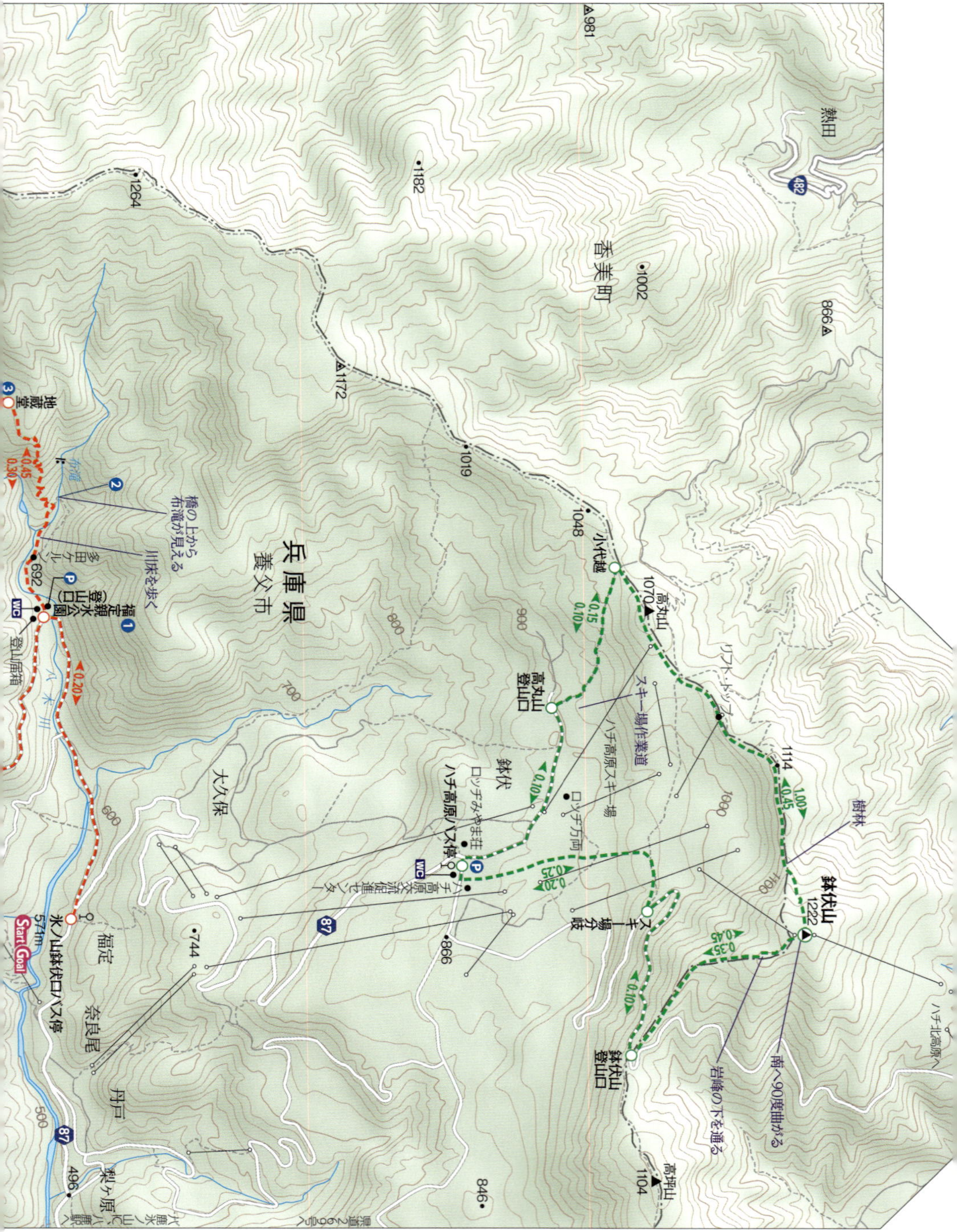
兵庫県
養父市
香美町
熱田
鉢伏山
1222
高丸山
1070
小代越
高丸山登山口
鉢伏山登山口
スキー場分岐
ハチ高原バス停
ロッヂみやま荘
ハチ高原スキー場
スキー場作業道
ロッヂ万両
リフトトップ
樹林
南へ90度曲がる
岩峰の下を通る
ハチ北高原へ
高坪山
1104
ハチ高原交流促進センター
鉢伏
大久保
福定
奈良尾
丹戸
梨ヶ原
氷ノ山鉢伏口バス停
574m
Start
Goal
福定親水公園（登山口）
登山届箱
川床を歩く
多田ケ谷
橋の上から布滝が見える
布滝
地蔵堂
八木川
県道269号へ
氷ノ山IC 八鹿へ

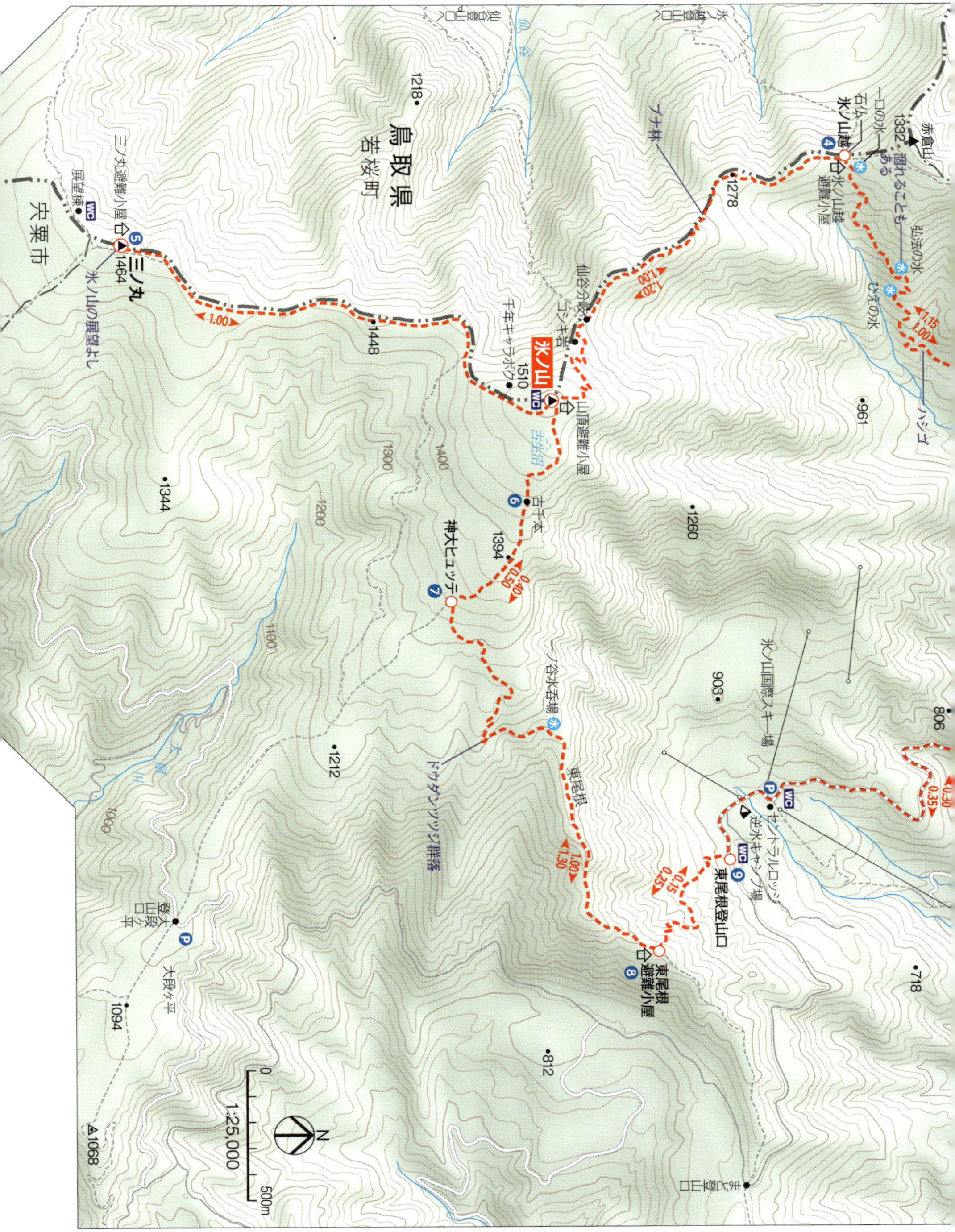

鳥取県
若桜町
宍粟市
氷ノ山
三ノ丸
1464
三ノ丸避難小屋
展望棟
氷ノ山の展望よし
氷ノ山越
氷ノ山越避難小屋
赤倉山
1332
一口の水
石仏
涸れることもある
弘法の水
ひえの水
ハシゴ
ブナ林
1278
1218
仙谷
仙谷分岐
コシキ岩
千年キャラボク
1510
山頂避難小屋
古生沼
古千本
1394
神大ヒュッテ
一ノ谷水呑場
ドウダンツツジ群落
東尾根
東尾根避難小屋
東尾根登山口
セントラルロッジ
氷ノ山国際スキー場
1448
1344
1260
961
903
806
718
812
1212
1094
1068
1400
1300
1200
1100
1000
大屋川
大段ヶ平
大段ヶ平登山口
1.00
1.20
1.30
1.15
1.00
0.40
0.50
1.00
1.30
0.15
0.25
0.30
0.35
1:25,000
0
500m
N

# 70 蘇武岳

## 植村直己ふるさとの山で巨樹とブナ林を堪能する

日帰り

そぶだけ
1074m

歩行時間＝5時間25分
歩行距離＝10・9km

技術度

体力度

コース定数＝**24**

標高差＝761m

累積標高差 1051m 1051m

↑万場スキー場と大杉山を見る。蘇武岳は左の方で見えていない

←展望抜群の蘇武岳の頂上。正面の山並みは扇ノ山だ

蘇武岳は豊岡《とよおか》市日高《ひだか》町のスキー場で知られる神鍋《かんなべ》高原にある。植村直己のふるさとの山としても有名だ。コースは豊岡市側、香美《かみ》町側といくつかあるが、近年は巨樹が楽しめる豊岡市側のコースが人気だ。

**万場《まんば》バス停**でバスを降り、万場スキー場へ向かう。スキー場手前の**天神社《てんじんしゃ》**近くにトイレと案内板のある登山者用駐車場がある。車道をスキー場へ向かい、ゲレンデを横目に進んで、**万場登山口**から川沿いの登山道に入る。

やがて川は二股に分かれるが、左の谷に入る。口《くち》の滝を見て中《なか》の滝まで来ると大杉山《おおすぎやま》への登山道が左に**分岐**するが、そのまま直進して巨樹コースに入ろう。その先で左の夫婦カツラを見て、みごとな

■**鉄道・バス**
往路・復路＝JR山陰本線江原駅から全但バス約25分で万場バス停へ。
■**マイカー**
舞鶴若狭自動車道春日ICから北近畿豊岡自動車道日高神鍋高原ICを出て、国道482号を西へ、「八反滝」看板のある三差路を左に入り、万場スキー場へ。天神社横に登山者用駐車場がある。
■**登山適期**
新緑は5月初旬から、紅葉は11月初旬～中旬。冬季は完全な雪山になる。
■**アドバイス**
▽大杉山九合目あたりから北にのびる尾根上にみごとなあがりこブナがある。ルートは急斜面のある上級者向け。

大杉山の支脈にあるあがりこブナ

頂上直下の鞍部から蘇武岳山頂を見る

谷をつめていく。何本も株が分かれたカツラ親分を見ると、右上にトチの巨木が目に入る。巨木の先からは斜面の急登だ。急斜面だがブナ林が美しい。再び谷筋に入り、つめていくと**名色《なしき》コース分岐**に着く。

分岐は右へ。雪の重みで斜めになった灌木帯をすぎると背の高いブナが林立する尾根になる。主稜線手前まで来ると**大杉山分岐**がある。ここを左にとって主稜線を進んでいく。山頂の見える鞍部に出たら、直登せずに、いったん山頂の南まで出て**蘇武岳**山頂へ。展望

▽道の駅神鍋高原に神鍋温泉ゆとろぎ☎0796・45・1515がある。

■問合せ先
日高神鍋観光協会☎0796・45・0800、全但バス豊岡営業所☎0796・23・2286

■2万5000分ノ1地形図
栃本・神鍋山

## CHECK POINT

1

万場の登山者用駐車場。近くの天神社には大トチがある

2

万場スキー場の奥にある巨樹コースの登山口

3

巨樹（谷）コースと尾根コースの分岐にある中の滝

4

名色コース分岐で蘇武岳へ続く尾根に出る

5

鞍部から頂上へ直登せずに回りこむと登頂歓迎の柱が立つ

6

大杉山山頂直下の大杉。巨樹を見てきたので小ぶりに見える

は広大で、西には氷《ひょう》ノ山《せん》から扇《おうぎ》ノ山《せん》のなだらかな山並が横たわっている。

下山はいったん**大杉山分岐**まで戻り、次に大杉山を目指す。コブごとに一ツ山から四ツ山まで名前がつけられたアップダウンを繰り返して**大杉山**に着く。

大杉山からは東へ道をとる。すぐにりっぱな杉があるが、登りで見た巨木に比べるとやや見劣りする。ここから九合目までは急坂だ。ブナ林を尾根伝いに下り、最下部で右にカーブしていくと中の滝の**分岐**に着く。

あとは**万場バス停**を目指すだけだが、道の駅まで足をのばせば温泉がある。

（加藤芳樹）

大杉山へと向かう道もブナ林が続く

# 71 淡路島の最高峰とスイセンを楽しむ
# 諭鶴羽山
ゆづるはやま 608m

日帰り

歩行時間＝3時間25分
歩行距離＝11・6㎞

技術度 ■□□□□
体力度 ■□□□□

コース定数＝17
標高差＝565m
累積標高差 ↗675m ↘715m

↑沼島から見た諭鶴羽山

←諭鶴羽山とぜひ組み合わせて訪れたい灘黒岩水仙郷

　諭鶴羽山は瀬戸内最大の島・淡路《あわじ》島の最高峰だ。古くからの信仰の山で、山岳修験が盛んだった山でもある。現在、その参道は「諭鶴羽古道」として整備され、丁石地蔵に導かれる風情あるハイキングが楽しめる。南麓には500万本のスイセンが自生する灘黒岩水《なだくろいわすい》仙郷《せんきょう》があり、季節ならぜひ組み合わせて、花と島の山旅を味わいたい。

　最寄りバス停の**市《いち》バス停**角をそのまま南へ、延々と直進する。登山口まで1時間はかかるので、タクシーを使うのも手だ。バス停のそばに淡路交通の営業所があるが、予約はしておこう。

　南あわじ市サイクリングターミナルの先で、諭鶴羽ダムを渡り、**裏参道登山口**へ。階段を上がり、

■鉄道・バス
往路＝JR神戸線舞子駅から徒歩10分の高速舞子バス停から淡路交通高速バス34分（便により43分）で洲本ICバス停へ。島内バスに乗り換え33分で市バス停へ。
復路＝黒岩または水仙郷から洲本市コミュニティバス上灘・沼島線53分で洲本バスセンターへ。淡路交通高速バスに乗り換え57分（便により1時間2分）で高速舞子バス停へ。
■マイカー
神戸淡路鳴門自動車道洲本ICから国道28号を西へ、円行寺交差点を左折して県道535号に入り、諭鶴羽ダムへ。ダム周辺の公園に無料駐車場がある。
■登山適期
通年。スイセンの見ごろは12月上旬～2月上旬。
■アドバイス
▽島内の交通はバスのみ。復路の黒岩からのバスは本数が少ないので、事前に調べておきたい。淡路交通洲本営業所☎0799・22・0808、洲本市コミュニティバス☎0799・24・5151（洲本観光タクシー）。タクシーは淡路タクシー☎0799・22・1330。
▽灘黒岩水仙郷の開園期間は12月下旬～2月下旬（期間中無休）、入園有料、灘黒岩水仙郷☎0799・56・0720。

山頂から沼島を見下ろす

大阪湾の展望が広がる諭鶴羽山山頂

ひと登りすると尾根に出る。左へ折れると古道のはじまりだ。

古道は緩やかで快適な尾根道。**神倉**《かみくら》**神社**をすぎ、丁石地蔵に見守られながら進む。道中には近畿自然歩道の道標があるので迷うことはない。淡々と歩いていくと、展望抜群の**諭鶴羽山**山頂に着く。山頂は諭鶴羽神社の御旅所だ。

下山は直進方向に進み、電波塔を経て**諭鶴羽神社**に下っていく。神社前から古道の標識にしたがって表参道に入る。裏参道と違い、こちらはいっきに下っていく。古道の名残の解説板などを読みながら、獣避けゲートを出ると**表参道登山口**に下り着く。舗装路を下ると、鳥居があるが、ここは諭鶴羽山の遥拝所で、振り返ると山頂の電波塔が見える。海岸沿いの県道に出たら左へ向かうと、**灘黒岩水仙郷**にたどり着く。

（加藤芳樹）

■問合せ先
諭鶴羽神社社務所（諭鶴羽古道）☎090・3990・5334、南あわじ市商工観光課☎0799・43・5221

■2万5000分ノ1地形図
諭鶴羽山・広田

## CHECK POINT

1 諭鶴羽ダムの対岸に渡ると裏参道の登山口がある

2 神倉神社の横にはさまざまな石仏が祀られている

3 裏参道は緩やかで気持ちのよい尾根道が続く

4 諭鶴羽神社は古くは山岳修験の道場として栄えた

5 神社の境内には展望台もある。ぜひ立ち寄ってみよう

6 表参道には史跡が点在している。これは柴折り地蔵

7 杖が散乱している表登山道の登山口へ下ってきた

8 海に出る直前の鳥居は諭鶴羽神社の遥拝所だ

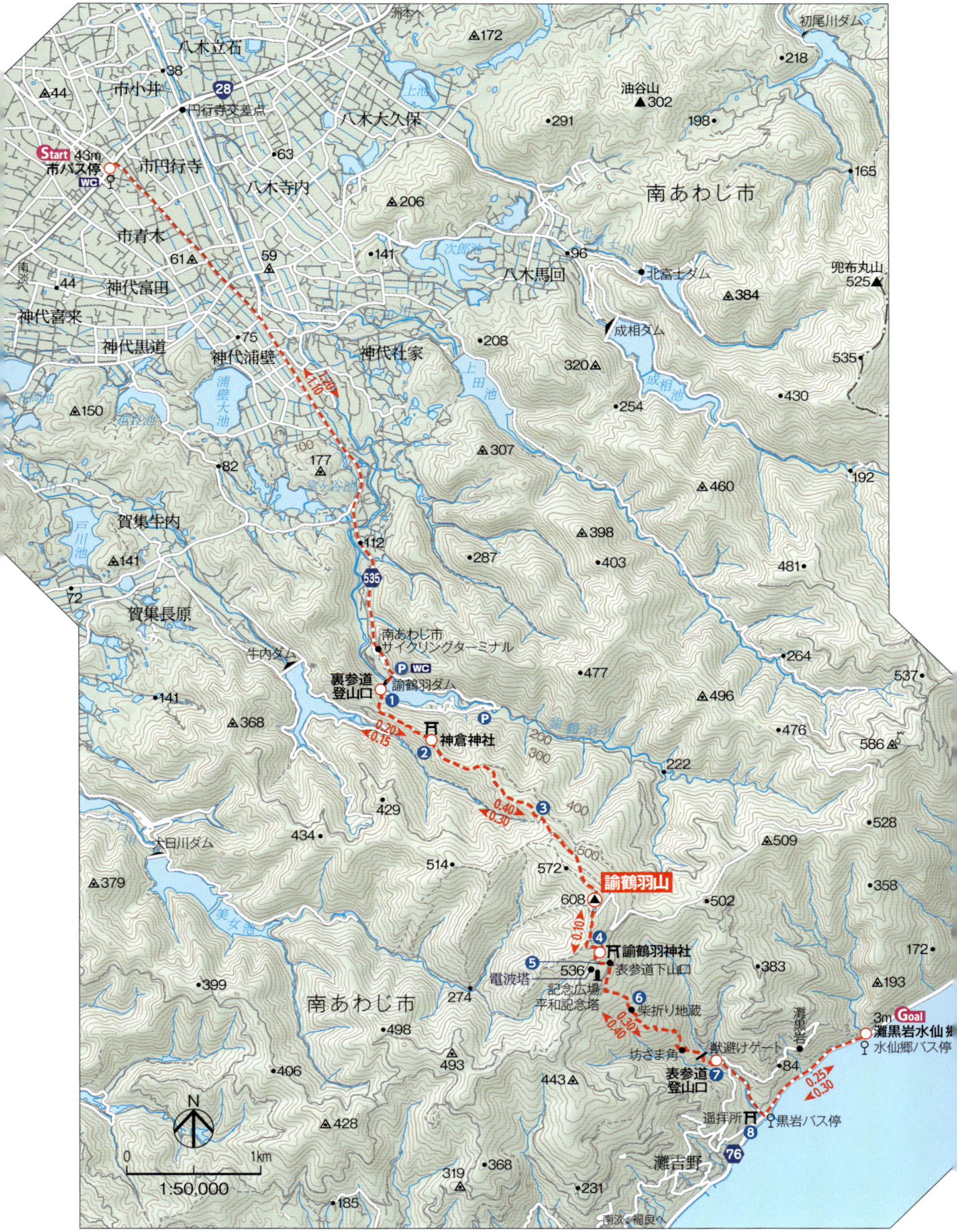
Start
43m
市バス停
WC
市円行寺
八木立石
市小井
円行寺交差点
八木大久保
八木寺内
市青木
神代富田
神代喜来
神代黒道
神代浦壁
浦壁大池
神代社家
次郎池
八木馬回
北富士ダム
成相ダム
成相池
上田池
油谷山
302
兜布丸山
525
南あわじ市
賀集生内
戸川池
賀集長原
南あわじ市
サイクリングターミナル
牛内ダム
裏参道
登山口
諭鶴羽ダム
神倉神社
大日川ダム
美女池
諭鶴羽山
608
諭鶴羽神社
表参道下山口
電波塔
536
記念広場
平和記念塔
柴折り地蔵
坊さま角
獣避けゲート
表参道
登山口
遥拝所
黒岩バス停
灘吉野
灘黒岩
3m
Goal
灘黒岩水仙郷
水仙郷バス停
初尾川ダム
南あわじ市
南淡・福良へ
N
0
1km
1:50,000

# 概説 奈良県の山 —— 小島誠孝

『古事記』に倭建命（ヤマトタケル）が故郷を思って歌ったとして、「倭《やまと》は国の真秀《まほ》ろば 畳《たた》なづく青垣《あおかき》 山籠《やまこも》れる倭し麗し」と記されているように、奈良県は大阪府、京都府、和歌山県、三重県と府県境をなし、そのすべてが山脈に囲まれた「山国」である。

地理的には紀伊《きい》半島の中央部に位置し、脊梁をなす大峰《おおみね》山脈や台《だい》高《こう》山脈、金剛《こんごう》・生駒《いこま》山系、室生《むろう》・倶留尊《くろそ》山系など、世界文化遺産や国定公園に指定された山や高原、渓谷や丘陵が美しい自然環境をつくっている。渓谷では長瀑、奇瀑、碧潭、蒼淵が美しさを競い、山には高山植物など多彩な植生が育まれ、古代から続く「祈りの道」へは世界の国からも人々が訪れる。変化に富んだ「青垣山」は、四季折々誰もが楽しめる麗しき山々である。

## ●山域の特徴

四面山なる奈良県は、ある意味天然の要害によって守られ、自然災害は少ない。穏やかな自然環境は山岳信仰を育み、その歴史・伝統・文化は多くの山域に残り、山々に色濃く影響を与えている。

**●大峰山系** 紀伊山地の中核をなす山脈は、総延長150キロ、標高1500メートル以上の名のある山50座を有し、主稜線には「奥駈道《おくがけみち》」とよばれる「祈りの道」が吉野山《よしのやま》から熊野本宮《くまのほんぐう》大社まで続いている。山々の歴史は古く、大峯山《おおみねさん》は7世紀に役《えん》ノ行者《ぎょうじゃ》によって開山され、8世紀には空海《くうかい》（弘法大師《こうぼうだいし》）が吉野山から高野山《こうやさん》にいたる山々を踏破。近代に入ると明治28年、白井光太郎が楊枝《ようじ》ノ宿《しゅく》でオオヤマレンゲを発見、大正12年には大町桂月が弥山《みせん》を訪れている。奥駈道の中間点、釈迦《しゃか》ヶ岳《たけ》では大正13年、伝説の剛力、岡田雅行によって釈迦如来《にょらい》銅像が担ぎあげられ、昭和になると泉州《せんしゅう》山岳会などにより登山コースが開拓、発表され、近代登山の時代を迎えた。開山以来1300年、大峰には登山の歴史・文化。伝統が息づいている。

**●台高山系** 通称「台高山脈」で知られる。大台《おおだい》ヶ原《はら》から高見山《たかみやま》にいたる三重県境の山脈で、大峰山脈と並走し、冠松次郎も絶賛したという大杉《おおすぎ》谷や東《ひがし》ノ川など、いくつもの大渓谷を深く刻みこむ。台高山脈南部に位置する大台ヶ原は自然公園の様相を呈するが、一歩表どおりをはずれると、西大台ヶ原のような深い樹海や密林である。懸崖には中《なか》ノ滝、西《にし》ノ滝に代表される長瀑、豪瀑が白布を懸け、赤倉山《あかくらやま》西尾根（通称「白髭《しらひげ》尾根」）やリュウゴ尾根など人影薄い長大な側脈が自然を残す。そこにはイワザクラ、ムシクイスミレなどの高山植物、アケボノツツジ、シロヤシオなどの群生がみられる。山麓の東吉野鷲家《わしか》は明治30年、ニホンオオカミが終焉を迎えた地として知られ、深山幽谷の名残を今にとどめている。

リュウゴ尾根から見渡す大峰山脈

葛城古道から音羽三山・額井岳など青垣の山々

**●奥高野・果無山脈**　伯母子岳《おばこだけ》をはじめ離れた山々と、和歌山県境に連なる冷水山《ひやみずやま》、石地力山《いしじりきやま》のような果無《はてなし》山脈、および大天井《おおてんじょう》ヶ岳《たけ》から天辻《てんつじ》峠を経て陣《じん》ヶ峰《みね》にいたる「弘法大師の道」のごとき連山が混在する。「紀伊山地の霊場と参詣道」のひとつ「小辺路《こへち》」は高野山から熊野本宮にいたる平安時代からの古道で、毎年多くのトレッカーが訪れる。まさに奥深く、歴史の襞も深い山域である。空海の高野山開山ののち、時代の転換期ごとに多くの歴史が刻みこんできた。南朝哀史、源平盛衰史、幕末動乱史跡などに加え、熊野信仰の伝説や山麓の温泉伝承など、興味深い事象の多い山域である。

**●生駒・金剛山地**　奈良県の西に位置する大阪府との境に連なる山々である。山脈は金剛山《こんごうさん》、大和《やまと》葛城山《かつらぎさん》を中心に、南は和歌山県境の紀見《きみ》峠から、北は信貴山《しぎさん》、生駒山《こまやま》にいたる。竹之内《たけのうち》峠から紀見峠までの主稜線にはダイヤモンドトレール（縦走路）があり、トレイルランや縦走登山が行われる一方、随所に修験道の行場や役ノ行者ゆかりの地も残る。

**●室生・倶留尊山系**　奈良県東部、三重県との境に独立峰のように屹立する山々を連ねる火山群。どの山も概して南東面が柱状節理の急峻な岩壁だが、北西面は穏やかな曲線を描き、曽爾《そに》高原にみられるような美しく穏やかな姿が特徴である。山麓・山中に伊勢神宮参道や紀州《きしゅう》街道といった歴史街道をもち、室生寺《むろうじ》や仏隆寺《ぶつりゅうじ》など古刹も多い。その中には、大和茶発祥の地や桜の古木・巨木の観光名所となっているものも少なくない。

**●奈良中部の山々**　奈良盆地とその周辺の山々は、概ね北和《ほくわ》、中和《ちゅうわ》、西和《せいわ》、南和《なんわ》に大別される。飛鳥《あすか》時代から親しまれてきた里山だけに、歴史に登場した人物の伝説や伝承、歴史物語といった舞台に登場する名山で占められる。万葉集に詠まれた風景そのままの大和三山や若草山《わかくさやま》、大化の改新の舞台となった談山《かたらいやま》、藤原鎌足伝説の御破裂山《ごはれつやま》、本書で紹介する山辺《やまのべ》の道や三輪山《みわさん》など、歴史愛好家にも好まれるハイキング向きの山域だ。

## ●山行上の注意点

奈良県の山の多くは、標高1000㍍にも満たない低山である。そこでは道迷い、転倒といった初歩的な事故が多い。一方、大峰、台高、奥高野《おくこうや》の山は、北部と南部で気象条件が異なり、道迷いに加え、滑落や落石、疲労などによる遭難が目立つ。特筆すべきは、北アルプスの稜線との違いで、樹木が視界を閉ざして高度感を隠すため、危険を察知しづらくする点である。また、厳冬期の1000㍍を超える山々では、岩壁からの滲み出しが道を凍らせ、その上に新雪が覆っている場所も少なくない。うっかり乗るとアイゼンの爪が届かず、思わぬ事故になることもある。「訪れる山を事前に学ぶ楽しさ」を知り、基礎知識を身につけたうえで、限りなく魅力に満ちた「奈良県の山」へぜひ足を運んでいただきたい。

果無集落から振り返る小辺路の峰々

伊賀市
163
名古屋へ
津IC
つ
津市
久居IC
近鉄大阪線
いがかんべ
165
伊勢湾
なばり
名張市
23
松阪IC
松阪市
まつさか
名松線
いせやち
三重県
伊勢自動車道
兜岳
鎧岳
84 倶留尊山
曽爾村
国見山
三郎ヶ岳
住塚山
後古光山
古光山
いせおきつ
368
白猪山
学能堂山
御杖村
局ヶ岳
多気町
いせし
伊勢市
伊勢IC
勢和多気JCT・IC
黒石山
85 三峰山
166
80 高見山
紀勢自動車道
紀勢本線
櫛田川
みせだに
大台町
七洞岳
勢辻山
赤ゾレ山
422
国見山
大宮大谷IC
桧塚
大紀町
南伊勢町
薊岳
明神岳
桧塚奥峰
佛山
赤倉山
池木屋山
宮川
白鬚岳
260
馬ノ鞍峰
紀勢大内山IC
伯母ヶ峰
御座嵓
大杉峡谷
紀伊長島IC
添谷山
きいながしま
大台ヶ原
日出ヶ岳
熊野灘
堂倉山
笙ノ峰
コブシ峰
又剣山
紀北町
425
尾鷲北IC
おわせ
尾鷲市
42
熊野大泊IC
くまのし
熊野市

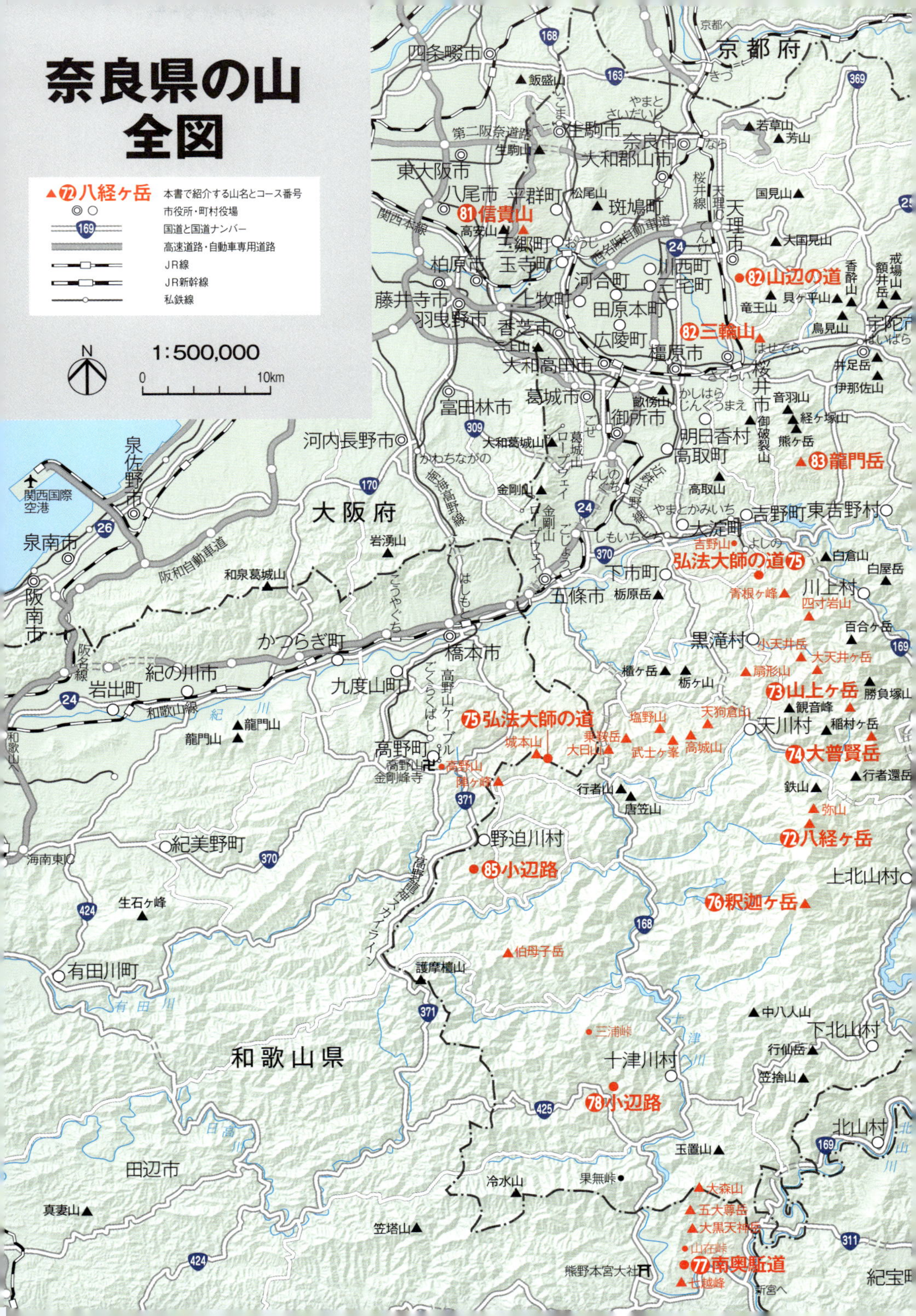

奈良県の山
全図
▲72八経ヶ岳 本書で紹介する山名とコース番号
市役所・町村役場
169 国道と国道ナンバー
高速道路・自動車専用道路
JR線
JR新幹線
私鉄線
N
1:500,000
0
10km
京都府
京都へ
四条畷市
飯盛山
168
163
369
きづ
いこま
やまと さいだいじ
第二阪奈道路
生駒市
奈良市
若草山
芳山
生駒山
大和郡山市
なら
東大阪市
桜井線
天理市
八尾市
平群町
松尾山
国見山
関西本線
81信貴山
斑鳩町
高安山
三郷町
おうじ
西名阪自動車道
24
大国見山
柏原市
玉寺町
川西町
82山辺の道
香酔山
額井岳
戒場山
藤井寺市
河合町
三宅町
上牧町
貝ヶ平山
竜王山
羽曳野市
田原本町
香芝市
82三輪山
鳥見山
宇陀市
はいばら
二上山
広陵町
はせでら
大和高田市
橿原市
桜井市
井足岳
さくらい
伊那佐山
かしはら じんぐうまえ
音羽山
富田林市
葛城市
畝傍山
経ヶ塚山
こせ
御所市
309
御破裂山
熊ヶ岳
河内長野市
大和葛城山
明日香村
葛城山ロープウェイ
83龍門岳
かわちながの
高取町
泉佐野市
南海高野線
よしのぐち
近鉄吉野線
170
金剛山
高取山
関西国際空港
大阪府
金剛山ロープウェイ
やまとかみいち
吉野町
東吉野村
24
大淀町
26
しもいちぐち
吉野山
よしの
泉南市
岩湧山
ごじょう
370
弘法大師の道75
白倉山
阪和自動車道
下市町
白屋岳
こうやぐち
はしもと
和泉葛城山
五條市
栃原岳
青根ヶ峰
川上村
阪南市
四寸岩山
かつらぎ町
黒滝村
百合ヶ岳
阪和線
橋本市
小天井岳
大天井ヶ岳
169
高野山ケーブル
槙ヶ岳
栃ヶ山
扇形山
紀の川市
ごくらくばし
勝負塚山
岩出町
九度山町
73山上ヶ岳
観音峰
24
和歌山線
紀ノ川
天狗倉山
龍門山
75弘法大師の道
塩野山
天川村
稲村ヶ岳
龍門山
乗鞍岳
城本山
大日山
武士ヶ峯
高城山
74大普賢岳
和歌山線
高野町
高野山
金剛峯寺
行者還岳
陣ヶ峰
行者山
鉄山
371
唐笠山
弥山
野迫川村
72八経ヶ岳
紀美野町
370
海南東IC
高野龍神スカイライン
85小辺路
上北山村
76釈迦ヶ岳
生石ヶ峰
424
168
伯母子岳
有田川町
護摩壇山
371
中八人山
有田川
三浦峠
下北山村
行仙岳
和歌山県
十津川
十津川村
笠捨山
78小辺路
425
北山村
日高川
169
北山川
玉置山
田辺市
冷水山
果無峠
大森山
五大尊岳
真妻山
大黒天神岳
笠塔山
山在峠
311
424
熊野本宮大社
77南奥駈道
七越峰
新宮へ
紀宝町

72

# 八経ヶ岳

天女花咲く近畿の屋根を歩く

はっきょうがたけ 1915m

一泊二日

1日目 歩行時間＝3時間15分 歩行距離＝4・5km
2日目 歩行時間＝5時間25分 歩行距離＝12・5km

技術度
体力度

コース定数＝35
標高差＝815m
累積標高差 1315m 1807m

八経ヶ岳から弥山方面と大普賢岳

明星ヶ岳付近から頂仙岳

深田久弥は日本百名山のひとつ「大峰山《おおみねさん》」を、山上《さんじょう》ヶ岳《たけ》から弥山《みせん》・八経ヶ岳へと縦走しているが、その後、八経ヶ岳へ行者還《ぎょうじゃがえり》トンネル西口から日帰りで登頂できるようになって以来、「百名山」を目指す多くの人が、このコースを利用するようになった。しかし、本当の「大峰山」の魅力を味わいたいなら、せめて八経ヶ岳から明星《みょうじょう》ヶ岳《たけ》、日裏山《ひうらやま》をめぐり、深田久弥も歩いたという天川川合《てんかわかわい》への道をたどってみたい。

**第1日　行者還トンネル西口**から駐車場手前の小壷《こつぼ》谷右俣の橋を渡り、右岸沿いの道へ入る。5～6分進み、小橋を渡ると、いきなり急坂となって樹林の中を尾根伝いに

■鉄道・バス
往路＝近鉄吉野線下市口駅から奈良交通バス54分で天川川合へ。ここでタクシーに乗り換え、30分で行者還トンネル西口へ。
復路＝天川川合から奈良交通バス54分で近鉄下市口駅へ。

■マイカー
南阪奈道路を橿原市で国道169号へ、大淀で国道370号に入り、下市交差点を左折。国道309号を天川川合で左折、最初の分岐を右に選び、川迫川沿いに行者還トンネル西口へ。有料駐車場を利用する。

■登山適期
4月下旬～11月中旬。花の咲く時期に訪れるなら、シャクナゲ、シロヤシオの5月下旬、オオヤマレンゲ、ショウキランの7月上旬～中旬。紅葉は10月中旬～11月上旬が見ごろ。

■アドバイス
▽行者還トンネル西口からの道は木の根、露岩の急坂、聖宝八丁の木製階段は雨天や濃霧の場合、すべりやすいので注意。
▽頂仙岳からナベの耳への下りは右の尾根への迷いこみに注意。
▽オオヤマレンゲの花は例年7月7日前後が見ごろ。
▽人数が4人なら、下市口駅から行者還トンネル西口までタクシーに乗る方法もある。なお、天川タクシー（☎0747・63・0015）は1

弥山から八経ヶ岳

登るようになる。シャクナゲが多く茂り、木の根がからむ露岩の急坂を喘ぎ登ると、小

## CHECK POINT

1 布引谷右俣の支流の小橋を渡れば奥駈道への急坂が待っている。すべる露岩や木の根に注意していこう

2 奥駈道出合には丸太を輪切りにした椅子がある。シロヤシオの花期なら周囲が飾られる

3 弁天の森は苔むすトウヒの原生林に囲まれ、朽ち木には７月上旬にショウキランが見られる

4 聖宝理源大師像の前をすぎると、木の階段道となる聖宝八丁の登りがはじまる

5 聖宝八丁旧道出合まで来ると、後方に大台ヶ原から高見山へと連なる台高山脈が望まれる

6 トウヒ林の転石道から小さな鉄バシゴを登ると、緑の苔が美しい弥山小屋に到着する

＊コース図は220・221㌻を参照。

台のみなので、事前に予約が必要。

■問合せ先
天川村役場企画観光課☎0747・63・0321、奈良交通☎0742・20・3100

■2万5000分ノ1地形図
弥山・南日裏

日裏山から釈迦ヶ岳方面

壷谷右俣からの担荷道を左から迎えるあたりで植生が変わる。ミヤコザサを敷き詰めた明るいシロヤシオの疎林に囲まれ、ひと登りすると**奥駈道出合**《おくがけみち》へ着く。シロヤシオの花期なら、周囲は花の回廊になることだろう。

ここからは緩やかに上下する稜線を歩き、岩が転がるトウヒの森に入れば、苔むす弁天《べんてん》の森《もり》に着く。

イタヤカエデやブナ林が続く道から、弥山・八経ヶ岳を垣間見ると、やがて**聖宝**《しょうぼう》**ノ宿**《しゅく》**跡**に着く。

聖宝理源大師坐像の前をすぎれば、かつて「行者泣かせ」といわれた聖宝八丁《しょうぼうはっちょう》の旧道を左に見送り、階段道を登る。長い階段が終わり、やがて旧道出合に着けば展望が開け、大普賢岳《だいふげんだけ》や大台《おおだい》ヶ原《はら》が望まれる。

旧道出合をあとにすると、両側の植生がトウヒに変わり、小さな鉄バシゴをすぎると、やがて鮮やかな緑の苔が覆う台地へ出て、**弥山小屋**に着く。時間が許せば、小屋に荷物を置いて、**弥山**の頂を訪れ、トウヒの立枯れ林の向こうに沈む夕日を眺めるのもいい。

**第2日**　弥山小屋の東南にある国見八方睨みでご来光を拝したら、朝食をすませ、出かけるとしよう。**弥山小屋**からは南側の森を抜け、露岩の急坂を下って鞍部からオオヤマレンゲ保護地へ行き、獣避けゲートをくぐる。花期ならオオヤマレンゲが道の両側に咲くのを眺められるだろう。

保護地のゲートを出て、露岩帯を登れば**八経ヶ岳**の頂だ。晴れた日なら、北は山上《さんじょう》ヶ岳《たけ》から大普賢岳、東は台高《だいこう》山脈、目を転じれば釈迦《しゃか》ヶ岳《たけ》から遠く奥高野《おくこうや》の山々と、山座同定は枚挙に暇がない。

大展望に満足したら指呼の間にある明星《みょうじょう》ヶ岳《たけ》を目指し、弥山辻《みせんつじ》へ下ろう。**弥山辻**から登り返して、枯れ木立の**明星ヶ岳**山頂に立つ。

山頂を辞して**弥山辻**へ戻ったら、奥駈道を離れ、西へのびる緩やかな尾根を**日裏山**《ひうらやま》まで行く。釈迦ヶ岳や七面山《しちめんざん》をはじめ、奥高野の山々を望む好展望の山頂だ。

続いて、トウヒの林を抜け、高《たか》崎横手《さきよこて》分岐を経て、**頂仙岳**《ちょうせんだけ》へ直登する。東に展望が得られ、弥山、八経ヶ岳や大普賢岳が望まれる。

頂仙岳からは右の枝尾根へ誘い

↑5月から9月、大峰奥駈道を歩けば、本物の行者に出会うこともある
←7月上旬から中旬は、オオヤマレンゲの季節。朝霧が流れる時間が見ごろだ

八経ヶ岳付近から頂仙岳

## CHECK POINT

弥山小屋からは５〜６分で弁財天を祀る弥山山頂へ行ける

オオヤマレンゲは弥山と八経ヶ岳の鞍部に設けられた保護地に咲く

八経ヶ岳山頂から北の方を眺めると、弥山小屋がジオラマのようだ

明星ヶ岳へは、弥山辻から直登４〜５分で行ける

日裏山への道は緩やかな起伏の尾根道だ

日裏山の山頂から南を眺めると七面山や釈迦ヶ岳が間近だ

高崎横手の分岐から狼平へ向かえば弥山小屋、北進すれば天川川合へ向かう

頂仙岳の山頂に立つと弥山や大普賢岳が東の方に見える

金引橋分岐付近はブナやオオイタヤメイゲツの美林で、芽吹きや紅葉がみごと

朽ちた木製の桟橋が残る1518㍍峰のトラバースを行く

栃尾辻の避難小屋から直進すれば坪ノ内、ここは右折して天川川合方向へ

川迫川の吊橋を渡って、右折すれば、三差路の左に天川川合のバス停がある

こまれないように注意しながら北進して、鞍部のナベの耳へ下る。ブナ、イタヤカエデなどの美林の中、大峰山脈らしい雰囲気を満喫しつつ、稜線をたどれば、**金引橋**《かねひきばし》分岐を経て**栃尾辻**《とちおつじ》へ出る。避難小屋の前からは右の道を行く。忠実に尾根道をたどれば、やがて坪《つぼ》ノ内《うち》からの林道に下り立つ。右に行者還岳から稲村《いなむら》ヶ岳《たけ》、観音峰《かんのんみね》への山々を眺めつつ、30㍍《メートル》ほど先の左へ道がカーブしたところにある道標から再び山道に入る。鉄塔の脇を3つ通過して、樹林の尾根を陣《じん》ノ峰《みね》から**門前山**《もんぜんやま》へと進み、右に川迫《こうせい》川の流れを俯瞰すると道は山腹へと移り、U字溝の長い階段状の急坂を下ると、役場の建物を左に見る疎水路に突き当る。右折して水道施設横を行けば民家前の道へ出る。道なりに進んで川迫川の吊橋を渡り、右の三差路へ行けば、左の総合案内所の前が**天川川合**《てんかわかわい》**バス停**だ。　（小島誠孝）

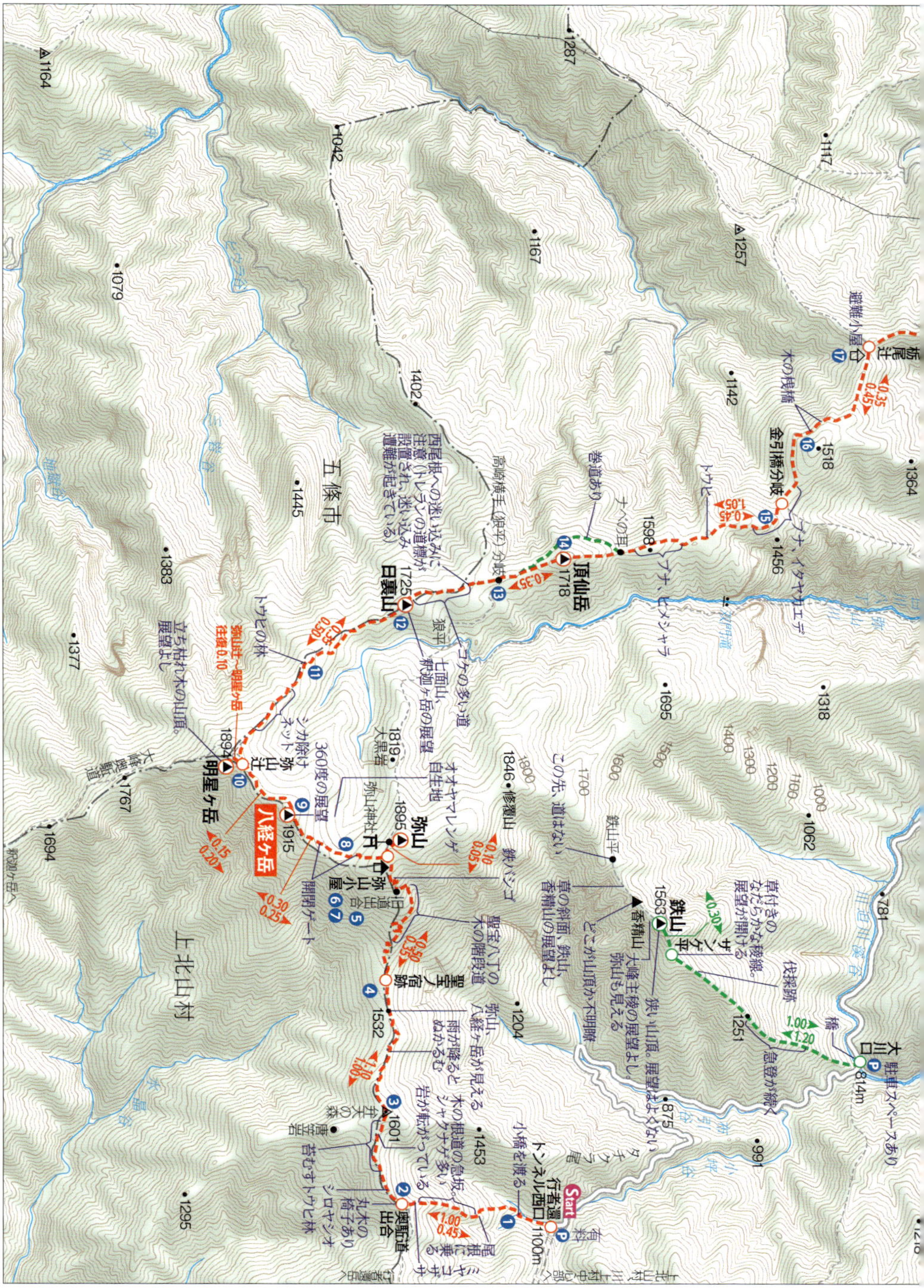
八経ヶ岳
1915
弥山
1895
明星ヶ岳
1894
弥山辻
日裏山
1725
頂仙岳
1718
鉄山
1563
行者還トンネル西口
1100m
Start
奥駈道出合
弁天の森
1601
聖宝ノ宿跡
弥山小屋
大川口
814m
駐車スペースあり
狼平
栃尾辻
避難小屋
金引橋分岐
五條市
上北山村
天川村
1532
1453
1204
1846
修覆山
1819
大黒岩
1767
1694
1377
1383
1145
1079
1042
1167
1287
1164
1257
1117
1142
1402
1598
1456
1364
1518
1318
1695
1062
781
1251
875
991
1295
小橋を渡る
尾根に乗るとミヤコザサ
丸太の椅子あり
シロヤシオ
苔むすトウヒ林
木の根道の急坂
シャクナゲが多い
岩が転がっている
雨が降るとぬかるむ
聖宝八丁の木の階段道
開閉ゲート
360度の展望
シカ除けネット
立ち枯れ木の山頂。展望よし
トウヒの林
弥山辻→明星ヶ岳往復0.10
七面山、釈迦ヶ岳の展望
オオヤマレンゲ自生地
コケの多い道
高崎横手（狼平）分岐
西尾根への迷い込みに注意（トレランの道標が設置され、迷い込み遭難が起きている）
巻道あり
ナベの耳
ブナ、ヒメシャラ
ブナ、イタヤカエデ
トウヒ
木の桟橋
この先、道はない
鉄山平
草の斜面。鉄山、香精山の展望よし
香精山
どこが山頂か不明瞭
狭い山頂。展望はよくない
大峰主稜の展望よし。弥山も見える
草付きのなだらかな稜線。展望が開ける
伐採跡
急登が続く
0.35
0.45
1.05
0.45
0.10
0.05
0.15
0.20
0.30
0.25
0.50
0.35
1:10
1:00
1.00
0.45
0.30
1.00
1.20

73

# 山上ヶ岳

さんじょうがたけ 1719m

「男たちの山」——世界遺産の聖地を歩く

日帰り

歩行時間=7時間50分
歩行距離=20・0km

技術度
体力度

コース定数=**34**
標高差=884m
累積標高差 1300m 1300m

清浄大橋付近から山上ヶ岳

洞辻茶屋付近から稲村ヶ岳を望む

奈良県に「大峯山《おおみねさん》」という名称の山は存在しない。ただし、一般的に「大峰山」といえば、修験道の聖地である「山上ヶ岳」を指している。その山上ヶ岳は1300年の歴史と伝統を誇る「禊」の場、「男たちの山」であり、関西では男子15歳までに大峯山に詣でなければ一人前の男とは認められなかったことで、世界に知られる名山である。

また、俳人曾良が「大峯や吉野の奥を花の果て」の句を残しているように、大峯山・山上ヶ岳は、ヤマザクラやシャクナゲをはじめ、多くの高山植物が見られる、まさに、花の名山でもある。

そんな山上ヶ岳へは、日本男児たる者、一度は訪れてみたいものだ。**洞川《どろがわ》温泉バス停**から、まず、龍泉寺《りゅうせんじ》を訪れ、登山の安全を祈願して出発しよう。もし、山ははじめてで、登拝体験をしたければ、嶺霧露会《ねむろかい》（奈良山岳自然ガイド協会の大峯山専門ガイド）に頼むのもいいだろう。

龍泉寺の山門を出たら、山上《さんじょう》川に群れ泳ぐアマゴを見て朱塗りの橋を渡り、創業数百年という旅館が軒を連ねる温泉街を通り抜ける。嫁ヶ茶屋の坂を上がり、名水百選のひとつ「ゴロゴロ水」の水汲み場を左にし、**母公堂《ははこどう》**を経て**清《せい》浄《じょう》大橋**まで行く。

橋を渡り、女人結界石の門をくぐれば、静寂と霊気が支配する世界に入る。つづら折りに続く整備された道を、杉木立を縫って緩やかに登ると、一《いち》ノ世《せ》茶屋跡を通って、山襞をからみ登る道になり、一本松茶屋の中を通り抜ける。

茶屋の先で「赤石平」と書かれた私設名板を見るが、昔、「赤石ひじ」とよばれていた赤い岩クズの道だ。南アルプスの赤石岳《あかいしだけ》のラジオラリヤ岩盤に似た岩の先で鉄階段を上がると、植林が途切れたあたりから大天井《おおてんじょう》ヶ岳《たけ》が視界に

■鉄道・バス
往路=近鉄下市口駅から奈良交通バス1時間18分で洞川温泉バス停下車。
復路=洞川温泉バス停から奈良交通

山上ヶ岳お花畑のササ原から稲村ヶ岳と奥駈道の山々

西ノ覗捨身修行

妙覚門をくぐる修験者

バス1時間18分で近鉄下市口駅へ。

■マイカー
大阪方面から南阪奈道路を橿原市で降りて、国道169号を大淀へ。国道370号に入り、下市で左折、千石橋を渡り、国道309号を天川川合の交差点で左折、温泉街を通り抜け、母子堂を経て、清浄大橋の有料駐車場へ。

■登山適期
4月上旬〜12月上旬。

■アドバイス
▽公共交通機関利用の日帰り登山は困難。洞川温泉に泊り、早朝、出発し往復がベター。日程に余裕があれば1300年の歴史をもつ嶺霧露会の専門ガイドを雇い、山上ヶ岳宿坊に泊って話しを聞くのも楽しいだろう。問合せは梶隆広代表（奈良県吉野郡天川村洞川179―2）へ。
▽コース中に危険箇所は少ないが、油こぼし、鐘掛岩、鞍掛の岩は、クサリ、フイックスロープが設置された岩場。慎重に行動したい。
▽下山後は洞川温泉センター（☎0747・64・0800）で汗を流して帰るとよい。

■問合せ先
天川村役場企画観光課☎0747・63・0321、奈良交通☎0742・20・3100

■2万5000分ノ1地形図
洞川・弥山

＊コース図は226・227ページを参照。

油こぼし付近から大天井ヶ岳を振り返る

大峰山の玄関口にある龍泉寺

入る。傾斜を緩めた道は、やがて**お助け水**に着く。二少年遭難碑を経て、吉野からの奥駈道《おくがけみち》出合まで行けば、皇太子殿下ご来訪記念碑が残る**洞辻茶屋**《どろつじ》へと入る。

尾根上に転じた道は陀羅助《だらすけ》茶屋を経て、松清《まつきよ》茶屋の中を通り抜けた先で、尾根西面を横切る横駈道と尾根東面のクサリと急な階段の道に分かれる。ここでは、油こぼしとよばれる東面のクサリ場を登って、役ノ行者坐像の前へ出る。ここから右へ鐘掛岩をエスケープできるが、まっすぐ展望台へ行き、

鐘掛岩《かねかけいわ》のクサリ場を登りたい。岩場を攀じ登って鐘掛岩の岩頭に立てば、洞川温泉街を眼下にし、さえぎるものない展望が得られる。

鐘掛岩からは南側の鞍部へ下りて、横駈道を右から迎えたら、登拝記念塔が立ち並ぶ道を進み、お亀石《かめいし》を通り、鷹《たか》ノ巣岩《すいわ》を経て、大峯参詣の核心ともいえる西《にし》ノ覗《のぞき》岩《いわ》へ行く。事前に頼んでおけば捨《しゃ》身修行《しんしゅぎょう》の体験もできる岩頭からは、稲村《いなむら》ヶ岳《たけ》を指呼の間にし、西から北部の山々まで望まれる。

覗岩からは石段道をあがり、宿坊群を左右にして妙覚門《みょうかくもん》をくぐれば、大峯山寺山上蔵王堂が建つ山頂広場に着く。**山上ヶ岳**山頂は本堂前から右へ少し登った木立の中にある。

山頂お花畑、日本岩をめぐったら、来た道を**洞辻茶屋**まで戻り、奥駈道を吉野《よしの》方面へ向かう。ロープを伝い鞍掛の岩場を下って、**今**《いま》**宿**《じゅく》**跡**まで来ると、ブナ古木の並木が美しい穏やかな稜線を通って**鍋冠行者**《なべかむりぎょうじゃ》の祠へ下る。周囲が雑木と植林に変わったら**五番関**の

広場に着く。釈杖のレプリカ横の急坂を下って、あずまやがある**五《ご》番関《ばんぜき》登山口**へ下りたら、舗装林道を道なりに下って**毛又《げまた》橋**を渡る。あとは**母公堂**を経て、往路を**洞川温泉バス停**へ行けばよい。

（小島誠孝）

右上：鞍掛の岩場などに咲くシャクナゲ／右下：日本岩から蓮華辻などに咲くシロヤシオ／左上：お助け水付近の杉林に花を開くコアジサイ／左下：龍泉寺の宿坊や日本岩で見られるシコクフウロ

## CHECK POINT

1 洞川温泉の街並み。右側の建物が洞川温泉バス停。直進すれば龍泉寺である

2 母公堂は、役ノ行者の母親、渡都岐（とつき）氏を祀るかつての女人結界

3 茶店前の駐車場から目指す山上ヶ岳を仰いで清浄大橋を渡って女人結界門へ

4 女人結界を一歩入れば静寂な森に霊気を感じる

5 洞辻茶屋への途中には、お助け水がある。必要なら湧水を補給して行こう

6 洞辻茶屋から鐘掛岩方面を見上げれば、霧の向こうからホラ貝の音が響く

7 草鞋履き替え場をすぎ、油こぼしへの道へ入ると長い階段道がクサリ場へ導く

8 鐘掛岩から見下ろすと展望台に立つ人や役ノ行者像が小さく見える

9 5～9月の夏山シーズンの大峰山では修験者に出会うことも多い（等覚門付近）

10 鷹ノ巣岩を右にすれば、西ノ覗岩への登りにかかる。捨身修行の体験もできる

11 山上ヶ岳山頂部の広々としたササ原がお花畑とよばれている

12 五番関・吉野への道へ入れば山上ヶ岳も見納めとなる

13 鞍掛岩のクサリ場は2段約50メートルのロープが張られている

14 今宿跡の石標をすぎればブナの並木道を通って鍋冠行者へ向かう

15 中華鍋が残る鍋冠行者をすぎ、二分する道を尾根にとって五番関へ

16 五番関（女人結界）に向かって、右の錫杖から杉林の急坂を下る

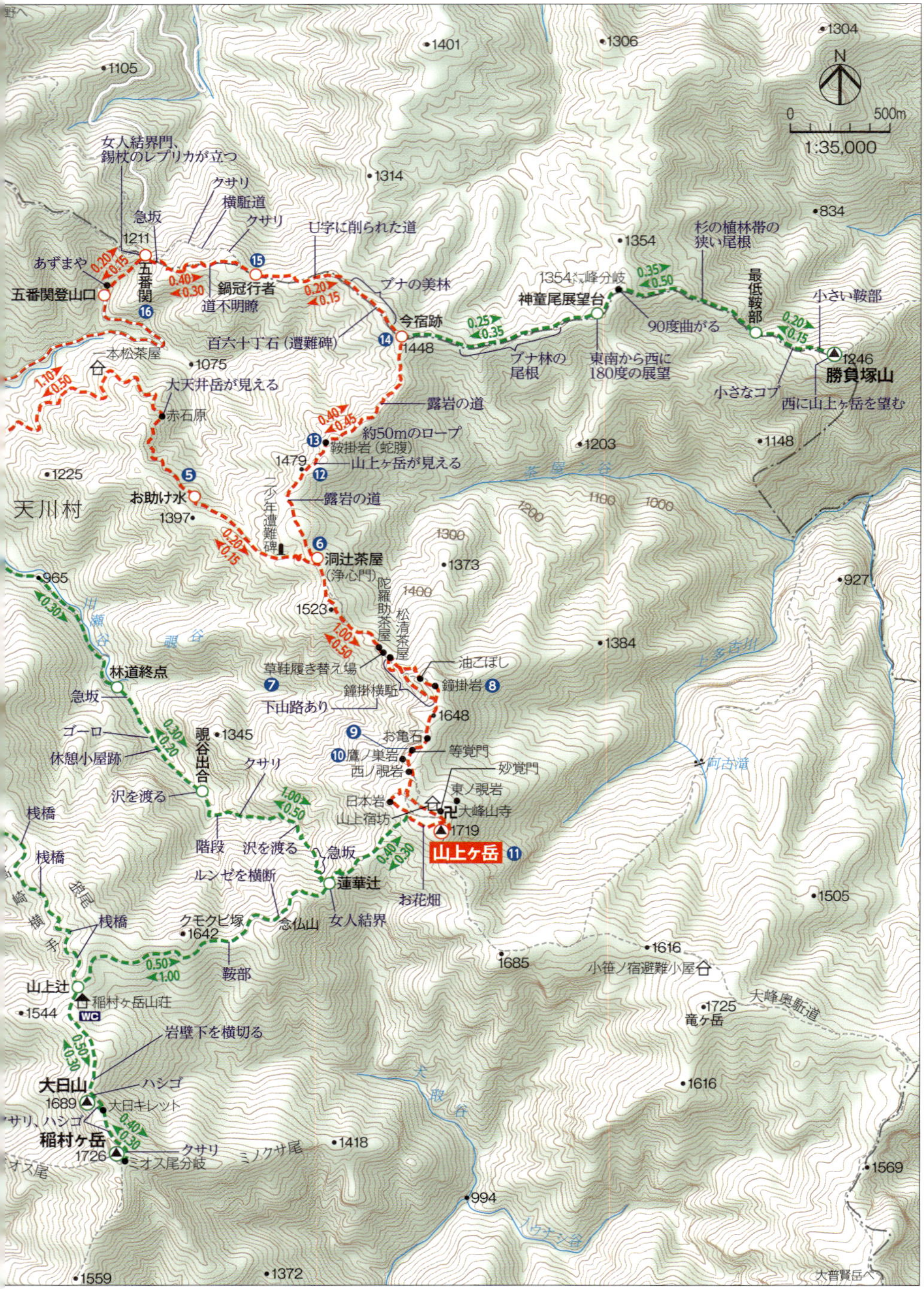
N
0
500m
1:35,000
女人結界門、錫杖のレプリカが立つ
クサリ
横駈道
クサリ
急坂
1211
五番関
あずまや
五番関登山口
鍋冠行者
道不明瞭
U字に削られた道
ブナの美林
今宿跡
1448
百六十丁石（遭難碑）
本松茶屋
1075
大天井岳が見える
赤石原
露岩の道
約50mのロープ
鞍掛岩（蛇腹）
1479
山上ヶ岳が見える
露岩の道
二少年遭難碑
お助け水
1397
洞辻茶屋
（浄心門）
陀羅助茶屋
松清茶屋
1523
草鞋履き替え場
油こぼし
鐘掛岩
鐘掛横駈
下山路あり
1648
お亀石
等覚門
鷹ノ巣岩
西ノ覗岩
妙覚門
東ノ覗岩
日本岩
大峰山寺
山上宿坊
1719
山上ヶ岳
お花畑
1354
1354
峰分岐
杉の植林帯の狭い尾根
最低鞍部
小さい鞍部
神童尾展望台
90度曲がる
ブナ林の尾根
東南から西に180度の展望
1246
勝負塚山
小さなコブ
西に山上ヶ岳を望む
1148
1203
1373
1384
927
1401
1306
1304
1314
834
1105
1225
天川村
965
林道終点
急坂
ゴーロ
休憩小屋跡
1345
覗谷出合
クサリ
沢を渡る
栈橋
栈橋
階段
沢を渡る
急坂
蓮華辻
ルンゼを横断
念仏山
女人結界
クモクビ塚
1642
栈橋
鞍部
山上辻
稲村ヶ岳山荘
WC
1544
岩壁下を横切る
大日山
ハシゴ
1689
大日キレット
クサリ、ハシゴ
稲村ヶ岳
1726
クサリ
ミオス尾分岐
ミノクサ尾
1418
994
1559
1372
1685
1616
小笹ノ宿避難小屋
1725
竜ヶ岳
大峰奥駈道
1616
1505
1569
阿古滝
大普賢岳へ

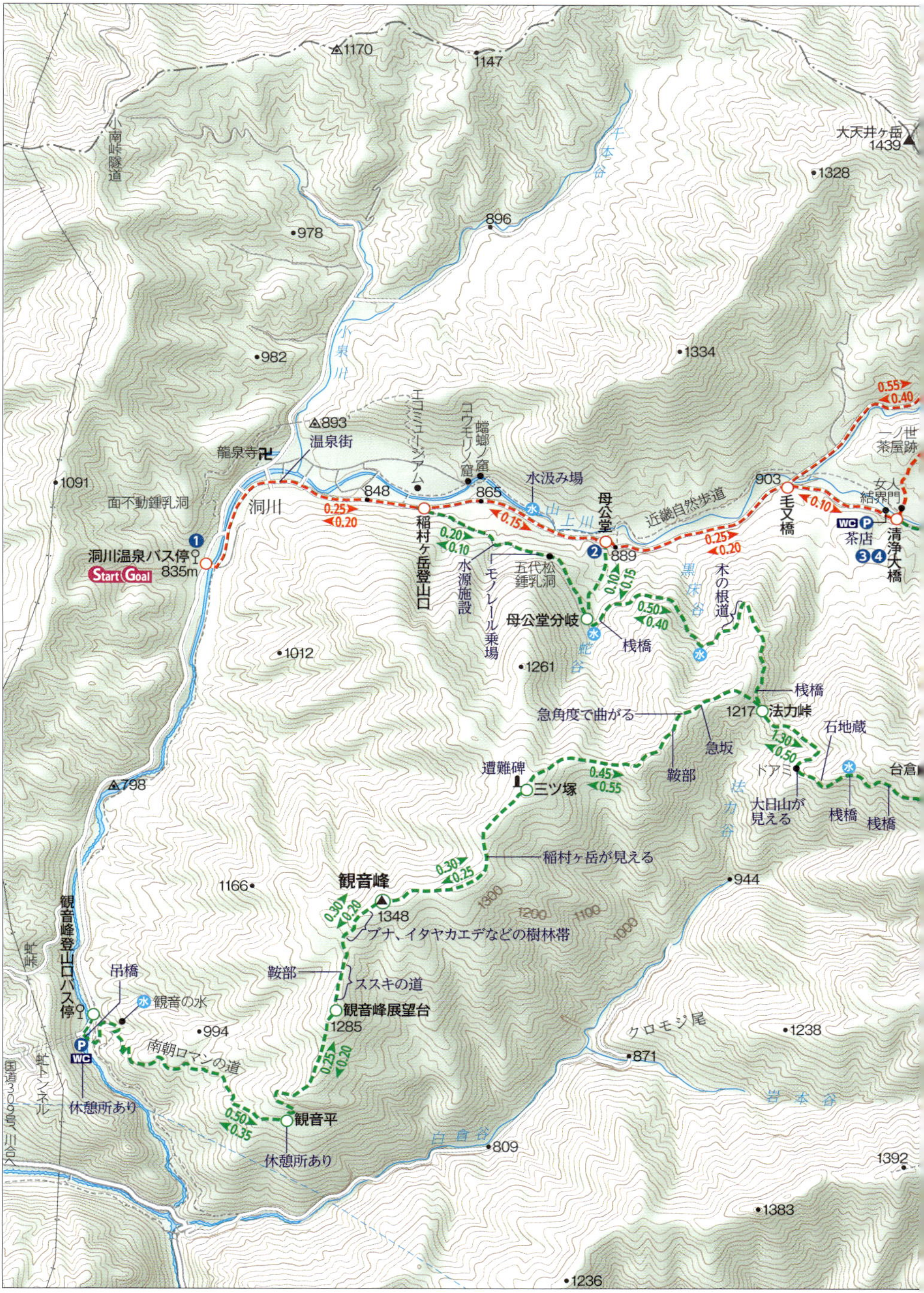
1170
1147
大天井ヶ岳
1439
1328
小南峠隧道
千本谷
896
978
小泉川
982
1334
0.55
0.40
一ノ世茶屋跡
893
温泉街
エコミュージアム
コウモリノ窟
蟷螂ノ窟
龍泉寺
1091
面不動鍾乳洞
洞川
848
865
水汲み場
母公堂
近畿自然歩道
903
女人結界門
0.25
0.20
0.15
山上川
0.25
0.20
毛又橋
0.10
茶店
清浄大橋
稲村ヶ岳登山口
0.20
0.10
水源施設
モノレール乗場
五代松鍾乳洞
889
0.10
0.15
黒床谷
木の根道
洞川温泉バス停
835m
Start Goal
母公堂分岐
0.50
0.40
栈橋
蛇谷
1012
1261
栈橋
急角度で曲がる
1217
法力峠
石地蔵
1.30
0.50
急坂
ドアミ
鞍部
遭難碑
0.45
0.55
三ツ塚
台倉
大日山が見える
栈橋
栈橋
法力谷
798
稲村ヶ岳が見える
0.30
0.25
観音峰
944
1166
1348
0.30
0.20
1300
1200
1100
1000
ブナ、イタヤカエデなどの樹林帯
観音峰登山口バス停
蛇峠
吊橋
鞍部
ススキの道
観音の水
観音峰展望台
1285
クロモジ尾
1238
994
南朝ロマンの道
0.25
0.20
871
国道309号、川合へ
蛇トンネル
休憩所あり
岩本谷
観音平
0.50
0.35
白倉谷
809
休憩所あり
1392
1383
1236

大普賢岳から行者還岳、弥山、八経ヶ岳の山並みを望む

# 74 大普賢岳

だいふげんだけ 1780m

## 「関西の前穂高岳」の異名をもつ大峰山脈の峻峰

一泊二日

1日目 歩行時間＝1時間15分 歩行距離＝3・5km
2日目 歩行時間＝8時間 歩行距離＝14・5km

技術度
体力度

コース定数＝**43**

標高差＝1065m

累積標高差 1959m 1959m

見返り台地から大普賢岳

大峰《おおみね》山脈きっての峻峰として知られる大普賢岳への登路は、その南に連なる国見岳《くにみだけ》、七曜岳《しちようだけ》などの山々をめぐり、無双洞《むそうどう》から和佐《わさ》又山《またやま》へ戻る周回コースが一般的である。このコースを歩くには和佐又ヒュッテに泊り、翌早朝出発するのがよいだろう。

**第1日　和佐又山登山口バス停**からは林道を行き、途中から沢道をとれば**和佐又ヒュッテ**に着く。夜、運がよければムササビの飛翔を見られるかもしれない。

**第2日　和佐又ヒュッテ**をあとに、朝日を背中に受けて広い坂道を登り、見返り台地から**和佐又のコル**に出る。ブナやヒメシャラの尾根を登り、指弾ノ窟《しだんいわや》、笙ノ窟《しょういわや》など窟の前を通って、岩本《いわもと》新道を見送れば、ルンゼをからむ露岩の登りを経て**日本岳《にほんだけ》のコル**に着く。

コルからは左へ鉄バシゴ、桟橋を登れば石ノ鼻に着く。ここから山腹のハシゴを登り、小普賢《しょうふげん》の肩に出る。肩から大普賢岳の鞍部へ下り、東壁上部のハシゴまで行く。連続する桟橋、ハシゴを登り、ロープを伝えば険路も終わり、奥《おく》駈道《がけみち》に合する。大普賢岳は左へ数分で着く。

**大普賢岳**山頂で大峰山脈をくまなく見わたす大展望に満足したら南へ下り、水太覗《みずふとのぞき》から弥勒岳《みろくだけ》、薩摩転《さつまころ》び、**国見岳《くにみだけ》**を通って屏風《びょうぶ》横駈《よこがけ》から稚児泊《ちごどまり》へ出る。稚児泊から大普賢岳展望台、七ツ池を通り、露岩尾根をアップダウンすれば、狭い**七曜岳**の頂だ。

西側に眺望を得たら無双洞へ向かう。分岐の道標で主稜線を離れ、木の根道を下る。岩塊のハシゴから樹林帯へ出たら、二重山稜で迷い込みに注意して、山腹から小尾根の鞍部へ。

鞍部から左下の沢へ下り、**無双洞**まで行く。水簾《すいれん》ノ滝頭を左岸に渡り、山腹を巻いて進めば涸れ沢に出る。沢から岩壁につけられたクサリやアングルを登り、底無井戸を経て山腹の水平道に出たら、

■鉄道・バス

登山口の和佐又ヒュッテへの公共交

和佐又のコルを目指す。**和佐又のコル**からは右の尾根道を進む。**和佐又山**頂上に立ち、今日、踏み越えてきた奥駈道の山々を望み、山に別れを告げたら、帰路は東の尾根を**和佐又ヒュッテ**へと下る。（小島誠孝）

大普賢岳展望台から眺める大普賢岳

## CHECK POINT

1 身軽なアタック装備でキャンプ場をあとにして、広い坂道を見返り台地へ向かう

2 ブナ、ヒメシャラの美林を登れば、指弾ノ窟で最初のハシゴが現れる

3 岩を削って道を広げ、クサリを設置した山腹道はいくつもの窟の前を通っていく

4 笙ノ窟は修験の場。不動明王の祠の奥には湧水がある

5 日本岳のコルからは連続する階段を上がり、石ノ鼻からさらにハシゴ、桟橋を行く

6 山頂東側の水平道から奥駈道の出合まで来れば大普賢岳山頂へは数分だ

7 大普賢岳の山頂は南から西へと180度、途切れることのない好展望だ

8 東側が切れ落ちた水太覗から大普賢岳を振り返る

9 屏風横駈へのクサリ場から大普賢岳が迫力ある姿をみせる

10 台地状の稚児泊は南北に広く、秋には紅葉が周囲を埋める

11 念仏橋の別名をもつ水平桟橋をすぎると狭い七曜岳の頂だ

12 水簾ノ滝上にある無双洞の前から沢を左岸へ移り、底無井戸へ

通機関はない。ただし大台ヶ原行きの奈良交通バス（期間運行）や国道169号ゆうゆうバスが新伯母峯トンネル南側の和佐又山登山口を経由するので利用できる（便数少ない）。

■マイカー
大阪方面からは阪神高速から南阪奈道路を橿原市へ向かい、国道169号を大淀経由で南下、伯母峰トンネル南口で右折、和佐又ヒュッテ手前の無料駐車場へ。

■登山適期
4月中旬～11月中旬が適期。花の見ごろは、シャクナゲ、ヤマシャクヤクが4月下旬～5月初旬、オオヤマレンゲ、シロヤシオが5月中旬～下旬、ヤマユリが7月中旬～下旬。紅葉は10月中旬～11月上旬。

■アドバイス
▽クサリ、鉄バシゴ、桟橋が整備され、道標も充実しているが、悪天候や残雪時は入山を避けたい。マイカー利用の日帰り登山も可能だが、ロングコースでアップダウンも大きい。安全を期すなら和佐又ヒュッテに泊まり、早朝の出発が望ましい。

■問合せ先
ツーリズムかみきた☎07468・2・0102、奈良交通☎0742・20・3100、和佐又ヒュッテ☎07468・3・0027

■2万5000分ノ1地形図
弥山

＊コース図は230・231ページを参照。

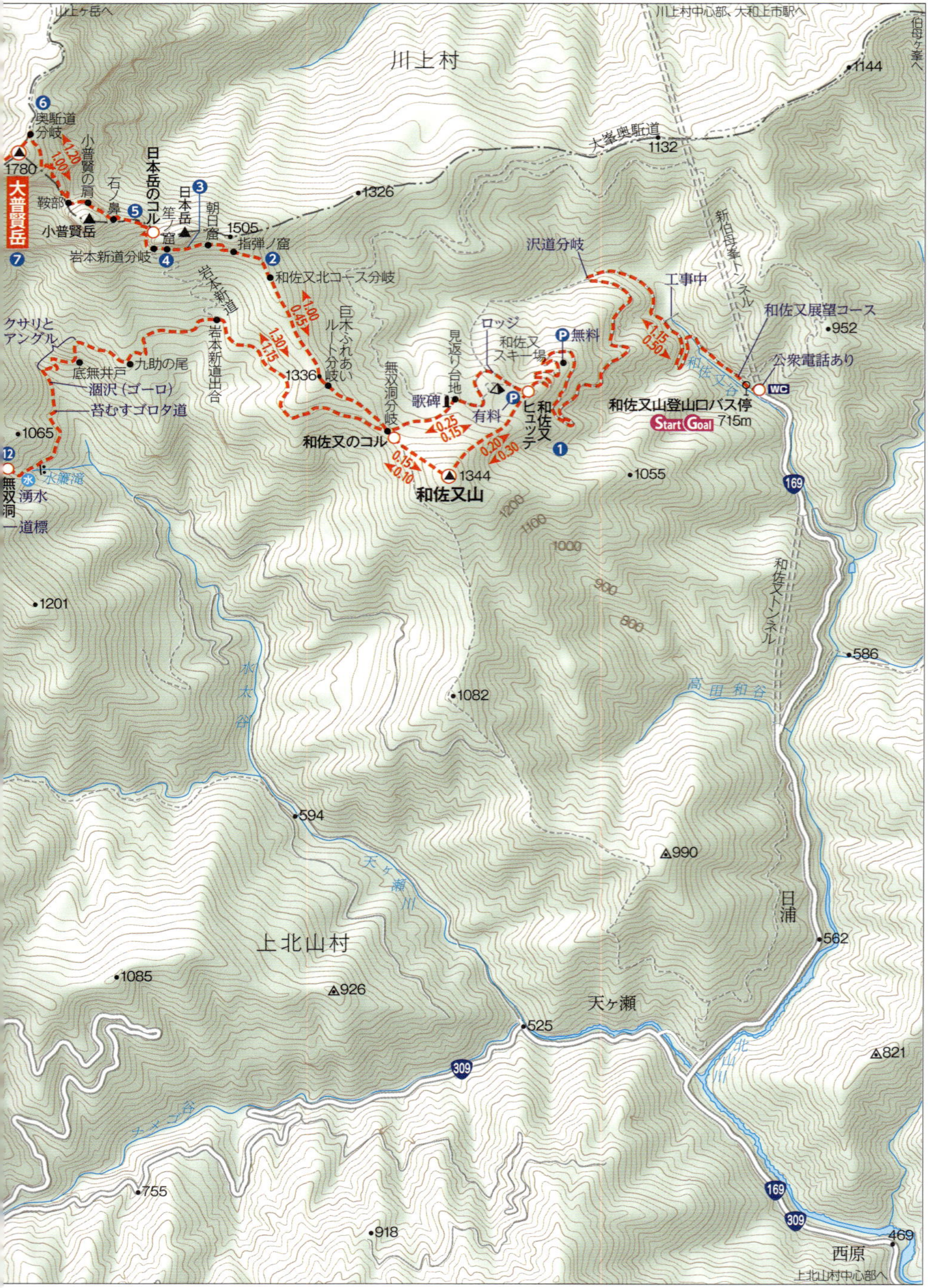
山上ヶ岳へ
川上村中心部、大和上市駅へ
伯母ヶ峯へ
川上村
1144
大峯奥駈道
1132
奥駈道分岐
1780
大普賢岳
小普賢の肩
鞍部
石ノ鼻
小普賢岳
日本岳のコル
日本岳
笙ノ窟
朝日窟
1505
指弾ノ窟
岩本新道分岐
1326
和佐又北コース分岐
岩本新道
岩本新道出合
巨木ふれあいルート分岐
1336
クサリとアングル
底無井戸
九助の尾
涸沢（ゴーロ）
苔むすゴロタ道
1065
無双洞
水簾滝
湧水
道標
無双洞分岐
和佐又のコル
和佐又山
1344
歌碑
見返り台地
ロッジ
和佐又スキー場
無料
有料
和佐又ヒュッテ
沢道分岐
工事中
新伯母峯トンネル
和佐又展望コース
952
公衆電話あり
WC
和佐又谷
和佐又山登山口バス停
Start Goal
715m
1055
169
和佐又トンネル
1201
1082
水太谷
586
高田和谷
594
天ヶ瀬川
990
日浦
562
上北山村
1085
926
天ヶ瀬
525
309
821
北山川
ナメゴ谷
755
918
169
309
469
西原
上北山村中心部へ

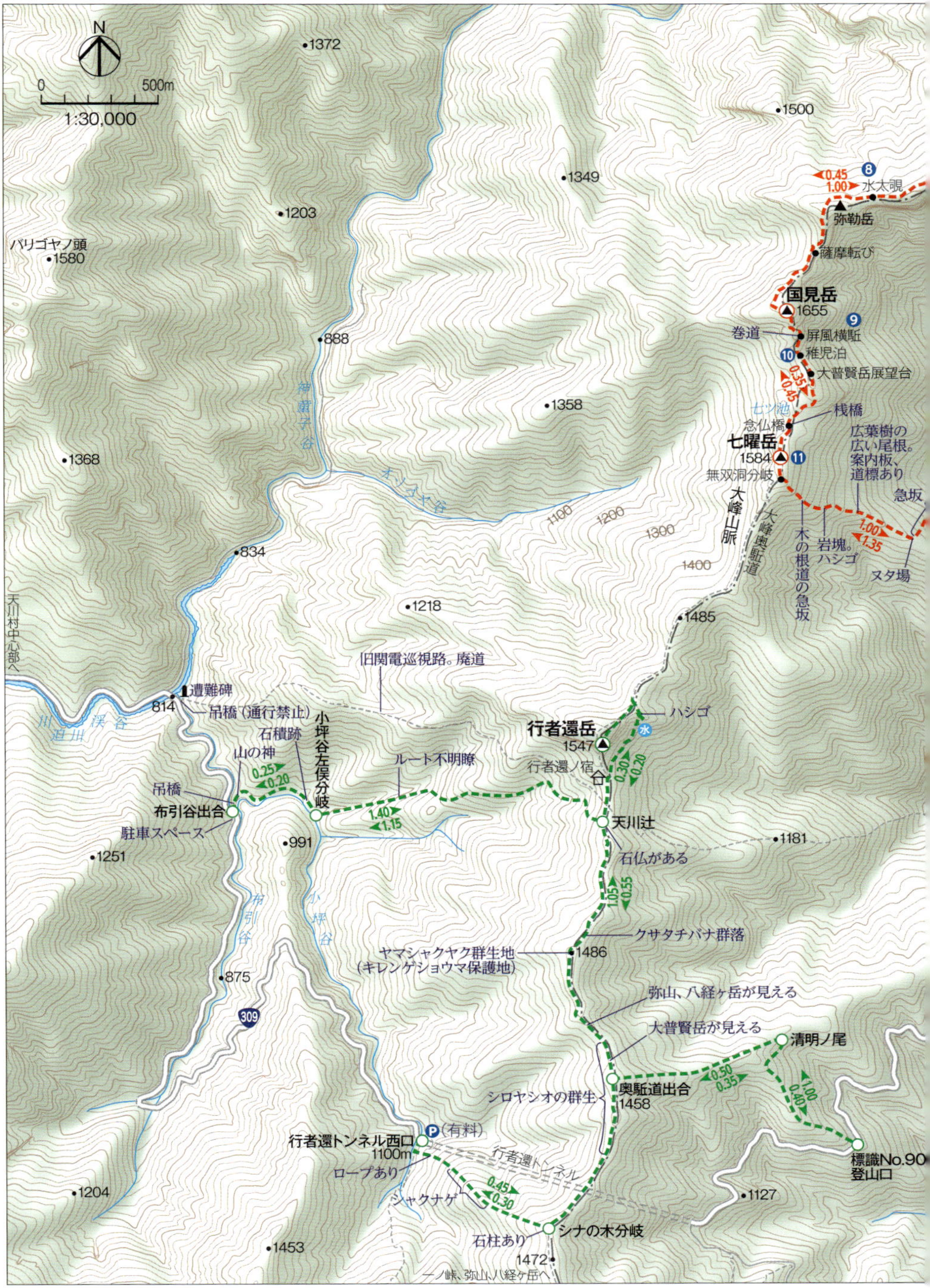
N
0
500m
1:30,000
1372
1500
1349
0.45
1.00
8
水太覗
弥勒岳
1203
バリゴヤノ頭
1580
薩摩転び
国見岳
1655
9
巻道
屏風横駈
10
稚児泊
888
大普賢岳展望台
0.35
0.45
神童子谷
1358
七ツ池
栈橋
急仏橋
七曜岳
1584
11
広葉樹の広い尾根。案内板、道標あり
1368
無双洞分岐
オソゴヤ谷
急坂
大峰山脈
1400
1200
1300
大峰奥駈道
1.00
1.35
834
1400
木の根道の急坂
岩塊。ハシゴ
ヌタ場
天川村中心部へ
1218
1485
旧関電巡視路。廃道
遭難碑
814
吊橋（通行禁止）
川迫川
深谷
ハシゴ
水
小坪谷左俣分岐
石積跡
行者還岳
1547
山の神
ルート不明瞭
行者還ノ宿
0.25
0.20
0.30
0.20
吊橋
布引谷出合
1.40
1.15
天川辻
駐車スペース
991
1181
1251
石仏がある
布引谷
小坪谷
1.05
0.55
クサタチバナ群落
ヤマシャクヤク群生地
（キレンゲショウマ保護地）
1486
875
弥山、八経ヶ岳が見える
309
大普賢岳が見える
清明ノ尾
0.50
0.35
1.00
0.40
シロヤシオの群生
奥駈道出合
1458
P（有料）
行者還トンネル西口
1100m
標識No.90
登山口
行者還トンネル
ロープあり
0.45
0.30
1204
シャクナゲ
1127
石柱あり
シナの木分岐
1453
1472
一ノ峠、弥山、八経ヶ岳へ

75

空海も見たであろう「遊行」の風景を歩く

# 弘法大師の道

こうぼうだいしのみち

（最高点＝1439m／大天井ヶ岳）

**三泊四日**

1日目　歩行時間＝4時間45分　歩行距離＝11.5km
2日目　歩行時間＝5時間30分　歩行距離＝11.0km
3日目　歩行時間＝8時間　歩行距離＝16.0km
4日目　歩行時間＝8時間20分　歩行距離＝19.5km

技術度 ■■■□□
体力度 ■■■■■

コース定数＝119

標高差＝1139m

累積標高差 ↗5078m ↘4652m

花矢倉から晩秋の吉野山

弘法大師の道とは、空海の詩、碑銘、上表文、啓、願文などを弟子の真済が集成した『遍照発揮性霊集』に「空海、少年の日、好んで山水を渉覧せしに、吉野より南に行くこと一日、更に西に向かって去ること両日程にして、平原の幽地あり。名づけて高野と曰う……云々」と記され、空海が高野山を発見するにいたったとされる道のことである。

平成27年、高野山が開創1200年を迎える記念事業の一環として、この記述を根拠に弘法大師の道のルートを調査、新たに設定した。本来、出発点は比蘇《ひそ》寺《じ》（現在の世尊寺《せそんじ》）だが、便宜上、金峯山寺《きんぷせんじ》とされた。また、下山路は町石道《ちょうせきみち》を経て天野《あまの》、丹生都比売《にうつひめ》神社から三谷《みたに》（紀《き》ノ川）とされるが、高野山・金剛峰寺を終着点とした。そのコースは、

第1日　大天井《おおてんじょう》ヶ岳《たけ》近辺（大天井ヶ岳1439メートル近辺で小屋泊まり）

第2日　小南《こみなみ》峠、天狗倉山《てんぐくらやま》、

**■鉄道・バス**
往路＝近鉄吉野駅からロープウェイで吉野山駅へ。季節限定で竹林院前から奥千本口までバスが運行。
復路＝奥の院から南海りんかんバス21分で南海高野線高野山駅へ。

**■マイカー**
3泊4日の縦走コースであり、マイカーには向かない。回送業者もない。

**■登山適期**
四季歩くことはできるが、真夏は避けたい。秋のマツタケ収穫期は出屋敷峠から陣ヶ峰間で入山禁止。

**■アドバイス**
▽危険箇所などはないが、水場は二蔵小屋と捻草峠の2箇所しかない。
▽第1日目の二蔵小屋は自炊になる。ゾロキットと軽シュラフは必携。第3日目の切抜峠へはタクシーを利用すれば時間短縮できる。

**■問合せ先**
吉野町産業観光課☎0746・32・3081、天川村総合案内所☎0747・63・0999、吉野大峯ケーブル☎0746・39・9254、吉野大峯ケーブルバス☎0746・39・0100、南海りんかんバス高野山営業所☎0736・56・2250、天川タクシー☎0747・63・0015

**■2万5000分ノ1地形図**
吉野山・新子・洞川・中戸・南日裏・猿谷貯水池・高野山

武士《ぶし》ヶ峯《みね》、乗鞍岳《のりくらだけ》を果て、天《てん》辻《つじ》峠（富貴辻《ふうきつじ》宿泊）
第3日　出屋敷《でやしき》峠、天狗木《てんぐぎ》峠、陣《じん》ヶ峰《みね》、桜《さくら》峠経由高野山《こうやさん》
とされた。この設定で残念なのは、小南峠〜切抜《きりぬき》峠、富貴辻〜出屋敷峠、陣ヶ峰〜桜峠の稜線が省略され、縦走路として体をなしていないことだ。

本稿では金剛峯寺《こんごうぶじ》を目指す全山縦走コースを設定して紹介してみよう。全長55・7キロの縦走路には、途中、避難小屋もなく、水場も限られ、決して楽なコースではない。しかし、空海の「遊行《ゆうぎょう》」の道であれば、1200年前、空海が眺めたであろう同じ風景を訪ね、一度は歩いてみたい行程ではないだろうか。

高野山伽藍の冬景色

### 第1日　吉野山から奥駈道へ

近鉄吉野《よしの》駅から吉野山ロープウエイを乗り継いで**吉野山《よしのやま》駅**が出発点。**金峯山寺**蔵王堂《ざおうどう》へ向かう。本堂で山旅の安全を祈願したら境内を抜け、勝手《かって》神社まで行き、右の道を選んで竹林院《ちくりんいん》前のバス停へ出る。バスがあれば奥千《おくせん》本口《ぼんぐち》まで利用するのもよいが、10メートルほど先の分岐で右の坂道を登る。花期なら中《なか》千本、上《かみ》千本、花矢倉《はなやぐら》のサクラ、秋なら紅葉を楽しみ、高城山《たかしろやま》から**金峯《きんぷ》神社**へ向かう。

金峯神社には義経の隠れ塔などの名所・旧跡がある。時間が許せば立ち寄っていこう。金峯神社の境内を直進、左の奥駈道へ入る。あずまやがある愛染《あいぜん》ノ宿《しゅく》跡、女人結界石を経て、**青根《あおね》ヶ峰《みね》**へ登り、南へ下って吉野大峯林道へ出る。黒滝《くろたき》分岐を見送り、前方に四寸岩《しすんいわ》山《やま》を仰げば、左にモノレール小屋がある心見茶屋《こころみちゃや》跡に着く。

ここからは山道、いきなりの急登を尾根へ出る。尾根道が右から踏跡を迎えると**四寸岩山**に着く。南から西に大きく展望が開け、目指す大天井ヶ岳から延々と西へ続く弘法大師の道が望まれる。

山頂を辞したらブナやイタヤカエデの山腹を下り、雰囲気のよい広場から足摺《あしずり》小屋を通り抜け、石灰岩の小道を通って吉野大峯林道へ下る。林道を横断すれば、ほどなく今宵の宿、**二蔵《にぞう》小屋**が建つ広く明るい百丁茶屋跡に着く。

### 第2日　大峰前衛峰から切抜峠へ

**二蔵小屋**からは右の尾根をたどる。雑木林の道がモノレール沿いになると、大天井茶屋跡の祠に着く。振り返ればたどってきた尾根が四寸岩山へと続いている。自然林に変わった山腹を登れば広い**大天井ヶ岳**の頂だ。展望は西に金剛《こんごう》山《さん》方面が眺められるだけ。

頂からは奥駈道《おくかけみち》を離れ、空海が遊行し、高野聖が歩いたであろう道をたどる。北側、モノレールに沿って20メートルほど下り、「弘法大師の道」の看板から急坂を西へ下って植林の稜線を**小《こ》天井岳**へ進む。山名版が残る台地状の頂で90度左折、稜線をたどると旧小南峠の祠に出合う。

尾根は高山《たかやま》から**小南峠**へ下り、急坂を登り返してススキが茂る鉄塔の下へ出る。さらに稜線を行けば、柏原山《かしはらやま》を正面に望む鉄塔を経て**扇形山《おうぎがたやま》**の頂に着く。

扇形山の頂で道は南へ転じ、鞍部から切抜峠方面へ向かう。1070メートル峰に登り返せば、左に展望が開け、稲村《いなむら》ヶ岳《たけ》、弥山《みせん》、八《はっ》経《きょう》ヶ岳《たけ》が望まれる。

明るいアカマツの疎林が山腹の水平道になると、黒木辻《くろきつじ》のNTT中継局を右にして**切抜峠**に着く。

*コース図は236・237ページを参照。

捻草峠付近の無名峰から大峰北部パノラマ

すぐ左下の**笠木《かさぎ》隧道南口**から天川《てんかわ》川合《かわい》までは舗装林道を歩けば30～40分ほどだ。

**第3日　絶景の稜線と維新伝説の里**

**笠木隧道南口**へは天川川合からタクシーを利用。**切抜峠**の先からは明るい尾根道だ。新川合トンネルの上を通って、黒尾山《くろおやま》からネジモチ尾《お》を分ける無名峰へ急坂を登る。風通しのよい明るいコブに出ると、大峰山脈北部の山々が一大パノラマとなって眼前に広がる。すばらしい展望だ。しばし、丸太に腰をおろし、空海も眺めたであろう大峰に思いを馳せてみよう。眼下の捻草《ねじもち》峠をはさみ、天狗倉山から高城山《たかしろやま》、武士ヶ峯、矢《や》ハズ峠へと連なる山々が、これからたどる道程の長さを示している。

捻草峠で左の沢へ下り、水を補給したら急坂をいっきに登り、**天狗倉山**の頂を踏み越え、山名板が残る**高城山**から尾根道をたどって林道が横切る庵住《いおずみ》峠へ出る。峠から眺めると、林道が矢ハズ峠の先までのびている。

峠から尾根へかき上がって、**武士ヶ峯**北峰へ登る。山頂北西の急坂を下って林道を横断し、矢ハズ峠から**塩野山《しおのやま》**を通り、再び林道を横断、コブを3つ越え、再度林道を横切る。

クヌギ林の中に乗鞍岳の姿を垣間見て鞍部へ下る。登り返す植林境界尾根は胸突く急坂だが、それもしばしのこと、樹林に覆われた**乗鞍岳**に着く。

頂からは、そのまま西へ下って舗装林道へ出る。舗装林道は大日山への分岐がある**天辻峠（富貴《ふき》辻《つじ》）**で左折、維新の先駆けとなった天誅組本陣跡を左にして、**道の駅「吉野路大塔」**へ下りる。

**第4日　天空の浄土**

早朝、**道の駅「吉野路大塔」**から**天辻峠（富貴辻）**まで行く。左の杉林、案内板の下に「弘法大師学術調査」の札がある。ここからこの札が目印だ。

杉植林の道は無線中継局の中を横切るように通って県境尾根へ出る。廃小屋の先にある祠のうしろが大日山の山頂だ。展望のない頂を辞して送電鉄塔の下に出る。猿《さる》谷《たに》貯水池をはさみ、行者山《ぎょうじゃやま》、唐《と》笠山《がさやま》を視界にしたら、急坂を下って、舗装林道が通じる**出屋敷峠**を横切る。尾根は緩やかに起伏して白石山《しろいしやま》からセト山《やま》へ向かう。この付近はマツタケ山のため、両側の雑木にテープが張りめぐらされているが、春ならミツバツツジの花回廊が紀和《きわ》峠まで続く。

**紀和峠**から急登し、高塚《たかつか》で90度左折、スナダラリ峠へ向かう。スナダラリ峠は、すぐ下で右から広い道を迎える。道は尾根をまたぎ、雑木林と植林が混在する尾根を**城《しろ》本山《もとやま》**から牛《うし》ノタワへ出る。ここから稜線北側の平坦な踏跡を行くと、小広い湿地をすぎ、私設林道になる。苔むす石積道や崩落跡を通り、左から林道を迎えると、ほどなく**鐘割《かねわり》峠**に着く。

林道は稜線を左右に乗越し、緩やかに登って的場山《まとばやま》手前で舗装路に合する。路傍に休憩小屋がある天狗木峠まで行き、左へ20《メートル》ほどの手すりがある急坂を登れば、金比羅宮祠の前に出て、左折してスキが茂る**陣ケ峰**の頂に立つ。

高野聖が勧進の際、「天空の浄土」と説いたという、金剛峰寺奥の院がある高野の山々を一望したら、金比羅宮まで戻り、西へ尾根を伝い、1048メートルのコブに出る。右寄りに踏跡を選んで、ススキと灌木の小尾根を行けば車道に出て、右から林道が合する**桜峠**に着く。40メートルほど行くと左に小道が分かれる。これを選び、団地の南側から道なりに行けば、多くの観光客でにぎわう**奥の院前バス停**に着く。（小島誠孝）

## CHECK POINT

1 青根ヶ峰を南に下り、吉野大峯林道を行けば最初のピーク、四寸岩山を仰ぎ見る

2 四寸岩山の山頂から南を眺めると、目指す大天井ヶ岳がそびえ立つ

3 足摺小屋を通り抜けると石灰岩の狭い道を通る

4 大天井ヶ岳から天辻峠まではこの道標が案内をしてくれる

5 小南峠の先でヌタ場を見て鞍部を登り返せば、左に展望が得られる

6 弘法大師の道が東へ続く扇形山の山頂からは南へ稜線をたどる

7 切抜峠への尾根道は明るい杉並木のアップダウンからアカマツ林に続く

8 小さいアップダウンをいくつか越えた黒尾山の肩からは大峰山脈が見える

9 黒尾山付近から天狗鞍山、武士ヶ峯方面へと続く峰々が目線の高さで見える

10 東から西へ 180 度の展望が得られる捻草峠手前のピークから行く手を望む

11 武士ヶ峯への登りはネット沿いの急登だが、しばしのこと

12 武士ヶ峯（庵住峠）から塩野山と矢ハズ峠を望めば山をからみ林道が続いている

13 目指す乗鞍岳を望む疎林の下りは、クヌギの落葉が降り積もってすべりやすい

14 大日山西の鞍部から唐笠山や行者山をわずかに眺め、再び樹林の道へ入る

15 出屋敷峠への下りは一直線のすべりやすい坂道

16 春ならミツバツツジが美しい今井峠付近に残る自然林にホッとする

17 スナダラリ峠から城本山への道はやや不明瞭で、小沢の丸太橋が一部抜け落ちている

18 牛ノタワをすぎると苔むす石積を見る。古い生活道路が山腹に残る

19 天狗木峠から急坂を登れば、金比羅宮の朽ちた鳥居を右にして陣ヶ峰へ

20 ススキが生い茂る陣ヶ峰から高野の山々を一望したら天空の浄土へ向かう

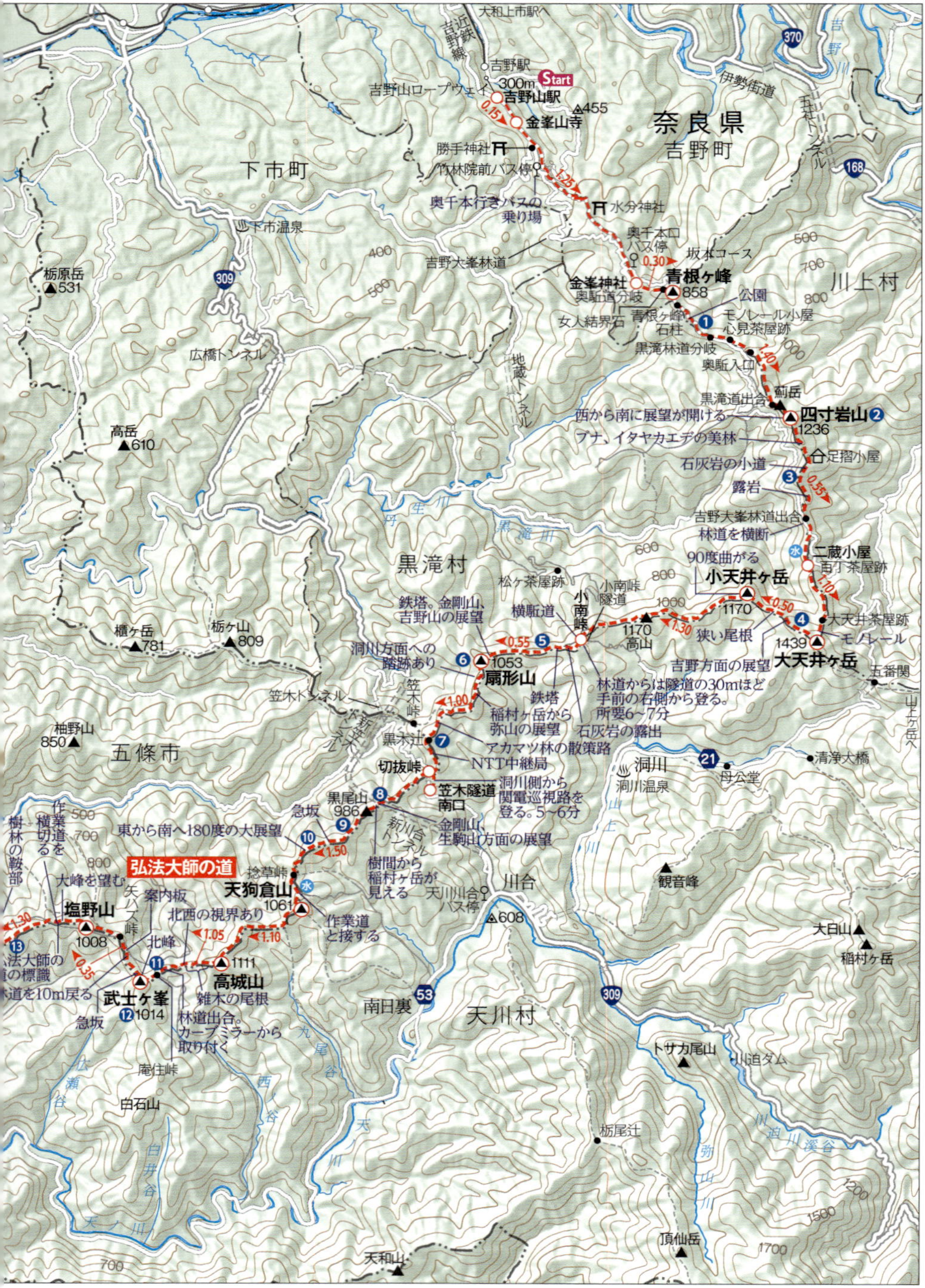
大和上市駅へ
近鉄吉野線
吉野駅
300m
Start
吉野山ロープウェイ
吉野山駅
0.15
金峯山寺
455
勝手神社
竹林院前バス停
奥千本行きバスの乗り場
1.25
水分神社
下市町
下市温泉
奈良県
吉野町
伊勢街道
370
五社トンネル
168
吉野川
奥千本口バス停
0.30
坂本コース
吉野大峯林道
400
500
金峯神社
奥駈道分岐
青根ヶ峰
858
公園
女人結界石
青根ヶ峰石柱
モノレール小屋
心見茶屋跡
黒滝林道分岐
奥駈入口
1.40
川上村
500
700
800
1000
309
栃原岳
531
広橋トンネル
地蔵トンネル
黒滝道出合
蓟岳
四寸岩山
1236
西から南に展望が開ける
ブナ、イタヤカエデの美林
足摺小屋
石灰岩の小道
高岳
610
露岩
0.55
吉野大峯林道出合
林道を横断
丹生川
黒滝川
水
二蔵小屋
百丁茶屋跡
1.10
黒滝村
600
800
松ヶ茶屋跡
小南峠隧道
90度曲がる
小天井ヶ岳
1000
1170
0.50
大天井茶屋跡
鉄塔。金剛山、吉野山の展望
横駈道
小南峠
1170
高山
1.30
狭い尾根
1439
モノレール
槙ヶ岳
781
栃ヶ山
809
0.55
洞川方面への踏跡あり
1053
扇形山
吉野方面の展望
大天井ヶ岳
五番関
林道からは隧道の30mほど手前の右側から登る。所要6〜7分
笠木峠
笠木トンネル
新笠木トンネル
1.00
鉄塔
稲村ヶ岳から弥山の展望
石灰岩の露出
山上ヶ岳へ
柚野山
850
五條市
黒木辻
アカマツ林の散策路
NTT中継局
洞川
21
母公堂
清浄大橋
洞川温泉
切抜峠
笠木隧道南口
洞川側から関電巡視路を登る。5〜6分
黒尾山
986
急坂
新川合トンネル
金剛山、生駒山方面の展望
500
700
800
樹林の鞍部
作業道を横切る
東から南へ180度の大展望
1.50
山上川
弘法大師の道
栃草峠
樹間から稲村ヶ岳が見える
川合
観音峰
大峰を望む
天狗倉山
1061
天川川合バス停
塩野山
1008
天ノ川バス峠
案内板
北西の視界あり
作業道と接する
608
1.30
1.05
1.10
大日山
稲村ヶ岳
弘法大師の標識
北峰
1111
高城山
0.35
林道を10m戻る
武士ヶ峯
1014
雑木の尾根
林道出合。カーブミラーから取り付く
南日裏
53
309
天川村
急坂
トサカ尾山
川迫ダム
庵住峠
広瀬谷
西谷
丸尾谷
白石山
天ノ川
白井谷
栃尾辻
川迫川渓谷
弥山川
1200
1500
天ノ川
頂仙岳
1700
天和山
700

河内長野駅へ
763
高田駅へ
北宇智駅
N
0
2km
1:124,000
370
紀見峠駅
24
五条駅
五條IC
林間田園都市駅
371
371
39
大和二見駅
南海高野線
五條西IC
吉野川
168
橋本東IC
隅田駅
京奈和自動車道
JR和歌山線
橋本IC
橋本駅
下兵庫駅
橋本市役所
和歌山駅へ
大谷川
生子トンネル
614
銀峯山
竜王山
619
南海高野線
極楽橋駅へ
300
400
500
国城山
552
528
橋本市
371
168
丹生川
西吉野トンネル
防城峯
768
丹生川
371
橋本市
金比羅谷
九度山町
七霞山
891
和歌山県
高野町
500
700
西野トンネル
舗装林道を歩く
雪池山
988
楊柳山
1009
高野町
天辻峠（高貴辻）
乗鞍岳登山口
乗鞍岳
無線中継局
東進する場合は10m下で右の踏跡を行く
994
四等標石「木谷」
東進する場合は右上へ90度曲がる
大日山
897
大日山・簾の分岐
摩尼山
1004
371
城本山
939
1.25
1.05
転軸山
摩尼山峠
民塚
923
四等標石「上垣内」
林道出合
高塚
鉄塔
14
新天辻隧道
鐘割峠
0.55
17
839
今ミツバツツジなどの自然林
出屋敷峠
15
祠
786m
0.20
摩尼山峠への分岐
子安分岐
牛ノタワ
スナダテリ峠
794
紀和峠
井峠
急坂
0.50
0.40
桜峠
ススキが茂る
1.15
横駈
16
堰堤
道の駅「吉野路大塔」
Goal
私設林道終点
的場山
1034
908
セト山
2.10
903
白石山
星のくにバス停
480
高野山・奥の院前バス停
高野龍神スカイライン
0.40
19
天狗木峠
18
警報器
915m峰
大塔温泉星乃湯
高野山駅へ
1106
陣ヶ峰
急坂
東進する場合、道標の見落としに注意
西進する場合、西北西に90度曲がる。「火の用心」と弘法大師道調査表あり
20
金比羅宮祠の裏から踏跡を行く
168
西進する場合、右寄りを行く
53
野迫川村
371
十津川温泉へ

76

## 強力伝説が残る峯中第一の秀峰に登る

# 釈迦ヶ岳

しゃかがたけ
1800m

**日帰り**

歩行時間＝5時間20分
歩行距離＝12.5km

技術度 ■■□□□
体力度 ■■□□□

コース定数＝24
標高差＝500m
累積標高差 ↗972m ↘972m

釈迦ヶ岳山頂の朝焼け

釈迦ヶ岳は昔から「峯中、第一の秀峰」といわれ、美しい山容と優れた眺望で知られるが、釈迦ヶ岳から孔雀岳《くじゃくだけ》の稜線付近に、クルマユリ、オオミネコザクラ、ウスユキソウ、コケモモなどが咲くことはあまり知られてなく、隠れた花の名山でもある。

古田ノ森から千丈平と釈迦ヶ岳

その釈迦ヶ岳には、十津川《とつかわ》側の太尾《ふとお》に峠の登山口ができたことで、初心者でも訪れることができるようになった。不動木屋《ふどうこや》林道を**峠の登山口**までいこう。広い駐車場の東側にある階段道を上がると、両側が背丈を越えるスズタケで覆われているが、道は刈り込まれ、歩きやすく整備されている。倒木や露岩もご愛嬌程度で、すぐに見通しのよい疎林の丘陵状の尾根を歩くようになり、左から不動木屋谷の**旧道**を迎える。

ブナ林の尾根道は緩やかに起伏を繰り返し、右に南奥駈道《みなみおくかけみち》の連山、正面に釈迦ヶ岳を眺めつつ、**古田《ふるた》ノ森《もり》**を通って湿地帯を進むと**千丈平《せんじょうだいら》**に着く。右にかくし水を見て、斜面を登れば、釈迦ヶ岳直下で奥駈道に出合う。

■**鉄道・バス**
公共交通機関は利用できない。もっぱらマイカーでの登山となる。

■**マイカー**
大阪方面からは西名阪道、国道165号、24号、京奈和道、国道168号などで、不動木屋林道を太尾の峠の登山口駐車場へ。

■**登山適期**
4月上旬～11月下旬。花はミツバツツジ、オオミネコザクラ、ウスユキソウが4月中旬、シャクナゲ、ムシカリが5月上旬、アケボノツツジが5月中旬、シロヤシオは6月上旬。紅葉は10月～11月上旬。

■**アドバイス**
▽釈迦ヶ岳山頂のブロンズ製釈迦如来立像は大峰開山以来の強力といわれる故・岡田雅行氏（通称・オニ雅）が大正13年夏、1人で担ぎあげたと伝えられる。
▽深仙ノ宿には避難小屋と参籠所があり、宿泊可能だが、参籠所は5月中旬～9月の間は修験者優先使用。

■**問合せ先**
十津川村役場企画観光課☎0746・62・0001、三光タクシー☎0746・64・0231

■**2万5000分ノ1地形図**
辻堂・釈迦ヶ岳

小ザサの中に続く道が露岩に変わると、釈迦如来像が立つ**釈迦ヶ**

**岳**の頂に着く。四方さえぎるもののない大展望だ。東に台高《だいこう》山脈、南に笠捨山《かさすてやま》、玉置山《たまきやま》、北に八経《はっきょう》ヶ岳《たけ》方面まで見わたせる。

山頂からは南へ奥駈道を下り、極楽《ごくらく》の都津門《とつもん》を覗き、**深仙《しんせん》ノ宿《しゅく》**まで行く。万病に効能ありという香精水でのどをうるおしたら、花期にはアケボノツツジが美しい五角仙《ごがくせん》を経て、大日岳《だいにちだけ》のコルへ向かう。見上げる1枚岩のフェイスは三十三尋（約10メートル）、老朽化したクサリを避け、横の踏跡から**大日岳**に立つ。深仙谷をはさんでそびえる釈迦ヶ岳、孔雀岳の五百羅漢など、眺めはまさに絶景だ。

大日如来に下山の無事を祈願したら、**深仙ノ宿**まで戻り、参籠所の北側で釈迦ヶ岳への道と別れ、左の踏跡を行く。**千丈平**に出たら、往路を**峠の登山口**へ戻る。

（小島誠孝）

## CHECK POINT

峠の登山口にはトイレと駐車場があり、登山適期にはツアー登山のマイクロバスも入る

古田ノ森は釈迦ヶ岳への中間点にあるブナの林。梅雨の時期にはバイケイソウが茂り足もとを隠す

古田ノ森付近から赤井谷をはさみ、南奥駈道の山々と大日岳方面を眺める

穏やかなカヤの原の広い尾根を古田ノ森から千丈平方向へ向かっていく

苔むすイタヤカエデの古木が茂る千丈平から釈迦ヶ岳への道は黄葉が美しい

釈迦ヶ岳の頂には、伝説の強力が１人で担ぎ上げたと伝えられるブロンズの釈迦如来像が立つ

大峰山脈の中間地点に位置する深仙ノ宿には山小屋と参籠所がある

鞍部から山頂へはクサリを使わずに大日岳スラブの右横から登る

77

# 南奥駈道

## 玉置神社から熊野本宮へ大峰・奥駈道の最南部を歩く

みなみおくがけみち

1078m（大森山北峰）

**前夜泊 一日**

歩行時間＝8時間25分
歩行距離＝16・2km

技術度 ２/５
体力度 ２/５

| | |
|---|---|
| コース定数＝**31** | |
| 標高差＝118m | |
| 累積標高差 | ↗1030m ↘1931m |

玉置山付近から奥駈道の朝

大峰《おおみね》山脈を北部、中部、南部に分け、奥駈道を当てはめると、玉《たま》置《き》神社から七越峯《ななこしみね》、熊野本宮大社《くまのほんぐうたいしゃ》までを「南奥駈道」とすることができよう。標高こそ低いが、アップダウンの多いロングコースで、岩場、急坂もある「修験の道」である。

**玉置神社**本殿に山行の無事を祈願したら、石段下の鳥居を出て、すぐ左の奥駈道へ入る。犬吠坂《いぬぼえざか》から**玉置辻**《たまきつじ》（本宮辻）へ下り、舗装林道を横断、道標横の山道を行く。いったん林道を行くが、再び山道になると、水呑金剛《みずのみこんごう》石柱道標があり、「玉置神社へ3キロ、熊野本宮へ12・7キロ」を示している。

植林の急登しばし、**甲**《かぶと》**森と大森山**《おおもりやま》**を分ける稜線**に登り着く。右へ進み、旧篠尾辻《ささびつじ》手前の山抜け跡から篠尾の集落や熊野の山々を望み、再び植林の中を登れば**大森山**北峰に着く。

山頂で90度左折、大森山南峰（大水の森）を通って、切畑《きりはた》への道を分ける**篠尾辻**（峠）にいたる。ここから急なアップダウンを繰り返す樹林の尾根となる。やがて露岩に木の根がからむ狭い尾根を登れば、**五大尊岳**《ごだいそんだけ》の頂だ。

樹間に果無《はてなし》山脈を見て、不動明王像に暇を告げたら、鞍部へ下っ

て南峰へ登り返す。

南峰で90度右折、609メートル峰へと尾根を下るとコブ上で道が二分する。右へ進み、「蟻の戸渡」「貝ずり」とよばれる難所を通る。さらに狭い鞍部へ急下降して登り返す。小さなコブを踏み越え、雑木林を下ると**金剛《こんごう》多《た》和《わ》ノ宿《しゅく》跡**（六道ノ辻）に着く。左は篠尾、右は切畑、前方右は水場だ。

ここからは正面を直登して**大黒天神岳《だいこくてんじんだけ》**山頂へ。頂を辞したら送電鉄塔を経て、宝篋印《ほうきょういん》塔《とう》がある**山在《さんざい》峠**に下

↑玉置山付近から雲海に浮かぶ卯月山と十津川の山々

→シャクナゲ咲く霧の中の玉置神社

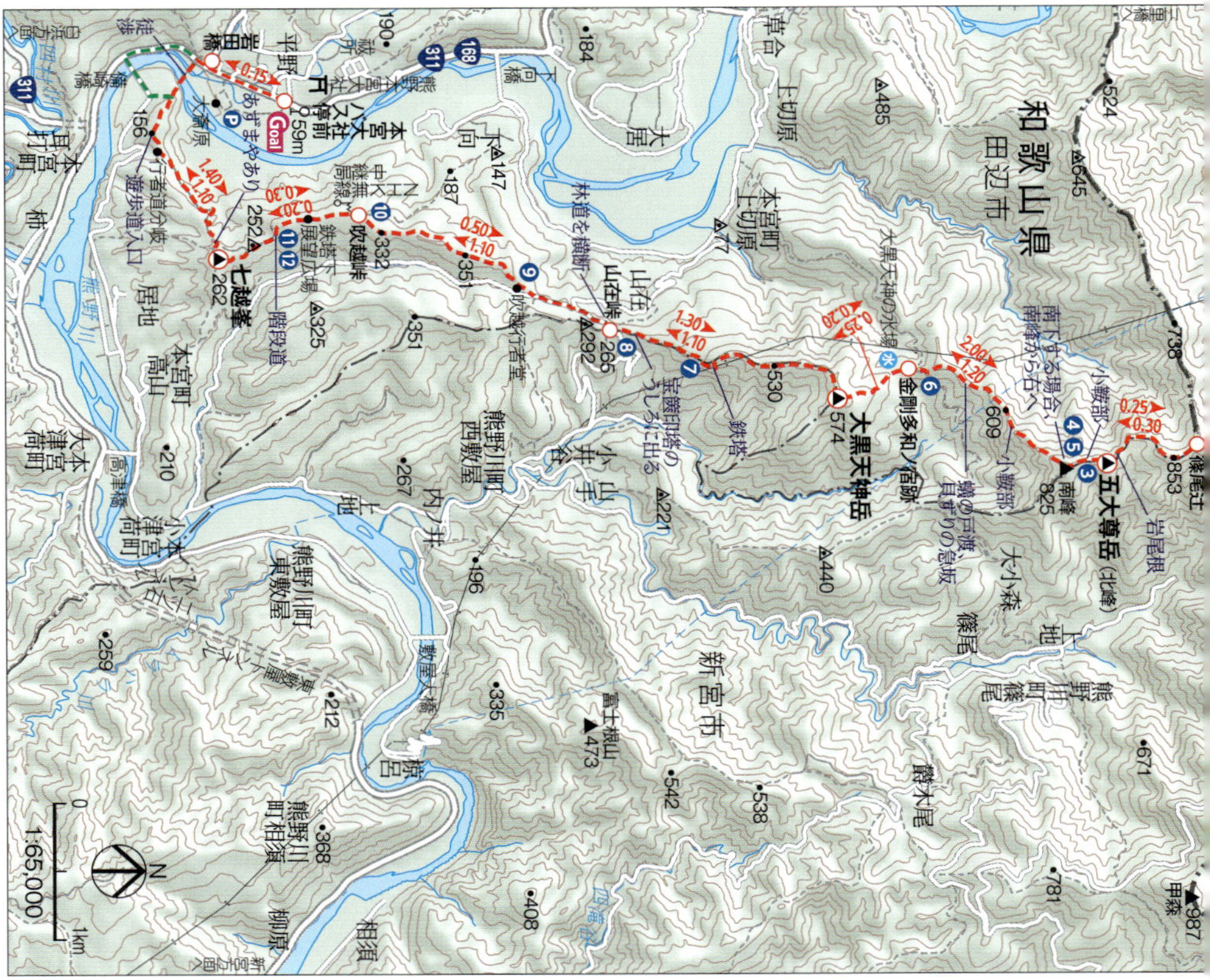

る。続いて林道を横断、左に吹越《ふきこし》権現《ごんげん》と行者堂を見て、再び林道を横断、吹越峠へ向かう。小さいが急な起伏を2つ3つすぎれば**吹越峠**に着く。

峠からしばらく行くと、鉄塔下に展望広場が現れる。大斎原《おおゆのはら》の鳥居を眼下に、七越峯、熊野川が眺められる。

展望広場から七越峯は目と鼻の先。林道を行き、公園の奥から階段を登れば、赤い鳥居と小さな祠がある**七越峯**に着く。頂からは舗装路を西へ下って「紅葉谷」への道標まで行く。ここで舗装路を離れ、右の山道へ入る。

山腹をからみ、堰堤の上から熊野川の河原へ下りたら浅瀬を徒渉して対岸の**本宮大社前バス停**へ行く。

（小島誠孝）

■鉄道・バス

往路＝近鉄大和八木駅から奈良交通新宮行特急バス4時間、折立で下車。タクシー約30分（要予約）で玉置神社駐車場へ。三光タクシー（十津川）☎0746・64・0231。

復路＝本宮大社前バス停から奈良交通大和八木駅行特急バス4時間45分で大和八木駅へ。

■マイカー

車を入山口と下山口に用意することが前提。玉置神社へは南阪奈道路、国道24号、京奈和・五条道路、国道310号、168号などを利用。熊野本宮大社へは五條から国道168号を十津川温泉経由となる。

■登山適期

通年。冬期は軽アイゼンを用意。

■アドバイス

▽金剛多和ノ宿跡から大黒天神岳の横駈道を5分ほどに水場がある。

▽折立から玉置神社へのタクシーの予約がとれない場合、折立バス停から玉置神社まで約3時間の行程（休憩含まず）。なお、玉置神社は以前登山者の宿泊も受け入れていたが、2024年現在は宿泊できない。

▽4～11月の土・日曜・祝日に、十津川温泉～玉置山駐車場間の予約制バスが運行される（1日1便）。

▽紅葉谷から熊野川を徒渉しないで、備崎橋を渡っても時間的に大差はない。

■問合せ先

十津川村役場観光振興課☎0746・62・0001、奈良交通☎0742・20・3100（特急バス）、☎0746・64・0408（玉置山駐車場行き予約制バス）

■2万5000分ノ1地形図

十津川温泉・大沼・瀞八丁・伏拝

CHECK POINT

1 玉置辻の林道横の石柱道標から大森山・甲森分岐へ

2 山抜け跡から篠尾集落を俯瞰したら大森山へ向かう

3 五大尊岳へは急なアップ・ダウンを越えていく

4 五大尊岳へ登り着くと不動明王像が迎えてくれる

5 西に展望が得られる五大尊岳から果無越えがよく見える

6 金剛多和の辻は篠尾と上切原の峠だ

7 山在峠付近から大居と蛇行する熊野川を右に見て下る

8 山在峠の宝篋印塔の後ろから林道へ出て横断する

9 吹越権現から林道を横断して階段道を行く

10 案内板から吹越峠へは緩やかな植林帯を行く

11 吹越峠を離れると大斎原を眼下に眺める

12 展望広場までくれば七越峯は近い。ひと息入れていこう

# 78

## 平家伝説の峰を踏み越えて十津川温泉郷へ

# 小辺路《こへち》（伯母子岳越え）（おばこだけごえ）

1344m（伯母子岳）

**二泊三日**

1日目　歩行時間＝5時間15分　歩行距離＝16.8km
2日目　歩行時間＝5時間35分　歩行距離＝15.9km
3日目　歩行時間＝4時間10分　歩行距離＝15.9km

技術度 ■■□□□
体力度 ■■■□□

QRコードは244、246ジペーコース図内に記載

コース定数＝**78**

標高差＝524m

累積標高差　↗3482m　↘4087m

三浦峠から伯母子越えを振り返る

三浦峠から雲海に浮かぶ果無山脈

世界遺産・熊野古道《くまのこどう》の一部である小辺路は、紀伊山地の参詣道の中でも屈指の険しさで知られ、3つの1000メートル《メートル》級の峠と、3つの渓谷を越えていく全長72キロ《キロ》のロングコースだ。まず、伯母子岳、伯母子峠を越え、三田谷《みただに》を経て、西中《にしなか》までの前半を歩くコースを紹介しよう。2泊3日の行程だ。

**第1日**　高野山《こうやさん》の**千手院橋《せんじゅいんばし》バス停**から、道の対面、金剛三昧院《こんごうざんまいいん》の石柱横の道を金剛三昧院の手前の十字路まで進んで右折、**ろくろ峠**に上がる。

峠の大滝口《おおたきぐち》女人堂跡から未舗装の道を直進、高野女人道を左に見送って、**薄峠《すすき》**へ行く。峠から左へ山腹を下り、**御殿川《おとがわ》橋**を渡って急登、分岐を右へ進めば**大滝《おおたき》集落**だ。

集落から道標にしたがい、最奥の民家前を通って、山腹の道を稜線に登れば、やがて**高野龍神《こうやりゅうじん》ス**

---

■**鉄道・バス**
往路＝高野山ケーブル高野山駅から南海りんかんバス約10分で千手院橋へ。
復路＝西中大谷橋から十津川村営バス約30分で十津川温泉バス停へ行き、奈良交通バス約4時間33分で近鉄大和八木駅へ。ただし12時台が最終のため、十津川温泉でさらに1泊することになる。

■**マイカー**
複数日程の縦走コースだけに、マイカーは起点と終点に各1台必要。高野山奥ノ院駐車場、西中大谷付近の駐車スペースを利用する。

■**登山適期**
4月上旬～11月下旬。

■**アドバイス**
▽龍神スカイラインには歩道がないので歩行には充分注意。
▽大股にはホテル、民宿もあるが、シーズン中は早めの予約がよい。
▽三浦口、五百瀬には民宿が少ない。予約がとれない場合は十津川観光協会に相談してみよう。
▽西中大谷橋バス停を午後に発車する村営バスは14時前後の1便のみ。

■**問合せ先**
十津川観光協会☎0746・63・0200、高野町観光協会☎0736・56・2468、野迫川村産業課☎0747・37・2101、南海りんかんバス高野山営業所☎0736・56・

カイラインに出合う。右へ進み、水《みず》ケ峰《みね》入口へ。樹林帯を登り、林道タイノ原線へ出たら、道標を追って大股《おおまた》バス停まで行く。

**第２日**　**大股バス停**から橋を渡って村中を通り抜けると、道はつづら折りに登って、**萱《かや》小屋**に着く。先へ進むとサルカイ谷を右に、**桧《ひのき》峠**に着く。峠からさらに登った**伯母子岳分岐**を左折、**伯母子峠**に出て右の**伯母子岳**山頂へ。

山頂から東尾根を下れば**上西家跡**で、ここからは右の尾根を行く。崩落跡を左にする階段道を下れば**水ケ元茶屋跡**。ここを離れると石畳の道が断続的に**待平《まちだいら》屋敷跡**まで続き、**伯母子岳登山口**へ下り着く。左の橋から隧道を通り、五百《いも》

2250、十津川村営バス運行管理事務所☎0746・64・0408、奈良交通バス☎0742・20・3100、三光タクシー（十津川）☎0746・64・0231

■2万5000分ノ1地形図
上垣内・伯母子岳・高野山・梁瀬

## CHECK POINT

1 大滝口（ろくろ峠）へ出ると道は平坦な地道の林道になる

2 林道のすぐ左にある薄峠は尾根を乗り越すようにして左下方へ進む

3 御殿川橋を渡ると道は急坂となって、丁字路へ出たら右折。大滝集落へ

4 大滝集落にはあずまやとトイレがある。ひと息いれたら最奥の民家前から高野龍神スカイラインへ

5 水ヶ峰への入口から植林の坂道を登りきって林道タイノ原線へ出る

6 水ヶ峰から林道タイノ原線へ出たら左折する

7 ここで林道を離れ、大股へ下る。山畑を右に見て坂を下って県道に出たら右の大股バス停へ

8 大股の集落を通って山道へ入ると、広いが、つづら折りの山道が萱小屋まで続く

9 萱小屋は避難小屋の機能を備え、小屋前の広場は休むのによい

## CHECK POINT

10 トイレのある伯母子峠から右の斜面を登り伯母子岳の山頂へ向かう

11 伯母子岳山頂は360度の好展望。遠く三浦峠や大峰の山々も望むことができる

12 石積が残る上西家跡には湧水があり、春にはヤマザクラが美しい広場だ

13 水ヶ元茶屋への道は稜線のアップダウンや山崩れ跡を通るなど、変化に富んでいる

14 祠と湧水がある広々とした水ヶ元茶屋跡からは人工林となる

15 杉植林に包まれた待平屋敷跡からは、転石と露岩の悪路になる

16 五百瀬の伯母子岳登山口へ下り着いたら左の橋を渡り、トンネルを抜け、腰抜田を経て三浦口へ行く

17 伯母子岳越え第２日目の終着点は十津川村営バスの三浦口バス停。付近に民宿岡田屋などの宿がある

18 棚田の道から集落の中を通り、最奥の民家の庭先から石畳の道を行く

19 吉村家跡の杉巨木と墓石の間を通って緩やかに登って三十丁の水場を経て三浦峠へ

20 矢倉観音堂まで来ると道も広くなり、里近い感じになるが、ロープを伝う箇所もある。気を緩めず行こう

21 民家の下から林道を出入りして国道425号に出たら右折して西中大谷橋バス停に到着する

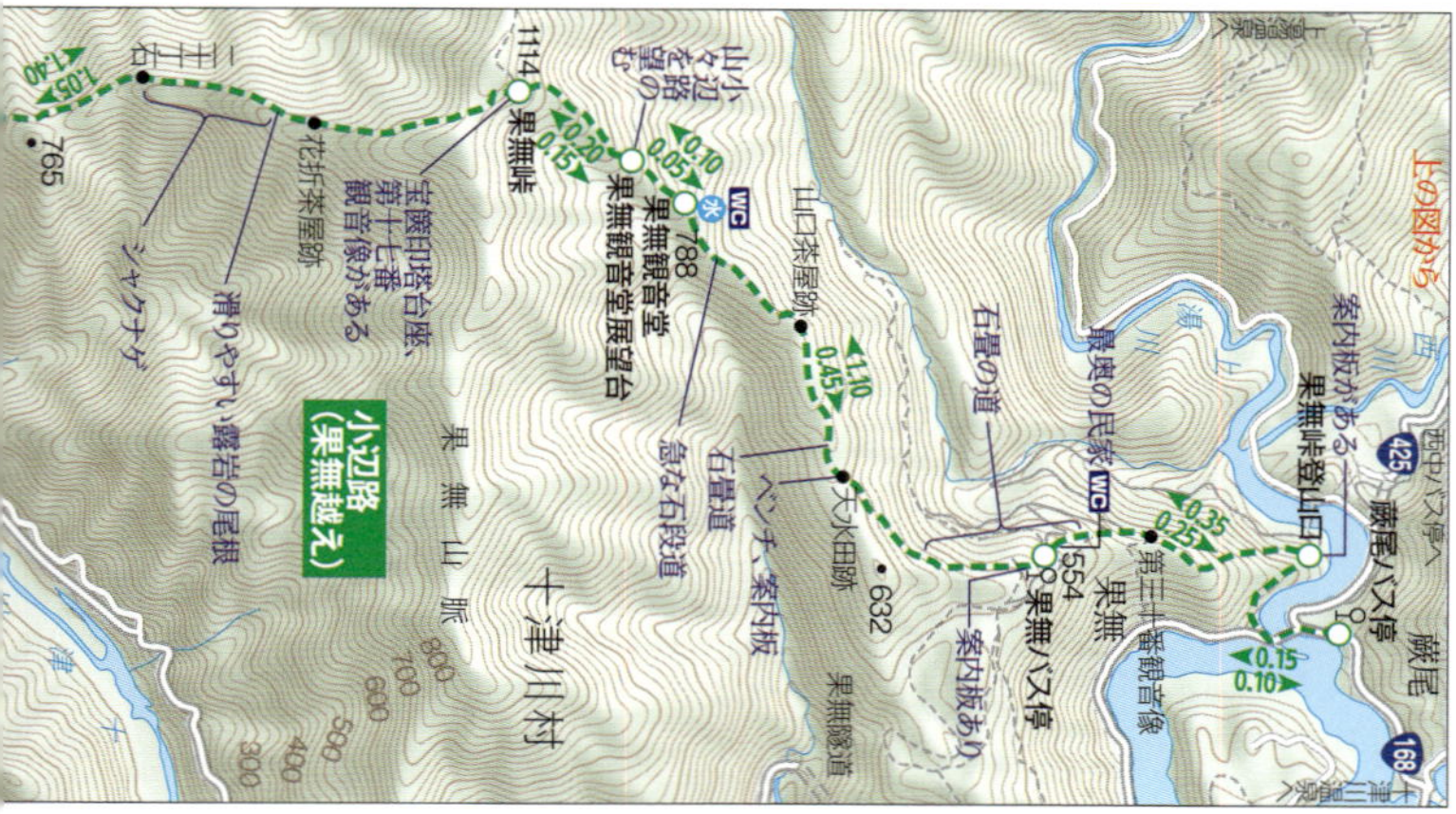

熊野本宮からの里程を示す丁石が各所に残っている

瀬《ぜ》をすぎれば**三浦口《みうらぐち》バス停**だ。

**第3日　三浦口バス停**から右下の民宿岡田屋の前へ出て、左側の船《ふな》渡《と》橋を渡る。

橋からは最奥の民家の庭先を通り、**吉村家跡の杉古木**を経て、三十丁の水場へ。樹林帯を抜け、伐採跡地に出たら、**三浦峠**へは一投足だ。

稜線の林道を横断し、山腹の道を下ると古矢倉《ふるやぐら》跡に出る。谷を右に見て下れば出店《でみせ》跡、五輪塔、集落跡などを通り、やがて**矢倉観音《やぐらかんのん》堂《どう》**に着く。道幅が広がり、道標が立つ民家の前を通っていけば林道から**国道**に出合い、**西中大谷橋バス停**に到着する。

（小島誠孝）

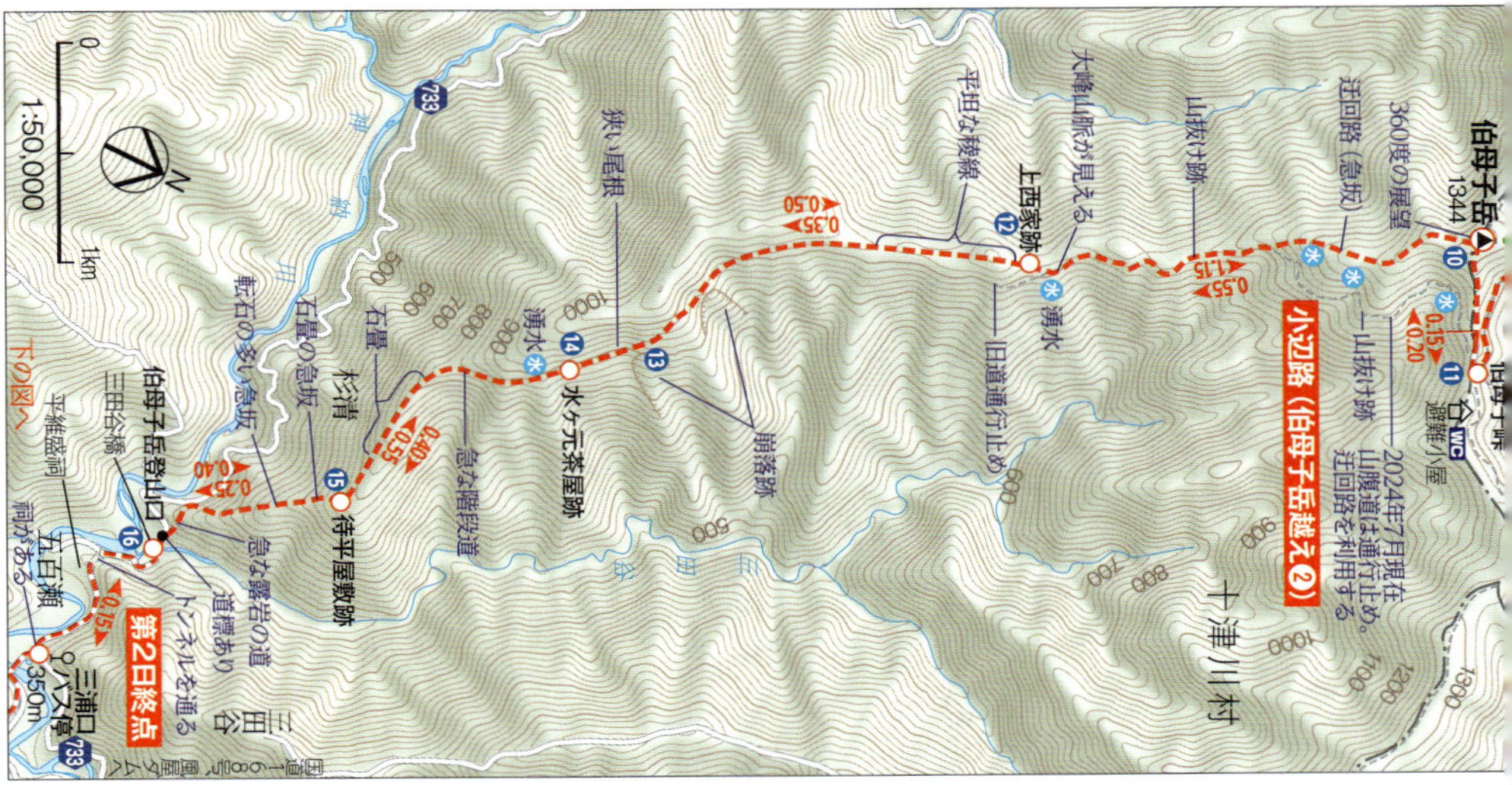
伯母子岳
1344
360度の展望
迂回路（急坂）
山抜け跡
大峰山脈が見える
平坦な稜線
上西家跡
湧水
旧道通行止め
小辺路（伯母子岳越え②）
山抜け跡
2024年7月現在 山腹道は通行止め。迂回路を利用する
避難小屋
十津川村
狭い尾根
崩落跡
水ヶ元茶屋跡
急な階段道
杉清
石畳
石畳の急坂
転石の多い急坂
待平屋敷跡
伯母子岳登山口
急な露岩の道
道標あり
トンネルを通る
三田谷橋
三田谷
平維盛祠
祠がある
五百瀬
第2日終点
三浦口バス停
350m
下の図へ
1:50,000
1km

天上山
▲817
西中
西中バス停
第3日終点
Goal
国道出合
西中大谷橋バス停
215m
矢倉観音堂
•645
葛石
五輪塔
民家あり
階段を下りて山道に入る
広いバス道に出る
殿原
永井
玉垣内
大津越
十津川温泉へ
龍神温泉へ
下の図へ
1:50,000
1km

和歌山県
田辺市
本宮町を望む
七色分岐
シャクナゲ
ベンチ
急坂
水の供給施設
林道出合
八木尾橋
八木尾バス停
民家の前から石段を下りる
上河屋
切畑
七色
三里橋
道の駅 奥熊野古道ほんぐう
竹の本
熊野萩バス停
歩道がなくなる
伏拝
平岩口バス停
学校
100
緩い坂道
九鬼
ガソリンスタンド
宮町
石仏
三軒茶屋
三軒茶屋跡 九鬼口関所跡
休憩小屋
熊野古道
展望台分岐
展望台
190
祓殿王子
下向橋
道標あり
鳥居
熊野本宮大社
大鳥居
本宮大社前バス停
新宮駅へ
1:50,000
1km

大台ヶ原の全容（又剱山から）

79

# 開放的な見どころ満載の東大台ヶ原を周遊する

# 大台ヶ原（日出ヶ岳）

おおだいがはら（ひでがたけ）
1695m（日出ヶ岳）

日帰り

歩行時間＝3時間30分
歩行距離＝7・0km

技術度 体力度

コース定数＝13
標高差＝121m
累積標高差 465m 465m

「日本百名山」のひとつである大台ヶ原は、わが国有数の多雨地帯としても知られ、周囲全体が急峻な懸崖で囲まれた隆起準平原という特異な地形を示す。大きく分けて、深い原生樹林に覆われ、入山規制されている西大台ヶ原と最高峰の日出ヶ岳、巴岳《ともえだけ》、正木嶺《まさきみね》、正木《まさき》ヶ原《はら》、牛石《うしいし》ヶ原《はら》によって構成される東大台ヶ原に分けられる。ここでは家族連れでも楽しめる東大台ヶ原を周遊しよう。

**大台ヶ原バス停**に着いたらビジターセンターに立ち寄って、最新の情報を得よう。ビジターセンターを出たら、すぐ右の道（案内板がある）へ入り、最初の分岐、中道を右に見送り、日出ヶ岳へ向かう。小沢を3つ通ると、右からシオカラ谷が接近し、このあたりからコンクリートの階段道になる。

階段道を登りつめると**正木嶺の鞍部**にある展望台に出る。鞍部から左へ進み、木製階段を登ると**日出ヶ岳**の山頂だ。展望台からは熊野灘《くまのなだ》や台高、大峰山脈など360度の展望を思いのままにできる。天候に恵まれた早朝なら、駿河の富士山も望めるという。

山頂を辞したら、**正木嶺の鞍部**まで戻ってまっすぐ進み、広い階段木道を登る。広々とした正木嶺からは、立枯れの白骨林とイトザサの草原、広大な展望を楽しみつつ、ところどころに休憩場所がある木道階段を下り、ヌタ場がある鞍部からシロヤシオの林を通って正木ヶ原へ向かう。

シカの群れ遊ぶ正木ヶ原から溝状の歩きにくい道を下り、あずまやがある**尾鷲辻《おわせつじ》**へ。ここで中道と出合ったら、広い散策路を神武天皇の銅像が立つ**牛石ヶ原**へ行く。魔物を封じ込めたという伝説の牛石から石畳の道を通り、森へ入ると左に大蛇嵓《だいじゃぐら》への小道が**分岐**する。左へ露岩を踏んで進むと花期にはアケボノツツジに飾られる**大蛇嵓の展望台**に着く。

大蛇の背を思わせる岩の張出しに立ち、東《ひがし》ノ川へ切れ落ちる不動

■鉄道・バス

往路・復路＝近鉄大阪・橿原線大和

返しの絶壁、白布を落とす長瀑、大峰山脈の大パノラマなどを眺めたら、来た道を**分岐**へ戻り、左へ進んでシャクナゲ坂からシオカラ谷へ向かう。緩やかな下り坂は両側にシャクナゲの大群落を見るあたりからU字状にえぐれた急坂になり、**シオカラ谷吊橋**に出る。

橋を渡ると急な石段の登りとなる。坂を登りつめると傾斜が緩み、うっそうとした原生林に入るが、再び急な階段道になって、針葉樹林帯を離れ、旧大台山の家へと続く水平道に出合う。ブナ、イタヤカエデの美林が広がる水平道へ出たら左へ進み、今朝、出発した**大台ヶ原バス停**まで行けばよい。

（小島誠孝）

大蛇嵓から不動返しとリュウゴ尾根

八木駅から奈良交通バス3時間で終点の大台ヶ原バス停下車。

■マイカー
京阪神方面からは南阪和道または京奈和自動車道経由で大和上市から国道169号を伯母峰トンネル前で右折、大台ヶ原ドライブウェイを大台ヶ原駐車場（無料）へ。

■登山適期
通年。ただし、大台ヶ原へのバスの運行期間は4月中旬〜11月下旬のみ。日出ヶ岳のシャクナゲ、大蛇嵓付近のアケボノツツジはいずれも初夏に咲く。シロヤシオは5月中旬。イタヤカエデ、モミジの紅葉とブナ、ミズナラの黄葉は10月上旬。

■アドバイス
▽東大台コースに危険箇所はないが、雨天などの場合、木製の階段道や大蛇嵓周辺はすべりやすくなるので注意したい。
▽マイカー利用の場合、杉の湯温泉、上北山温泉など汗を流していくといい。

■問合せ先
上北山村役場☎07468・2・0001、奈良交通☎0742・20・3100、奈良近鉄タクシー☎0746・32・2961、心・湯治館（旧大台荘）☎07468・2・0120

■2万5000分ノ1地形図
大台ヶ原山

＊コース図は251ページを参照。

大台ヶ原ドライブウェイの名古屋岳付近から西大台ヶ原の樹海

## CHECK POINT

1 大台ヶ原の宿泊施設、心・湯治館に泊まって翌日行動すれば行程が楽になる

2 日出ヶ岳山頂。展望台が建つ横には三角点とケルンがある

3 正木嶺の鞍部で、展望デッキがある正木峠から正木嶺へ向かう

4 正木嶺への階段木道から振り返ると、日出ヶ岳がよく見える

5 正木嶺から見る尾鷲湾は幾重にも重なる入江が銀色にきらめく

6 正木ヶ原への途中にはヌタ場があり、野生生物の足跡も残っている

7 シカが群れ遊ぶ正木ヶ原を離れると溝状の悪路が尾鷲辻まで続く

8 尾鷲辻から牛石ヶ原へは露岩混じりの道を行く場所も混在する

9 牛石ヶ原から石畳の道を行き、森に入ると大蛇嵓への分岐だ

10 アケボノツツジが多く見られる露岩の道を行けば大蛇嵓だ

11 ハイカーに人気の大蛇嵓は先端まで行けるが、スリップしないように注意しよう

12 花期には道の両側が美しく飾られるシャクナゲ坂を行く

1:20,000
0
500m
N
奈良県
上北山村
三重県
大台町
大台ヶ原
Start Goal
大台ヶ原バス停
1574m
大台教会
大台ヶ原ビジターセンター
中道分岐
大台ヶ原ドライブウェイ
階段道から水平道へ
日出ヶ岳
1695
360度の展望が広がる
木の階段を登る
正木嶺鞍部
(正木峠)
展望デッキあり
正木嶺
木道、立ち枯れ林
ヌタ場
正木ヶ原
1641
シロヤシオが多い
尾鷲辻
溝状の歩きにくい悪路
中道
1593
牛石ヶ原
神武天皇像
牛石
大蛇嵓分岐
大蛇嵓展望台
1579
シャクナゲ坂
シオカラ谷吊橋
シオカラ谷
石段道
東ノ滝
千石嵓
中の滝
西ノ滝
逆川
東ノ川
蒸篭嵓
大蛇嵓
1121
1044
1375
1494
1523
1610
1300
1400
1500
1600
近鉄大和上市駅へ
大台辻へ
堂倉山、コブシ嶺、尾鷲へ
堂倉小屋へ

木津峠付近から眺める高見山

# 80 台高山脈北端の名峰高見山を歩く

## 高見山

日帰り

たかみやま
1248m

歩行時間＝4時間15分
歩行距離＝8・0km

技術度

体力度

コース定数＝**19**

標高差＝788m

累積標高差 889m 875m

台高《だいこう》山脈の北端に位置する高見山は、奈良・三重県境に天を突く端麗な容姿をみせる名山である。この山へは臨時霧氷バスを利用しての登山が便利である。

杉谷《すぎたに》の**高見登山口バス停**から西へ20㍍ほどの橋の袂、右側にある民家の前の道標から石段を登る。山ノ神の祠を見送り、撞木松《しゅもくまつ》をすぎ、しばらく登ると尾根に出て視界が開ける。やがて古市跡を経て「虱《しらみ》とり」とよばれる場所を通り、雲母曲《きららひじ》の急坂を登る。さらに杉林を登り抜ければ、石地蔵がある**小峠**《こ》に着く。

右折して林道ゲートまで行き、道標から左上の登山道を高見峠（大峠）へ向かう。山腹の道を東に進むと**高見峠**からの階段道に出合う。右下に駐車場を見て、左の林の中に続く急坂を登る。灌木帯から草原の休憩地に出ると展望が開け、台高の山々が望まれる。再び灌木帯をつづら折りに登り、ヒメシャラやブナなどの樹林帯を抜ける

山頂付近から大峰山脈を望む

■**鉄道・バス**
往路＝平日は東吉野村役場、土日祝（要予約）は菟田野から東吉野村バス「ふるさと号」で高見登山口へ。復路＝たかすみの里から東吉野村バス「ふるさと号」で平日は東吉野村役場、土日祝（要予約）は菟田野へ。東吉野村役場と菟田野へは近鉄榛原駅から奈良交通バスが運行。2月の土日祝には榛原駅～高見登山口間に奈良交通の霧氷バス（要予約）が運行。

■**マイカー**
大阪方面からは国道165号、中和幹線道路、国道166号などで高見登山口へ。付近に数台の駐車スペース、平野にはたかすみ温泉の駐車場がある。

■**登山適期**
通年登られている。積雪時は、軽アイゼンは必携。初夏のブナの芽吹きのころも人気。紅葉は10月下旬～11月下旬、霧氷は1月中旬～3月下旬。

■**アドバイス**
▽危険箇所はないが、冬は霧氷ができるほど風が強く体感温度は低い。防寒装備はしっかり整えたい。
▽マイカー利用の場合、サブコースとして、高見峠（大峠）まで旧バス道を上がれば、登り1時間足らずで山頂に着ける。ただし道路状況を確認のこと。

■**問合せ先**
東吉野村役場（登山、バスふるさと

と、周囲が開け、右に三峰山《みうねやま》、背後に台高山脈を眺められる。

道に露岩が現れると、まもなく**高見山**山頂だ。高見神社裏に三角点がある。避難小屋展望台に上がって、四方さえぎるものない展望を楽しもう。

下山は、西へ尾根を下って平野を目指す。笛吹岩《ふえふきいわ》、揺岩《ゆるぎいわ》、国見岩《くにみいわ》など、伝説の旧跡をすぎると、**平野《ひら》の分岐**に出る。道標の「右、平野」にしたがって尾根を下れば、作業小屋を左に見て小さな沢を渡る。さらに山腹の小道を下ると、樹齢700年といわれる**高見杉**が現れる。避難小屋もあり、ひと息入れていくのによい。

避難小屋をあとに、鉄製の小橋を2つ渡り返し、小沢を渡ると、なだらかな尾根筋の道に転じる。やがて尾根末端でつづら折りの道を下りきると民家の脇に出る。平野川にかかる朱塗りの丹浦《たんのうら》橋を渡り、突き当たりを右折すれば**たかすみの里バス停**だ。

（小島誠孝）

## CHECK POINT

ベンチがある休憩台地からは、行く手に高見山を仰ぎ、背後に雲ヶ瀬山への稜線を望む

休憩台地をあとに、広い尾根道になると、登るにしたがって展望が開ける

樹林の急坂を登り抜けると明神岳から台高山脈南部の山々まで展望できる

神武東征伝説の八咫烏を祀る神社が建つ高見山山頂。冬期は風が強く天候も変わりやすい

山頂避難小屋付近には雪庇ができることもあるので、悪天候の際は南側に片寄って歩かないようにしよう

山頂から西へ尾根を下り、平野の分岐からは高見杉の避難小屋を目指して下る

号）☎0746・42・0441、奈良交通バス☎0745・82・2201（路線バス）、☎0742・22・5110（霧氷バス）、奈良交通タクシー☎0745・82・0155

■2万5000分ノ1地形図

高見山

十三峠展望台から大阪市街

# 81 信貴山《しぎさん》

## 聖徳太子を祀る古刹と古城址がある山

437m（最高地点＝487m／高安山）

日帰り

歩行時間＝6時間30分
歩行距離＝14・5km

技術度
体力度

コース定数＝26
標高差＝410m
累積標高差 891m 924m

山麓の大和川から眺める信貴山

JR王寺《おうじ》駅近くの大和《やまと》川から西北方向を眺めると、穏かな山稜に尖峰のような峰がある。607年、超大国・隋に「日出づる処の天子、書を日没する処の天子に致す。恙無きや……」の名文を送った聖徳太子ゆかりの信貴山である。

役ノ行者ゆかりの古刹と聖徳太子ゆかりの名刹をつなぐ縦走の出発点は**近鉄生駒《いこま》線元山上口《もとさんじょうぐち》駅**になる。駅から西へ向かい、櫟原《いちはら》川沿いに**伊古麻《いこま》山口《やまぐち》神社**まで行き、橋を渡った先で右上の農道に入る。平群谷《へぐりだに》の田園風景を眺め行けば、鳴川《なるかわ》集落の清滝《きよたき》石仏群を経て、**千光寺《せんこうじ》**へ行く。行場めぐりは本堂下の道標にしたがうとよい。

少し離れた西《にし》ノ覗岩《のぞきいわ》を往復したら鞍部の分岐へ出る。左折して**鳴川峠**へ行き、右に首切地蔵がある十字路を十三《じゅうさん》峠・信貴山方面へ進む。続いて三国山《みくにやま》を越え、夫婦《めおと》岩《いわ》の前を通っていけば、キノコ型の雷シェルターをすぎる。やがて**鐘の鳴る丘展望台**だ。南京錠が多数残る塔に立てば360度の展望が得られる。

丁字《ちょうじ》が池の畔をすぎて歩道橋を渡ると、ほどなく大阪側に駐車場と展望広場がある**十三峠**へ出る。平群への分岐を見送り、航空

■鉄道・バス
往路＝近鉄生駒線元山上口駅下車。復路＝近鉄生駒線信貴山下駅から乗車。

■マイカー
大阪方面からは、第二阪奈道路から信貴・生駒ドライブウェイを信貴山駐車場（有料）へ。

■登山適期
通年登られている。

■アドバイス
▽信貴山観光ホテル内にある天然温泉は日帰り入浴（レストランで飲食すると割引あり）も可能。
▽夏場は千光寺から信貴山まで水場はない。1ℓ《リットル》程度の飲料水を用意したい。

■問合せ先
三郷町まちづくり振興課☎0745・73・2101、平群町観光産業課☎0745・45・1017

■2万5000分ノ1地形図
信貴山

保安施設のアンテナを見て、平坦な道をたどれば立石越《たていしごえ》に着く。

広い林道を高安山《たかやすやま》と信貴山の分岐に出たら、切通しの右へ上がり、**高安山**を往復、信貴山への道へ入る。ガードをくぐり、道標を拾い進めば信貴山城址に着く。すぐ横の石段の上にある空鉢護法堂《くうはちごほうどう》が**信貴山**の頂である。

すばらしい展望を満喫したら一願成就のお参りをすませ、赤い鳥居の列をくぐって、本堂から**仁王**《におう》**門**《もん》まで行く。料亭旅館の並ぶ道を**信貴山バス停**へ出たら、「一の谷逆さ落し」とよばれるケーブル廃線跡の名物登山道を下って**ケーブル下登山口**へ。信貴ヶ丘団地の道路をまっすぐ行けば**近鉄生駒線信貴山下駅**に着く。

（小島誠孝）

## CHECK POINT

1 伊古麻山口神社の前の小橋を渡ったら坂を上がり、右上に分かれる農道を西へ進む

2 西ノ覗岩からいったん分岐へ戻って尾根を北へ行き、千光寺への道と出合う鞍部へ

3 信貴生駒スカイラインのガードをくぐると、右上に首切地蔵がある鳴川峠だ

4 鳴川峠からは左の道標から三国山への道を選ぶ

5 鐘の鳴る丘展望台は大きなモニュメントのような建物で、良縁を願う人が南京錠を残していく

6 落葉広葉樹の林に囲まれた十三峠には古い石柱や説明板がある

7 立石越の近くまで来ると、小高い丘陵に続く平坦な道から航空保安施設の先に生駒山が見える

8 信貴山頂（空鉢護法堂）からは大和平野の展望がよい。晴れた日には遠く大峰山脈も眺められる

# 82 日帰り

# 山辺の道・三輪山

## 「くにのまほろば」大和の国、日本最古の道を歩く

やまのべのみち
みわさん　４６７ｍ

歩行時間＝5時間25分
歩行距離＝19・0㎞

技術度
体力度

| | |
|---|---|
| コース定数＝**23** | |
| 標高差＝388m | |
| 累積標高差 | 701m |
| | 716m |

大美和の杜展望台から桜井市街と大和三山の眺め

四季折々の美しい花々がトレッカーの目を楽しませてくれる

大和青垣《やまとあおがき》国定公園に入る三輪山は、「くにのまほろば大和の国に在り」といわれ、日本最古の神社の御神体とされる。この山の麓から、東北方にあたる春日山《かすがやま》の麓まで、盆地の東縁の山裾を縫い、南北に山辺の道が通じている。因みに、山辺の道は平城京と藤原京を南北に結ぶ古代道路のひとつで、西から順に下ツ道、中ツ道、上ツ道、山辺の道と4つ並んでいた。

**近鉄桜井駅**《さくらい》を出て、金屋《かなや》の石仏に立ち寄り、**三輪神社（大神神社）**へ。神社の北側に隣接する**狭《さ》井《い》神社**で三輪山への入山許可の白襷を受け、信仰の山であることを心に刻んで入山する。

参拝者の迷惑にならないよう、小沢沿いを登っていく。三光《さんこう》の滝行場を右折、道を登りつめれば、奥の院の祠がある**三輪山**の頂に着く。

参拝したら同じ道を戻り、**狭井神社**の社務所に白襷を返し、境内を出て突き当たりの道を右へ進み、池畔から左の階段を大美和の杜展望台へ上ってみよう。東に三輪山、西に大和三山や二上山《にじょうさん》などが一望できる。

展望台からは西へ下り、謡曲「三輪」の舞台、玄賓庵の前を通って、

■**鉄道・バス**
往路＝近鉄・JR桜井駅下車。
復路＝近鉄・JR天理駅を利用する。

■**マイカー**
大阪方面からは西名阪道を天理ICで降りて国道169号を大神神社へ。大鳥居の周辺に複数の駐車場がある（祭事の際などには満車になるので、事前の確認が必要）。

■**登山適期**
通年歩かれているが、最適期は春・秋のシーズン。ツバキ、サザンカは12月～1月、ウメは3月初旬、菜の花、サクラは4月上旬、モモ、ツツジは5月、アジサイは6月、紅葉は10月下旬～11月。

■**アドバイス**
▽国のまほろば大神神社（三輪山）と日本最古の道・山辺の道を歩く古代史巡訪コース。迷うことない散策路である。山辺の道を終点の天理駅まで歩きたいなら、桜井駅をできるだけ早い時間に出発したい。

■**問合せ先**
天理市トレイルセンター☎0743・67・3810、大神神社（三輪山）☎0744・42・6633、桜井市観光協会☎0744・42・7530、奈良交通奈良営業所☎0743・58・3030

■**2万5000分ノ1地形図**
大和郡山・桜井

檜原神社付近から三輪山の全容

檜原神社からの道を行く

古い墓石を左にし、和風喫茶店をすぎれば「二上山の夕日」が有名な**檜原《ひばら》神社**境内に入る。参拝したら鳥居をくぐり、すぐ右折して道なりに北へ行くと、山畑の風景が広がる。

季節が夏なら、このあたりの右側山裾にキツネノカミソリを見て、舗装広域農道に合する。左折して橋を渡り、疎水沿いに集落の間を抜ける。穴師の切通しを上ると高台にでる。振り返れば三輪山や大和盆地の眺めが良い。

山田の道が額田王《ぬかたのおおきみ》の歌碑をすぎると、梅林の先に景行天皇陵の森を見る。やがてあずまやをすぎ、崇神天皇陵の東端から道標にしたがって**天理市トレイルセンター**まで行き、長岳寺《ちょうがくじ》山門前から柿畑の道を通って中山廃寺《なかやまはいじ》、念仏寺《ねんぶつじ》墓地、萱生《かよう》町竹之内《たけのうち》の環濠集落を通る。珍しい藁葺き屋根の本殿がある

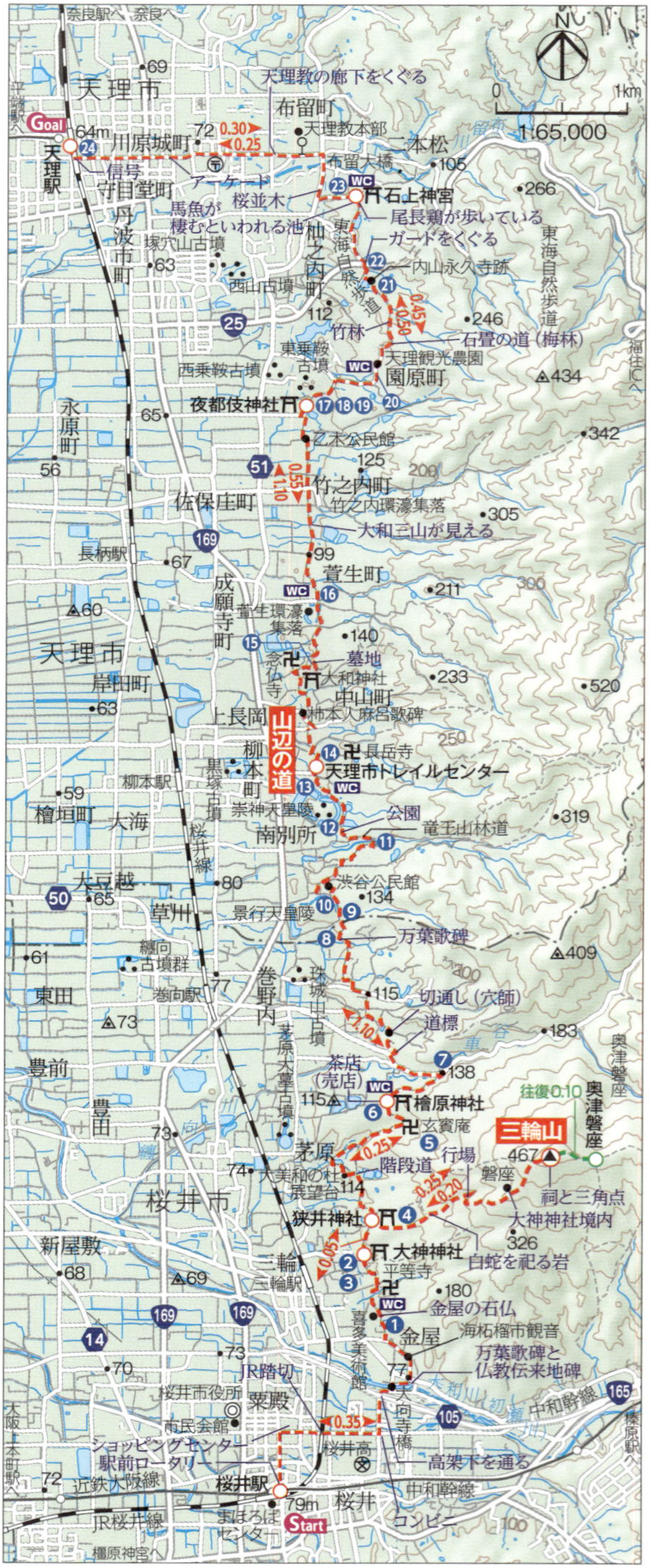


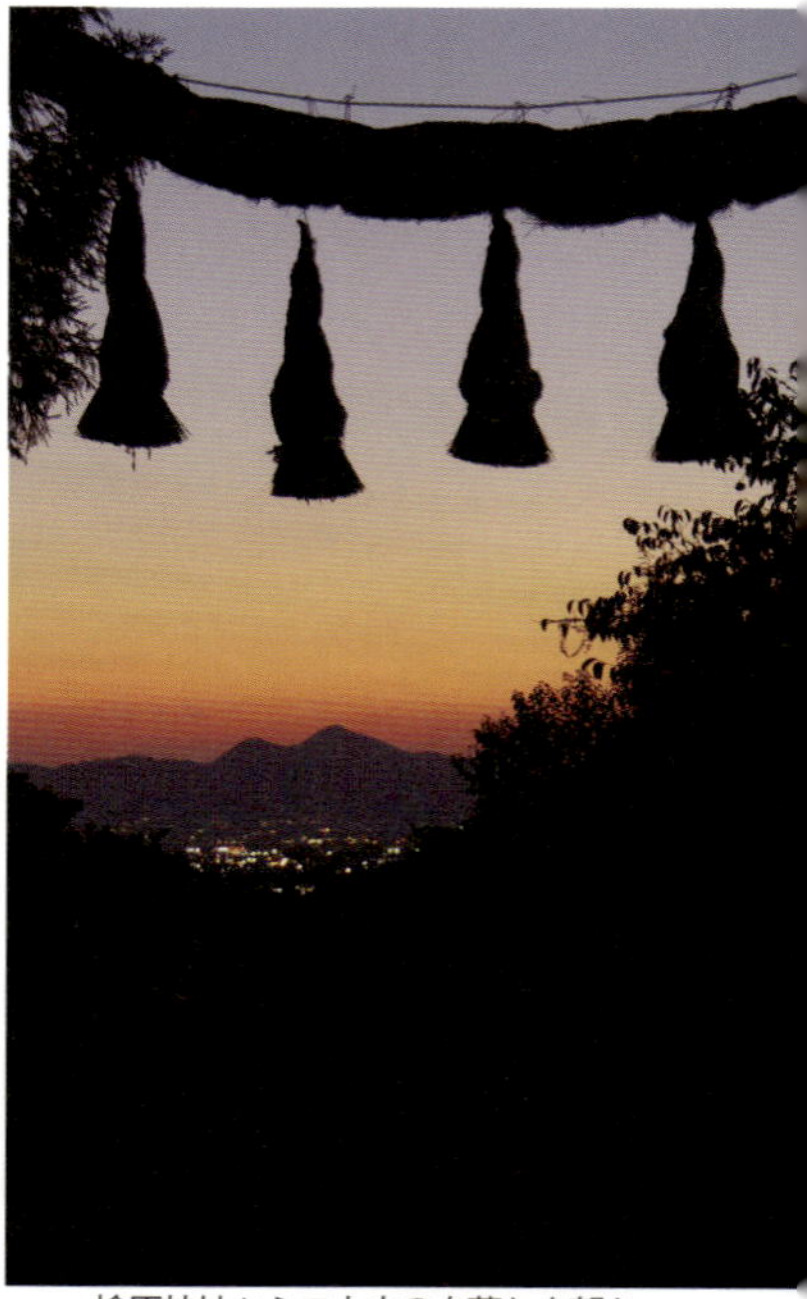
檜原神社から二上山の夕暮れを望む

**夜都伎**《やなぎ》**神社**をあとにすると、ここで「栗餅」を食べると、恋しい人と再会出来るという古代粟餅を商う茶店（天理観光農園）を経て峠を越え、内山永久寺跡《うちやまえいきゅうじ》へと進む。かつて、40以上の堂塔を誇った永久寺も、明治政府の廃仏毀釈で桜並木と池を残すのみ、往時を偲ぶよすがもない。池畔を離れ、広域農道のガードをくぐれば、川沿いの道となる。右に蓮池を見れば国宝七支刀《ななつさやのたち》で有名な**石上**《いそのかみ》**神宮**の神域に入る。本殿に参拝したら「山辺の旅」も終わる。

**天理駅**へは正面参道から桜並木の道路へ出て、右下の交差点を左折、天理教本部の前から商店街のアーケード道を西へ通り抜ければよい。

（小島誠孝）

## CHECK POINT

1

金屋の石仏は建物の中に安置されている

2

三輪神社の境内へは南の鳥居から入る

3

本殿に参拝したら、境内を北へ向かう

4

狭井神社から三輪山への登山口は社務所から少し手前

5

椿の花が咲く謡曲「三輪」の舞台で知られる玄賓庵の前を通る

6

二上山への落日で有名な檜原神社の鳥前居

7

県道の分岐は左へ進み、纒向川の橋を渡る

8

額田王歌碑から三輪山を振り返る

9

畑中の広い道が梅林を抜けると、右に景光天皇陵が見えてくる

10

景行天皇陵の堀畔に立つと、三輪山が美しい

11

竜王山への分岐、山田には展望のよい台地がある

12

崇神天皇陵の近くは桜や梅が通る人を和ませる

13

崇神天皇陵と天理市トレイルセンターの分岐

14

天理市トレイルセンターを見上げる辻へ出る

15

道半ばにある念仏寺

16

萱生町の石畳道にある和風のトイレを左に竹之内へ

17

環濠集落から直進すれば夜都伎神社の鳥居をくぐる

18

夜都伎神社の本殿は藁葺き屋根

19

夜都伎神社付近からは生駒山方面が遠望できる

20

峠にある「恋人再会」の茶店。ひと休みにいい場所

21

内山永久寺跡の桜を映す池畔からは生駒山が眺められる

22

内山永久寺跡からガードをくぐって石上神宮への道へ

23

石上神宮本殿に参拝したら境内を通り、参道を西へ出る

24

天理教本部前から商店街を通り抜ければ近鉄・JR天理駅に着く

# 83 今昔物語に登場する仙人が修行したという山

# 龍門岳

日帰り

りゅうもんだけ 904m

歩行時間＝4時間40分
歩行距離＝4・5km

技術度 ■■□□□
体力度 ●○○○○

コース定数 ＝19

標高差 ＝664m

累積標高差 ↗ 898m ↘ 787m

龍門滝は沢床から見ると二段 10《メートル》斜瀑の下に滝壺をもっている

龍門岳（竜門岳）は山麓に多くの伝説や名所旧跡をもち、美しい山容を津風呂《つぶろ》湖に映している。登山口の吉野山口《よしのやまぐち》神社へは近鉄大和《やまと》上市《かみいち》駅からタクシーを利用する。

**吉野山口神社**の先から農道をたどれば、林道出合の右側に祠と道標が現れる。道標にしたがって進むと、簡易水道施設跡地があり、数台の駐車スペースがある。

先へ進むと、左に**龍門滝**への散策路があり、滝壺をもつ落差約10《メートル》、2段の斜瀑を仰ぎ見る沢床に出る。この滝は今昔物語に登場する久米仙人が修行したと伝えられ、近くには松尾芭蕉の句碑も立っている。

滝から右へ上がり、元の道へ戻って先へ進む。道が右岸に移ると、左上に白鳳年代創建の**龍門寺跡**がある。道は沢を離れ、**林道終点**となって、丸太の階段道から、やがて登山道となり、右に斜上して滝頭に出る。沢を左岸から右岸、右岸から左岸と渡り返し、二俣へ出る。左からの沢を横切り、前方の**尾根に取り付く**。露岩混じりの急坂は植林の中、木の根道となって龍門岳の肩まで続く。

やがてススキやクマザサが見られるようになると傾斜も緩み、1等三角点**龍門岳**の頂に着く。広場の中央に「岳の明神」とよばれる高皇産霊神《たかみむすびのかみ》を祭神とする小祠が祀られている。

頂の桜古木と祠をあとに、三津・細峠方面へ向かう。森林帯の道は左折するあたりから勾配を増すが、それもしばしのこと、すぐに歩きやすくなり、送電線鉄塔が建つ草付斜面に出る。前方に音羽山を望むことができる。

よく整備された緩やかな道は**三《み》津《つ》峠**まで続く。峠からは一転してササが茂る踏跡に倒木が混じる。やがて竜在峠《りゅうざいとうげ》（多武峰《とうのみね》方面）と

■鉄道・バス
往路＝＝近鉄吉野線大和上市駅からタクシー15分で吉野山口神社へ。
復路＝不動滝バス停から奈良交通バス21分で近鉄・JR桜井駅南口へ。

■マイカー
大阪方面からは、松原ICから南阪奈道路を橿原市へ。橿原市から国道169号を大淀町経由で大和上市の先、河原屋西の信号を左折、山口神社へ。神社の左、農道から林道を簡易水道施設跡の駐車スペースへ。

■登山適期
通年登ることができる。ただし積雪期は軽アイゼンが必携。サクラ、ミツバツツジは4月上旬、ツツジは5月、紅葉は10月下旬～11月。

■アドバイス
▽三津峠から大峠は悪路で不明瞭な場所もある。地形図と磁石あるいはGPS必携。
▽夏場は水も1《リットル》は持参したい。

■問合せ先
吉野町役場☎0746・32・3081、桜井市観光協会☎0744・42・7530、奈良交通☎0742・20・3100、奈良近鉄タクシー☎0746・32・2961

■2万5000分ノ1地形図
新子・古市場・畝傍山

大峠《おお》分岐のコブに着く。大峠へと進路をとり、樹林の道を下れば「女坂《めさか》伝承地」の石碑と祠がある**大峠**に着く。大峠からは左、針道《はりんど》方面へ下れば5分ほどで林道終点に出合う。

あとは舗装林道を**針道**集落を経て**不動滝バス停**へ行けばよい。

（小島誠孝）

津風呂湖から望む龍門岳

**CHECK POINT**

1 吉野山口神社の前から左の農道を選んで龍門岳山頂を目指す

2 林道終点からは階段状の道がしばらく続くが、やがて山腹を斜上して滝頭を左岸へ行く

3 二俣から露岩混じりの急坂が続き、やがて木の根道になると龍門岳の肩に着く

4 祠と三角点の横にヤマザクラの古木がある龍門岳の頂は広場になっている

5 送電鉄塔の草原から三津峠へは快適な道だが、三津峠からは一転してクマザサが茂る歩きにくい道になる

# 84

## 大展望の高原をめぐる曽爾の名峰

# 倶留尊山

くろそやま
1037m

**日帰り**

歩行時間＝4時間15分
歩行距離＝12・5km

技術度 2/5
体力度 2/5

| | |
|---|---|
| コース定数 | =21 |
| 標高差 | =652m |
| 累積標高差 | 上り 895m |
| | 下り 895m |

倶留尊山塊は西側から見ると曽《そ》爾《に》高原のお亀《かめ》池をとりまくように、倶留尊山、二本《にほん》ボソ、亀山《かめやま》が穏やかな姿を見せるが、東側へ回り込むと、岩壁をめぐらす峻峰となって屹立し、2つの対照的な山容を見せる。

曽爾高原の朝

近鉄名張《なばり》駅からバスを利用、**太良路《たろうじ》バス停**で下車する。青蓮寺《しょうれんじ》川にかかる2つの橋のどちらかを渡るが、2つ目の橋を渡れば少し近道になる。

集落に入り、極楽寺《ごくらくじ》の先で左折、山畑の道を上がって、**曽爾高原ファームガーデン**を左に見送る。道が大きく左へカーブするあたり、「東海自然歩道」の道標から右上に続く山道へ入り、山腹を登れば、**曽爾青少年自然の家キャンプ場**に着く。道を横断して季節バス駐車場へ出たら、トイレの先からつづら折りの舗装路を上がり、**曽爾青少年自然の家**まで行く。

建物の南側から草原の散策路へ出て、お亀池を経て**亀山峠**へ。峠から左へ急坂を登れば展望が開け、音羽《おとわ》三山や曽爾、中和《ちゅうわ》の山々が一望できる。

尾根道から樹林帯に入ると、入山料を徴収する小屋がある。そのすぐ先が**二本ボソ**の頂だ。目指す倶留尊山が目の前にそびえてい

■**鉄道・バス**
往路・復路＝近鉄名張駅から三重交通バス37分で太良路バス停下車。秋のススキのシーズン中は名張駅から曽爾高原へ直通のバスが運行される。

■**マイカー**
大阪方面からは南阪奈道路を橿原で降り、国道165号、369号などで曽爾へ。掛交差点を直進し、太良路バス停手前で右折、青蓮寺川の橋を渡り、曽爾高原野口駐車場（有料）へ向かう。

■**登山適期**
通年登られている。ただし、積雪のある場合は軽アイゼンが必携。倶留尊山の登下降には充分な注意が必要。サクラ、ミツバツツジは4月中旬、紅葉は10月中旬～11月上旬。

■**アドバイス**
▽倶留尊山への登山には入山料500円が必要、二本ボソの小屋で徴収される。
▽曽爾高原では、早春にススキを野焼きする。野焼きのあと、しばらくは一面焼野原となる。

■**問合せ先**
曽爾村役場企画課☎0745・94・2101、三重交通伊賀営業所☎0595・66・3715

■**2万5000分ノ1地形図**
倶留尊山・大和大野

る。

池ノ平を眼下に、大洞山《おおぼらやま》や三峰《みうね》山系を眺めたら二本ボソをあとに、鞍部のケヤキ谷分岐へ下り、倶留尊山へ登り返す。露岩の急坂に設置されたロープが山頂まで続いている。急坂を登りきれば**倶留尊山**の頂に着く。西に展望が開けており、憩うにはよい場所である。

展望に満足したら、来た道を忠実に戻る。鞍部のケヤキ谷分岐から、**二本ボソ**を経て亀山峠まで絶景を眺めながら下る。**亀山峠**からは伝説のお亀池を右に見下ろし、亀山の頂を踏み、古光山を正面にして**長尾《ながお》峠**へ下る。

長尾峠からは車道を右に選び、**青少年自然の家キャンプ場**から往路を**太良路バス停**へ。（小島誠孝）

## CHECK POINT

バス駐車場（曽爾高原バス停）から樹林中の林道を登ると「自然の家」前から展望が開ける

亀山峠から二本ボソへの尾根を行く。西から北への展望がすばらしい

二本ボソの頂は狭い岩峰になっているが、目指す倶留尊山を指呼の間にする

槻の木橋からの林道が西側からきているケヤキ谷分岐の鞍部から倶留尊山へ

岩稜の急坂を登りつめると倶留尊山の頂に着く。南から西へ展望が広がる

倶留尊山の山頂には小さなケルンの横に三角点と私設の山名板がある

亀山の下りには小さな岩塊がある。すべりやすくなっているので、注意して下ろう

亀山からは、古光山を正面に見て、長い階段道を長尾峠へ下る

85

霧氷登山で親しまれる三峰山系の最高峰

# 三峰山

みうねやま 1235m

日帰り

歩行時間=4時間55分
歩行距離=10・5km

技術度

体力度

山頂付近の晴れ間、霧氷が青空に映える

三峰山は三峰山系の中心に位置する最高峰であるが、その山容はのっぺりと穏やかで、いかにも里山といった雰囲気をもち、季節を問わず、多くのハイカーが訪れる。

敷津《しきつ》バス停から国道369号を南進、佐田《さた》峠を越えて神末《こうずえ》川沿いに進んだみつえ青少年旅行村が登山口だ。厳冬期には近鉄榛原《はいばら》駅からみつえ青少年旅行村まで臨時霧氷バスが運行する。この期間を利用して訪れるのもいいだろう。

| | |
|---|---|
| コース定数 | =20 |
| 標高差 | =658m |
| 累積標高差 | ↗ 784m ↘ 784m |

**みつえ青少年旅行村**から神末川沿いに林道を上流へ向かう。右岸を歩くようになり、**林道終点**のゲートがある堰堤下に着く。造林小屋を左に見て林道を離れ、新道コース登山道へ入る。ジグザグの急な階段状の道がしばらく続く。

道が平坦になると神末川源流で、山側に自然林が残り、シカ除けネットに沿って歩くようになる。このネットをくぐって、水場を左に見送れば**新道《しんどう》峠**に着く。

左へ県境尾根をたどれば、ヒメシャラ、イタヤカエデ、ミズナラ、ブナなどの広葉樹林が続き、登り尾根のピークに立つ。続いて左から登山道が合流すると**三畝《みうね》峠**だ。大日如来石仏を左に見送り、10分も歩けば**三峰山**に到着する。北側に視界が開け、倶留尊山《くろそやま》をはじめ、

■鉄道・バス
往路＝近鉄名張駅から三重交通バス54分で敷津バス停下車。みつえ青年旅行村へは徒歩1時間20分。
復路：往路を逆に行く。
注：霧氷のシーズン（1月中旬～2月中旬の週末・祝日）は近鉄榛原駅からみつえ青年旅行村まで往路1便、復路2便の直通バス（奈良交通バス・要予約）が運行されている。

■マイカー
大阪方面からは南阪奈道路、国道165号、国道369号などで曽爾の掛を経由してみつえ青少年旅行村駐車場へ。

■登山適期
通年登られている。積雪期は軽アイゼンが必携。シロヤシオは5月中旬～下旬、紅葉は10月下旬～11月下旬。

■アドバイス
▽コース中に危険箇所はない。
▽大阪・奈良方面から公共交通機関の利用は難しい。マイカー利用が現実的。

■問合せ先
御杖村役場☎0745・95・2001、三重交通バス☎0595・66・3715、奈良交通バス☎0742・22・5110、御杖ふれあいバス☎0745・95・2001（御杖村役場）

■2万5000分ノ1地形図
菅野

曽爾《そに》の山々が一望できる。
頂からは南側の**八丁平**《はっちょうだいら》へ立ち寄り、シロヤシオ古木の群生地を訪れたあとで**三畝峠**へ戻ろう。峠からは北へ下り、**避難小屋**から左の登《のぼ》り尾《お》コースに入る。スギやヒノキの人工林の間を縫って下れば、2階建ての展望小屋を経て、NTTアンテナと休憩小屋が建つ**林道十字路**に着く。

十字路を直進して山道へ入り、いっきに下って小橋を渡れば、不動滝に通じる大《おお》タイ林道に出合う。林道を左へ行き、村道に突き当って、左に少し登れば**青少年旅行村**に帰り着く。

（小島誠孝）

登り尾コース途中にある石仏

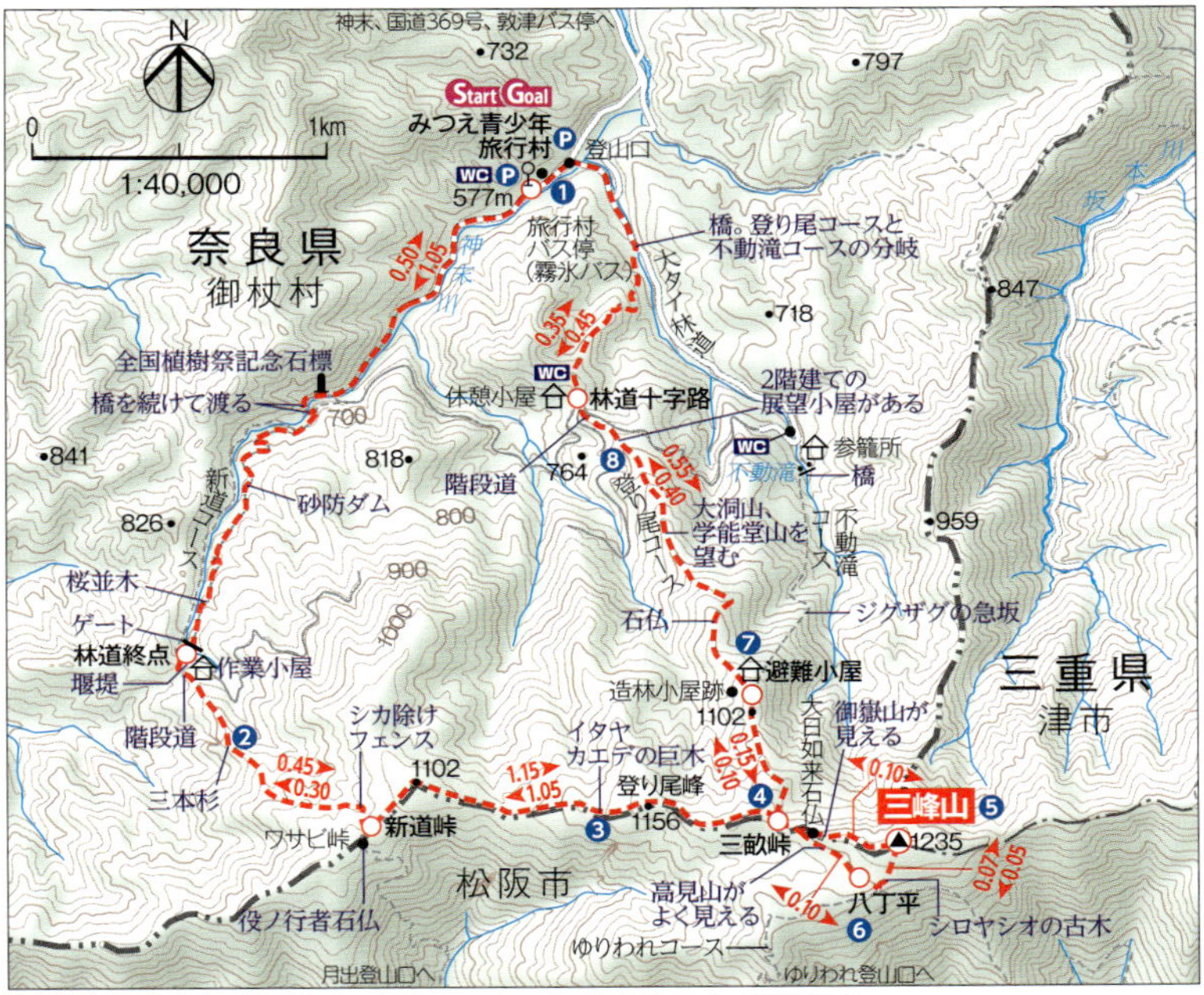


## CHECK POINT

1 みつえ青少年旅行村には無料駐車場と霧氷シーズンの臨時バス停があり、休日には物産店も営業する

2 急なジグザグ道を三本杉まで来ると傾斜も緩み、御杖方面の山も見える

3 イタヤカエデの巨木も残る広くて緩やかな起伏の県境尾根を登り尾峰へ

4 三畝峠の大日如来石仏からは雑木林の尾根道をまっすぐ三峰山へ向かう

5 北東に開けた三峰山の山頂広場。一角にある展望図で山座同定も楽しい

6 山頂から西へ雑木林の中を下っていけば、八丁平のシロヤシオ古木も霧氷になっている

7 不動滝と登り尾峰の分岐にある避難小屋は、シーズン中の休日は入れないこともあるほどにぎわうことも

8 展望小屋に着けばすぐ下の避難小屋前の十字路を直進し、下山路に入る

# 概説

# 和歌山県の山

児嶋弘幸

## ●山域の特徴

和歌山県は、「木《き》の国《くに》」が転じ、かつては「紀伊国《きいのくに》」とよばれた。「木の国」和歌山県の山は、幾千にも折り重なるように連なった山並みが特徴で、紀伊山地がそのほとんどを占める。山の大部分はスギやヒノキの植林に覆われている。しかし、植林帯以外では太平洋側を代表するカシ、クスなどの常緑広葉樹や、寒い東北地方を代表するブナなどの落葉広葉樹なども茂り、豊かな森林が広がっている。

一方で、和歌山県はユネスコの世界文化遺産に登録された2大宗教都市の「高野山《こうやさん》」「熊野三山《くまのさんざん》」をはじめ、これらを結ぶ参詣道《さんけいどう》、さらには南紀《なんき》熊野ジオパーク認定の自然景観などにも恵まれている。

和歌山県の山は、こうした豊かな森と自然のエネルギーに育まれたスピリチュアルなパワーの源といっても過言ではないだろう。

## ●世界文化遺産、高野山・熊野三山

年間3000ミリを超える豊かな雨水が深い森林を育む山岳地帯である紀伊山地は、神話の時代から神々が鎮まる特別な地域と考えられていた。そして、起源や内容を異にしながらも、紀伊山地の自然がなければ成立しなかった真言密教の山上の聖地・高野山、癒しと再生を願って、人々が詣でた熊野三山といった「霊場」や「参詣道」が生まれ、日本の宗教・文化の発展と交流に大きな影響を及ぼした。

こうした結果、「世界でも類を見ない価値の高い資産」として、2004(平成16)年7月に、『紀伊山地の霊場と参詣道』がユネスコの世界文化遺産に登録された。

## ●奥高野《おくこうや》の山々

奥高野は、高野山の奥(南)、奈良県と和歌山県の県境沿いの山域で、護摩壇山《ごまだんざん》や和歌山県最高峰(1382メートル)の龍神岳《りゅうじんだけ》に代表される、紀州《きしゅう》の屋根を構成している。

大塔宮《おおとうのみや》伝承の果無《はてなし》山脈、平家《へいけ》落人《おちうど》伝説の護摩壇山をはじめ、山中には熊野と高野山をつなぐ参詣道、古道が網の目のように張りめぐらされ、かつて人々が営み、行き交った息吹を感じるところである。

奥高野は、ミズナラ・ブナ原生林の貴重な自然が残る山域でもある。初春の芽吹きから、5月中旬のツツジとシャクナゲの開花、10月下旬から11月初旬の紅葉といった四季折々の季節が豊かな自然をたたえ、太古の歴史をもつ和歌山県の山の誇りを象徴している。

## ●和泉山脈

和泉《いずみ》山脈は、大阪府と和歌山県の府県境沿いを東西約55キロに走る山脈で、和泉葛城山《かつらぎさん》を中心とする紀泉《きせん》高原と、雲山峰《うんざんぼう》を主峰とする紀泉アルプスに大別できる。

和泉山脈の植生の大部分がスギやヒノキの植林に覆われているが、天然記念物の和泉葛城山のブナ林や、ススキの草原など、自然美にも恵まれている。また山岳宗教の開祖・役《えん》ノ行者《ぎょうじゃ》(役小角《えんのおづぬ》)によって開かれたという葛城二十八宿と称される行場・経塚も点在する。

一方の「紀泉アルプス」と称さ

和歌山県の最高点(1382メートル)・龍神岳山頂。2008年に命名されるまでは無名峰だった

雪景色の高野山・不動坂口女人堂

れる雲山峰周辺は、標高400メートルほどの低山ながらミツバツツジやヤマザクラの咲く山で、登山道が網の目のように発達し、交通の便にも恵まれている。大阪府南部の市街地と県都である和歌山市に近いこともあって、多くの登山者でにぎわっている。

**●紀北の山々**

紀州の屋根・奥高野の山稜からは、西に龍門《りゅうもん》、長峰《ながみね》、白馬《しらま》の各山脈が紀伊水道にまで連なる。このエリアは比較的なだらかな地形なため、林業・農産物の栽培が盛んで、林道・農道が発達している。その中にあって、「紀州富士」龍門山《りゅうもんざん》、関西一のススキ原が広がる生石《おいし》ヶ峰《みね》など、個性的な山も多い。

**●紀南・熊野の山**

紀南《きなん》・熊野の山は、紀伊半島南西部・田辺《たなべ》市以南の山域を指す。温暖な気候に育まれ、海岸沿いの丘陵地では、広い範囲でミカンや南高梅《なんこうばい》に代表されるウメなどの栽培が盛んである。また、海岸から一歩奥に入るとスギやヒノキの植林と共に、急峻で荒々しい山稜・岩峰が多く、渓谷の発達も著しい。

田辺層群の地殻変動によってできたとされるひき岩群《いわぐん》・龍神山《りゅうぜんさん》、酸性火砕岩の岩峰・嶽《だけ》ノ森山《もりやま》、那《な》智《ち》原生林のある烏帽子山《えぼしやま》など、自然景観にも恵まれた山域である。

**●大塔山系**

大塔《おおとう》山系は、熊野の主峰・大塔山《おおとうさん》(1022メートル)を中心にした山域で、標高1000メートル級の山々が尾根を連ねる。大塔山から四方に張り出した尾根は、法師山《ほうしやま》や百間山《ひゃっけんざん》など、複雑で急峻な地形を構成し、一枚岩で知られる古座《こざ》川や日置《ひき》川、大塔川の源を、ここ大塔山に置いている。

大塔山系は、熊野灘を流れる黒潮による「暖かさ」「湿り気」の影響を受け、年間降水量は4000ミリにも達する全国有数の多雨地帯だ。しかも日光が一年を通してふんだんに降り注ぐため、スダジイやウバメガシ、ヤブツバキなどを主体とした、常緑の照葉樹林の森を発展させている。大塔山系の森は、照葉樹林とブナやミズナラなどの落葉広葉樹、さらにはモミ、ツガなどの針葉樹、シャクナゲやアケボノツツジ、ミツバツツジなども混じり、うっそうとした豊かな森が広がる自然の宝庫である。

## ●山行上の注意

和歌山県の山のほとんどは、標高1000メートルにも満たない低山である。その上、登山としての派手さに乏しく、登山者が少ないのが現実である。しかし一方では世界文化遺産に登録された高野山、熊野三山を中心に、参詣道や熊野古道の整備が進み、観光客やハイカーが増加しつつある。

また、和歌山県の山は自然の奥深さを体感できるエリアがある一方で、道標、休憩舎などが整備されたエリアが同居している。

こうした状況はややもすると、ちょっとした気の緩みとなり、大事故につながる恐れがある。道迷いなどに備えた地図と磁石、GPSの携行はもちろんであるが、十分な装備計画とプランニングを心がけて、「和歌山県の山」を存分に楽しんでいただきたい。

大塔山系は名瀑や渓谷も多い(写真は百間山渓谷)

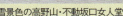

淡路島
大阪湾
関西国際空港
大阪府
堺市
松原市
藤井寺市
柏原市
王寺町
天理市
田原本町
羽曳野市
香芝市
高石市
泉大津市
大和高田市
橿原市
宇陀市
桜井市
大阪狭山市
富田林市
葛城市
岸和田市
和泉市
明日香村
河内長野市
御所市
高取町
貝塚市
泉佐野市
田尻町
泉南市
阪南市
大淀町
吉野町
下市町
五條市
橋本市
川上村
黒滝村
九度山町
かつらぎ町
紀の川市
岩出市
和歌山市
海南市
有田市
有田川町
湯浅町
紀美野町
高野町
野迫川村
天川村
上北山村
奈良県
90 雲山峰
91 龍門山
86 高野山町石道
87 高野三山
92 藤白峠
92 拝の峠
93 生石ヶ峰
94 護摩壇山
龍神岳 94
大福山
高森山
四国山
甲山
泉南飯盛山
燈明ヶ岳
札立山
岩神山
鍛法ヶ嶽
ポンデン山
大鳴山
三国山
東の灯明ヶ岳
三石山
不動山
金剛山
大和葛城山
飯盛山
雪池山
護摩の壇
楊柳山
摩尼山
転軸山
古宮岳
七霞山
小都知ノ峯
章魚頭姿山
名草山
大旗山
熊尾寺山
鏡石山
黒沢山
雲雀山
白上山
耳取山
城ヶ森山
吉野山
山上ヶ岳
大普賢岳
八経ヶ岳
釈迦ヶ岳
コウノ巣山
道の駅「根来さくらの里」
道の駅「くしがきの里」
道の駅「ねごろ歴史の丘」
道の駅「紀の川万葉の里」
道の駅「かつらぎ西」
道の駅「青洲の里」
道の駅「柿の郷くどやま」
道の駅「あらぎの里」
道の駅「しみず」
道の駅「明恵ふるさと館」
道の駅「龍神ごまさんスカイタワー」
美里温泉
二川温泉
しみず温泉
野迫川温泉
紀伊見温泉
有田川温泉
湯浅温泉
栖原温泉
大温鳴泉
阪和自動車道
京奈和自動車道
南海高野線
南海本線
南海加太線
和歌山線
わかやま電鉄
海南湯浅道路
紀の川
有田川

# 和歌山県の山 全図

▲91龍門山 本書で紹介する山名とコース番号
市役所・町村役場
国道と国道ナンバー
高速道路・自動車専用道路
JR線
JR新幹線
私鉄線
N
1:450,000
0
10km
紀伊水道
熊野灘
三重県
道の駅「白崎海洋公園」
由良町
きいゆら
日高町
ごぼう
美浜町
御坊市
御坊IC
日高川町
わさ
湯浅御坊道路
道の駅「San Pin 中津」
中津温泉 あやめの湯
かわべ温泉
▲長者ヶ峰
▲飯盛山
美山温泉
▲清冷山
▲矢筈岳
▲真妻山
鶴の湯温泉
印南IC
印南町
いなみ
阪和自動車道
紀勢本線
道の駅「みなべうめ振興館」
みなべ町
みなべIC
岩屋山96
96龍神山
道の駅「紀州備長炭記念公園」
▲三星山
▲香呉谷山
▲高尾山
▲横山
潮見峠
●96ひき岩群
南紀田辺IC
きいたなべ
田辺市
田辺湾
上富田IC
道の駅「くちくまの」
あっそ
上富田町
しらはま
白浜町
南紀白浜IC
南紀白浜空港
紀勢自動車道
つばき
道の駅「椿はなの湯」
道の駅「志原海岸」
日置川IC
すさみ町
すさみIC
すさみ
馬転び坂
長井坂
みろづ
すさみ南IC
道の駅「イノブータンランド・すさみ」
道の駅「すさみ」
えすさみ
道の駅「水の郷 日高川龍遊」
道の駅「龍神」
龍神温泉
小又川温泉
丹生ヤマセミ温泉館
▲牛廻山
笠塔山▲
95冷水山
95石地力山
安堵山95
十津川村
十津川温泉
下北山村
北山村
おくとろ温泉
道の駅「おくとろ」
▲五大尊岳
▲大黒天神岳
道の駅「奥熊野古道 ほんぐう」
▲七越峰
熊野本宮大社88
湯の峰温泉
わたらせ温泉
川湯温泉
小雲取山▲
熊野川温泉
道の駅「瀬峡街道熊野川」
奥熊野温泉 女神の湯
上小野温泉 ひすいの湯
道の駅「熊野古道中辺路」
●88滝尻
▲黒嶽
▲ゴンニャク山
▲野竹法師
89小雲取越え
▲嶽山
富里温泉
道の駅「ふるさとセンター大塔」
三ツ森山▲
半作嶺▲
97百間山
法師山97
98一ノ森（下川大塔）
98大塔山
雲取温泉
▲大雲取山
89大雲取越え
100烏帽子山
▲光ヶ峯
熊野那智大社
熊野の郷
丹敷の湯
那智勝浦新宮道路
那智勝浦IC
那智勝浦町
湯川温泉
なち
道の駅「なち」
きいかつうら
紀宝町
熊野速玉大社
新宮市
しんぐう
道の駅「滝之拝太郎」
八郎山▲
太地町
たいじ
しもさと
道の駅「たいじ」
美女湯温泉
道の駅「一枚岩」
99嶽ノ森山
峰ノ山99
道の駅「虫喰岩」
古座川町
月の瀬温泉
こざ
きいたはら
湯ノ谷温泉
串本町
弘法湯温泉
道の駅「くしもと橋杭岩」
串本温泉サンゴの湯
くしもと
大島
潮岬
42
424
425
371
311
168

86

# 高野山町石道

## 真言密教の山上の聖地・高野山への表参詣道を歩く

こうやさんちょういしみち
848m（高野山大門）

日帰り

歩行時間＝7時間10分
歩行距離＝21・3km

技術度
体力度

| | |
|---|---|
| コース定数 | ＝38 |
| 標高差 | ＝754m |
| 累積標高差 | 1765m / 1041m |

高野山町石道はここ根本大塔を中心に慈尊院までの百八十町、奥の院までの三十六町の道筋に町石が立てられている

高野山町石道は、弘法大師《こうぼうだいし》空海《くうかい》が高野山を開いたとき、参詣者の案内のために木製の卒塔婆を立てたのがはじまりとされる。檀上伽《だんじょうが》藍《らん》の根本大塔《こんぽんだいとう》を中心に、慈尊院《じそんいん》までの百八十町、奥の院までの三十六町の道筋に、梵字と町石を刻んだ石塔が一町ごとに立ち並ぶ。

南海**九度山《くどやま》駅**前の五ツ辻を直進し、紀《き》の川畔の**慈尊院**へと向かう。慈尊院は弘法大師空海が、高野山開創の際、表玄関として伽藍を創建したのがはじまりという。丹生《にう》官省符《かんしょうぶ》神社への参道の石段途中に、最初の町石「百八十町」が立てられている。石段を上がると、丹生官省符神社へと迎えられる。

町石に導かれながら、谷沿いの道を進む。果樹園の間を登り**展望台**へ。眼下に紀の川、和泉《いずみ》山脈の眺望が開けている。ひと休憩ののち、なおも果樹園の間を登る。樹林帯に入ると緩やかな起伏の町石道が続く。やがて4方向に道が通じる**六本杉《ろっぽんすぎ》峠**に出る。まっすぐは笠松《かさまつ》峠、その左横が天野《あまの》への道で、ここは左手前の道へ。町石道で最も美しいとされるコースを行く。

百二十四町石の**古《ふる》峠**を経て、**二《ふた》ツ鳥居《とりい》**へ。眼下に天野の里が広がっている。緩やかな下りとなり、右に応其《おうご》池、左に神田《こうだ》の**地蔵堂**を経て、ゴルフ場との境界線をたどる。ほどなく、八十六町の町石が立つ**笠木《かさぎ》峠**に出る。その先も高低差の少ない快適な道が続く。やが

■鉄道・バス
往路＝南海高野線九度山駅。
復路＝千手院橋バス停から南海りんかんバスで南海高野山ケーブル高野山駅へ。

■マイカー
京奈和道高野口ICから国道24号、県道13号で道の駅柿の郷くどやまへ。道の駅に駐車後、本コースを歩き、帰路に、鉄道・バスを利用して戻るとよい。

■登山適期
通年可。新緑は5月上旬～中旬、紅葉は10月下旬～11月上旬がベスト。また、1月中旬～2月中旬には積雪があり、初心者向きの雪山ハイクが楽しめる。

■アドバイス
▽高野山町石道は南海高野線と並行しており、エスケープルートとして利用できる。古峠からは下古沢駅、または上古沢駅へ。笠木峠からは上古沢駅へ。矢立峠からは紀伊細川駅

慈尊院から丹生官省符神社へと向かう

## CHECK POINT

慈尊院からの119段の石段を登ったところに建つ丹生官省符神社拝殿

高野山町石道の柿畑に立つ百六十三町石。背後に紀の川を望む

一里石と百四十四町石が並んで立つ

六本杉峠からは高野山町石道で最も美しくなだらかな道。百三十三町石が立つ

豊臣秀吉から高野山一山を救ったとされる応其上人築造の応其池

八十六町石のすぐ先が笠木峠。峠を左に下ると上古沢駅、右は町石道

巨大な杉並木が続く九十九折谷の三十二町石

高野山一山の総門である高野山大門。大門をくぐって高野山内に入る

慈尊院多宝塔

高野山・蛇腹道の紅葉

て**矢立峠**《やたて》に下って車道を横断し、五十町坂の登りにかかる。袈裟掛《けさが》け岩、押上岩《おしあげ》など、弘法大師空海を感じる道だ。山襞をぬいながら、緩やかに高度を上げていく。

再び車道を横断すると**四十町石**で、すぐ先に展望台がある。巨大な杉並木の道が続き、急坂を登って**高野山大門**《だいもん》へ。大門をくぐった先に六町石が立つ。高野山内の舗装道を進み、**根本大塔**へ。紅葉の美しい蛇腹道《じゃばら》を抜けると**千手院橋**《せんじゅいんばし》**バス停**はすぐだ。（児嶋弘幸）

へ出ることができる。体力に応じて、コース設定しよう。

▽天野の里にはかつらぎ町コミニティバスが運行されており、エスケープとして利用できる（JR和歌山線笠田駅へ約30分・1日5便）。

▽高野山大門バス停から南海高野山駅へ南海りんかんバスで戻れる。ただしバスの本数が少ない。

▽高野七口は、大門口、龍神口、相の浦口、大滝口、大峰口、黒河口、不動坂口の七口。各入口には女性のための篭り堂（女人堂）が設けられた。現在、女人堂は不動坂口だけが残る。

▽五十町石の立つ矢立峠はかつて宿場町として栄えたところで、町石道では唯一、食べ物や飲み物の補給が可能。矢立茶屋（9時30分～17時・火曜休）があり、花坂名物の「やきもち」がお茶とともに頂ける。

■問合せ先

高野山宿坊協会中央案内所☎0736・56・2616、九度山町産業振興課☎0736・54・2019、かつらぎ町観光協会☎0736・22・0300、南海りんかんバス☎0736・56・2250、かつらぎ町コミュニティバス☎0736・22・0300、矢立茶屋☎0736・56・5033

■2万5000分ノ1地形図

橋本・高野山

＊コース図は272・273ﾍﾟｰｼﾞを参照。

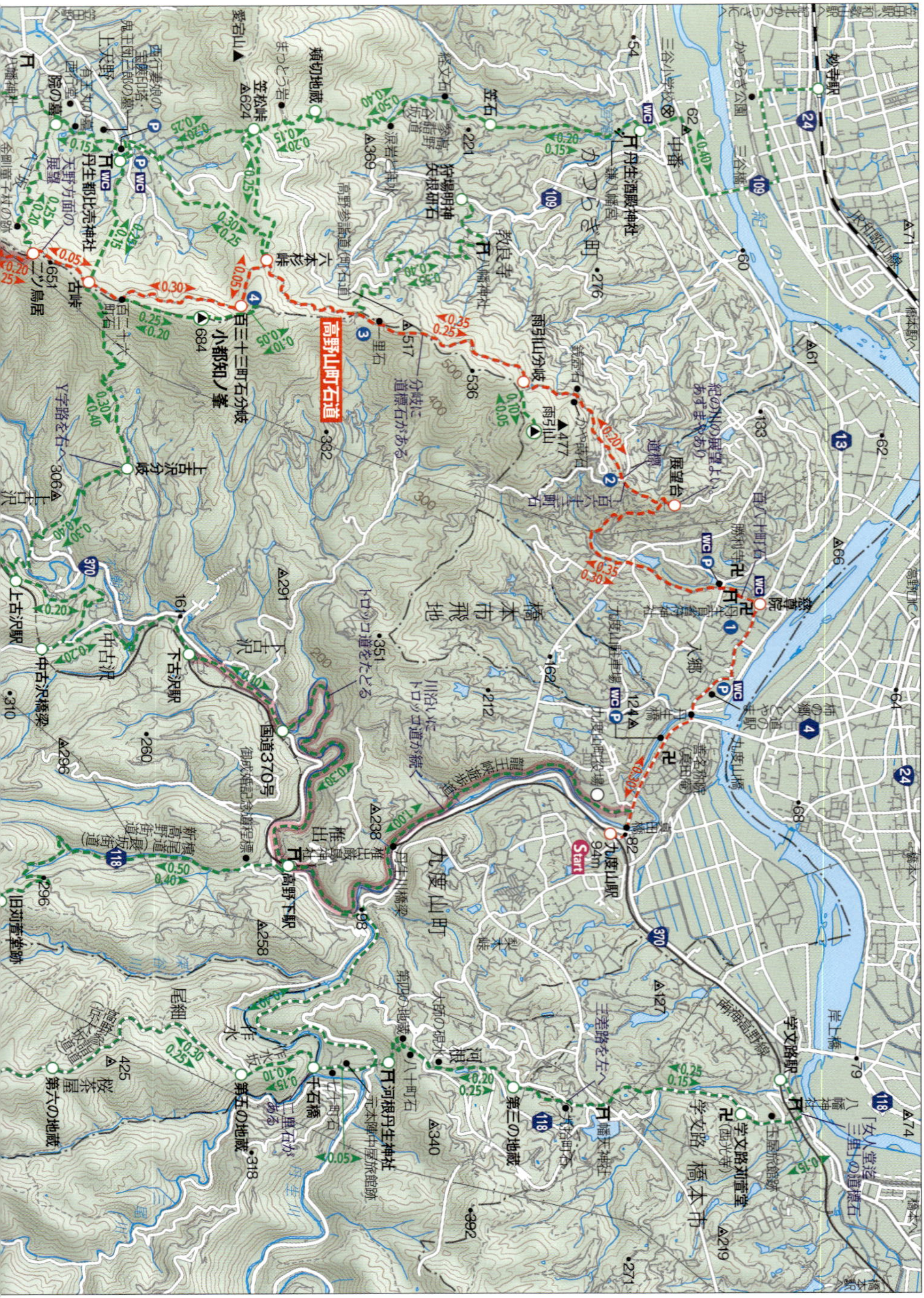

高野山町石道
九度山駅
慈尊院
丹生官省符神社
勝利寺
展望台
雨引山分岐
雨引山
六本杉峠
二ツ鳥居
古峠
丹生都比売神社
笠松峠
槙尾山
九度山町
かつらぎ町
橋本市
学文路駅
高野下駅
上古沢駅
中古沢駅
下古沢駅
妙寺駅
国道370号

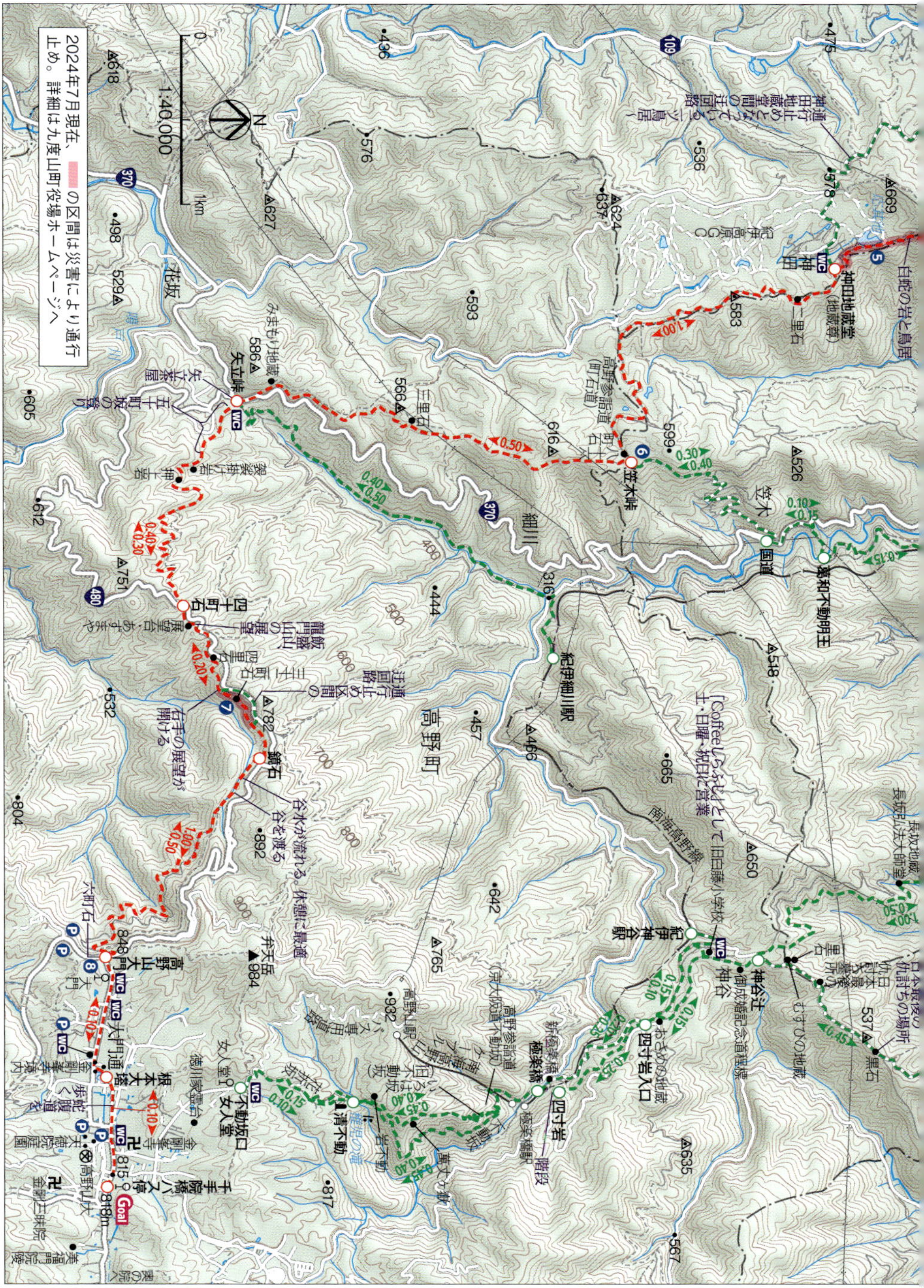
2024年7月現在、■の区間は災害により通行止め。詳細は九度山町役場ホームページへ
1:40,000
白蛇の岩と鳥居
神田地蔵堂
二里石
三里石
笠木峠
矢立峠
花坂
細川
四十町石
鏡石
高野町
紀伊細川駅
紀伊神谷駅
神谷辻
四寸岩
極楽橋
清不動
不動坂口女人堂
弁天岳
高野山大門
大塔
Goal

高野山スキー場からの高野三山（中央が転軸山、左奥が楊柳山、右奥が摩尼山）

87

# 高野三山

## 女性たちが奥の院遥拝のためたどった女人道をめぐる

こうやさんざん
1009m（楊柳山）

日帰り

歩行時間＝6時間35分
歩行距離＝16・2km

技術度
体力度

コース定数＝29
標高差＝153m
累積標高差 1200m 1200m

内の八葉《はちよう》、外の八葉の峰々に囲まれた山上の聖地・高野山《こうやさん》。高野山は女人禁制の山であったため、女性たちは八葉の峰々の境界線をたどって奥《おく》の院《いん》を遥拝したとされる。女性たちがたどった境界線は、女人道《にょにんみち》とよばれた。そして八葉の峰々の代表格として、高野三山に数えられる摩尼山《まにさん》と楊柳山《ようりゅうさん》、転軸山《てんじくさん》がある。高野山内に唯一残る女人堂の不動坂《ふどうざか》口から、女人道を一巡するコースを紹介しよう。

**女人堂バス停**下車。お竹《たけ》地蔵に参拝後、**弁天岳**《べんてんだけ》へ。参道を下り、高野山の表玄関・**高野山大門**《だいもん》に出る。高野山道路を横断し、お助け地蔵の参道へ。お助《たす》け地蔵を右に見送り、緩やかな起伏の植林帯の道を進む。**南谷**の橋を渡って「左くまのみち」の道標石を左にとり、相《あい》の浦《うら》口女人堂跡の**上水峠**《うえみず》へ。弁天岳や天狗岳《てんぐだけ》などの眺望が開けてくる。小さな起伏ののち、**ろくろ峠**、大滝《おおたき》口女人堂跡に出る。

小辺路《こへち》ルートを進み、次の分岐を左下へとり、円通律寺《えんつうりつじ》門前に下る。円通律寺では、今も厳しい修行が続けられている。**弥勒峠**《みろく》を右に登ると、大峰《おおみね》口女人堂跡だ。なだらかな尾根道を進み急斜面を下ると、**中の橋駐車場**《なかのはし》に出る。

ここで車道を東へ、摩尼トンネル手前の山道に取り付き、高野三山を目指そう。女人道の**摩尼峠**、**奥の院峠**を経て**摩尼山**の山頂に登る。摩尼山をあとに、北西尾根を下る。樹林の隙間から、楊柳山を望む。夏にはササユリの花が咲く道だ。**黒河峠**《くろこ》を直進し、三山最高峰の**楊柳山**の頂を踏む。

**■鉄道・バス**
往路・復路＝南海高野線高野山駅から南海りんかんバスで女人堂へ。

**■マイカー**
京奈和道かつらぎ西ICから国道480号、高野口ICから国道370号を経て高野山内の駐車場（無料・トイレあり）へ。駐車場からはバスまたは徒歩。中の橋または大門南駐車場をスタート地点とすると効率がよい。

**■登山適期**
通年歩ける。サクラは4月下旬、新緑は5月上旬〜下旬、紅葉は10月下旬〜下旬。また、1月下旬〜2月下旬には積雪があり、初級者向きの雪山ハイクも楽しめる。

**■アドバイス**
▽ここでは女人堂を起終点として紹介したが、コース途中にはバス停もあり、体力に応じて計画するとよい。
▽女人道を1日で周回する場合には、距離・時間とともに健脚向きコースとなるため、2日間に分けると余裕も生まれ、またファミリーハイクとしても最適となる。
▽高野三山のみ登る場合は、奥の院前バス停から中の橋参道に入り、水向地蔵の高野三山碑を左に見て、奥の院峠を登り、摩尼山、楊柳山、転軸山を一巡。高野山スキー場から奥の院参道に出て、奥の院前バス停に戻るルートで計画するとよい。

**■問合せ先**

楊柳観音の祠に雪をかぶった楊柳山山頂

## CHECK POINT

1 七口の女人堂で唯一残る不動坂口女人堂。お竹地蔵の横手から弁天岳に取り付く

2 嶽弁才天を祀る弁天岳の南寄りから根本大塔を望む

3 弁天岳参道を下ったところに建つ高野山大門。車道を横切ったあと、お助け地蔵の参道に入る

4 円通律寺。真言宗の僧侶を目指す修行寺院で、現在も厳格な規律と女人禁制を守っている

5 弥勒峠の地蔵。峠を越えると高野山内、右は大峰口女人堂跡を経て女人道

6 弘法大師が祀られる奥の院峠（摩尼峠）。奥の院からの登路と女人道が合わさる

7 桜地蔵を祀る黒河峠。右手前は倉の尾峠へ、左は三本杉に下る。ここでは女人道を直進して楊柳山へ

8 ブナ、ヒメシャラ、ツガなどの自然林に囲まれた高野三山最高峰・楊柳山山頂。楊柳観音が祀られている

雪景色の高野山の総門・高野山大門

なおも緩やかな起伏の尾根道をたどる。**子継《こつぎ》峠**を南に下り一本杉の先で車道を横断（**一本杉分岐**）、転軸山登山道に入る。木の根の道を登ると**転軸山**山頂だ。左は奥の院御廟、ここは右にとり、南から西尾根を経てシャクナゲ園に下る。**転軸山森林公園**、ついで鶯《うぐいす》谷の集落を抜け、**黒河口女人堂跡**の峠を越える。すぐの路地を右へ進んで支尾根に取り付き、小さな起伏を伝うと**女人堂バス停**に帰り着く。（児嶋弘幸）

楊柳山へと向かう女人道

高野山宿坊協会中央案内所☎0736・56・2616、転軸山森林公園☎0736・56・2780（高野山観光情報センター）、南海りんかんバス☎0736・56・2250

■2万5000分ノ地形図
高野山

＊コース図は276・277ページを参照。

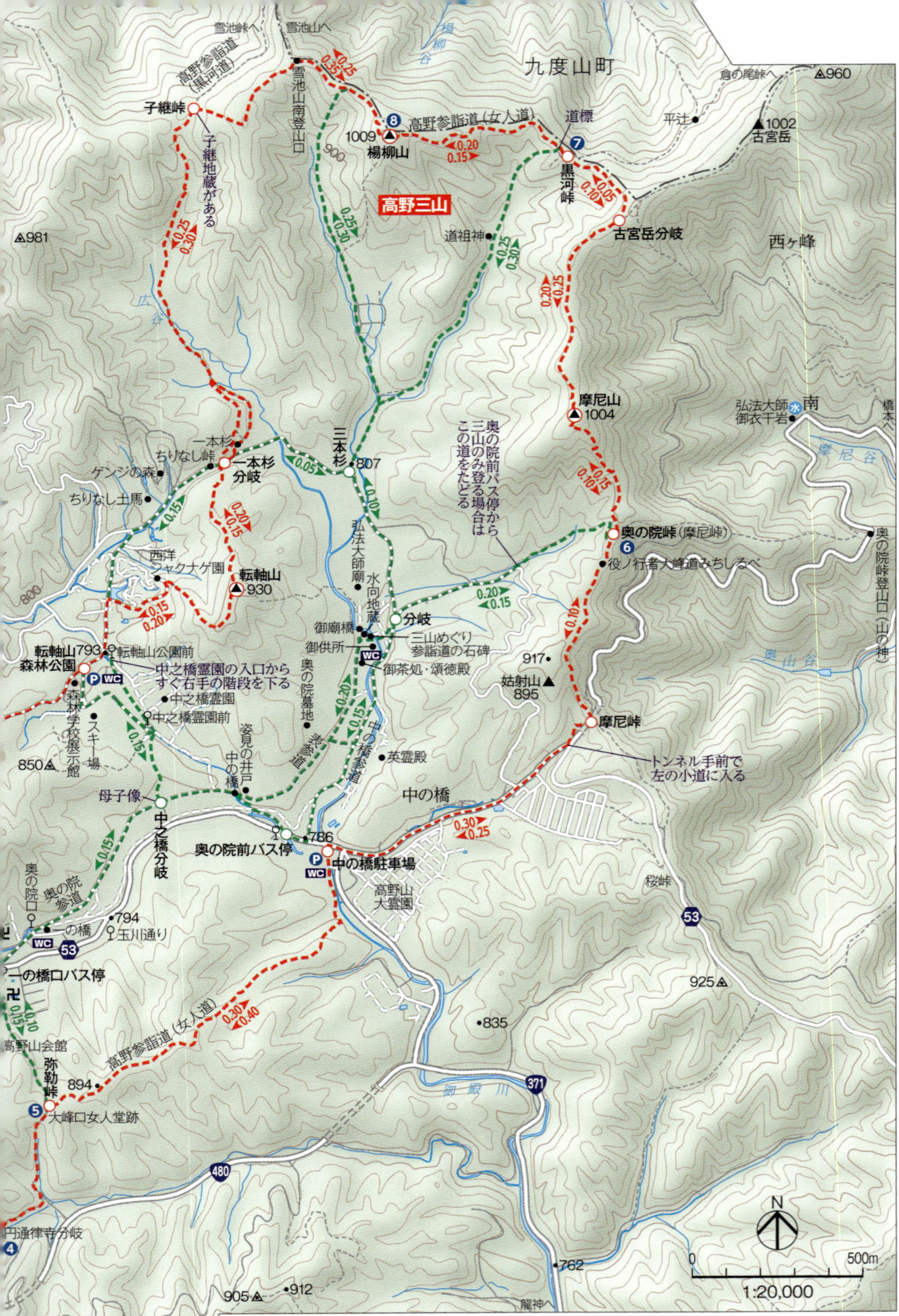
雪池峠へ
雪池山へ
高野参詣道（黒河道）
九度山町
倉の尾峠へ
960
子継峠
雪池山南登山口
楊柳谷
楊柳山
1009
高野参詣道（女人道）
道標
平辻
1002
古宮岳
黒河峠
高野三山
子継地蔵がある
古宮岳分岐
道祖神
西ヶ峰
981
広谷
摩尼山
1004
弘法大師御衣干岩
南
摩尼谷
奥の院前バス停から三山のみ登る場合はこの道をたどる
一本杉
ちりなし峠
一本杉分岐
三本杉
807
ゲンジの森
ちりなし土馬
奥の院峠（摩尼峠）
役ノ行者大峰道みちしるべ
奥の院峠登山口（山の神）
弘法大師廟
西洋シャクナゲ園
転軸山
930
水向地蔵
分岐
御廟橋
御供所
三山めぐり参詣道の石碑
御茶処・頌徳殿
奥山谷
917
姑射山
895
転軸山森林公園
793
転軸山公園前
中之橋霊園の入口からすぐ右手の階段を下る
中之橋霊園
中之橋霊園前
奥の院墓地
表参道
中の橋参道
森林学校展示館
スキー場
850
姿見の井戸
中の橋
英霊殿
摩尼峠
トンネル手前で左の小道に入る
中の橋
母子像
中之橋分岐
奥の院前バス停
786
中の橋駐車場
高野山大霊園
桜峠
53
奥の院口
奥の院参道
794
一の橋
玉川通り
53
一の橋口バス停
925
高野山会館
高野参詣道（女人道）
835
弥勒峠
894
371
御殿川
大峰口女人堂跡
480
円通律寺分岐
762
905
912
龍神へ
N
0
500m
1:20,000

橋本駅へ
神谷辻へ
118
南海高野線
極楽橋
極楽橋駅
いろは坂（旧不動坂）
南海高野山ケーブル
不動坂
高野参詣道（京大坂道不動坂）
0.45
0.40
•642
△765
高野山駅
•932
バス専用道路
高野町
椎児の滝
光の滝
清不動
旧不動坂
花折坂
0.15
0.10
•817
中学校前
高野山中
谷上女人堂跡
樹間から根本大塔が見える
弁天岳
984
不動坂口女人堂
お竹地蔵
女人堂バス停
856m
Start Goal
0.25
0.20
908
鉢伏山
右の道へ
黒河口女人堂跡
鶯谷
橋本・海南へ
矢立峠へ
480
高野山町石道
徳川家霊台
一心口
南院
青巌寺
高野山高
波切不動前
高野町役場
警察署前
大門口女人堂跡
根本大塔
金剛峯寺前
金剛峯寺
六時の鐘
宿坊協会中央案内所
大門
弁天前
蛇腹道
848
高野山大門
愛宕前
大門通
壇上伽藍
千手院橋
バス停
龍神口女人堂跡
金堂前
霊宝館前
0.10
小田原通り
蓮華谷
参道を進む
今来峰
天徳院
高野山大
お助け地蔵
霊宝館
美福門院陵
大門南駐車場
0.30
南谷に架かる橋を渡り再び山道へ
南谷出合
金剛三昧院
高野山道路
龍神道
樹間から根本大塔が見える
南谷
西から南方面の展望よい
上水峠
宝珠山
ろくろ峠
大滝口女人堂跡
•848
相の浦口女人堂跡
相の浦道
覚海トンネル
円通律寺
小辺路分岐
大滝口トンネル
大滝道
有田川町へ
薄峠へ
0.35
0.30

88

山また山の中辺路に分け入って、熊野本宮大社を目指す

# 滝尻～熊野本宮大社

たきじり～くまのほんぐうたいしゃ
691m（上田和茶屋跡）

QRコードは280ページコース図内に記載

**一泊二日**

第1日　歩行時間＝6時間15分　歩行距離＝16・0km
第2日　歩行時間＝8時間40分　歩行距離＝19・5km

技術度

体力度

コース定数＝65
標高差＝605m
累積標高差 ↗2574m ↘2601m

箸折峠の牛馬童子像。右隣の石仏は役ノ行者像

熊野本宮と熊野速玉《はやたま》、熊野那智《なち》大社は、「熊野三山《さんざん》」と称される。

その熊野三山を目指す道が熊野古道だ。ここでは、滝尻王子《おうじ》から熊野三山のひとつ熊野本宮大社に向かう、人気の高い中辺路《なかへち》のメインルートを歩く。

**第1日　滝尻バス停**下車。滝尻橋を渡った左手、滝尻王子の左脇から中辺路をスタートする。急坂の道を登ると、胎内《たいない》くぐり、続いて藤原秀衡《ふじわらひでひら》ゆかりの乳《ち》岩に着く。いっきに高度を上げ、**剣山**《つるぎやま》、飯盛山《いいもりやま》展望台へ。ようやく傾斜が緩むと、**高原**《たかはら》**熊野神社**へと導かれる。朱の社殿が鮮やかだ。

すぐ先の高原霧の里休憩所でひと休憩としたい。棚田の向こうに果無《はてなし》の山並みが美しい。旧旅籠《はたご》通りを抜け、緩やかに逢坂《おうさか》峠越えにかかる。高原池、**大門**《だいもん》**王子**、**十丈**《じゅうじょう》**王子**などを経て、三体月《さんたいづき》伝承が残る**上田和**《うわだわ》**茶屋跡**へ。

**逢坂峠**を東へ急下降し、津毛《つげ》川に下って**牛馬童子**《ぎゅうばどうじ》**像口バス停**に降り立つ。

伏拝王子。左手に休憩所がある

再び古道に戻って、牛馬童子像が佇む箸《はし》折《おり》峠へ。峠を越えると近露《ちかつゆ》の里が開けてくる。橋の向こうのこんもりとした森が**近露王子**だ。今夜の

■**鉄道・バス**

往路＝JR紀勢本線紀伊田辺駅から龍神バス、明光バスで滝尻へ。

復路＝本宮大社前から龍神バス、明光バスで紀伊田辺駅へ。または明光バス、熊野御坊南海バスでJR紀勢本線新宮駅へ。JR和歌山線五条駅への奈良交通バスも運行されている。

■**マイカー**

紀勢道上富田ICから国道42・311号を経て滝尻駐車場へ。または熊野本宮大社駐車場へ。

■**登山適期**

新緑は4月下旬～5月中旬、紅葉は11月中旬～下旬。冬枯れの頃もよい。

■**アドバイス**

▽登山口の滝尻バス停前には、熊野古道・中辺路の情報拠点として観光案内と歴史紹介を兼ねた休憩施設の「熊野古道館」がある。

▽近露の里には、食事や甘味、お土物店などを併設したドライブイン「古道歩きの里ちかつゆ」のほか、民宿をはじめ宿泊施設も多数ある。

▽熊野本宮大社と国道を挟んだ反対側に、和歌山県世界遺産センターがある。世界遺産の保存、活動拠点として、各種のセミナー、ウォーキングイベント、展示などを行っている。

▽牛馬童子像口バス停前には、道の駅熊野古道中辺路がある。

▽発心門王子に発心門王子バス停があり、熊野本宮大社、JR紀伊田辺

霧の里は、果無山脈が一望できる絶景の休憩スポット

宿泊地は、ここ近露としよう。

**第2日**　古道と旧国道が交差・並行する中、近露の集落の間を緩やかに登っていく。**比曽原《ひそはら》王子**を経て、巨杉が立ち並ぶ**野中《のなか》の一方杉《いっぽう》**（継桜王子）に着く。桜並木のきれいな古道を東進し、再び旧国道に出て**小広峠《こびろ》**へと向かう。草鞋峠《わらじ》を越え、**仲人茶屋跡《なこうど》**へ。ここで本来の古道と別れ、迂回路の**岩上峠《いわがみ》**を越えて**蛇形地蔵尊《じゃがた》**に下る。

湯川《ゆかわ》王子跡を通過、杉木立の道をいっきに登り、関所跡の**三越峠《みこし》**へ。音無川沿いの道を**船玉神社《ふなたま》**、猪ノ鼻《いはな》王子に向かう。熊野の聖域への大鳥居のあったところという**発心門王子《ほっしんもん》**に登る。

舗装道を進み、**水呑王子《みずのみ》**へ。古道を抜けると、果無の山並みが開ける。**伏拝 王子《ふしおがみ》**から熊野本宮旧社地を望む。茶畑の横を緩やかに下ると小辺路《こへち》との合流点、**九鬼ヶ《くきが》口《くち》関所跡**にいたる。なおも緩やかに下ると、**熊野本宮大社**へと迎えられる。参道を下ると、**本宮大社前バス停**はすぐだ。（児嶋弘幸）

駅行きの龍神バスが運行されている。

■**問合せ先**

熊野本宮観光協会☎0735・42・0735、中辺路町観光協会☎0739・64・1470、龍神バス☎0739・22・2100、明光バス☎0739・42・3008、奈良交通（バス）☎0742・20・3100、熊野御坊南海バス☎0735・22・5101、古道歩きの里ちかつゆ☎0739・65・0707、民宿つぎざくら（中辺路町野中）☎0739・65・0009

■**2万5000分ノ1地形図**

栗栖川・皆地・発心門・伏拝・本宮

## CHECK POINT

1 滝尻王子の左横から剣山の古道に入る

2 熊野古道沿いで現存する最古の高原熊野神社

3 十丈王子。かつて茶店が軒を並べたという

4 箸折峠を下ると近露の里風景が広がってくる

5 一方杉に囲まれた継桜王子

6 サクラの花が咲く古道を小広峠へと向かう

7 湯川一族発祥の地と伝えられている湯川王子

8 口熊野と奥熊野の境界とされる三越峠（あずまやあり）

9 碑のある背後の山一帯が水呑王子の旧社地とされる

10 三軒茶屋跡・九鬼ヶ口関所跡。中辺路と小辺路の交差点

11 熊野本宮大斎原を望むちょっと寄り道展望台

12 熊野本宮大社の御社殿入口

＊コース図は280・281ページを参照。

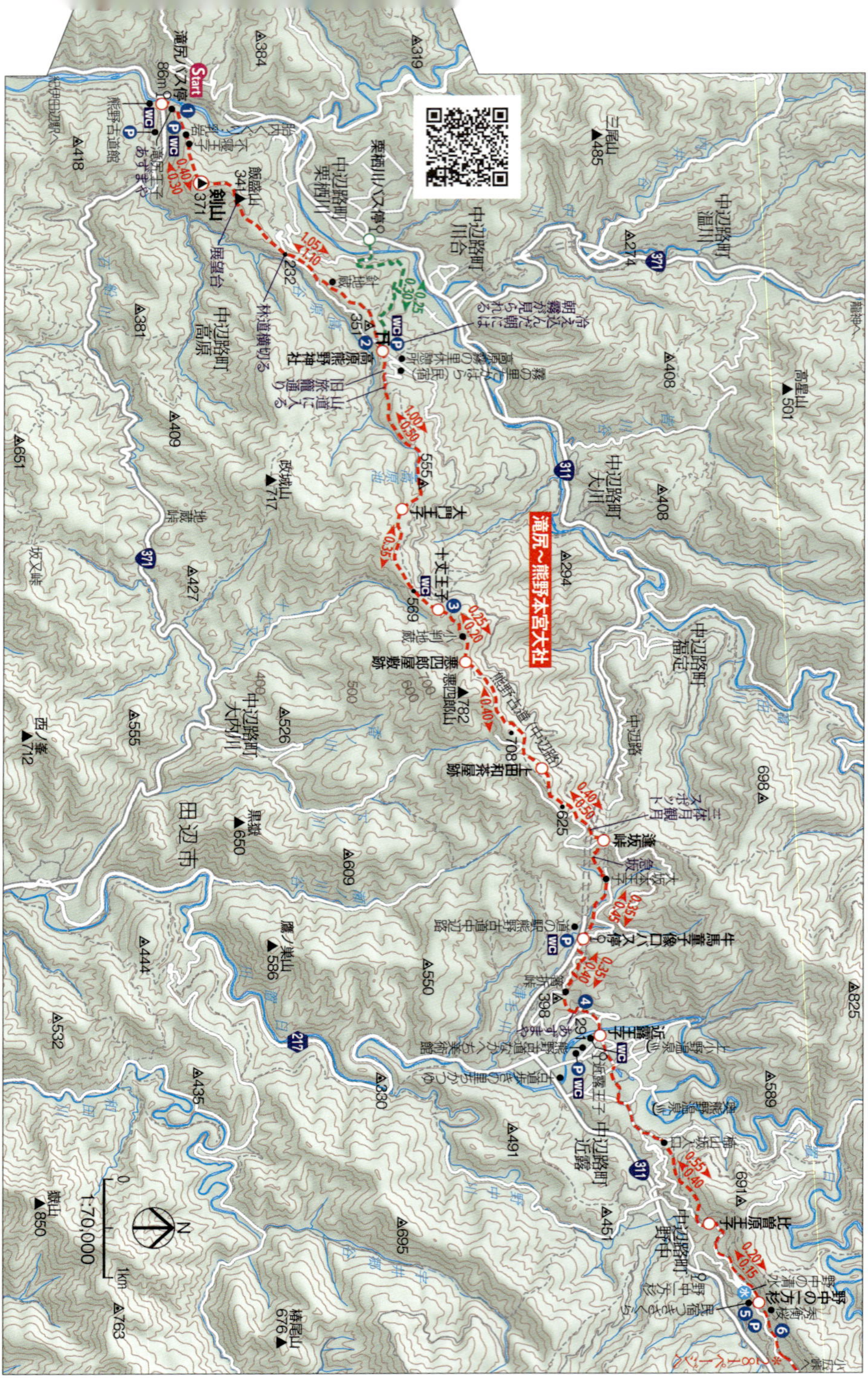
滝尻～熊野本宮大社
Start
滝尻バス停
剣山
高原熊野神社
大門王子
十丈王子
上多和茶屋跡
逢坂峠
牛馬童子像口バス停
近露王子
比曽原王子
野中の一方杉
中辺路町高原
中辺路町大内川
中辺路町近露
中辺路町野中
中辺路町福定
中辺路町大川
中辺路町温川
中辺路町川合
中辺路町栗栖川
田辺市
熊野古道（中辺路）
1:70,000
0
1km
N

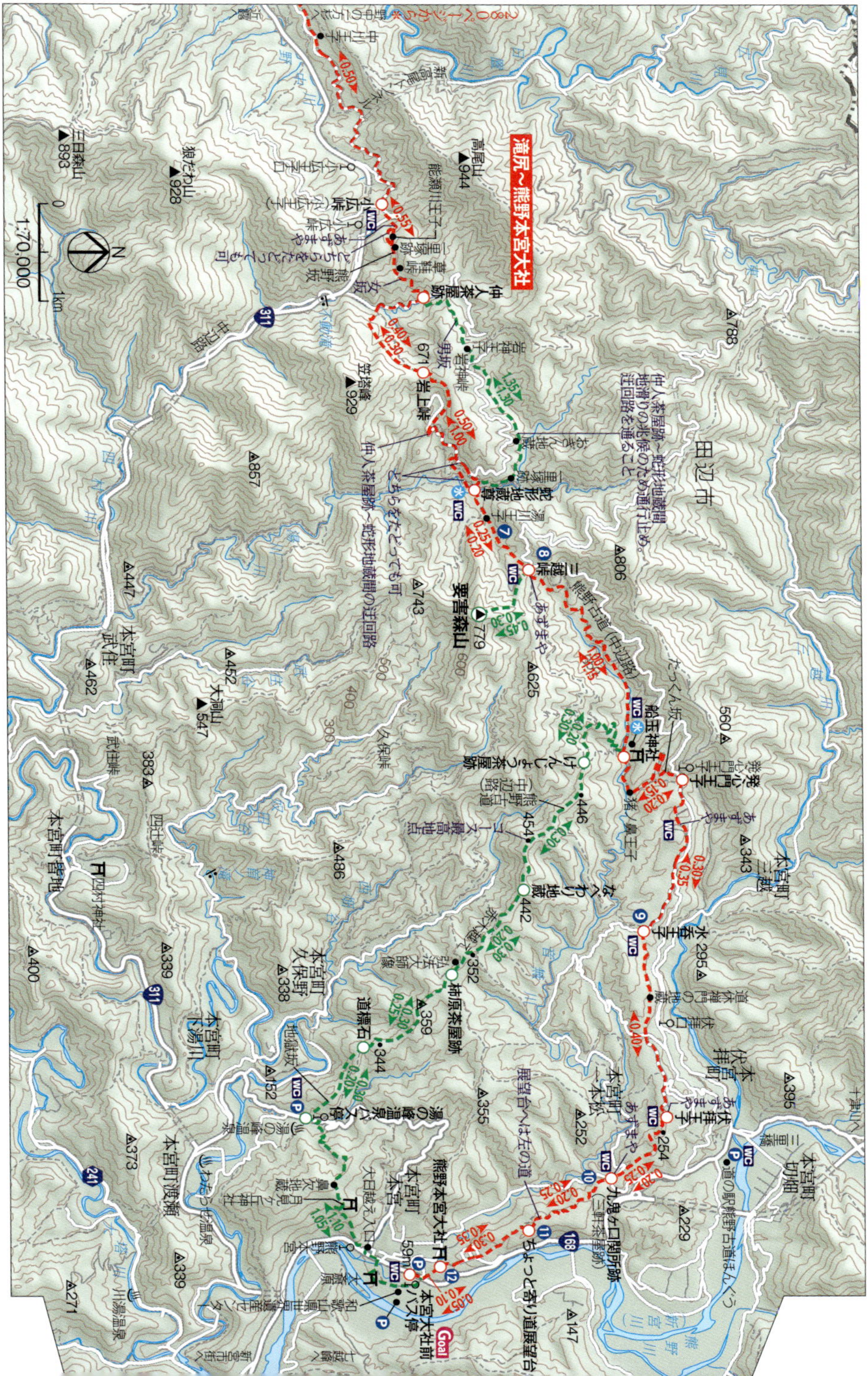

滝尻〜熊野本宮大社
1:70,000
田辺市
小広峠
仲人茶屋跡
岩上峠
蛇形地蔵
三越峠
要害森山
船玉神社
発心門王子
水呑王子
伏拝王子
熊野本宮大社
本宮大社前バス停
湯の峰温泉

89

# 熊野古道最大の難所・熊野の山稜を越え那智山へ

# 大雲取・小雲取越え

一泊二日

第1日 歩行時間＝4時間30分 歩行距離＝16.0km
第2日 歩行時間＝6時間50分 歩行距離＝12.5km

おおぐもとり・こぐもとりごえ
884m（舟見峠）

技術度
体力度

QRコードは284ジペーコース図内に記載

コース定数＝**55**

標高差＝830m

累積標高差 ↗2432m ↘2390m

青岸渡寺と熊野那智大社、三重塔、右奥に那智の滝を望む

大雲取・小雲取越えは、「雲に手が届くほど高い峠を越える」ことが語源とされるだけに、熊野古道《くまのこどう》最大の難所となっている。ここでは北から南へ、小雲取、大雲取を越えて熊野那智《なち》大社に参詣するコースを紹介しよう

**第1日** **請川《うけがわ》バス停**下車。熊野川沿いの国道を東進し、下《しも》地橋《じばし》バス停のすぐ右上の小雲取越えの古道に入る。民家の庭先を抜け、疎林帯の古道を登っていく。なだらかな道が続き、**万歳道《ばんぜどう》分岐**に出る。左は志古《しこ》に下る伊勢路《いせじ》ルートで、ここでは直進して如《にょ》法山《ほうざん》山腹をからんで**百間《ひゃっけん》ぐら**へ。果無《はてなし》・大塔《おおとう》山系が大パノラマで開けている。ひと休憩後、なおも山襞をからむ。

**林道**を横切り、賽《さい》ノ河《か》原《わら》地蔵尊、**石堂《いしどう》茶屋跡**へ。緩やかな起伏が続く。**桜《さくら》峠**を越えて**桜茶屋跡**へ。ひと休憩のあと、堂《どう》ノ坂とよばれる石畳道を下っていく。

やがて**小和瀬《こわぜ》**の集落に下る。かつての渡し場跡に架かる小和瀬橋を渡り、すぐ右手の古道へ。小口《こぐち》トンネル上部の峠を越えると、今夜の宿泊地、**小口**の集落はすぐだ。

**第2日** 小口の集落を抜け、大雲取越えの古道に入る。熊野の神々が集い談笑したという**円座石《わろうだいし》**へ。しばらくして**楠久保《くすくぼ》の旅籠跡**に着く。かつて多くの人々を見守ってきたであろう苔むした地蔵尊が、静かに佇んでいる。

いよいよコース最大の難所・胴《どう》切《きり》坂の登りにかかる。まっすぐ上に向かって苔むした石畳道が続いている。やがて**越前《えちぜん》峠**、**石倉《いしくら》峠**を越えると、滝本《たきもと》川源頭の**地蔵茶屋跡**に下る。地蔵茶屋跡には、地蔵堂と休憩舎が建っている。

舗装林道を緩やかに登ったら、再び古道に入る。**色川辻《いろかわつじ》**で林道を横切ると、舟見《ふなみ》峠への急坂にかかる。**舟見茶屋跡**に出ると、眼下に那智高原をはじめ、妙法山《みょうほうざん》、遠く熊野灘の眺望が開けている。

**登立《のぼりたて》茶屋跡**から右上に妙法山を眺めながら下って**那智高原**を縦断、那智原生林の間をぬって**青岸《せいがん》渡寺《とじ》**に下る。隣の熊野那智大社に参拝し大門坂参道に入ると、**大門《だいもん》坂バス停**は近い。（児嶋弘幸）

■**鉄道・バス**
往路＝JR紀勢本線紀伊田辺駅から龍神バスか明光バス、またはJR紀勢本線新宮駅から明光バス、奈良交通、熊野御坊南海バスで請川へ。請川へは白浜空港からも明光バスでアクセスできる。
復路＝大門坂から熊野御坊南海バスでJR紀勢本線那智駅、またはJR紀勢本線紀伊勝浦駅へ。

■**マイカー**
紀勢道上富田ICから国道42・311号を経て熊野本宮大社駐車場へ。請川へバスで移動する。または紀勢道

雪の百間ぐら。小雲取越え随一の展望ポイントだ

梵字が刻まれている円座石

## CHECK POINT

1 サクラの木の間を抜け小雲取越えにかかる

2 小石がうず高く積まれた賽ノ河原地蔵尊

3 小雲取越えの最高所・桜峠（約470㍍）

4 東の眼下に赤木川を望む桜茶屋跡

5 かつての小和瀬の渡しは小和瀬橋の左手にある

6 小和瀬から小口へは小さな峠を越える

7 楠久保集落跡の「南無阿弥陀仏」の巨石

8 まっすぐ上へと続く胴切坂とよばれる苔むした石畳道

9 杉林に囲まれた地蔵尊を祀る石倉峠

10 地蔵茶屋跡に建つ休憩舎。奥に地蔵を安置したお堂がある

11 那智高原公園の間を縦断し、那智原生林の道に入る

12 苔むした石畳と杉並木が続く大門坂

すさみ南ICから国道42号を新宮方面に向かい、那智勝浦新宮道路那智勝浦ICから大門坂駐車場へ。

■登山適期

通年歩ける。新緑は4月下旬～5月中旬、紅葉は11月下旬～12月上旬。展望と雑木林の風情が楽しめるコースなので、冬枯れの季節もよい。

■アドバイス

▽小雲取越えの入口の熊野本宮大社周辺には、湯の峰温泉をはじめ、川湯温泉、わたらせ温泉などがあり、宿にも事欠かない。

▽宿泊地の小口にはキャンプ場併設の小口自然の家や民宿百福がある。

▽円座石の「わろうだ」とは、円形の座布団のことで、石の表面に阿弥陀仏、薬師仏、観音仏の三仏の梵字が彫られている。

■問合せ先

熊野本宮観光協会☎0735・42・0735、紀伊勝浦駅前観光案内所☎0735・52・5311、龍神バス☎0739・22・2100、明光バス☎0739・42・3008、奈良交通（バス）☎0742・20・3100、熊野御坊南海バス☎0735・22・5101、小口自然の家☎0735・45・2434、民宿百福☎0735・45・2016

■2万5000分ノ1地形図

紀伊大野・本宮・新宮・紀伊勝浦

＊コース図は284・285㌻を参照。

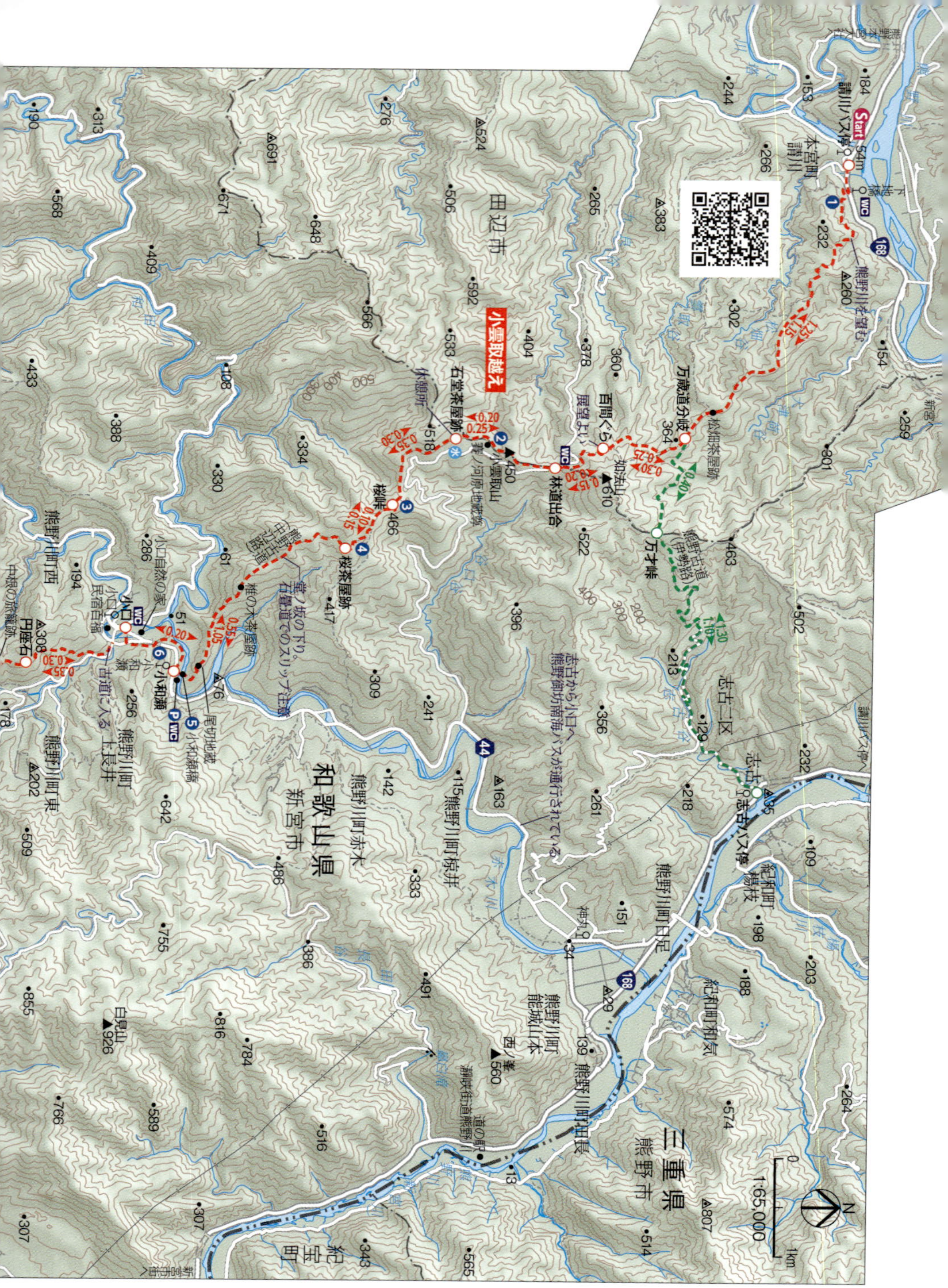
小雲取越え
Start
請川バス停
本宮町請川
54m
熊野川を望む
万歳道分岐
松畑茶屋跡
百間ぐら
展望よい
知波山
林道出合
石堂茶屋跡
休憩所
賽ノ河原地蔵
小雲取山
桜峠
桜茶屋跡
熊野古道中辺路
堂ノ坂の下り。石畳道でのスリップ注意
椎の木茶屋跡
小和瀬
小和瀬橋
小口
小口自然の家
円座石
万才峠
熊野古道（伊勢路）
志古
志古バス停
志古から小口へ熊野御坊南海バスが通行されている
田辺市
和歌山県
新宮市
三重県
熊野市
紀宝町
1:65,000
0
1km
N

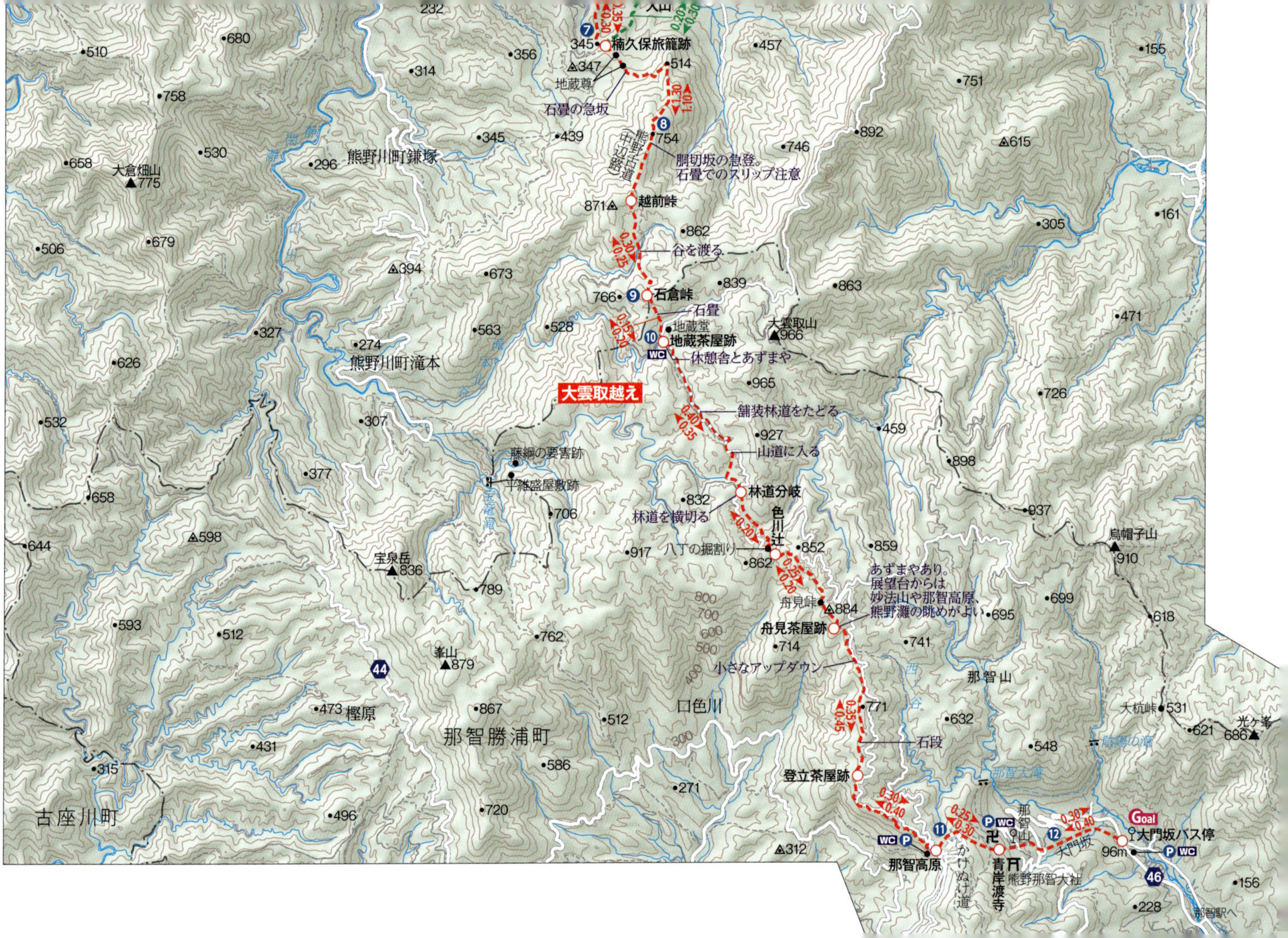
大雲取越え
楠久保旅籠跡
地蔵尊
石畳の急坂
熊野古道（中辺路）
胴切坂の急登。石畳でのスリップ注意
越前峠
谷を渡る
石倉峠
石畳
地蔵堂
地蔵茶屋跡
休憩舎とあずまや
舗装林道をたどる
山道に入る
林道分岐
林道を横切る
色川辻
八丁の掘割り
あずまやあり。展望台からは妙法山や那智高原、熊野灘の眺めがよい
舟見峠
舟見茶屋跡
小さなアップダウン
石段
登立茶屋跡
那智高原
かけぬけ道
青岸渡寺
熊野那智大社
那智山
大門坂
大門坂バス停
Goal
那智駅へ
熊野川町鎌塚
熊野川町滝本
大倉畑山
藤綱の要害跡
平維盛屋敷跡
宝泉岳
峯山
樫原
那智勝浦町
古座川町
口色川
大雲取山
烏帽子山
大杭峠
光ヶ峯
那智大滝
那智山
96m

俎石山第一休憩所からの雲山峰

90

# 雲山峰《うんざんぽう》

490m

## 大阪湾・関西空港を一望する紀泉アルプスを行く

日帰り

歩行時間＝4時間55分

歩行距離＝10・7km

技術度

体力度

| | |
|---|---|
| コース定数 | ＝19 |
| 標高差 | ＝415m |
| 累積標高差 | 690m / 749m |

雲山峰は、『紀伊続風土《きいぞくふど》記《き》』に、「近国渡海の船、此嶺を望みて方角を知るといえり。もっとも絶景なり」と記される、紀泉《きせん》アルプスを代表する山だ。山頂には、八大竜王《はちだいりゅうおう》の小祠が祀られている。

**JR山中渓《やまなかだに》駅**下車。JRの線路と並行する車道を南へ進み、すぐのところにある分岐を右折して阪和線の踏切を渡る。銀《ぎん》の峰《みね》ハイキングコースのゲート、ついで阪和《はんわ》自動車道のガードをくぐり、山裾に取り付く。

いきなり疎林帯の急登にかかる。春にはミツバツツジが山道を彩る。登っていくと、やがて銀の峰ハイキングコースの分岐に出る。左は雲山峰方面への縦走コース、右は銀の峰第一・第二パノラマ台を経て、山中渓駅に一巡する銀の峰ハイキングコースだ。まずは右へすぐのところにある、銀の峰**第一パノラマ台**に立ち寄る。大阪湾や淡路《あわじ》島、遠く六甲《ろっこう》方面が見渡せる。ひと休憩のあと分岐に戻り、雲山峰へと向かう。

**四《し》ノ谷山《たにやま》の肩**をすぎると、砂岩層の地肌が露出した、緩やかな起伏のプロムナードが続く。右手に鳥取《とっとり》池・栄谷池への道を分けると（**栄谷《さかえだに》池分岐**）、**雲山峰**の山頂はすぐだ。

山頂をあとに主稜線を伝い、鳥取池分岐を経て地蔵山《じぞうやま》分岐へ。右は井関《いせき》峠への道で、ここでは直進して**青少年の森展望広場**へ向かう。展望広場からは、紀《き》の川河口や紀淡《きたん》海峡、遠く和歌浦《わかのうら》方面の大パノラマが開けている。

下山は六角堂《ろっかくどう》休憩舎を経て、紀伊・六十谷《むそた》方面に向かう。Y字路を右へ進み、**四《よ》ツ辻《つじ》**（墓《はか》ノ谷《たに》分岐）に出る。右は行者《ぎょうじゃ》堂を経てJR六十谷駅へ下る道、左は先ほどのY字路からの道と合わさったあと、JR紀伊駅へ向かう道。ここでは直進して、四《よ》ツ池・鉄塔コースに

山中渓駅の北にある子安地蔵寺のシダレザクラ

■鉄道・バス

往路＝JR阪和線山中渓駅。

復路＝JR阪和線六十谷駅。

紀泉アルプスとよばれる雲山峰に向かう縦走路。4月上旬にはミツバツツジが咲く

入る。

分岐から少しで、展望のよい鉄塔広場の十字路（**地蔵峠**）に出る。右は行者堂、左は府中《ふちゅう》に下る道で、ここでも直進する。自然林のプロムナード、快適に足を進めよう。

やがて、四ツ池への**湯谷辻**《ゆたにつじ》に着く。ここは右にとって、小さなコブを越えて**大関**《おおぜき》**橋**の北詰に下る。あとは千手《せんじゅ》川沿いの道を**JR六十谷駅**に向かう。

（児嶋弘幸）

## CHECK POINT

銀の峰ハイキングコース入口。すぐ先の阪和道をくぐり、ハイキングコースへ

銀の峰ハイキングコースの第一パノラマ台。大阪湾から六甲の山々、関西空港を望む

紀泉アルプスの木陰でひと休憩。左前方は雲山峰方面

栄谷池分岐の手前からは大福山や俎石山が見える

紀泉アルプスの最高地点・雲山峰山頂。八大竜王を祀る祠が置かれている。

雲山峰山頂をあとに、青少年の森の展望広場へ。春はヤマツツジが咲く道だ

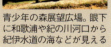

青少年の森展望広場。眼下に和歌浦や紀の川河口から紀伊水道の海などが見える

展望広場から5分ほどで、青少年の森広場の六角堂休憩所に着く

■**マイカー**
阪和道阪南ICから府道64号を南進、山中渓わんぱく王国駐車場（有料、第3水曜休）へ。または阪和道和歌山北ICから県道7号を経てJR六十谷駅周辺のコインパーキングへ。

■**登山適期**
夏の暑い時期を除けば、いつのシーズンに歩いてもよい。ミツバツツジの花は4月上旬～中旬、新緑は4月下旬～5月中旬。登山口の山中渓駅周辺はサクラの名所で、4月上旬には大勢の花見客でにぎわう。

■**アドバイス**
▽銀の峰ハイキングコースは、JR山中渓駅西側の山稜を一巡するファミリー向きコースとして整備されている。春にはミツバツツジの咲くルートで、第一・二パノラマ台からは大阪湾、関西空港の眺望が開ける。JR山中渓駅（45分）第一パノラマ台（30分）第二パノラマ台（20分）JR山中渓駅

▽雲山峰周辺には、和歌山県側、大阪府側ともに数多くのハイキングコースが整備されており、四季を通じて訪れる人が多い。

■**問合せ先**
和歌山市観光課☎073・435・1234、阪南市まちの活力創造課☎072・489・4508

■**2万5000分ノ1地形図**
淡輪・岩出

＊コース図は288・289ページを参照。

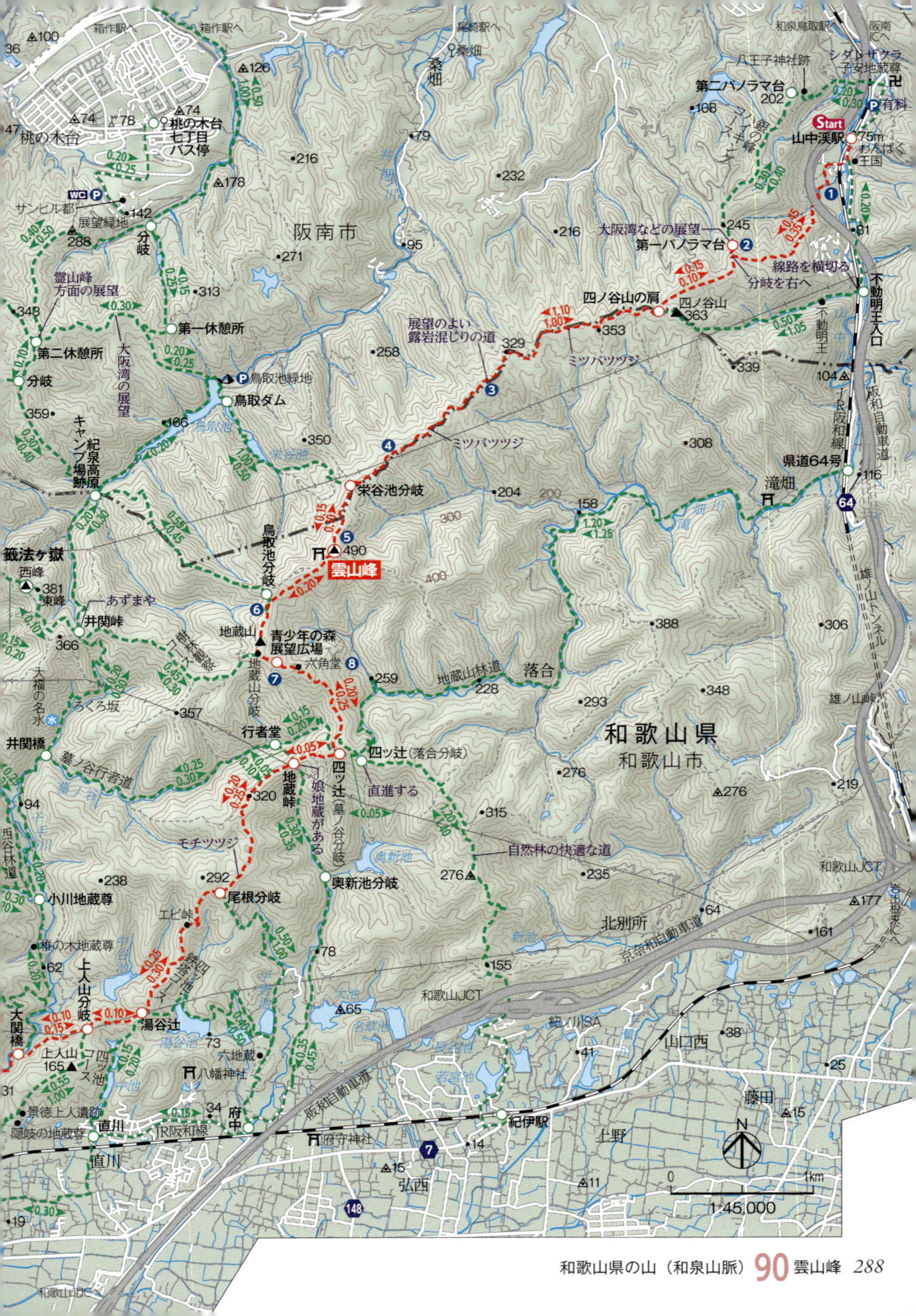

Start
山中渓駅
75m
わんぱく王国
第二パノラマ台
202
八王子神社跡
シダレザクラ
子安地蔵尊
有料
和泉鳥取駅へ
阪南IC へ
大阪湾などの展望
第一パノラマ台
245
線路を横切る
分岐を右へ
不動明王入口
四ノ谷山の肩
四ノ谷山
363
353
ミツバツツジ
展望のよい露岩混じりの道
329
339
104
JR阪和線
阪和自動車道
県道64号
116
滝畑
308
ミツバツツジ
栄谷池分岐
204
158
490
雲山峰
鳥取池分岐
青少年の森展望広場
六角堂
地蔵山
259
地蔵山林道
228
落合
388
306
雄ノ山トンネル
雄ノ山峠
348
293
和歌山県
和歌山市
行者堂
四ッ辻（落合分岐）
直進する
地蔵峠
娘地蔵がある
四ッ辻（墓ノ谷分岐）
320
276
315
219
自然林の快適な道
モチツツジ
292
尾根分岐
奥新池分岐
276
235
和歌山JCT
177
北別所
64
161
エビ峠
鉄塔四ッ池コース
78
155
京奈和自動車道
上人山分岐
湯谷辻
65
和歌山JCT
紀ノ川SA
山口西
38
41
25
大関橋
上人山
165
四ッ池コース
73
六地蔵
八幡神社
34
府中
阪和自動車道
紀伊駅
藤田
15
景徳上人遺跡
隠岐の地蔵尊
直川
JR阪和線
府守神社
14
上野
直川
15
弘西
11
148
0
1km
1:45,000
19
和歌山北IC
桃の木台
桃の木台七丁目バス停
箱作駅へ
箱作駅へ
尾崎駅へ
桑畑
100
74
78
74
126
216
79
232
178
サンヒル都
142
展望緑地
288
阪南市
271
216
95
分岐
313
霊山峰方面の展望
348
第一休憩所
第二休憩所
大阪湾の展望
258
分岐
359
鳥取池緑地
鳥取ダム
鳥取池
166
350
紀泉高原キャンプ場跡
籤法ヶ嶽
西峰
381
東峰
あずまや
井関峠
366
大福の名水
ろくろ坂
357
井関橋
墓ノ谷行者道
94
山中谷林道
238
小川地蔵尊
椎の木地蔵尊
62
31

淡輪駅
南海電鉄本線
みさき公園
道の駅みさき 夢灯台
望海坂
泉南メモリアルパーク
箱作駅へ
大阪GC
みさき公園駅
稲荷山
岬高
淡輪ランプ
別所
阪南岬トンネル
第二阪和国道
箱ノ浦ランプ
大河内池
みさき公園団地
南海多奈川線
多奈川駅
車道のガードをくぐる
提灯講山
泉南飯盛山の展望
飯盛山登山口
西谷寺
深日ランプ
金谷山
学文字山
大曲山
大阪湾の展望よい
泉南飯盛山
鬼子母神
飯盛山信浄院
千間寺跡
大阪府
岬町
下孝子
南海電鉄本線
孝子
反射板
尾根分岐
孝子駅分岐
尾根分岐
岬町青少年の森
淡輪学校林記念の森
高野山
孝子駅
孝子観音（高仙寺）
逢帰奥池
逢帰口池
逢帰ダム
上孝子バス停
並木橋
札立山
鳴滝峠
鳴滝山
採石場
岩倉新道
平井峠
和歌山岬トンネル
道標石碑
ふじとトンネル
花木団地
分岐
白衣観世音菩薩
平井ランプ
弘法の滝
鳴滝不動参詣用駐車場
鳴滝不動
近大和歌山高
善明寺北バス停
鳴滝団地バス停
善明寺
大谷
宅地造成中
高塚山
愛宕山
紀ノ川駅へ
関西空港などの展望
北展望台
俎石山
窟跡
第三経塚跡
大福山
ヤマツツジ、モチツツジ
西谷池
奥辺峠
ヤマザクラ
八王子社跡
取り付き
見返り山
展望
八王子
観音山
六十谷道分岐
展望よい
岩神山
岩神観音
六十谷道
有功中
岩神観音参道入口
大同寺
園部
四ツ辻を北へ
六十谷駅 14m
Goal
和歌山駅へ
直川観音
由良要塞跡
大滝
タタミの滝
長滝
新池
吉池
大池
東谷池
柳谷池
蓮池

91

# キイシモツケの花が山頂を埋める紀ノ川平野の名峰

# 龍門山

りゅうもんざん
756m

日帰り

歩行時間＝4時間40分
歩行距離＝11・3km

技術度
体力度

| | |
|---|---|
| コース定数 | ＝19 |
| 標高差 | ＝714m |
| 累積標高差 | ↗ 804m / ↘ 804m |

桃畑越しの龍門山。東側から眺めると富士を思わせる円錐形をなす

龍門山は紀《き》ノ川《かわ》平野の名峰で、円錐形の姿から「紀州《きしゅう》富士」と称される。『紀伊国《きいのくに》名所図絵』には、「府下（現在の和歌山市）より是を望むに、その形あたかも富嶽《ふがく》（富士山）に似たり」と記されている。蛇紋《じゃもん》岩の地質に好んで生育する、キイシモツケの群生地としても知られている山だ。

**JR粉河《こかわ》駅**を出て東へ。右折してすぐ踏切を渡り、直進して竜門橋を渡る。集落の間を直進し、突き当たりを左へ。クワの木の大木が茂るY字路を右にとる。果樹園の間を抜け、農道が合流すると、すぐに**一本松《いっぽんまつ》**の分岐に着く。右は中央コース、ここでは左の田代峠コースに入る。アカマツに混じってコナラ、リョウブなどの落葉広葉樹の道を登る。谷を横切ると、ちりなし池分岐に着く。

ちりなし池に立ち寄り、再び落葉広葉樹の道を登っていく。傍らに地蔵尊を見て、**田代峠**へ。左は飯盛《いいもり》山《さん》縦走路で、ここは右の主稜線をたどる。蛇紋岩の露岩混じりの緩やかな道が続く。左下から穂落《ほとし》コースが合わさると、磁石《じしゃく》岩に着く。**龍門山**山頂はすぐだ。

5月下旬、龍門山北斜面はキイシモツケの小白花に覆われ、その向こうに和泉《いずみ》山脈、足もとに紀の川の眺望が開けている。

山頂をあとに西へ進み、すぐのY字路を右にとって、中央コースを下る。キイシモツケの群生地の蛇紋原は、樹齢200年以上のキイシモツケの花が、5月中旬から約1か月の間、順次山頂に向かって咲いていく。

中央コースをしばらく下ると、明神《みょうじん》岩分岐に着く。右にとってす

山中を彩るキイシモツケの花

古戦場跡の龍門山山頂

■鉄道・バス
往路・復路＝JR和歌山線粉河駅。
■マイカー
京奈和道紀の川ICから紀の川市杉原（すいばら）の龍門山登山口駐車場（無料）へ。一本松分岐に駐車スペースはあるが、一本松までの農道が狭く急坂道のため注意する。
■登山適期
タムシバやサクラの花が咲く4月上旬あたりと、ホウノキやキイシモツケの花が咲く6月中旬がベスト。
■アドバイス
▽龍門山脈には、南北朝時代の城跡

ぐ高さ30㍍・龍門山最大の蛇紋岩の**明神岩**があり、眼下に紀の川の蛇行が広がっている。隣に龍門山の名の由来となった九頭龍王《くずりゅうおう》が出現したとされる風穴がある。分岐に戻り、中央コースを急下降する。**農道**に出て右へとり、**一本松**に戻る。あとは往路を**ＪＲ粉河駅**へと向かう。（児嶋弘幸）

## CHECK POINT

1 行く手にどっしりとした山容の龍門山を眺めながら竜門橋を渡る

2 一本松の分岐は左の田代峠コースに入る。一本松の祠は分岐から約20㍍手前の広場に祀られている

3 田代峠。峠越え道は黒川コース、左は飯盛山への縦走路。龍門山は右の主稜線へ

4 龍門山最大の蛇紋岩・明神岩。隣に九頭龍王が出現したとされる風穴がある

5 中央コースを下ると農道と出合う。コンクリート道を下って往路の一本松の分岐に戻る

や古戦場跡が数多く残っている。飯盛山には2段の曲輪が残る飯盛城跡がある。飯盛山山頂へは田代峠から主稜線を東へ1時間30分。

▽龍門山からは、西へ縦走する勝神峠・最初ヶ峰コースがある。最初ヶ峰は百合山ともよばれる南北朝時代の古戦場跡で、山中に新四国八十八カ所の石像が祀られている。龍門山（35分）勝神峠（1時間）最初ヶ峰（30分）竹房橋（40分）ＪＲ和歌山線打田駅。

▽南朝方の四條中納言隆俊が、ここ龍門山山頂に3千余騎を率いて集結、北朝方の尾張守義深率いる3万余騎と激闘がくり広げたという。

▽ＪＲ粉河駅から北へ約800㍍のところに西国三十三カ所第三番札所・風猛山粉河寺がある。

■問合せ先
紀の川市観光振興課☎0736・77・2511

■2万5000分ノ1地形図
粉河・龍門山

# 92 悲劇のプリンス・有間皇子終焉の地、藤白坂を歩く

# 藤白峠・拝の峠

ふじしろとうげ・はいのとうげ
322m（拝の峠）

日帰り

歩行時間＝4時間30分
歩行距離＝12・8km

技術度
体力度

コース定数＝**19**

標高差＝316m

累積標高差 732m 728m

京都から熊野《くまの》に向かう熊野古道が和歌山県に入って、最初に出会う険しい登りが藤白坂である。藤《ふじ》原定家《わらていか》が「よじ登る」と称した難所だ。さらに古道を南下して、同じく難所だった拝の峠を越える。

**JR海南《かいなん》駅**を出て、旧国道を南へ。内海《うつみ》小学校のすぐ南の四ツ辻を左折。熊野古道、熊野一の鳥居跡の三差路へ。右へすぐ藤白墨製造の跡、鈴木《すずき》屋敷、間をおかずに五体王子《ごたいおうじ》のひとつ**藤白神社**が続く。樹齢千年を越えるクスノキの大木に迎えられる。

藤白神社をあとに阪和道のガードをくぐると、孝徳天皇の皇子・有間皇子《ありまのみこ》の墓と万葉歌碑が立つ三差路に着く。傍らに旅人の便宜と道中の安全祈願の丁石地蔵の一丁目地蔵があり、藤白峠まで案内してくれる。

丁石地蔵に導かれながら藤白坂を登っていく。四丁目地蔵の分岐で左上の古道に入る。やがて、画家・巨勢金岡《こせのかなおか》が童子と絵比べをしたという伝説の地・筆捨《ふですて》松に出る。竹林の急坂を登って**藤白峠**へ。

峠に建つ地蔵峰寺《じぞうぶじ》本堂裏手から御所《ごしょ》の芝《しば》のビューポイントへ。展望を満喫したら**藤白峠**に戻って、まっすぐ古道を南下する。県道に出る直前に細い路地を右に入って、橘本《きつもと》王子跡のある阿弥陀寺《あみだじ》と岩屋山**福勝寺**《いわやさんふくしょうじ》に立ち寄る。

加茂《かも》川に架かる土《つち》橋を渡り、市《いち》

地蔵峰寺裏手には御所の芝とよばれるビューポイントがある

南方熊楠ゆかりの藤白神社

■鉄道・バス
往路＝JR紀勢本線海南駅。
復路＝JR紀勢本線紀伊宮原駅。

■マイカー
阪和道海南ICか海南東ICから海南駅近くのコインパーキングへ。または海南ICから藤白神社駐車場へ。

■登山適期
サクラの花が咲く3月下旬から4月初旬、新緑の4月中旬から5月中旬がベスト。秋から冬の季節もよい。

■アドバイス
▽藤白坂以外の大半が舗装道歩きのため、足に負担がかからない靴を使用する。また、コースはよく整備されているが、町道・農道などの分岐が多く、道標などに注意して歩こう。
▽サブルートは、藤白峠からJR紀勢本線冷水浦駅（30分）、藤白峠から曽根田峠を経て藤白神社に周回（1時間20分）、拝の峠から長保寺を経てJR紀勢本線下津駅（1時間10分）などがある。
▽丁石地蔵は専念寺の住職・全長上人が旅人の便宜をはかり、道中の安全を祈るため17体の地蔵を一丁（約109メートル）ごとに安置したもの。

■問合せ先
海南市観光協会☎073・484・3233、有田市観光協会☎0737・83・1111

■2万5000分ノ1地形図
海南・湯浅

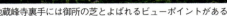

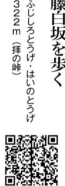

美しい竹林が続く藤白坂（十三丁目地蔵）

福勝寺境内の裏見の滝（落差20㍍）

巨大な一石彫りの地蔵を祀る地蔵峰寺本堂

坪《つぼ》川に沿ってしばらく車道を歩く。**橋本神社**、土俵がある**山路《やまじ》王子神社**を通過。ミカン畑の間を登りつめ、**拝の峠**に出て右へ。すぐ左の白倉山《しらくらやま》山腹の水平道に入る。長保寺《ちょうほうじ》への道を右下に見送ると下津《しもつ》湾の眺望が開け、やがて**蕪坂《かぶさか》王子跡**に着く。農道と交差しながら、古道をまっすぐ南下する。

坂を下り終えると**山口《やまぐち》王子跡**がある。Y字路を左にとり、かつて旅籠が軒を並べた民家の間を直進、踏切を渡り右折すると**JR紀《き》伊宮原《いみやはら》駅**はすぐだ。（児嶋弘幸）

## CHECK POINT

1 天皇への謀反計画が発覚し処刑された悲劇のプリンス・有間皇子の墓。隣に万葉歌碑が添えられている

2 藤白坂には17体の地蔵尊が祀られており、藤白峠へと導いてくれる

3 筆捨松。紀州徳川家初代藩主・頼宣公の命によって彫られた硯石がある

4 熊野古道を見下ろす高台に建つ岩屋山福勝寺本堂。本堂奥には裏見の滝がある

5 サクラの花がきれいな山路王子神社。境内に土俵が設けられている

6 白倉山山腹で長保寺への道を見送ると、右手に下津湾の眺望が開けてくる

＊コース図は294ジを参照。

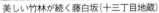

Start
海南駅
6m
海南市役所
禅林寺
藤白神社
藤白墨製造の跡
一の鳥居跡
祓戸王子跡
冷水浦駅
飯盛山
31
和歌浦湾
天然紀州黒潮温泉
和歌山マリーナシティ
日本製鉄 関西製鉄所
琴ノ浦温山荘庭園
城山
42
地蔵峰寺
藤白峠
寺の裏手に御所の芝とよばれるビューポイントがある
細い道の下り
福勝寺
橘本神社
車道に出る直前に右の路地へ入り福勝寺へ
下津IC
鉢伏山
195
山路王子神社
75
拝の峠
民家の間の急な登り
熊野古道（紀伊路）
白倉山
455
徳本上人名号碑
和歌山藩主徳川家墓所
長保寺
蕪坂王子跡
太刀の宮
爪書地蔵尊
山口王子跡
Y字路を左へ
44
有田川の展望よい
岩室城跡
岩室山
266
熊野古道ふれあい広場
Goal
10m
紀伊宮原駅
JR紀勢本線
有田市
海南市
有田川町
宮原町道
大賀畑
千葉山
542
長峰トンネル
阪和自動車道
曽根田峠
曽根田坂
西城跡
大野東城跡
雑木林の快適な縦走路
小広い台地
車道に出る
雨の大明神分岐
熊野寺山
543
薬師谷分岐
別所茶屋跡
陶芸の里
衣笠山
別所越え
扱沢峠
鏡石山
555
鯛ノ峰
544
分岐を左へ
海南高原CC
下津町引尾
下津町大窪
下津町市坪
下津町青枝
下津町中
下津町曽根田
下津町笠畑
高坪山
545
鷲ヶ峰
586
長谷
船坂
丹生
尾中
垣倉
長田
井口
大谷
田口
小島
上中島
糸我町西
1:60,000
1km

山頂部の広大なススキ原のトレッキングを楽しむ

93

# 生石ヶ峰《おいしがみね》

870m

## 広大なススキ原が広がる生石高原のトレッキング

日帰り

歩行時間＝4時間50分
歩行距離＝9・6km

技術度 ●○○○○
体力度 ●○○○○

コース定数＝20
標高差＝760m
累積標高差 ↗858m ↘858m

『紀伊国名所図会《きいのくにめいしょずえ》』にて「其形雄渾《そのかたちゆうこん》にして、虎の谷に踞《うずくま》るに似たり」と評される生石ヶ峰は、東西2キロに及ぶ広大なススキ原が広がる生石高原の主峰で、無線塔の建つ西オンジと、1等三角点のある東オンジの2峰からなる。開放感いっぱいの高原散歩が楽しめる。

**小川八幡神社《おがわはちまん》**に参拝後、梅本《うめもと》川沿いの車道を進む。**高露橋《たかつゆ》**、ついで南忠《なんちゅう》橋を渡り、すぐ先で左の急坂道に入る。いっきに登って**大《だい》観寺《かんじ》**前へ出て、ひと休憩のあと舗装道を右にとる。弘法《こうぼう》大師《だいし》ゆかりの押《お》し上《あ》げ岩を経て、シラカシの大木に覆われた**不動辻《ふどうつじ》**にいたる。直進して、大観寺の奥の院・**立岩《たていわ》不動**に立ち寄る。

**不動辻**に戻って右上の植林帯の道を登る。**龍王水《りゅうおうすい》**で林道を横切り、別荘地の間を抜けると、視界が大きく開け、生石高原のどまんなかへと導かれる。左手に**笠《かさ》石**、右手に火上《ひあ》げ岩がある。

晩秋には、生石高原一面にススキの穂が銀色に輝く。ススキ原の高原散歩を楽しもう。たどり着いた**生石ヶ峰**山頂からは四国、淡路《あわじ》島、振り返ると護摩壇《ごまだん》山から奥高《こう》野《や》の山々が重畳と波打っている。

山頂を東側に下ると、**生石《しょうせき》神社**に出る。生石神社前の林道を左にとり、やがて右下の登山道へ。ほどなく車道と合流し、右へすぐのところにある、石地蔵を祀る**旧札《ふだ》立《たて》峠**に向かう。ちなみに車道を東へ600メートルのところが新札立峠で、トイレがある。

車道を30メートルほど新札立峠方面に下ったのち、左の一本松《いっぽんまつ》コースに入る。再び車道が合流するが、これを横切ってジグザグの急坂道を下る。やがて**一本松**とよばれる平坦地に出る。樹々のすき間から生石高原の北面を望みながら、尾根道を下降する。

桜並木の間を抜けると、**小川八幡神社**へ帰り着く。（児嶋弘幸）

＊コース図は297ページを参照。

ススキ原から太陽が沈む栖原海岸を一望

CHECK POINT

1 石清水八幡宮の別宮とされる小川八幡神社に参拝後、梅本川沿いの車道を進む

2 イチョウの大木が枝を広げる大観寺でひと休憩。右手の車道を進む

3 シラカシの大木に囲まれた不動辻。直進道は立岩不動、左上の道が生石ヶ峰への登山道

4 笠石を中心にススキ原が広がっている。休憩に最適な場所だ

5 大火を焚いて雨乞いをしたという火上げ岩。ススキ原に大岩がそそり立つ

6 ススキ原の漫遊散歩で1等三角点の生石ヶ峰山頂を目指す

7 生石神社。一夜にして神が降臨し、突如高さ48メートルの立岩が出現したとされる

8 石地蔵を祀る旧札立峠。車道に出て右へ30メートルほどのところで左の一本松コースへ

弘法大師が護摩修行をしたとされる笠石

■鉄道・バス

往路・復路＝JR紀勢本線海南駅から大十オレンジバスで登山口下車。タクシーに乗り換え小川八幡神社へ。

■マイカー

阪和道海南東ICから国道370号を東進、県道180号に入り、小川八幡神社手前の生石ヶ峰登山口駐車場（無料・トイレあり）へ。山頂周辺のウォーキングのみの場合は生石高原山頂駐車場（無料・トイレあり）へ。

■登山適期

草木の芽が息づく春、さわやかな風が吹き抜ける夏、とくにススキの穂が輝く10月上旬～下旬がベスト。

■アドバイス

▽登山口バス停から歩いて生石ヶ峰を目指す場合は、旧道の福井峠を越えて福井の集落を抜けると、1時間あまりで小川八幡神社前にいたる。

▽笠石の北斜面に、レストハウス「山の家おいし」がある。眼下に広がる雄大な景色を満喫しながら、喫茶・軽食が楽しめる。テラスからは和泉山脈を一望できる。隣にキャンプ場が併設されている。

▽サブコースとして、生石ヶ峰北尾根コース、名寄松コースなどがある。小川八幡神社（1時間15分）名寄松（2時間）笠石。

■問合せ先

有田川町商工観光課☎0737・52・2111、紀美野町観光協会☎073・488・2611、大十オレンジバス☎073・489・2751、こおのタクシー☎073・489・2009、山の家おいし☎073・489・3586

■2万5000分ノ1地形図

動木

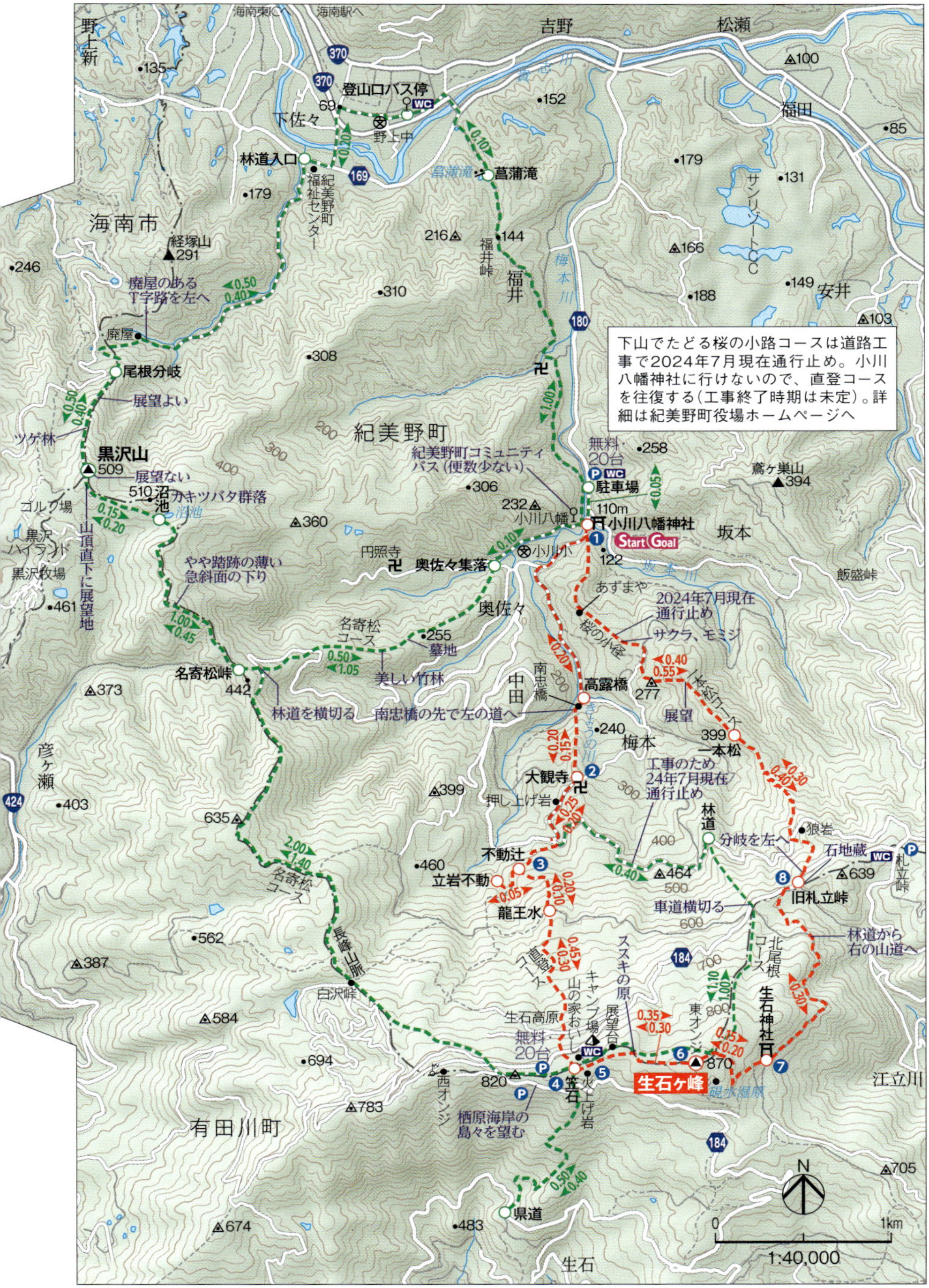

下山でたどる桜の小路コースは道路工事で2024年7月現在通行止め。小川八幡神社に行けないので、直登コースを往復する（工事終了時期は未定）。詳細は紀美野町役場ホームページへ
海南東IC
海南駅へ
野上新
吉野
松瀬
登山口バス停
下佐々
野上中
林道入口
福紀美野町社センター
菖蒲滝
福田
サンリゾートCC
安井
海南市
経塚山
291
廃屋のある T字路を左へ
廃屋
尾根分岐
展望よい
ツゲ林
黒沢山
509
展望ない
510
沼池
カキツバタ群落
ゴルフ場
黒沢ハイランド
黒沢牧場
山頂直下に展望地
やや踏跡の薄い急斜面の下り
福井峠
福井
紀美野町
紀美野町コミュニティバス（便数少ない）
無料20台
駐車場
鳶ケ巣山
394
小川八幡
110m
小川八幡神社
Start Goal
坂本
小川小
円照寺
奥佐々集落
奥佐々
あずまや
2024年7月現在通行止め
桜の小径
サクラ、モミジ
飯盛峠
名寄松コース
墓地
美しい竹林
名寄松峠
442
林道を横切る
南忠橋の先で左の道へ
中田
南忠橋
高露橋
277
展望
梅本
399
一本松
彦ヶ瀬
大観寺
押し上げ岩
工事のため24年7月現在通行止め
林道
分岐を左へ
狼岩
石地蔵
札立峠
旧札立峠
不動辻
立岩不動
龍王水
車道横切る
林道から右の山道へ
名寄松コース
長峰山脈
白沢峠
直登コース
山の家おいし
キャンプ場
ススキの原
展望台
北尾根コース
生石神社
東オンジ
870
生石高原
無料20台
820
笠石
火上げ岩
生石ヶ峰
覗水湿原
西オンジ
栖原海岸の島々を望む
有田川町
江立川
県道
生石
1:40,000
1km

94

貴重な原生林が残る和歌山県の最高峰を歩く

# 護摩壇山・龍神岳

ごまだんさん 1372m
りゅうじんだけ 1382m

日帰り

歩行時間＝4時間30分
歩行距離＝11・7km

技術度
体力度

コース定数＝20
標高差＝101m
累積標高差 763m 763m

展望台などが入った観光施設のごまさんタワーと新緑の護摩壇山

和歌山県の最高峰・龍神岳は東の耳取山、西の護摩壇山とともに、奥高野《おくこうや》の大きな山塊をなす山稜で、「紀州《きしゅう》の屋根」といわれる。護摩壇山は源平《げんぺい》屋島《やしま》の戦いに敗れ、この地に逃れてきた平清盛《たいらのきよもり》の孫・平維盛《これもり》が護摩を焚いて平家の行く末を占った山という。山頂一帯には、ブナやミズナラを中心とした貴重な原生林が広がっている。また、花期にはシロヤシオをはじめミツバツツジ、シャクナゲが林内に彩りを添える。

雪景色の龍神岳山頂

**護摩壇山バス停**下車。ごまさんタワーの左横から遊歩道に入る。ブナやミズナラ、オオカメノキ、リョウブなどの樹林が茂るトンネルが続く。春はミツバツツジやサラサドウダン、秋にはアキノキリンソウ、イナカギクなどが咲く道だ。ほどなく**護摩壇山**山頂に着く。

展望が期待できないため、東隣の龍神岳と耳取山を往復しよう。ブナやミズナラ林の快適なプロムナードとなる。**龍神岳**山頂からは、東に大峰山脈の主稜線、西に護摩壇山、南に鉾尖岳《ほこさいだけ》、崖又山《がけまたやま》の大パノラマが広がっている。

**耳取山**まで足をのばしたら**護摩壇山**山頂に戻り、南尾根を下る。支尾根に入ると、シロヤシオの群生地がある。高野龍神スカイラインを横切ったところが**森林公園入**

■鉄道・バス
往路・復路＝南海高野山ケーブル高野山駅から南海りんかんバス（火・水曜と12～3月運休、要予約）で護摩壇山へ。高野山駅へ戻るバスは午後の便がないためタクシーを利用するが、1万円前後と高額。

■マイカー
京奈和道かつらぎ西ICから国道480号、高野龍神スカイラインを経て護摩壇山駐車場（無料・トイレあり）、または護摩壇山森林公園駐車場（無料・トイレあり。12～3月休館）へ。護摩壇山駐車場、護摩壇山森林公園駐車場へは阪和道南紀田辺ICからもアクセスできる。

■登山適期
新緑は5月中旬～下旬、シロヤシオやシャクナゲの花は5月上旬～中旬、

ブナやミズナラ林の遊歩道から支尾根に入るとシロヤシオの群生地がある

CHECK POINT

ブナやミズナラ、オオカメノキ、リョウブなどの自然林のトンネルを登っていく

護摩壇山山頂。あずまやや山頂標識、方位盤がある

護摩壇山から龍神岳に向かう縦走路は、緑のトンネルの中を進む

森林公園管理棟がある林間広場でひと休憩ののち、古川源流の自然観察遊歩道に入る

古川源流の戸珍堂谷をからみながら遊歩道を進む

**口広場**で、再びブナ原生林の遊歩道に入る。

**展望台**を経て森林公園への進入道路に下り、しばらく車道を歩くと、**六里ヶ峰《ろくりがみね》分岐**に着く。直進する林道は六里ヶ峰から龍神《りゅうじん》温泉に通じる龍神街道のひとつで、ここは左へとり、**林間広場**に下る。

ひと休憩ののち、日高川の源流谷をからむ自然観察遊歩道に入る。6万本ものシャクナゲ植栽地を経て、モミやツガ、サワグルミ、トチノキ、ホオノキなどの木が茂る遊歩道を歩く。樹々の下からせせらぎが聞こえ、小さな滝がいくつも眼下に入る。

古川源流の戸珍堂谷《とちんどだに》をからみ、**高野龍神スカイライン**と合流して左へとり、車道を**護摩壇山バス停**へと戻る。

(児嶋弘幸)

サラサドウダンの花は5月下旬～6月中旬、ブナやカエデなどの紅葉は10月中旬～11月上旬。

■アドバイス

▽護摩壇山の南斜面内には、ブナ、ミズナラなどの落葉広葉樹を中心に、モミ、ツガ、サワグルミ、トチノキなどの原生林が広がっている。

▽護摩壇山森林公園の管理棟前に広い芝地があり、休憩には最適。

▽護摩壇山と龍神岳の南山麓には、日本三美人湯のひとつ龍神温泉がある。旅館や民宿などがあり、宿泊には事欠かない

■問合せ先

龍神観光協会☎0739・78・2222、護摩壇山森林公園総合案内所☎0739・79・0667、南海りんかんバス☎0736・56・2250、高野山タクシー☎0120・372・628、ごまさんスカイタワー☎0739・79・0622

■2万5000分ノ1地形図

護摩壇山

冷水山山頂から北方の牛廻山脈を望む

95

# 南北朝のロマンの道・果無山脈を縦走する

# 安堵山・冷水山・石地力山

一泊二日

第1日　歩行時間＝7時間55分　歩行距離＝16・5㎞
第2日　歩行時間＝3時間20分　歩行距離＝6・9㎞

あんどさん　1184m
ひやみずやま　1262m
いしじりきやま　1140m

技術度
体力度

QRコードは303ジー（ページ）コース図内に記載

コース定数＝46

標高差＝811m

累積標高差　↗1790m　↘2102m

果無《はてなし》山脈は、紀伊《きい》半島の中ほどを西から東へ、行者山《ぎょうじゃやま》、笠塔山《かさとうやま》、安堵山、冷水山、石地力山、果無峠と続いて十津《とつ》川の流れに没する山脈で、東端の果無峠には熊野古《くまのこ》道《どう》・小辺路《こへち》ルートが通じている。また、南北朝時代に後醍醐《ごだいご》天皇の第一皇子・護良親王《もりながしんのう》の一行が、鎌《かま》倉《くら》幕府の追討から逃れた経路とも伝えられている。果無山脈の最高点となる冷水山の山頂付近には、シロヤシオの群生地がある。

**第1日　ヤマセミ温泉バス停**下車。丹生《にゅう》ヤマセミ温泉館を右に見送り、小森《こもり》の集落へ。民家横の**果無越《ご》え入口**から果無越えの道に入る。いっきに高度を上げ、**稜線分岐**を経て**和田《わだ》ノ森《もり》**に登る。北側に林道が並行する主稜線を歩く。左手の広い伐採地をすぎ、ツツジやマツに囲まれた**安堵山**に登る。

安堵山から縦走路を東へ進むと、すぐに林道龍神本宮《りゅうじんほんぐう》線が合わさる。左手の**縦走路入口**からわずかに上がった展望台からは、大塔山系の山並みが広がっている。この先冷水山へと続く縦走路は緩やかな起伏で、部分的にスズタケの密生するところもあるが、ブナを主体に、ヒメシャラ、ツツジ、シロヤシオなどが混成する快適な道だ。

**黒尾山《くろおやま》**に登ると、冷水山がようやく姿を見せる。春にはシロヤシオが群生する尾根を登り返し、**冷水山**の山頂へ。北と南に展望が開けている。

山頂をあとに東へ主稜線をたどり、**カヤノダン**、**公門崩の頭《くもんつえかしら》**へ。**筑前《ちくぜん》タワ**付近からは、大峰《おおみね》の山稜が目の前に開けてくる。**ミョウガタワ**を経てブナ原生林の平坦地を左手に見送り、**ブナの平峰《たいらみね》**へ。今夜はここでテントを設営する。

**第2日**　南側に八木尾《やぎお》谷の樹海が広がり、その向こうに熊野の山々が霞む。これより果無峠に向かう道は、秋にはブナやヒメシャラの紅葉が彩りを添える道だ。

**石地力山**、果無山を越え、**果無峠**に下る。峠には石像が祀られている。峠を左へ、十津川温泉方面に道をとる。しばらくして大峰山脈の展望が大きく開け、石仏3体を祀る**観音堂**に迎えられる。

さらに下って**天水田《てんすいでん》**をすぎ、**果無集落**を抜け石畳を下って果無越え蕨尾《わらびお》口へ、吊橋を渡ると十津川温泉内の**ホテル昴《すばる》バス停**は近い。

（児嶋弘幸）

冷水山山頂。南に大塔山系、北に牛廻山脈の山並みが連なる

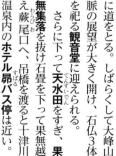

## CHECK POINT

1 小森集落の最奥、民家脇に果無山脈縦走路への登山口がある。ここから約25キロを歩き通す

2 安堵山山頂。山名は護良親王が十津川へ逃走の際、誰も追撃して来ないだろうと安堵したという故事による

3 林道龍神本宮線から斜め左の展望台に登ると、南側の大塔山系の展望が大きく開ける

4 黒尾山へと向かう果無山脈縦走路。ブナ原生林のうっそうとした樹林帯を進む

5 シロヤシオの花が咲く冷水山山頂から雲海を望む。標高1262メートルは果無山脈の最高地点

6 左前方に大峰山脈の山稜が大きく開けると、すぐに筑前タワに着く

7 アケボノツツジ咲くブナの平峰から熊野川を望む。初日はここで幕営する

8 果無集落に立つ世界遺産登録の石碑。直進して十津川温泉へと下っていく

黒尾山から冷水山へと向かう縦走路は
シロヤシオの群生地

■鉄道・バス
往路＝ＪＲ紀勢本線紀伊田辺駅から龍神バスで西へ、田辺市住民バスに乗り換えてヤマセミ温泉へ。ただし住民バスは月・火・木曜のみの運転。復路＝ホテル昴から奈良交通バスでＪＲ和歌山線五条駅、または同バスでＪＲ紀勢本線新宮駅へ。

■マイカー
阪和道有田ICから県道22号、国道424・425号を経て、上山路橋交差点を右折、国道371号と県道735号で丹生ヤマセミ温泉館駐車場へ（無料）。

■登山適期
シロヤシオの花は5月初旬～中旬、ブナの紅葉は10月下旬～11月初旬。

■アドバイス
▽林道龍神本宮線の黒尾山、冷水山登山口近くに駐車スペースがある。黒尾山から冷水山縦走、冷水山からブナの平峰縦走といったバリエーションが設定できる。
▽和田ノ森からの縦走路には、北側に林道が並行しており、時間を短縮したい場合は、こちらを歩く。
▽幕営地のブナの平には水場がないので、あらかじめ水の補給を忘れずに。
▽果無峠を右に下る道は熊野古道小辺路ルートで、熊野萩、九鬼関所跡を経て熊野本宮大社へと通じている。
▽丹生ヤマセミ温泉館にはキャンプ場が併設されている。
▽十津川温泉には、温泉保養館「星の湯」や日帰り温泉「庵の湯」などがあり、下山後に入浴できる。

■問合せ先
龍神観光協会☎0739・78・2222、十津川村観光協会☎0746・63・0200、奈良交通十津川営業所（バス）☎0746・64・0408、龍神バス☎0739・22・2100、田辺市住民バス☎0739・78・0111、三光タクシー（十津川村平谷）☎0746・64・0231、丹生ヤマセミ温泉館☎0739・78・2616、温泉保養館「星の湯」☎0746・64・1111、十津川温泉「庵の湯」☎0746・64・1100

■2万5000分ノ1地形図
恩行司・発心門・伏拝・十津川温泉

＊コース図は302・303ページを参照。

牛廻越、龍神へ
596
664
842
丸尾山
939
782
柿垣外
872
椎平
殿井
十津川温泉
五條へ
平谷
492
425
真砂瀬
669
Goal
ホテル昴バス停
153m
昴の郷
蕨尾
果無越え蕨尾口
吊橋
731
728
554
下出谷
急勾配の石畳の道
果無集落
果無
小井
168
735
殿井
小壁
展望よい
「右　くまのみち」「左　やまみち」の道標
554
奈良県
十津川村
弘法大師像
天水田
694
観音石像に導かれながら快適な道を下る
熊野古道（小辺路）
山口茶屋跡
桑畑
555
811
788
観音堂
909
気持ちのよいブナ林
展望よい
871
石地力山
1114
果無峠
果無山脈
1140
1072
果無山
ミョウガタワ
公門崩の頭
カシ尾谷の崩
筑前タワ
1158
ブナの平
1121
展望よい
熊野古道（小辺路）
樫尾森山分岐
1156
1019
1117
大谷源助の墓
ブナの平峰
831
道沿いに観音石像が並ぶ
1132
公門ノ崩
やや不明瞭
大峰山脈の眺望が開ける
熊野川の展望よい
1022
765
七色分岐
七色バス停
鞍部
458
百前森山
783
樫尾森山
929
663
375
本宮町土河屋
土河屋トンネル
606mピーク
606
和歌山県
田辺市
八木尾バス停
熊野萩バス停
本宮町三越
395
熊野川
発心門王子
560
道の駅熊野古道ほんぐう
熊野本宮大社、新宮へ
船玉神社
三越
本宮町伏拝
伏拝王子
水呑王子
801
806
熊野古道（中辺路）
音無川
道ノ川
湯川王子
三越峠
454
442
要害森山
779
赤木越え
1km
1:70,000

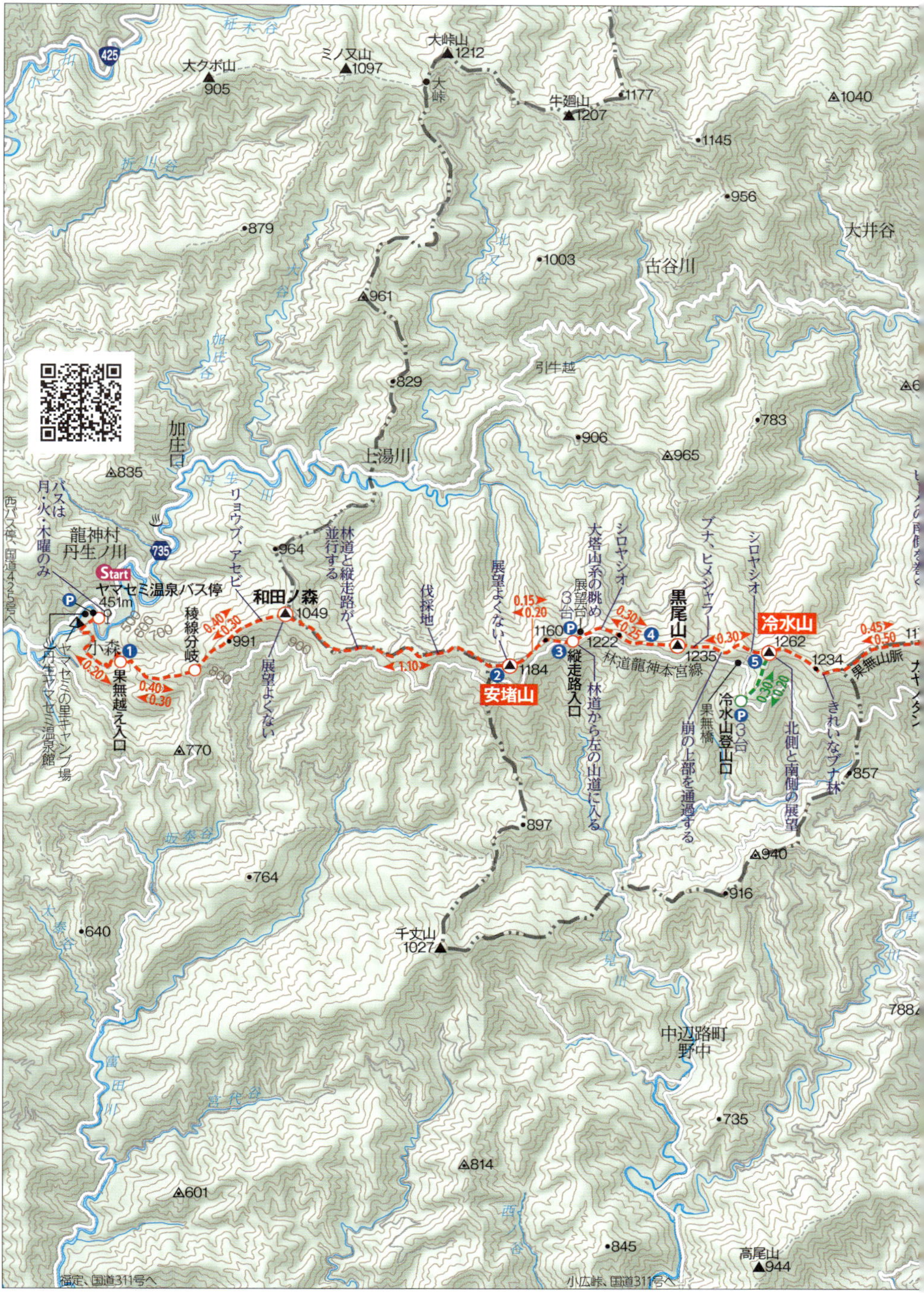

大峠山
1212
大峠
ミノ又山
1097
大クボ山
905
牛廻山
1207
1177
1040
1145
956
大井谷
古谷川
879
1003
961
829
引牛越
加庄口
上湯川
906
783
965
835
バスは月・火・木曜のみ
西ノ谷・国道425号へ
龍神村丹生ノ川
Start
ヤマセミ温泉バス停
451m
小森
果無越え入口
ヤマセミの里キャンプ場
丹生ヤマセミ温泉館
稜線分岐
991
964
リョウブ、アセビ
林道と縦走路が並行する
和田ノ森
1049
展望よくない
伐採地
展望よくない
安堵山
1184
1160
展望台
3台
大塔山系の眺め
シロヤシオ
1222
縦走路入口
林道から左の山道に入る
黒尾山
ブナ、ヒメシャラ
1235
林道龍神本宮線
シロヤシオ
冷水山
1262
冷水山登山口
果無橋
3台
崩の上部を通過する
北側と南側の展望
きれいなブナ林
1234
果無山脈
770
897
857
940
916
764
640
千丈山
1027
中辺路町野中
735
814
601
845
高尾山
944
福定、国道311号へ
小広峠、国道311号へ
0.20
0.40
0.30
1.10
0.15
0.20
0.25
0.45
0.50

96

# 岩屋山・ひき岩群・龍神山

## 荒々しく露出した岩峰群をぬう好展望の山歩き

いわやさん 128m
ひきいわぐん 124m
りゅうぜんさん 496m

QRコードは307ページコース図内に記載

**日帰り**

Ⓐ岩屋山・ひき岩群　歩行時間＝2時間15分　歩行距離＝4・4km　技術度　体力度
Ⓑ龍神山　歩行時間＝4時間25分　歩行距離＝11・2km　技術度　体力度

コース定数＝Ⓐ**8** Ⓑ**18**

標高差＝Ⓐ92m Ⓑ484m

| 累積標高差 | 登り | 下り |
| --- | --- | --- |
| Ⓐ | 213m | 238m |
| Ⓑ | 569m | 569m |

ひき岩群・第一展望台から田辺市街と白浜方面を望む

田辺《たなべ》市街の北方の丘陵地に、奇怪な形の岩峰群が連なっている。ヒキガエルの群れが天を仰いでいるように見えることから、ひき岩群とよばれている岩峰群だ。そのひき岩群の一翼をなすのが岩屋山だ。近くの龍神山とともに紹介しよう。

Ⓐ**岩屋山・ひき岩群**　紀伊《きい》田辺駅からタクシーで**岩屋観音参道入口**へ。参道を登ってまずは岩屋観音に参拝、その後、**石山寺**《いしやまでら》をはじめとする岩屋山新西国《さいごく》三十三番霊場の石仏群を一巡する。岩屋山の山頂付近からは360度の大パノラマが開けている。

**参道入口**に戻って稲成《いなり》川沿いの車道を南進し、ヒキガエルに似た大岩のひき岩へ。すぐの民家脇（**ひき岩西入口**）からひき岩群遊歩道に入る。しばらくして、荒涼とした岩峰群のどまんなかへと導かれる。第二展望台からは田辺湾をはじめ、紀伊水道の海が開けている。いったん谷に下ったのち、**小屋《こや》ン谷出合**を左にとる。谷を遡って、**第一展望台**へ。すぐの分岐を右折して、岩口《いわくち》池畔の**ふるさと自然公園センター**に下る。車道を南東方向に進み、**矢矧《やはぎ》バス停**に向かう。

Ⓑ**龍神山　矢矧バス停**から車道を**ふるさと自然公園センター**へ。車道を北へ進み、すぐに右手の林道に入る。**表参道**に合流し、左にとって重善《じゅうぜんさん》山東山腹の道を登っていく。右手に三星山《みつぼしやま》、その向こうに高尾山《たかおさん》を望む。やがて岩口池畔からの車道が合流して、龍神宮《りゅうぜんぐう》の駐車場がある**表参道登山口**へ。

黒岩山《くろいわやま》や赤倉山《あかくらやま》の岩峰群の東側山腹を進む。**平岩《ひらいわ》道出合**、**佐向谷《さこ》道出合**を経て修験《しゅげん》坂を登る。弘法《こうぼう》腰掛《こしか》け岩への分岐を右にとり、護《ご》摩《ま》の壇《だん》（崎の堂）から綿津見神《わたつみのかみ》三神が祀られていた**龍神宮**へ。

龍神宮拝殿をあとに龍神山山頂を経て**八幡《はちまん》社**に向かう。春の山道

龍神宮表参道からの護摩の壇の岩峰

■**鉄道・バス**

Ⓐ往路＝JR紀勢本線紀伊田辺駅からタクシーで岩屋観音参道入口へ。復路＝矢矧から龍神バスでJR紀伊田辺駅へ。

Ⓑ往路・復路＝JR紀伊田辺駅から龍神バスで矢矧へ。

■**マイカー**

阪和道南紀田辺ICからふるさと自然公園センター駐車場（無料・トイレ

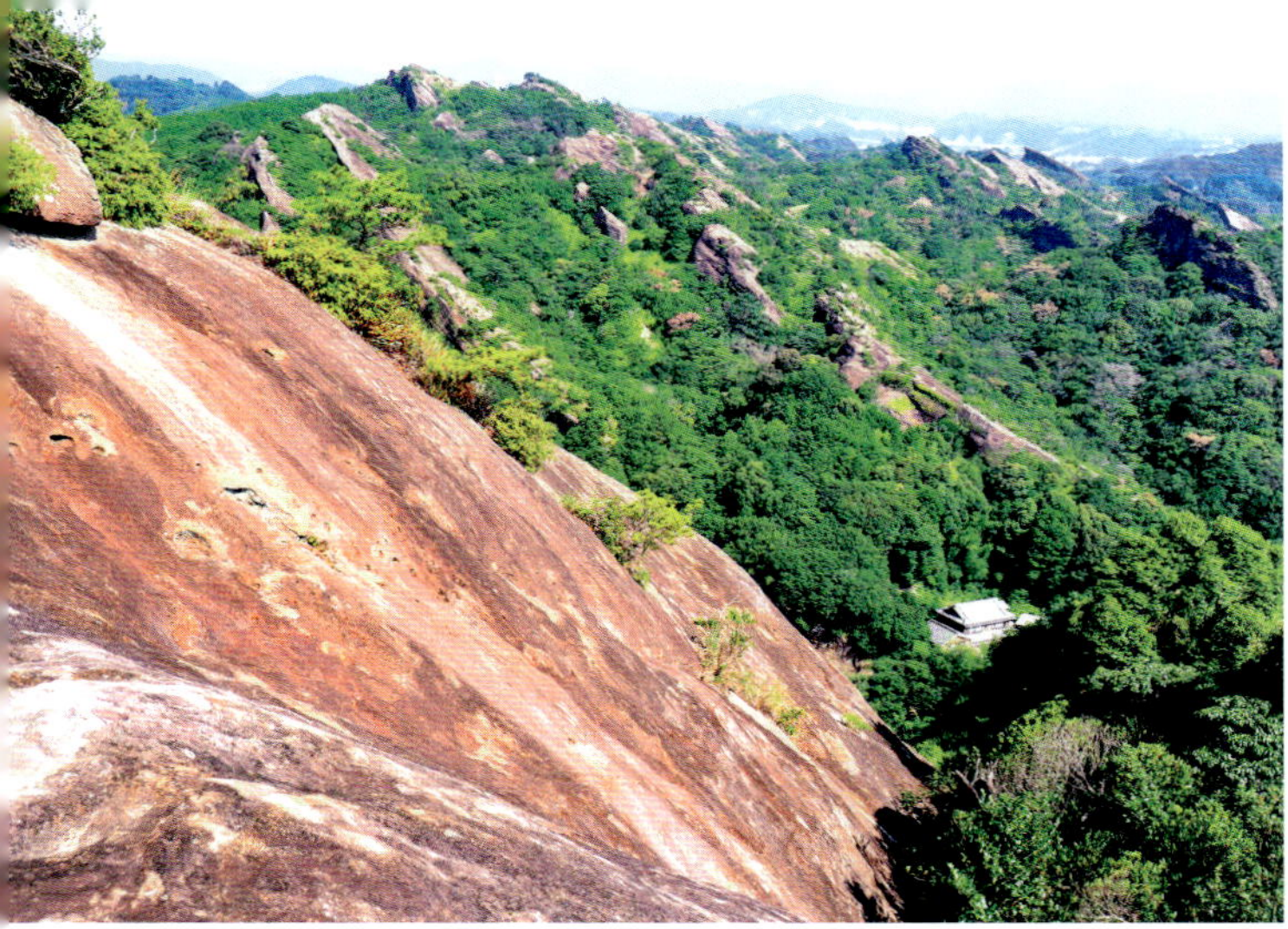

は、ミツバツツジやヒカゲツツジの花に彩られる。
帰路は、**佐向谷道出合**を左下にとって、ゲドの谷へ。**龍星《りゅうせい》の辻《つじ》**を経て**佐向谷登山口**に下る。佐向谷に沿って舗装道を進み、**矢矧バス停**に向かう。
（児嶋弘幸）

岩屋山新西国三十三番霊場の第十三番石像（石山寺）付近からのひき岩群

## CHECK POINT

1 ひき岩群の一翼をなす岩屋観音。裏山に岩屋山新西国三十三番霊場の石像が祀られている

2 新西国霊場二十二番・総持寺の石像。岩山からの眺望は最高

3 ひき岩群遊歩道西入口に向かう途中、ひき岩とよばれる大岩が上方にそそり立っている

4 ひき岩群の遊歩道を登りきると、北側斜面が絶壁となった奇怪な形の岩山が連なっている

5 小屋ン谷出合。分岐を左へ（写真では手前）進み、小屋ン谷を遡って第一展望台に向かう

6 ふるさと自然公園センターのある岩口池畔はサクラの名所（❶〜❻はコースⒶ）

7 ゲドの谷地蔵尊を祀る護摩の壇（崎の堂）。ここで松明を焚いて雨乞いが行われたという（コースⒷ）

8 龍神山山頂から北西方向に少し下った尾根の突端に八幡社が祀られている（コースⒷ）

あり）へ。または岩屋観音駐車場（無料・スペース狭い）へ。

■**登山適期**
4月上旬の岩口池周辺のサクラ、新緑は4月中旬〜5月中旬、ミツバツツジとヒカゲツツジの花は4月初旬〜中旬がベスト。

■**アドバイス**
▽岩屋山・ひき岩群と龍神山をセットで歩く場合、体力度は❤❤。
▽ひき岩群と龍神山は、水の浸食と地殻変動によってできた田辺層群とよばれる地層で、特異な景観を呈している。
▽岩口池畔のふるさと自然公園センターは、本ルートの登山基地であり、ひき岩群国民休養地の中心となる施設。ひき岩群の自然のほかに、田辺の自然や仕組みを紹介している（入館無料、月曜休・祝日は翌日休）。
▽龍神山はマツタケ山のため9月〜11月25日まで入山規制がある。登る際は事前に上秋津愛郷会（☎090・3714・1724）に要連絡。

■**問合せ先**
田辺市観光振興課☎0739・26・9929、龍神バス☎0739・22・2100、明光タクシー☎0739・22・2300、ふるさと自然公園センター☎0739・25・7252

■**2万5000分ノ1地形図**
秋津川・紀伊南部

＊コース図は306・307ページを参照。

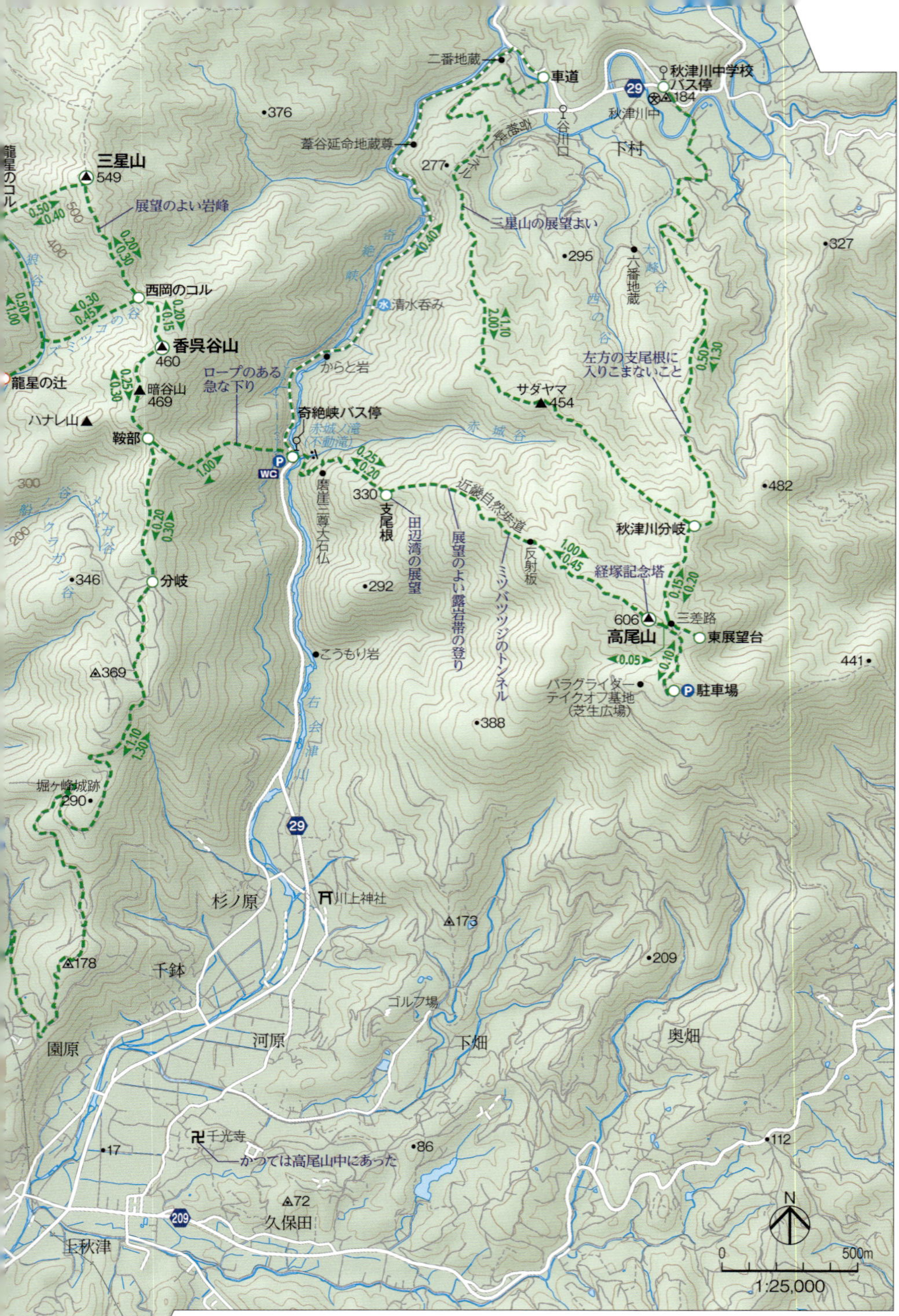

二番地蔵
車道
秋津川中学校
バス停
184
29
谷川口
秋津川中
下村
•376
龍星のコル
三星山
549
展望のよい岩峰
葦谷延命地蔵尊
277
三星山の展望よい
•295
六番地蔵
•327
西岡のコル
香呉谷山
460
暗谷山
469
清水呑み
からと岩
ロープのある
急な下り
龍星の辻
ハナレ山
鞍部
奇絶峡バス停
赤城ノ滝
(不動滝)
赤城谷
サダヤマ
454
左方の支尾根に
入りこまないこと
WC
磨崖三尊大石仏
330
支尾根
田辺湾の展望
展望のよい露岩帯の登り
ミツバツツジのトンネル
近畿自然歩道
反射板
•482
秋津川分岐
経塚記念塔
•346
分岐
•292
606
高尾山
三差路
東展望台
441•
こうもり岩
パラグライダー
テイクオフ基地
(芝生広場)
駐車場
△369
•388
右会津川
堀ケ峰城跡
290•
杉ノ原
川上神社
△173
△178
千鉢
•209
ゴルフ場
園原
河原
下畑
奥畑
千光寺
かつては高尾山中にあった
•17
•86
•112
△72
209
久保田
玉秋津
N
0
500m
1:25,000

B
A
八幡社
480
田辺湾の眺望
龍之山城跡
496
龍神山
龍神宮
弘法腰掛け岩
修験坂
佐向谷道出合
護摩の壇
佐向谷道
弘法の水
倉山 390
359
平岩道出合
赤倉山
356
黒岩山
10台
表参道登山口
稚児の足跡
佐向谷登山口
表参道
276
佐向谷林道
迫戸
車道出合
重善山
245
表参道合流点
118
高地山
左向谷
平岩道登山口
144
平岩
平岩谷
平岩道
338
407
368
161
206
203
団栗
芳養町
289
88
大坊
205
91
稲成町
谷上
田辺市
150
184
43
田川
岩屋山
岩屋観音
岩屋山新西国三十三番霊場をめぐる
128
石山寺
石仏
狭い
36m Start
岩屋観音参道入口
151
ひき岩北入口
ひき岩群
ひき岩
124
第二展望台
出合
小屋ノ谷
第一展望台
岩口池
ふるさと自然公園センター（東入口）
119
ひき岩西入口
長田橋
民家の脇（建物にひき岩群の看板あり）から遊歩道に入る
谷下
59
大谷山
動鳴気峡
106
103
大西
佐向谷口
ひき岩南入口
一の鳥居
豊秋津神社
矢矧バス停
12m Start Goal
秋津町
伊作田稲荷神社
南紀田辺IC、紀伊田辺駅へ

97

# 百間山・法師山

アケボノツツジやシャクナゲが咲く花街道の山を歩く

日帰り

ひゃっけんざん　999m
ほうしやま　1121m

歩行時間＝8時間40分
歩行距離＝14・5km

技術度
体力度

コース定数＝**34**

標高差＝799m

累積標高差　↗1369m　↘1369m

アケボノツツジ咲く1006メートル峰近くから法師山を望む

法師山は、法師森《ほうしもり》や法師《ほうし》ノ峰《みね》ともいわれる山で、江戸時代の地誌『紀伊続風土《きいぞくふど》記《き》』には、「山峰他峰よりすぐれて其頂《そのいただき》を顕《あらわ》すを似《もっ》て名つくるなり」と、山名の由来が記されている。高さでは大塔《おおとう》山系の主峰・大塔山《おおとうさん》にわずか1・6メートルおよばないが、山頂からの眺望は山系一を誇る。ここでは、渓美で知られる百間《ひゃっけん》山《さん》渓谷と好展望の百間山、そして法師山へとたどるコースを紹介する。

**百間山渓谷入口**から遊歩道に入り、まずは梅太郎というきこりの落とした枝が根付いたという、樹齢500年のウバメガシの老木が茂る梅太郎淵《うめたろうぶち》へ。巨岩の間をくぐり抜けると、2段に美しい水を落とす榧《かや》ノ滝に迎えられる。

さらに蓋《ふた》おい釜《かま》、藤《ふじ》ノ中島《なかじま》、難《なん》渋《じゅう》ノ壷《つぼ》と続く。巨岩や奇岩、清冽な滝、濃紺の水をたたえた底知れぬ釜…と、一滝ごとにくり広げられる自然美の競演だ。そして、うっそうと茂るトチノキやホウノキ、ヒメシャラ、イロハカエデなどの落葉高木も渓谷によく映える。

やがて雨乞いの神楽が行われたという、**雨乞《あまご》いノ滝**に出る。左岸を巻いて登り、三十三尋《さんじゅうさんひろ》ノ滝、夫婦《めおと》滝と続き、ほどなく**犬落《いぬお》ちノ滝**に着く。ひと筋の水が、まっすぐ滝壺にすべり落ちている。ひと息つきたいところだ。

さらに狭くなった谷間を遡ると、滝《たき》ノ谷《たに》ノ滝や夜明《よあ》けノ釜、釜王《かまおう》ノ釜が涼しげな音を響かせている。

**百間山登山口**でのちに通る千体《せんたい》

■鉄道・バス
公共交通機関はない。

■マイカー
阪和道上富田ICから国道311号、県道219号、国道371号、熊野下川林道を経て百間山渓谷駐車場へ（無料・トイレあり）。百間山渓谷をカットする場合、百間山渓谷駐車場から木守杣谷林道を経てタママツ尾根登山口（4台）、トウベ谷出合登山口の駐車スペース（2〜3台）へ。

■登山適期
新緑は4月下旬〜5月中旬、アケボノツツジ、ミツバツツジ、シロヤシオの花は5月上旬、シャクナゲの花は5月中旬〜下旬。紅葉は11月中旬〜下旬（百間山渓谷は11月下旬〜12月上旬）がベスト。

■アドバイス
▽本コースは歩行時間が8時間を超える長丁場のため、日の短い時期は百間山の往復はカットしてもよい。また、車2台の場合は1台をタマタツ尾根登山口などに置けば、下山後の林道歩きを回避できる。

西方の三ツ森山頂から望む百間山～法師山への縦走路

仏《ぶつ》への道を分けて左へとり、百間山を目指す。登りはじめからわずかで、法師山から入道山《にゅうどうやま》の山稜を間近に望む眺望スポットの大岩に出る。再び杉や桧の植林帯を急登すると、**百間山**山頂に着く。山頂からは、樹林のすき間越しにゴンニャク山《やま》から、法師山、入道山の眺望が開けている。

**百間山登山口**に下ったら左折して**千体仏**へ、さらに山腹の作業道をたどって木守杣谷《こもりそまたに》林道上の**板立**《いただて》

犬落ちノ滝。昔、猪追いにきた犬が猪もろとも転がり落ちたという

## CHECK POINT

1 大岩のすき間を抜けると、2段に水を落とす榧ノ滝が目の前に現れる

2 コサメ渕に架かる吊橋を渡って、遊歩道を進む

3 蓋おい釜は、大きな釜にすべるよう水が流れ落ちている

4 尾根に入ってわずかに進むと大岩に出る。南側の展望が大きく開けている

5 杉林の中に鎮座する千体仏

6 林道上のタママツ尾根登山口。傍らに4台程度の駐車スペースがある

7 1006㍍峰をすぎ、ブナ原生林の森を法師山に向け快適に進む

8 法師山山頂は果無山脈や大峰山脈主稜の山々などの大パノラマが広がる

＊コース図は311、312・313㌻を参照。

▽法師山へは本項で紹介するタママツ尾根ルートのほかにトウベ谷出合から主稜線を縦走して山頂に立つコースもあるが（弊社刊『分県登山ガイド㉙和歌山県の山』参照）、このコースは崩壊しているため、24年時点では通行不能となっている。

▽百間山渓谷入口手前に百間山渓谷キャンプ村（☎070・8355・8254）があり、前泊に最適。

■問合せ先
田辺市観光振興課☎0739・26・9929、大塔観光協会☎0739・48・0301

■2万5000分ノ1地形図
合川・木守

滝壺に満々と水をたたえた釜王ノ釜

**峠**へ向かう。峠から林道を東に進むとまもなく**トウベ谷《だに》出合《であい》登山口**で、数台の駐車スペースがある。さらに林道を5分ほど行くと**タママツ尾根の登山口**で、「法師山入口」の標柱にしたがい左手の登山道に取り付く。

　タママツ尾根は1006㍍峰までは木の根が張り出した標高差400㍍ほどの急斜面が続き、足元に注意しながら登っていくと、1時間半弱で**1006㍍峰**に出る。ここからはカエデやミズナラの樹林帯を緩やかに登っていく。ミツバツツジ、アケボノツツジをはじめ、5月中旬から下旬にはシャクナゲの花が咲く、快適な道だ。

　ブナの原生林を抜けて、最後に低木の樹林帯の間を急登すると、**法師山**にたどり着く。山頂からは360度の眺望が開け、西に百間山、三《み》ツ森山《もりやま》、半作嶺《はんされい》と続く山稜、東に双耳峰《そうじほう》の大塔山本峰《ほんぽう》、南に入道山へとのびる縦走路、北に果無《はてなし》山脈や奥高野《おくこうや》の山々が重畳と波打っている。

　山頂をあとにタママツ尾根を慎重に下って**タママツ尾根登山口**に出て、木守杣谷林道を右へ進むとすぐに**トウベ谷出合登山口**がある。あとはそのまま林道をたどり、**板立峠**を経て**百間山渓谷入口**まで引き返す。

（児嶋弘幸）

幻想的なブナ原生林の森を歩く

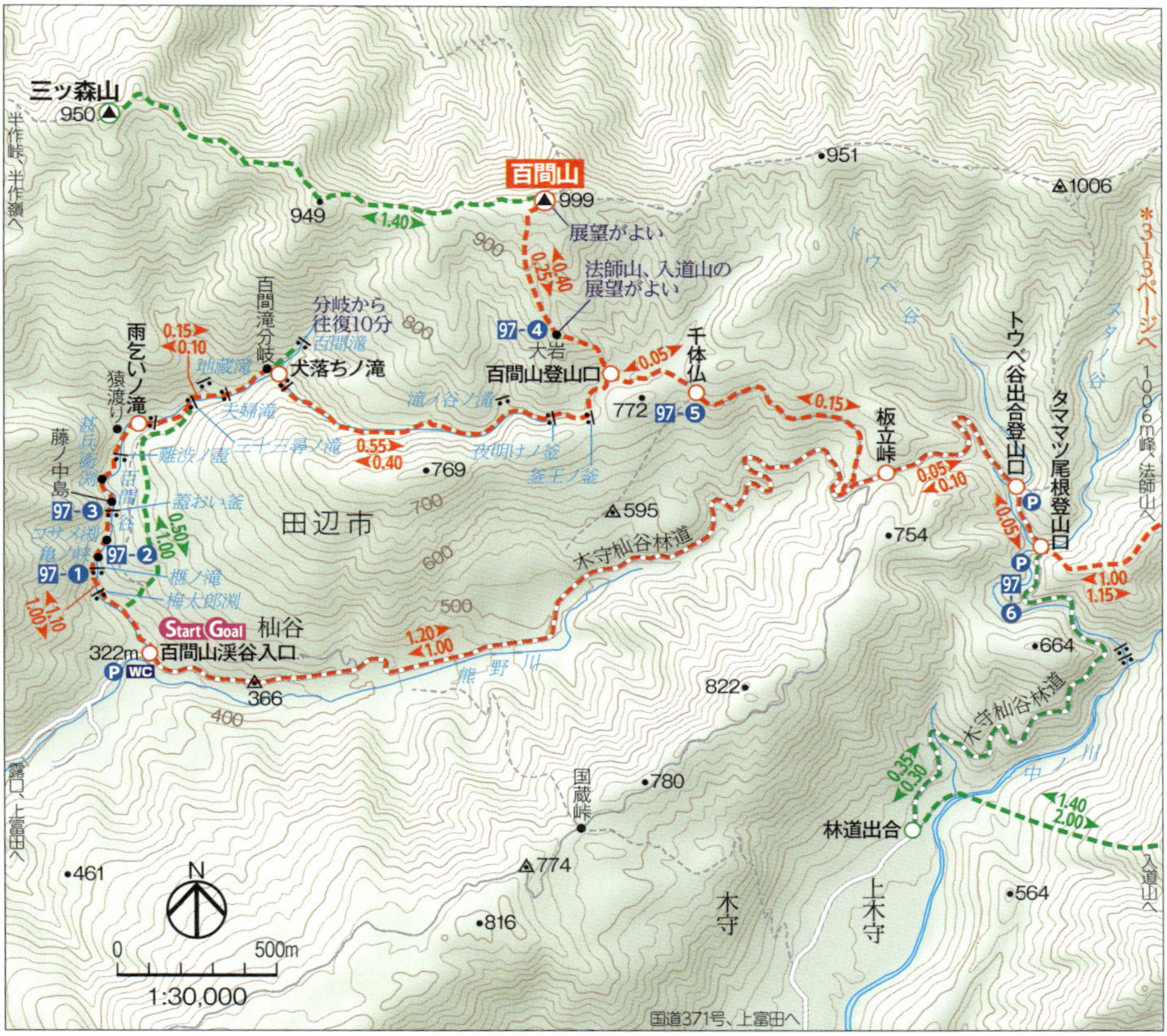


## —サブコース—宗小屋橋から法師山へ

安川（やすかわ）大塔川林道の宗小屋（そうごや）橋を起点とする、もうひとつの法師山へのメインコース。アクセスはこちらのコースのほうが容易だ。

宗小屋橋東詰を右にとり、安川林道に入るとすぐに法師山登山口に着く。吊橋を渡ると植林帯の急登がはじまる。大塔山系の山々がせり上がり、左前方、疎林帯のすき間越しに円錐形の一ノ森（いちのもり）を望む。

シャクナゲが咲くやせ尾根を登っていくと、やがて左に大塔山への縦走路が分岐、続いて右に百間山方面への縦走路（24年現在崩壊により通行困難）を分ける。ミツバツツジやアケボノツツジ、シロヤシオの花が咲く低木帯を急登すると、法師山の山頂に出る。

法師山山頂から大塔山二ノ森、一ノ森（下川大塔）への主稜線を望む

安川に架かる吊橋を渡って法師山への登りにかかる。いきなり急登が続く

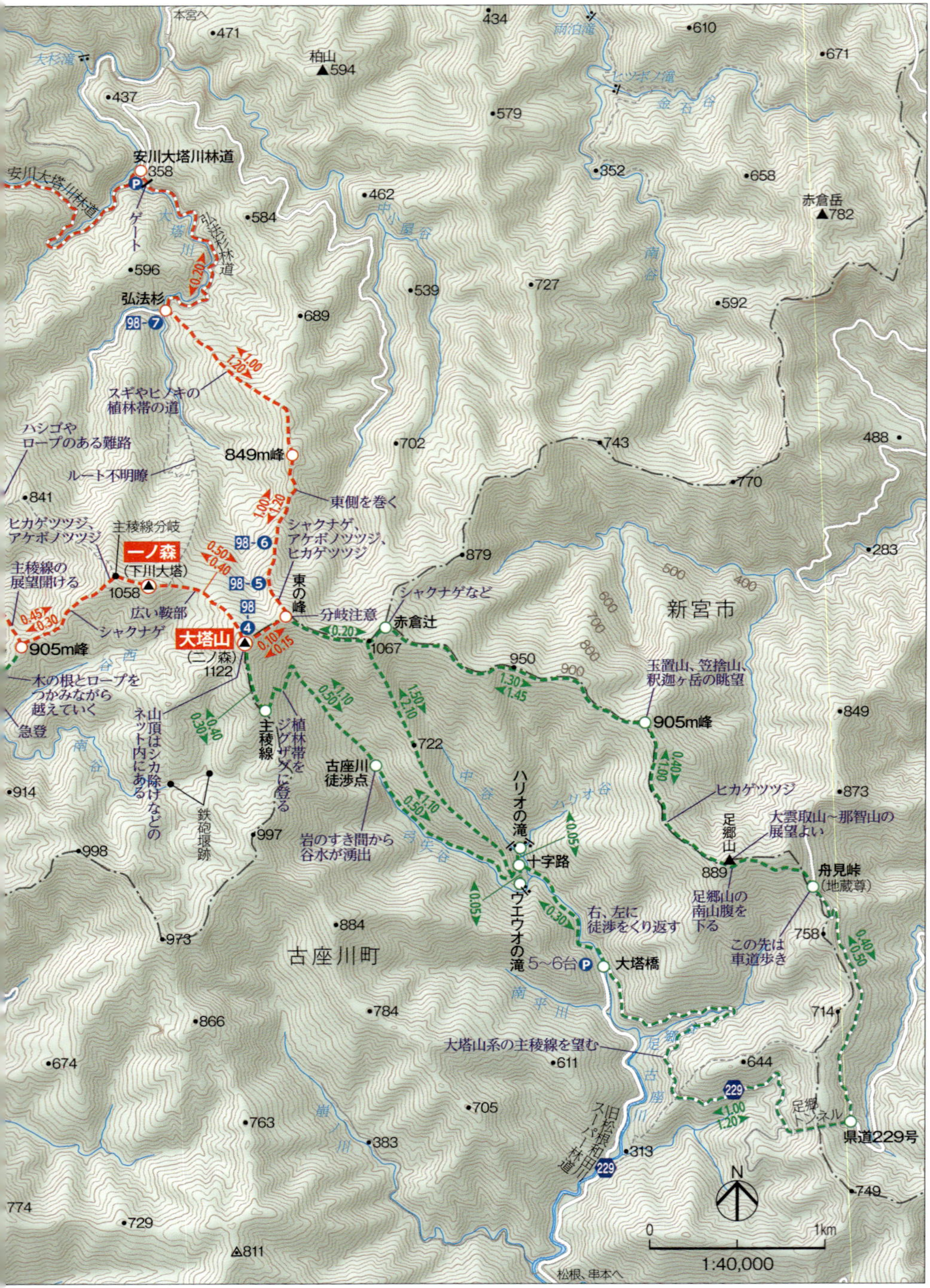
安川大塔川林道
ゲート
弘法杉
スギやヒノキの植林帯の道
ハシゴやロープのある難路
ルート不明瞭
849m峰
東側を巻く
シャクナゲ、アケボノツツジ、ヒカゲツツジ
ヒカゲツツジ、アケボノツツジ
主稜線分岐
一ノ森
(下川大塔)
主稜線の展望開ける
広い鞍部
シャクナゲ
東の峰
分岐注意
赤倉辻
シャクナゲなど
大塔山
(二ノ森)
1122
905m峰
木の根とロープをつかみながら越えていく
急登
山頂はシカ除けなどのネット内にある
主稜線
植林帯をジグザグに登る
鉄砲堰跡
古座川徒渉点
岩のすき間から谷水が湧出
ハリオの滝
十字路
ヴエウオの滝
右、左に徒渉をくり返す
大塔橋
玉置山、笠捨山、釈迦ヶ岳の眺望
905m峰
ヒカゲツツジ
足郷山
大雲取山～那智山の展望よい
舟見峠
(地蔵尊)
足郷山の南山腹を下る
この先は車道歩き
大塔山系の主稜線を望む
足郷トンネル
県道229号
旧松根和田スーパー林道
新宮市
古座川町
柏山
赤倉岳
本宮へ
松根、串本へ
1:40,000

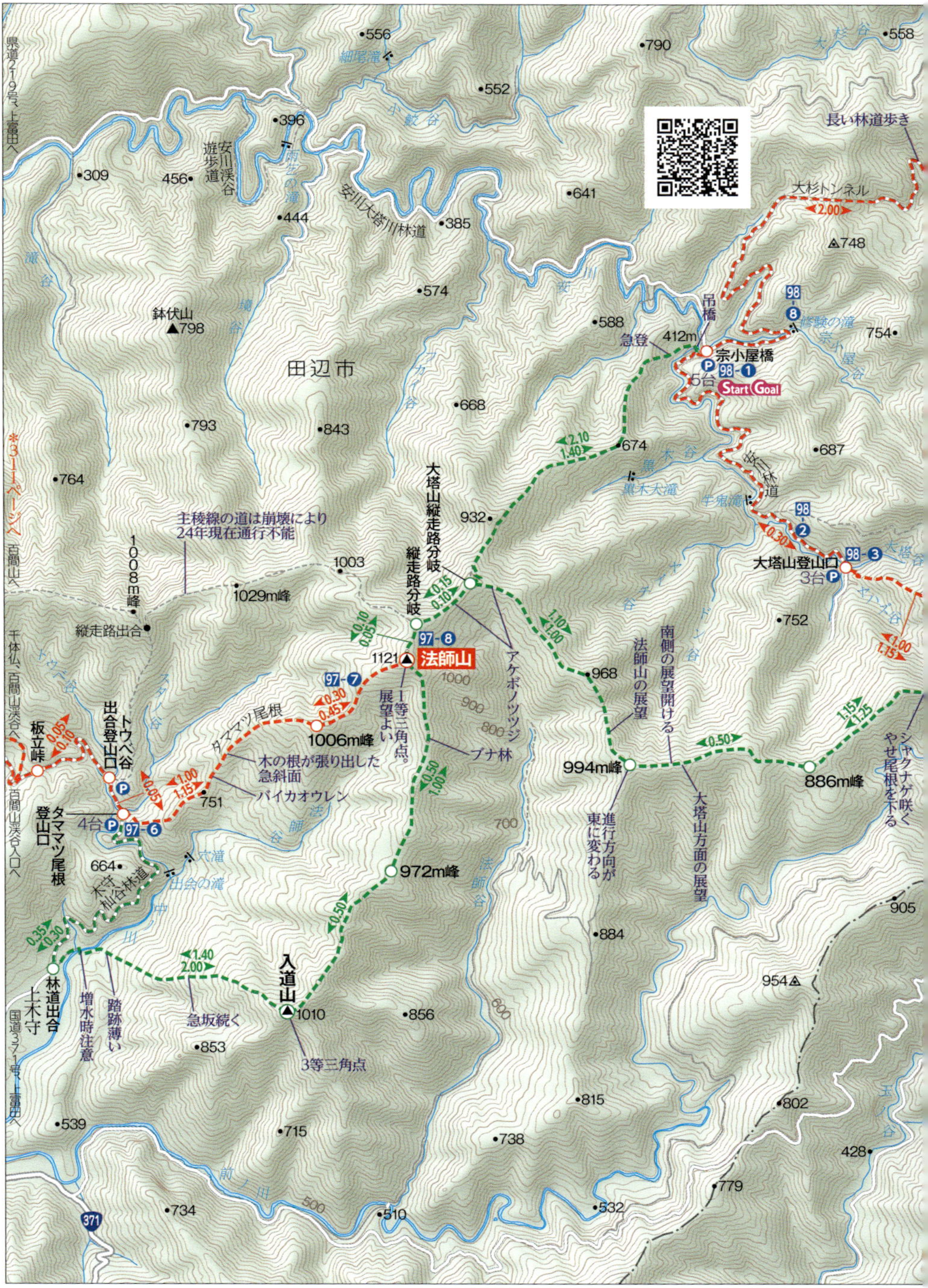

田辺市
法師山
1121
大塔山縦走路分岐
縦走路分岐
主稜線の道は崩壊により24年現在通行不能
1008m峰
1029m峰
縦走路出合
鉢伏山
798
宗小屋橋
Start Goal
大塔山登山口
大杉トンネル
長い林道歩き
吊橋
急登
412m
1006m峰
タママツ尾根
木の根が張り出した急斜面
バイカオウレン
ブナ林
アケボノツツジ
1等三角点。展望よい
972m峰
入道山
1010
3等三角点
急坂続く
踏跡薄い
増水時注意
林道出合
上木守
木守杣谷林道
板立峠
トウベ谷出合登山口
タママツ尾根登山口
994m峰
886m峰
進行方向が東に変わる
大塔山方面の展望
南側の展望開ける
法師山の展望
シャクナゲ咲くやせ尾根を下る
安川大塔川林道
安川渓谷遊歩道
黒木大滝
県道219号、上富田へ
＊311ページへ
百間山へ
千体仏、百間山渓谷へ
百間山渓谷入口へ
国道371号、上富田へ

アケボノツツジの花が大塔山脈主稜線を彩る

東面の赤倉辻から望む大塔山

98

アケボノツツジとシャクナゲが咲くブナ原生林を歩く

# 一ノ森(下川大塔)・大塔山

いちのもり(しもかわおおとう) 1058m
おおとうさん 1122m

QRコードは313ページコース図内に記載

日帰り

歩行時間＝7時間50分
歩行距離＝14・5km

技術度 ■■□□□
体力度 ■■□□□

| | |
|---|---|
| コース定数 | ＝34 |
| 標高差 | ＝710m |
| 累積標高差 | ↗1456m ↘1456m |

関西百名山のひとつ大塔山は、主峰の二《に》ノ森《もり》と下川大塔ともよばれる一ノ森が双耳峰《そうじほう》をなす、大きな山塊だ。2峰の間が大きくたわんでいることから、「大なるタワの峯」がなまったことが山名の由来という。大塔山は熊野《くまの》を代表する山で、『紀伊続風土記《きいぞくふどき》』に「双峰高くそびえ、幡根延蔓して殆んど十里に亘る熊野の鎮山というべし…」とも記される。ここでは安川《やすかわ》大塔川林道の宗小屋《そうごや》橋から一ノ森を経て大塔山本峰に立ち、樹齢450年の古木・弘法《こうぼう》杉に下るコースを紹介する。

安川大塔川林道の**宗小屋橋**東詰にあるT字路を右にとり、右岸沿いの安川林道を進む。やがて右下から安川本谷が接近し、大塔谷の鉄橋を渡る。すぐ左に**大塔山登山口**がある。

登山口から視界の閉ざされたスギやヒノキの急登が続く。しばらくして、鋭く切れ落ちた大塔山脈主稜線が、左手からせり上がってくる。やがて法師山《ほうしやま》との縦走路上にある**905メートル峰**に突き上がり、左の一ノ森へ。ミツバツツジやシャクナゲの花が登山道を彩っている。

**一ノ森**の手前の分岐を右にとってただっ広い鞍部に下り、大塔山本《ほん》峰《ぼう》の二ノ森へと登り返す。シカ除けやブナ林植生保護用のネットをくぐると**大塔山**の山頂だが、樹林が茂り、展望はほとんど得られないのが残念だ。

下山は主稜線を東に進み、東《ひがし》の峰《みね》へ。ブナやツガ林を主体にした、大塔山特有のブナ原生林の森を堪能しよう。**東の峰**で足郷山《あしごうやま》への縦走路を右に分け、左の弘法杉方面の尾根道に入る。シャクナゲやアケボノツツジ、ヒカゲツツジが混成する尾根道を、いっきに下る。

**849メートル峰**をすぎ、北西尾根に進路をとる。スギやヒノキの植林帯の道を下ると、やがて**弘法杉**が

■鉄道・バス
公共交通機関はない。
■マイカー
紀勢道上富田ICから国道311号、県道219号を経て安川大塔川林道に入り、宗小屋橋へ。橋の東詰に5台分の駐車スペースあり。
■登山適期

そびえる弘法杉林道に出る。**安川大塔川林道**に出て左へ進み、大杉トンネル経由で**宗小屋橋**までえんえんと林道を歩く。（児嶋弘幸）

ブナをはじめとする新緑が鮮やかな大塔山脈主稜線

## CHECK POINT

1 宗小屋橋東詰のT字路を右にとって、安川林道に入る

2 林道をしばらく進むと、一ノ森から法師山へと連なる山稜が見えてくる

3 鉄橋を渡ったすぐ左手に大塔山登山口がある。登りははじめから急登となる

4 2015年当時の大塔山山頂からの眺め。現在は植生がのび展望はほぼ得られない

5 東の峰から北に下ると、アケボノツツジの咲く樹林のすき間から一ノ森が見える

6 ヒカゲツツジの咲く尾根道を、849㍍峰へ向けて下っていく

7 弘法大師が箸代わりに使ったスギの枝が2本の大杉になったとされる弘法杉

8 宗小屋谷に懸かる修験の滝。橋の上からマイナスイオンたっぷりの滝を眺める

新緑は4月下旬～5月中旬、アケボノツツジやミツバツツジの花は5月上旬、シャクナゲの花は5月中旬～下旬。紅葉は11月中旬～下旬がベスト。

■アドバイス

▽弘法杉から宗小屋橋まで約5・5㌔・2時間近くを要する長丁場の林道歩きとなるため、足に自信のない人は一ノ森から大塔山の往復コースで計画しよう。

▽大塔山東の峰は、赤倉辻から足郷山へと向かう縦走路と弘法杉に下る分岐。ここで縦走路を右に分け左の尾根道を下るが、東の峰の南側にはトラバース道があり、迷いやすい。

▽修験の滝は2段・30㍍の、二条の美滝。橋の上から眺められる手軽な滝で、春の新緑、秋の紅葉ともに美しい。

▽半作嶺の北山麓に、日帰り温泉の「冨里温泉乙女の湯」がある。

■問合せ先

田辺市観光振興課☎0739・26・9929、大塔観光協会☎0739・48・0301、おおとう山遊館（長期休館中）、大塔青少年旅行村予約センター☎0739・48・8153、冨里温泉乙女の湯☎0739・63・0126（2024年7月現在休館中）

■2万5000分ノ1地形図

木守

＊コース図は312・313㌻を参照。

# 99 双耳峰の岩峰をつなぐ展望とスリルの岩稜歩き

# 嶽ノ森山・峰ノ山

だけのもりやま 376m（上ノ峰）
みねのやま 482m

日帰り

歩行時間＝4時間55分
歩行距離＝7・3km

技術度

体力度

コース定数＝**19**

標高差＝453m

累積標高差 717m 717m

上ノ峰（左）と下ノ峰（右）。岩峰は熊野酸性火成岩類が露出したもの

嶽ノ森山は、一枚岩《いちまいいわ》で知られる古座川《こざがわ》峡から屹立する上《うえ》ノ峰《みね》（雄《お》嶽《だけ》）と下《した》ノ峰（雌《め》嶽《だけ》）の2峰からなる岩峰だ。古座川峡を訪れた江戸時代の儒者・斎藤拙堂《さいとうせつどう》は、古座川峡について、「両岸の怪巖《かいげん》奇峰《きほう》は交迭去来《こうてつきょらい》し、応接に暇あらず」と称賛している。ちなみにその際に斎藤拙堂は、一枚岩のことを「斎《さい》雲《うん》岩」、嶽ノ森山を「滴翠峰《てきすいほう》」と名付けている。

上ノ峰から蛇行する古座川を俯瞰する

**道の駅一枚岩**から国道を北西へ進み、一枚岩トンネル手前の分岐を右に行くと**嶽ノ森山登山口**がある。支尾根に取り付き、山腹をトラバースする。滝の上部に出て、一枚岩が両岸から迫るナメラ状の谷道に入る。ナメトコ岩のはじまりだ。ステップ状のくぼみに沿って、緩やかに谷を遡っていく。

やがて源頭近くになり、左の支尾根に取り付く。いっきに高度を上げ、峰ノ山と嶽ノ森山との稜線上の**変則十字路**に出て左へ。ロープ取り付けの露岩をよじ登ると、嶽ノ森山・**上ノ峰**の頂に着く。足もとに古座川と一枚岩、東に下ノ峰がそびえ、遠くに烏帽子山《えぼしやま》から大雲取山《おおぐもとりやま》、南に峰ノ山、北に大塔《おおとう》

■鉄道・バス
国道371号上にバス路線（古座川町ふるさとバス）があるが、登山には適していない。

■マイカー
紀勢道すさみ南ICから国道42号の串本町和深交差点を左折、県道39号・国道371号を経て一枚岩駐車場（無料・トイレあり）へ。

■登山適期
サクラの花の咲く3月下旬、新緑は4月中旬〜5月中旬、紅葉は11月中旬〜12月上旬がベスト。

■アドバイス
▽一枚岩は高さ100《メートル》・幅500《メートル》の1枚の巨岩で、国の天然記念物に指定されている。
▽道の駅一枚岩モノリスの喫茶ホールでは窓越しに一枚岩を眺めながら、古座川町内のジビエやゆず、鮎などの特産品を使った食事が楽しめる。
▽ナメトコ岩にはステップ上のくぼみが付けられているが、雨後にはすべりやすくなるため、注意したい。
▽峰ノ山への縦走路は、周辺の樹木が伐採され登山道が薄くなっているが、尾根道を進めばよい。
▽峯の集落には、クマノザクラの一本桜がある。

■問合せ先
古座川町地域振興課・古座川町ふるさとバス☎0735・72・0180、串本タクシー☎0735・62・06

## CHECK POINT

後方に一枚岩を見送り、嶽ノ森山登山口へ

ステップ状のくぼみが付けられたナメトコ岩を登っていく

上ノ峰への登路。露岩をロープをもちながら登っていく

鞍部からやせ尾根を直上して、下ノ峰の岩場を巻き上がる

伐採地の尾根に出て、峰ノ山を目指して尾根道を歩く

豆腐岩。豆腐を規則正しく積み上げたようにも見える

山《さん》、法師山《ほうしやま》の大パノラマが広がる。

上ノ峰をあとに、嶽ノ森山のもうひとつのピーク・下ノ峰へ向かう。疎林帯の急斜面を下ると、鞍部右下に豆腐《とうふ》岩コースが分岐する。やせ尾根を直上し、大岩を巻き上がると岩峰の**下ノ峰**に出る。上ノ峰と同様、思いのままの眺望が開けている。

下ノ峰から**変則十字路**まで引き返し、直進して緩やかな起伏の稜線道を伝う。しばらく伐採地を進むと、**和深鶴川《わぶかつるかわ》林道**が合流する。林道を右上にとって、峰ノ山南のコルから南尾根を登ると、1等三角点の標石が埋まる**峰ノ山**の山頂に着く。山頂からの展望は期待できないが、三角点から西へ少し下ったところに展望地がある。

帰路は**変則十字路**まで戻って、右下の豆腐岩コースに入る。上ノ峰と下ノ峰の南側斜面の道を、途中豆腐岩を左に見ながら国道へと下る。相瀬《あいせ》橋南詰を経て、**道の駅一枚岩**に帰り着く。

（児嶋弘幸）

95、道の駅一枚岩モノリス☎0735・78・0244
■2万5000分ノ1地形図
三尾川

名勝・一枚岩の紅葉

100

# 烏帽子山

那智川源流部にそびえる熊野の鋭鋒

日帰り

えぼしやま
910m

歩行時間＝5時間45分
歩行距離＝11・8㎞

技術度

体力度

コース定数＝**26**

標高差＝853m

累積標高差 ↗1196m ↘1196m

右肩に瓶子岩、左肩に帽子岩を抱く烏帽子山（右）

1等三角点の標石が埋まる烏帽子山山頂

帽子岩テラスから那智高原、熊野灘を望む

　烏帽子山は熊野《くまの》の秀峰で、山頂直下の烏帽子の形に似た帽子《ぼうし》岩が山名の由来とされる。登山道は南面の陰陽《いんよう》の滝からのルートが知られているが、台風の影響で谷ルートが崩壊しているため、北面の高《たか》田《だ》からのルートを紹介する。

**高田バス停**下車。里《さと》高田川沿いの林道を大杭《おおくい》峠方面に向かう。大杭峠に向かう道は高田と市野々《いちのの》を結ぶかつての峠路で、古くには那智山詣での経路としてにぎわったという。**栂の平橋**《とがのだいらばし》を渡ってすぐ、登山口となる**林道終点**に出る。

　那智詣での古道を緩やかに登っていく。石仏を祀る小さな峠を越えて椿《つばき》谷を渡ると、すぐに**俵石**《たわらいし》**集落跡**に出る。苔むした大岩が目立ち、俵石の名の由来とされる、俵に似た大岩が多い。

　やがて集落の中ほどの**俵石分岐**（烏帽子山登山口）に着く。まっすぐは大杭峠への峠路で、ここでは右上の烏帽子山登山道に入り、いよいよ烏帽子山への登りにかかる。広い沢沿いの道を登ると小さな鞍部に出て、左の尾根道に入る。

　高度が上がるとともに、露岩が目立ちはじめる。しばらくして明

■**鉄道・バス**
往路・復路＝JR紀勢本線新宮駅から熊野御坊南海バスで高田へ。
■**マイカー**
紀勢道上富田ICから国道311・168号、県道230号を経て、新宮市高田で里高田川沿いの林道に入る。林道終点の駐車スペースへ。
■**登山適期**
通年。新緑は4月中旬〜5月中旬、紅葉は11月中旬〜12月上旬。
■**アドバイス**
▽俵石から大杭峠、瓶子尾根を経て烏帽子山に登るルートは、俵石と大

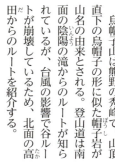

るく眺望が開けたコツカノ岩へ。熊野灘の眺望、烏帽子山から光ヶ《ひかりが》峯《みね》へと続く瓶子《へいし》尾根を望む。岩間をぬいながらいっきに高度を上げると、1等三角点の**烏帽子山**山頂に出る。山頂は樹林の中で展望は期待できない。山名の由来となった帽子岩まで足をのばそう。

山頂をあとに西尾根を少し下ると、山岳修験の祖・役《えん》ノ行者《ぎょうじゃ》が残していった帽子がそのまま岩となったと伝えられる帽子岩はすぐだ。ハシゴを上がり、**帽子岩**のテラスへ。眼下に陽光に輝く熊野灘の大パノラマが広がる。妙法山《みょうほうさん》から那智高原、大雲取越《おおくもとりご》えと続く山稜が思いのままだ。

帰路は往路を戻る。（児嶋弘幸）

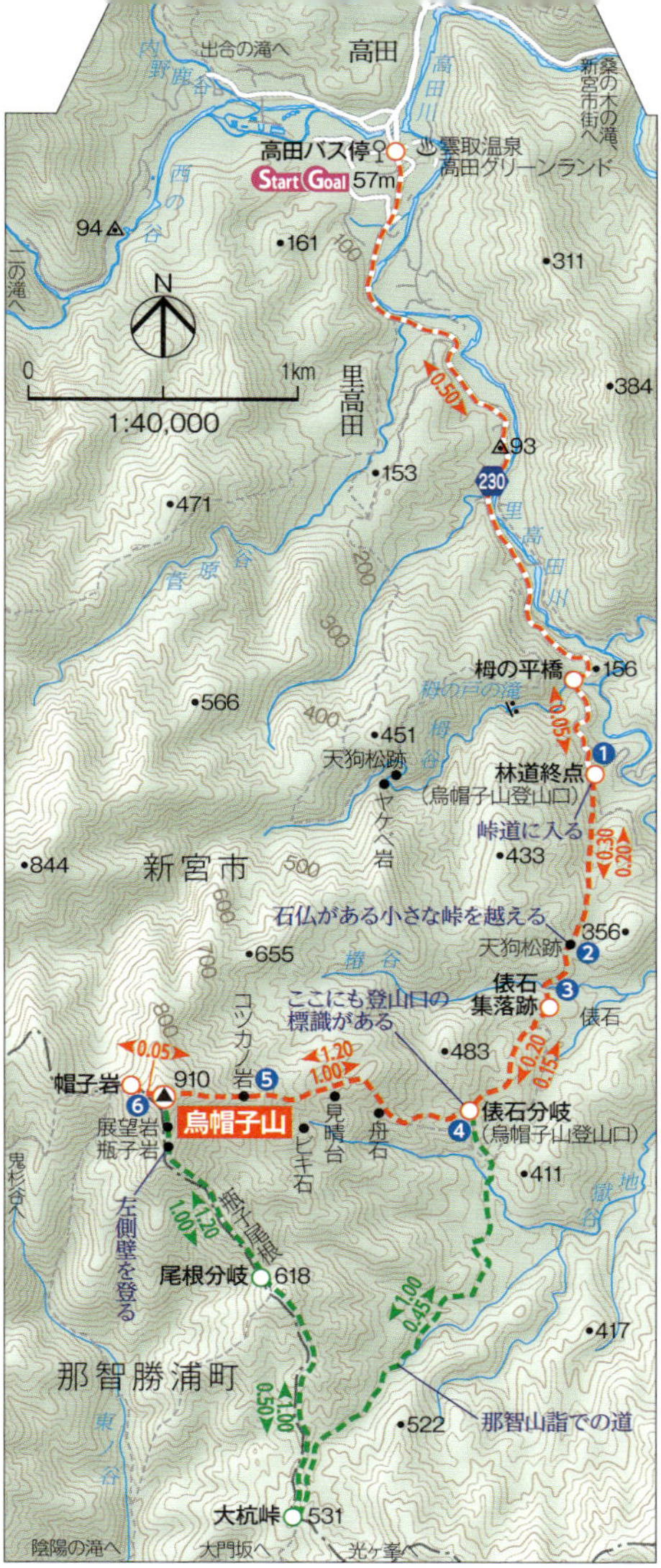


## CHECK POINT

1 林道終点から、かつて那智山詣での経路として利用された大杭峠への古道へ

2 天狗松跡の峠に石像が祀られている

3 石垣が残る俵石集落跡

4 俵石集落中ほどの俵石分岐を右折して烏帽子山へ

5 熊野灘や瓶子尾根を望む眺望絶佳のコツカノ岩

6 山頂西直下からの帽子岩。クサリにつかまりテラスへ

杭峠間の踏跡が部分的に薄くなっている。地図・磁石は必携。俵石分岐（1時間）大杭峠（2時間20分）烏帽子山。

▽高田には高田グリーンランドを拠点に、雲取温泉、テニスコート、若者広場などの設備が整っており、宿泊もできる。

▽高田川には、桑の木谷に懸かる「日本の滝100選」の桑の木の滝をはじめ、ナル谷に懸かる二の滝、内鹿野谷に懸かる出合の滝などがあり、遊歩道が整備されている。桑の木の滝は、落差21メートル・幅8メートルで、遊歩道入口から滝まで約30分。

■問合せ先

新宮市観光協会☎0735・22・2840、紀伊勝浦駅前観光案内所☎0735・52・5311、熊野御坊南海バス☎0735・22・5101、高田グリーンランド雲取温泉☎0735・29・0321

■2万5000分ノ1地形図

新宮

●執筆者

**【滋賀県の山】**

**山本武人**（やまもと・たけひと）
1948年滋賀生まれ。同人・近江山歩き代表。滋賀・京都の地方紙報道カメラマンとして長年活動。著書多数。

**竹内康之**（たけうち・やすゆき）
1952年京都生まれ。京都トレイルガイド協会、横断山脈研究会会員。沢登りを中心に地域研究的な登山を志向。

**青木 繁**（あおき・しげる）
1952年滋賀生まれ。県内各地の山域にて植物調査に携わる。著書に『トチノキは残った』（サンライズ出版）ほか。

**【京都府の山】**

**木之下 繁**（きのした・しげる）
1947年京都市生まれ。京都府山岳連盟理事、京都趣味登山会所属、事務所を担当。共著多数あり。2023年逝去。

**内田嘉弘**（うちだ・よしひろ）
1937年生まれ。日本山岳文化学会会員。1975年プリアン・サール初登頂など海外にも足跡を残す。著書多数。

**大槻雅弘**（おおつき・まさひろ）
1942年生まれ。一等三角點研究會会長を務め、『一等三角点全国ガイド』（ナカニシヤ出版）などの共著がある。

**津田美也子**（つだ・みやこ）
1946年富山県生まれ。日本山岳会、京都趣味登山会に所属。共著に『新日本山岳誌』（ナカニシヤ出版）など。

**【大阪府の山】**

**岡田敏昭**（おかだ・としあき）
1967年京都生まれ。登山ガイド。奈良山岳自然ガイド協会所属。登山ガイドブックの著書・共著多数。

**岡田知子**（おかだ・ともこ）
1968年大阪生まれ。夫・敏昭とともに登山ガイドとして活動中。「遊山トレッキングサービス」を主宰。

**【兵庫県の山】**

**加藤芳樹**（かとう・よしき）
1967年京都生まれ。登山ガイドブックなど共著・編著多数。日本山岳会会員、環境省自然公園指導員など。

**【奈良県の山】**

**小島誠孝**（こじま・まさたか）
1940年大阪生まれ。主に紀伊山地を中心に活動。著書・共著多数。フォトクラブ大峰、エスカルゴ山の会所属。

**【和歌山県の山】**

**児嶋弘幸**（こじま・ひろゆき）
1953年和歌山県生まれ。紀伊半島の山をライフワークに熊野古道や自然風景の撮影を行う。共著多数あり。

※京都府の概説とコースガイドを担当されていた木之下繁さんが2023年4月に逝去されたため、担当ページについては鼓ヶ岳を津田美也子さん、その他のコースは編集部が内容の調査を行っております。

---

分県登山ガイドセレクション

# 関西周辺の山ベストコース100

2024年10月5日 初版第1刷発行

編 者 ── **山と溪谷社**
発行人 ── **川崎深雪**
発行所 ── 株式会社 **山と溪谷社**
　　　　　〒101-0051
　　　　　東京都千代田区神田神保町1丁目105番地
　　　　　https://www.yamakei.co.jp/

■乱丁・落丁、及び内容に関するお問合せ先
　山と溪谷社自動応答サービス　TEL03-6744-1900
　受付時間／11:00～16:00（土日、祝日を除く）
　メールもご利用ください。
　【乱丁・落丁】service@yamakei.co.jp
　【内容】info@yamakei.co.jp

■書店・取次様からのご注文先
　山と溪谷社受注センター
　TEL048-458-3455　FAX048-421-0513

■書店・取次様からのご注文以外のお問合せ先
　eigyo@yamakei.co.jp

印刷・製本 ── 株式会社シナノ

ISBN978-4-635-01460-1
© 2024 Yama-Kei Publishers Co., Ltd. All rights reserved.
Printed in Japan

●編集
　**吉田祐介**
●編集協力
　**岡田敏昭**
●カバーデザイン
　**相馬敬徳**
●DTP・MAP
　**株式会社 千秋社**

■各紹介コースの「コース定数」および「体力度のランク」については、鹿屋体育大学教授・山本正嘉さんの指導とアドバイスに基づいて算出したものです。

■本書に掲載した歩行距離、累積標高差の計算には、DAN杉本さん作製の「カシミール3D」を利用させていただきました。

■QRコードの商標は株式会社デンソーウェーブの登録商標です。

■乱丁、落丁などの不良品は送料小社負担でお取り替えいたします。